“亚东教育基金”资助项目　　策划人：许嘉

2014年世界形势评估

徐万胜◎主　编
潘远强◎副主编

时事出版社

图书在版编目（CIP）数据

2014年世界形势评估/徐万胜主编. —北京：时事出版社，2015.5
ISBN 978-7-80232-834-1

Ⅰ.①2… Ⅱ.①徐… Ⅲ.①国际形势—研究—2014 Ⅳ.①D5

中国版本图书馆CIP数据核字（2015）第048938号

出版发行：时事出版社
地　　址：北京市海淀区万寿寺甲2号
邮　　编：100081
发行热线：（010）88547590　88547591
读者服务部：（010）88547595
传　　真：（010）88547592
电子邮箱：shishichubanshe@sina.com
网　　址：www.shishishe.com
印　　刷：北京市昌平百善印刷厂

开本：787×1092　1/16　印张：24　字数：300千字
2015年5月第1版　2015年5月第1次印刷
定价：96.00元
（如有印装质量问题，请与本社发行部联系调换）

目　录

全球治理与国际公共问题

一、形势综述

2014年国际公共问题中比较突出的领域分别是世界经济发展、恐怖主义与公共卫生问题。

（一）世界经济发展不容乐观

1. 全球经济增长复苏缓慢

与2013年相比，全球经济虽然保持正增长，但经济增长速度有所降低。由于乌克兰危机、中东恐怖主义等事件的影响，经济合作组织与世界银行在分别调低了全球经济增长率。总的来说，美国经济发展较好，欧盟低速增长，日本经济陷入衰退，新兴经济体处于调整中。

就美国来说，经济增长呈现前低后高态势。由于刺激性财政政策和宽松货币政策效应减弱，以及受今年以来大雪等极端恶劣天气的影响，美国第一季度国内生产总值按年率计算萎缩2.1%，[①] 但接下来的第二、第三季度国内生产总值按年率计算分别增长4.6%、3.9%。[②] 美国经济之所以能逐渐走强的原因有四个：第一，美国经济进入4月后，消费者信心改善，家庭消费意愿回升，零售消费加速回暖，终端需求回暖也带动了就业市场的加速成长，企业此前的

---

① 高攀：《美国今年第二季度经济增长4.6%》，http://news.xinhuanet.com/fortune/2014－9/26/c_127040230.htm。

② 高攀：《美国今年第二季度经济增长4.6%》，http://news.xinhuanet.com/fortune/2014－9/26/c_127040230.htm。江宇娟、刘劼：《美国第三季度经济增长率修正为3.9%》，http://news.xinhuanet.com/world/2014－11/25/c_1113402172.htm。

偏悲观情绪得以改善。就第三季度来看，占美国经济总量约70%的个人消费开支增幅为2.2%；非住宅类固定投资增幅7.1%；私人投资增幅5.1%。[①] 第二，随着政策环境的改善，能源、汽车、航空、软件等产业将继续保持扩张势头。特别是在能源领域，由于页岩气开发成本的下降，美国对外能源的依存度逐步降低，其工业基础及国际竞争力有望增强。第三，2014年年初美国国会通过了总统关于2015年3月15日前可无条件提高联邦政府债务上限的法案，降低类似“财政悬崖”、“政府关门”等财政债务技术性风险，增大财政政策空间。第四，借助TPP及TTIP等区域一体化战略提升拓展市场空间。美国经济发展预期良好，全球经济合作组织指出，美国经济2015年将加速至3.5%。

欧洲经济小幅回升，欧元区第一季度GDP初值同比上涨0.9%，环比上涨0.2%，分别不及市场预期的1.1%和0.4%。同时欧元区4月CPI终值同比增加0.7%，环比增加0.2%，核心CPI同比增加1%，[②] 虽然均符合预期，但远低于欧洲央行2%的通胀目标。欧盟第二季度GDP上升0.2%，同比上升0.2%。[③] 2014年三季度，欧盟和欧元区GDP环比分别增长0.3%和0.2%。[④] 支撑欧元区经济小幅回升有以下几个因素：一是欧盟委员会、欧洲央行和国际货币基金组织救助计划的实施以及经济结构改革的推进；二是受低利率政策和低通胀率的影响，欧元贬值，欧元区出口回升，内部消费增长明

---

① 江宇娟、刘劼：《美国第三季度经济增长率修正为3.9%》，http：//news. xinhuanet. com/world/2014－11/25/c_ 1113402172. htm。

② 张枕河：《欧盟统计局：欧元区一季度GDP初值同比上涨0.9%》http：//news. xinhuanet. com/fortune/2014－05/16/c_ 126507573. htm。

③ 陈永芳：《三季度欧盟和欧元区GDP环比增长略快于二季度》，http：//china. huanqiu. com/News/mofcom/2014－11/5206631. html。

④ 同上。

显。三是德国强大的国内消费和企业支出。

日本经济陷入衰退，日本经济2014年走势呈现明显的前高后低态势。第一季度日本国内生产总值环比增长1.6%，换算成年率增长6.7%，[①] 第二季度（4—6月）国内生产总值环比下降1.7%；换算成年率，其降幅达到6.8%。[②] 三季度国内生产总值（GDP，季节调整值）环比下降0.4%，换算成年率为下降1.6%，连续两个季度呈现负增长。[③] 日本经济衰退的原因主要在于消费税的征收。今年4月1日，日本如期将消费税从此前的5%调高至8%，[④] 受此影响，在第一季度，日本国民消费热情高涨、企业投资活动积极，一定程度上为当季日本经济向好发展加大动力。当个人消费需求在之前的抢购消费过后，出现反弹式下降，第二、第三季度经济开始下滑。

新兴经济体集体进行调整期。2014年，金砖四国的经济增长预计为4.9%，比2014年的4.7%增加了0.2%，以金砖四国为代表的新兴经济体对于全球经济增长的贡献超过三分之二，但增长势头弱于发达经济体。新兴市场增长放缓的主要原因为：一是外部环境大不如前，原有的经济动力有所减弱，美联储缩减QE（量化宽松政策）的行动和预期推升美元资产和新兴市场的套利成本、风险，引发资本外流；二是发达经济体积极推进再工业化，在保持高端制造业竞争力优势的同时，也在一定程度上恢复了传统制造业的竞争力，其经济复苏与进口需求增长不同步，新兴经济出口减少；三是内需

① 《日本第一季度GDP向上修正至环比增长1.6%》，http：//news.xinhuanet.com/world/2014－06/09/c_1111048642.htm。

② 《日本今年二季度GDP年率下降6.8% 景气引关注》，http：//news.xinhuanet.com/world/2014－08/13/c_126866577.htm。

③ 《日本三季度GDP年率下降1.6% 连续两季呈负增长》，http：//www.chinanews.com/gj/2014/11－17/6782353.shtml。

④ 《日本第一季度GDP向上修正至环比增长1.6%》，http：//news.xinhuanet.com/world/2014－06/09/c_1111048642.htm。

增长不足，经济运行风险较高，吸引外资的能力大大下降。

2. 乌克兰政治危机困扰全球经济发展

自乌克兰危机爆发以来，围绕着克里米亚加入俄罗斯、乌克兰政府军与东部民间武装冲突以及马航客机在乌克兰坠毁等事件，美欧与俄罗斯之间掀起数轮制裁与反制裁。制裁与反制裁可以分为两个阶段：第一阶段自 3 月份至 7 月份，主要表现为实施签证禁令和资产冻结。第二阶段自 7 月开始，这一时期的制裁开始延伸到经济实体层面。俄罗斯限制从对美国、欧盟国家、加拿大、澳大利亚和挪威进口食品。美国、欧盟禁止 5 家俄罗斯国有银行、3 家军火企业和 3 家能源公司在欧盟融资[①]，禁止向俄罗斯能源企业提供技术服务；不得向俄罗斯转移军民两用产品和技术。

这些制裁以及对乌克兰局势的担忧对全球经济的发展产生了重大影响，主要表现如下：第一，拖累世界经济增长。据德国经济部 10 月份数据显示，地缘政治担忧和欧元区对德国商品的疲软需求已影响了德国的经济增长。德国 8 月份出口较前月下降 5.8%，[②] 制造业订单和工业产值也出现了大幅下滑。同时由于制裁，俄罗斯损失数百亿美元。由于乌克兰政治危机提高了贸易和投资的风险，使得企业搁置投资，导致全球经济增长率放缓，世界银行调低了全球经济增长预期，由 3.2% 降低为 2.8%。[③] 第二，增加主权债务违约风险。由于对政治局势的担忧，大量资金开始流出俄罗斯市场。2014 年第一季度资本外流 620 亿美元，第二季度外流 123 亿美元，上半

---

① 《世界银行报告称乌克兰危机阻碍全球经济发展》，http：//news. china. com. cn/world/2014 – 06/11/content_ 32636678. htm。

② 《乌克兰危机为德国经济蒙上阴影》，http：//finance. chinanews. com/cj/2014/08 – 27/6534342. shtml。

③ 《世界银行报告称乌克兰危机阻碍全球经济发展》，http：//news. china. com. cn/world/2014 – 06/11/content_ 32636678. htm。

年累计近750亿美元外逃，是2013年同期的2.2倍。[①] 资金外逃再加上油价下跌导致的俄罗斯国际收支恶化，市场担心企业或主权债务违约随时都会出现。另外，乌克兰的债务状况也不容乐观，截至2014年6月，乌克兰拥有1368亿美元外债，相当于其GDP的81.8%。[②] 鉴于国内政治经济形势的恶化，债务违约的可能性不能排除。第三，影响全球能源市场格局。欧美和俄罗斯之间的博弈，使得俄罗斯能源寻求新的市场，欧盟能源进口多元化加速。2014年5月21日，中国石油天然气集团公司和俄罗斯天然气工业股份公司签订《中俄东线供气购销合同》。根据合同，从2018年起，俄罗斯通过中俄天然气管道东线每年向中国提供380亿立方米天然气，合同金额可能高达4000亿美元。俄中天然气协议为俄罗斯提供了一条经济命脉，同时也预示着俄罗斯能源出口格局开始改变。乌克兰危机爆发后，为了降低对俄罗斯的能源依赖度，欧洲希望美国加快天然气出口。前美国能源特使、国际能源事务协调员大卫·戈尔德温（David Goldwyn）表示俄罗斯多次蓄意将能源作为外交手段，“发生在乌克兰的事件表明能源来源多元化应该是持续奉行的国家政策”。

3. 油价下跌影响全球经济运行

2014年6月份至12月中旬，全球石油价格下跌达40%。[③] 油价之所以出现如此巨大降幅，主要由于三个原因：第一，石油生产供大于求。首先是因为页岩油、页岩气的开发增加了美国的油气供应，降低了美国天然气的价格，其次是因为美国逐渐实施独立的能源政

---

① 易宪容：《俄罗斯是否为全球经济危机黑天鹅》，http：//blog. sina. com. cn/s/blog_ 8db3ce3d0102vj7e. html。

② 江时学：《乌克兰危机的经济影响》，http：//www. beijingreview. com. cn/2009news/tegao/2014 - 10/22/content_ 646315. htm。

③ 《美媒：油价重挫引发对全球经济增长的新预期》，http：//world. people. com. cn/n/2014/1208/c157278 - 26168287. html。

策，并开始出口石油。与此同时，伊拉克、叙利亚等国也逐渐恢复石油供应。第二，OPEC 不减产。以往油价剧烈波动时期，OPEC 往往会通过增加或减少产量来调节油价，面对此次石油大幅降价，11 月举行的 OPEC 会议为了稳定市场份额，作出了不减少产量的决定，这使得石油价格雪上加霜。第三，美元升值。当前全球美元市场以美元为标价货币，美元升值，油价会相对下跌；美元贬值，油价则上涨。10 月 21 日，美联储正式宣布，退出 QE3（第三轮量化宽松），此后，美元大幅升值，加剧了石油下跌的幅度。

石油价格的巨幅下跌，对于全球经济发展有利有弊。利处在于油价下跌会减少其他产品的生产成本，为全球经济注入动力，特别是能源需求高的国家。国际货币基金组织预测，由于石油价格的大幅下跌，日本、意大利和德国等主要石油进口国经济将获得近 1 个百分点的提振，而对 2015 年美国经济增长率的预期也由 3.1% 上调至 3.5% 。[①] 油价的下跌也给全球经济带来了风险，油价的持续走低对伊拉克、阿尔及利亚、俄罗斯和委内瑞拉等严重依赖石油收入的主要出口国造成打击。尤其是俄罗斯，由于油价下滑，储备下降，国际收支状况恶化，使得俄罗斯发生债务危机的可能性逐渐增大。

（二）恐怖主义形势严峻

1. “伊斯兰国”异军突起

在经历了一段相对低潮期后，恐怖主义活动在 2014 年卷土重来。重大恐怖事件在世界各地时有发生。综合已经发生的恐怖主义事件可以看出，2014 年的恐怖主义活动有以下几个特点：第一，“伊斯兰国”替代“基地”组织成为恐怖活动的主要组织和领导者。

---

① 《美媒：油价重挫引发对全球经济增长的新预期》，http：//world. people. com. cn/n/2014/1208/c157278 – 26168287. html。

“伊斯兰国”是一个活跃在叙利亚和伊拉克的恐怖组织。该组织的前身是“基地”组织的一个分支机构，但由于不认同“基地”组织的理念，2014 年 2 月份退出“基地”组织。2014 年影响较大的恐怖主义活动大都和该组织有关，其中比较突出的有 1 月份发生在伊拉克安巴尔省的恐怖组织与政府军交火事件，7 月份发生在伊拉克的“伊斯兰国”击败伊拉克政府军事件，8 月份发生在伊拉克的“伊斯兰国”与库尔德武装交火事件，9 月份发生在伊拉克的“人质斩首”事件。另外，有迹象表明，中国新疆“三股势力”活动分子偷渡处境，加入“伊斯兰国”组织，接受恐怖训练，以待回流国内策划组织恐怖活动。印尼恐怖分子还建立了“伊斯兰国”东南亚分支机构。第二，中东是恐怖活动的主战场。由于“伊斯兰国”恐怖组织异军突起，活动猖獗，使得恐怖活动的主要活动场所有以往的以尼日利亚、阿富汗为转移到伊拉克和叙利亚。“伊斯兰国”的恐怖活动可以分为两个时期：第一个时期是年初至 8 月，主要在伊拉克境内活动，屡次对攻略伊拉克重要城市、油田，并和正规军队作战，活动较为猖獗；第二个阶段是 8 月后，由于美国及其盟国的空袭，“伊斯兰国”开始转入叙利亚，活动相对隐蔽，由公开转为地下。第三，“集群作战”成为主要恐怖活动方式。经过美国对恐怖主义的打击，很长一段时间，恐怖活动都表现为“独狼”式，小规模。而 2014 年，这些恐怖主义活动方式仍然在各地使用，但几期较大的恐怖活动表现为“集群作战”。例如，攻打伊拉克的安达拉升、和库尔德武装交火、占领是有产地。

2. 多种因素导致恐怖主义卷土重来

恐怖主义之所以能够卷土重来，原因是多方面的。就最突出来的“伊斯兰国”而言，主要有：第一，美国从中东撤军。由于美国对恐怖主义的打击，恐怖分子在相当长时间蛰伏，或者潜入非洲一些国家。自美国撤军后，“伊斯兰国”组织开始从叙利亚逐步进入到伊拉克，发动攻击。第二，极端宗教主义及宗教仇恨。逊尼派和什叶派主导的政府之间宗教仇恨由来已久。伊拉克前什叶派总理玛利亚针对逊尼派的敌对情绪边缘化合打击策略，是双方爆发冲突的重要原因，由于恐怖分子较好地利用了宗教仇恨，所到之处获得很大支持。逊尼派公开为“伊斯兰国”恐怖组织提供武器和弹药以及住所。第三，资金力量较为雄厚。抢掠银行、贵金属、控制和掠夺大量油田使得“伊斯兰国”恐怖组织一举成为世界上最有钱的恐怖组织。雄厚的资金使得恐怖组织在人员招募上、武器购买活动上空间更大。

3. 打击恐怖主义任重道远

鉴于恐怖主义的快速发展，美国制定了三年三个阶段的战略计划。第一阶段，开始空袭，以保护美国的外交、情报与军事人员以及他们的设施，同时阻止“伊斯兰国”组织在伊拉克北部和西部继续扩张势力。第二阶段，在伊拉克组建新的联合政府，加紧为伊拉克政府军、库尔德武装提供训练与武器。第三，摧毁叙利亚的“伊斯兰国”组织。但就目前看，困难重重，首先上述做法不足以彻底消除恐怖主义滋生的温床。宗教仇恨及贫困是产生恐怖主义的一个重要原因，而新组建政府是否能采取有效的政治和民族和解政策，化解什叶派、逊尼派和库尔德人三方之间的矛盾和分歧还是个未知数。其次，摧毁叙利亚的“伊斯兰国”组织仍需要国际支持和配合。

（三）公共卫生安全令人担忧

1. 公共卫生领域重大疫情频发

2014年，全球暴发多起影响公共卫生安全的疫情，其中较典型的有西非埃博拉疫情和全球登革热疫情。2014年2月，疫情首先在几内亚暴发，其后，迅速蔓延至利比里亚、塞拉利昂、美国和欧洲等地。截止 11 月份，该疫情已导致 5000 多人死亡。[①] 由于疫情重大，国际公共卫生组织把其提升为全球公共卫生事件。[②] 登革热是由登革热病毒引起的一种疾病，主要通过白纹伊蚊（花斑蚊、黑斑蚊）叮咬传播，主要症状是发热、头痛、胃痛、肌肉痛或关节痛，可防可治疗，防止蚊虫叮咬是预防登革热的关键。全球登革热进入高发季节。截至 2014 年 7 月，马来西亚登革热病例数目大幅增长，已累计登记 50804 例，死亡 94 例；斯里兰卡 2014 年共确诊 23355 例；巴西 2014 年共确诊 659051 例。截至 12 月 15 日，广东已累计报告登革热病例 45171 例。[③]

上述事件反映出今年的公共卫生安全具有三个特点：一是疫情源头大都在发展中国家。例如埃博拉疫情最初在几内亚爆发，后来扩散到西非五国并逐渐蔓延到欧美等国。登革热最初集中在印尼、越南、巴西，后来扩散到中国。二是传播速度快。埃博拉病毒在 2 月份被发现后，6 月就扩散到西非四国，10 月份扩散到欧、美等国。而登革热在中国的广东省，从发现到扩散，仅用了半个月时间。三是波及范围广、受害人群多。以西非埃博拉疫情为例，自 1976 年首次发现埃博拉病毒以来，其先后暴发了 12 次。每次都限制在丛林地区，而这次暴发主要在都市地区。以往往往集中在一个国家，而这次扩散到数国。埃博拉病毒在以往的疫情中导致死亡人数一共是 1500 余人，而此次受害人数超过往期之和。

---

① 《世卫：全球逾 1.5 万人感染埃博拉 5420 人已死亡》，http：//www. chinanews. com/gj/2014/11 –20/6796406. shtml。

② 《世界卫生组织宣布埃博拉疫情成“国际卫生紧急事件”》，http：//www. chinanews. com/gj/2014/08 –08/6476108. shtml。

③ 《专家预测：本月中下旬登革热疫情或终止流行》，http：//news. youth. cn/jsxw/201412/t20141216_ 6266835. htm。

2. 多种因素导致公共卫生领域问题突出

2014年公共卫生领域事件多发，是由多种因素共同导致的。首先是基础卫生条件薄弱。此次引发疫情主要出现在发展中国家。这些国家用于公共卫生的资源有限，大部分西非国家每年花费在卫生方面的投入人均小于100美元。当疫情发生时，一些基本的医疗器材如医用手套、针头匮乏，使得疫情处理效率低下。其次是缺乏有效的疫情动员机制。有效的动员可以使人们尽早得知疫情的发展、减少个人外出、遇到疑似病例会立即汇报给监督部门，从而抑制疫情的蔓延。以埃博拉疫情的传播来看，部分国家缺乏有效地动员机制。例如在塞拉利昂首都弗里敦，到7月末当地对于埃博拉的认识仍非常欠缺，而那时距离该国首次出现疑似病例已经过去了4个月。在暴发初期，关于埃博拉的大部分公共卫生信息通过主流媒体发布，如电视和广播等。这导致接收到信息的人主要是国内中上层人士。最后，人员流动加速，使得疫情跨国传播迅速。尽管上述疫情大都发生在一些贫困地区和国家，但由于当前先进的交通工具以及各国之间交往的频繁。使得疫情很容易在一天甚至几个小时内传播到另一个国家，尤其是在疫情初发阶段。

3. 建立全球公共卫生治理机制任重道远

随着全球化进程的加快，世界从未像今天这样紧密联系在一起。就公共卫生领域来看，由于人口流动速度加快，一些局部性疫情地区性问题很容易演变成全球性疫情。为了避免类似事件再度出现，必须建立一个健全的全球性公共卫生防疫机制。目前存在的国际公共卫生治理机制存在三大问题。第一，贫困和发展问题是影响公共卫生治理的关键问题。由于当前在应对全球性疫情和传染病时，各国几乎都是“单兵作战”。一国要靠自己的力量建立公共卫生监测体系、应对重大疫情和传染病的基础设施。这样就导致有些贫困国家因为缺乏资金、缺乏技术人员支持容易成为疫情滋生的温床。这次埃博拉疫情的源发国——几内亚，有超过一半的人口生活在贫困线以下。在温饱没有满足的条件下，根本无力发展医疗设施。而在人口流动越来越频繁的今天。贫穷国家的疫情和传染病很容易演变为全球问题。第二，治理权力分散。传染病和疫情控制是一个专业性很强的全球问题，需要具有科技、医疗专长者介入；非国家行动主体，不仅在药品与疫苗研发、病毒分析和鉴定与医疗技术援助、推动和监督政府行动以及参与国际国内制度的设计方面非常重要，而且在传染病监测与信息的网络流动方面发挥重大作用。当前全球卫生治理领域的主要国际组织有世界卫生组织、世界贸易组织世界银行以及地区性组织。但各组织权力分散，无法形成应对全球性疫情和传染病的有效方案和计划。例如，世界卫生组织主要负责提供技术支援，有市委组织的专家对疫情和传染病进行分析和判断；世界银行主要提供资金；世界贸易组织通过制定相关法规以确保发展中国家能够廉价获取必要的药品和医疗设施。但是没有一个相关部分统筹规划，使得全球公共卫生治理效率低下。第三，缺乏统一的全球管理机构。目前，参与公共卫生合作的组织有多个，但遇到重大疫情和传染疾病时主要依靠所在国的力量处置。各国之间缺乏疫情通报、疫情监测等合作，这样容易导致贫困过国际上也没有一个有效地法规制约各国采取监测及通报。从上述存在的问题看，建立一个健全的全球公共卫生治理机制任重道远。

二、重大事件词条

G20 财长及央行行长华盛顿会议

4 月 10—11 日，二十国集团（G20）财长和央行行长会议在美国华盛顿举行。会议主要讨论当前全球经济形势、国际货币基金组织（IMF）份额与治理改革、金融监管改革以及长期投资等议题，并发表联合公报。中国财政部副部长史耀斌表示，世界银行应进一步促进资源向发展中国家转移，通过支持发展中国家的稳定增长为全球经济注入持久动力。国际货币基金组织决策机构——国际货币与金融委员会呼吁各国在全球经济复苏势头上升但依然不够强劲的背景下，通过结构性改革等措施保持增长。

G20财长及央行行长凯恩斯会议

9月20—21日，二十国集团（G20）财长和央行行长会议在澳大利亚凯恩斯举行。“保增长，促就业”是此次会议的主要议题。会议还专门提到埃博拉疫情对发展和稳定的影响，强调国际社会应对这一疾病的重要性。会议发表的公报指出，现行的促进经济增长措施可保证全球GDP到2018年增长1.8%。公报同时表示，在建设更为稳固的国际金融体系和推动金融监管改革方面，虽已取得重大进展，但未来仍有大量工作有待完成。澳大利亚国库部长霍基表示，国际货币基金组织和经济合作与发展组织分析了各国900多项经济措施，认为其中700项是新措施，能够促使全球GDP到2018年增长1.8%，G20各国将进一步采取措施实现2%的增长目标。G20财长和央行行长还承诺，将保证发达国家的货币政策继续支持经济复苏，以及在需要的地区应对通缩压力，促进经济发展、创造就业机会，抓住机遇改革国际税务体系。

G20财长及央行行长悉尼会议

2月22—23日，G20财长及央行行长会议在澳大利亚悉尼召开，澳大利亚国库部长霍基主持会议。会议就全球经济、基础设施建设投资、增长战略、国际货币基金组织改革、金融部门改革以及国际税收合作等问题展开讨论。会议结束后发表的公报称，与会成员承诺争取在未来五年内动用合计逾2万亿美元“弹药”刺激经济发展，争取在未来五年内将G20整体GDP由目前预测水平提高2%以上。霍基强调，这是G20首次为实现经济增长提出具体目标。公报指出，虽然全球经济出现改善迹象，但距离强劲、均衡且可持续增长仍然有很远的路要走。金融市场波动、公共债务水平较高、全球失衡局面持续以及某些经济体仍然脆弱，表明各国仍然需要应对诸多重要挑战。公报还强调，为了达到大量增加就业的目标，除了宏观经济政策以外，G20 各国要采取具体措施，包括增加投资、提高就业与参与率、改善贸易与促进竞争。

TPP 首席谈判代表会议

7 月 3—12 日，新一轮“跨太平洋战略经济伙伴关系协定”（TPP）首席谈判代表会议在加拿大首都渥太华召开。该首席谈判代表会议被普遍解读为推动 TPP 谈判尽早达成协议的关键，讨论的议题涵盖了法律、体制、劳动力市场等多个方面。在为期一周的谈判中，TPP 谈判各成员国基本就劳工权利保护问题达成一致，同意采取措施禁止进口由童工或强制劳动生产的产品，并建立争端预处理机制以防止劳工问题升级为诉讼大战。另外，各成员国还就食品安全条例、公共卫生和植物检疫标准等问题达成了共识。但由于各谈判国在取消关税、国企改革和知识产权等关键问题上仍然存在较大分歧，该次谈判未能达成广泛协议。日本首席谈判代表寺井一郎于 12 日表示，各国首席谈判代表已承诺再次举行会谈，致力于解决“为数不少”的遗留问题，但各方未能就何时重聚进行谈判做出具体决定。日本经济财政大臣甘利明表示，如果年内无法达成大致协议，谈判就有长期化的危险。

TPP 谈判部长级会议

2 月 21—25 日，“跨太平洋战略经济伙伴协定”（TPP）部长级会议在新加坡举行，尽管各方都期望能够早日达成原则性协议，但本轮谈判未能如愿。日本经济再生担当大臣甘利明于 24 日在会议开始前表示，“撤销关税等市场准入规则和知识产权是最艰难、也最重要的部分，各国将会付出前所未有的努力，改进己方提案。”与会 12 国部长及谈判代表集中商讨了关税、知识产权和环保等议题。作为 TPP 谈判国中最大的两个经济体，美国与日本之间达成妥协对协议的最终达成至关重要。但双方都面临着国内的巨大压力。5 月 20 日，TPP 谈判新一轮部长级会议在新加坡闭幕。与会各方一致通过共同声明，称“各国就完成 TPP 谈判所应具备的必要条件达成共识”，对会议取得的进展表示肯定。共同声明并未提及基本达成 TPP 谈判的具体期限，仅称继续协商以在 2014 年夏季完成谈判。

埃博拉疫情

2 月，西非多国（以几内亚、利比里亚、塞拉利昂为主）暴发新一轮埃博拉病毒疫情，并有蔓延至全球各地的风险。截至 7 月 29 日，几内亚、利比里亚、塞拉利昂和尼日利亚四国共出现 1323 例埃博拉确诊与疑似病例，729 人死亡，其中仅塞拉利昂境内感染者数量已达到 525 例。埃博拉病毒是迄今发现的致死率最高的病毒之一，尚无有效疗法。自 1976 年首次被发现，埃博拉病毒造成 2/3 的确诊患者死亡。2014 年 2 月开始暴发的这轮疫情，死亡率为 55%。该病毒通常由血液和其他体液传播，传播速度很快，其潜伏期是 2 到 21 天，患者会突然出现高热、极度疲乏、肌肉疼痛、头痛等症状，接下来会出现呕吐、腹泻、肝肾衰竭，病情严重的患者会出现内部脏器出血或体表出血，即“埃博拉出血热”。实验室检查是唯一可以确认埃博拉病毒感染的方式。2014 年该疫情暴发后，全球各方紧急应对。世界卫生组织代表和相关西非地区国家首脑 8 月 1 日在几内亚首都科纳克里召开会议，启动一项 1 亿美元的紧急应对埃博拉计划。这项计划旨在加强预防和侦测疑似感染病例，促进西非国家边界监督，增援世界卫生组织设在几内亚的地区疫情暴发协调中心。世卫组织并向西非地区派出 126 名专家，全球疫情警报和反应网络、非洲公共卫生应急基金也开始发挥作用。几内亚、塞拉利昂和利比里亚组织一支数百人的医疗人员队伍，协助抗击埃博拉疫情。7 月 30 日晚，塞拉利昂进入公共卫生紧急状态，隔离疫情中心区、取消政府官员出访活动。而利比里亚所有学校停课，政府雇工休假。肯尼亚、埃塞俄比亚、刚果（金）等非洲重要交通枢纽相关国家加强边界和机场检查。运营非洲航线的阿里克航空公司和 ASKY 航空公司暂停往返于利比里亚和塞拉利昂的航班。阿联酋航空公司于 8 月 2 日起暂停飞往几内亚的航班。9 月 17 日，世界银行的报告显示，埃博拉疫情将给受灾最严重的利比里亚、塞拉利昂和几内亚这三个西非国家带来高达 3.59 亿美元的经济损失。如果国际社会迅速采取措施帮助这些国家控制埃博拉疫情，2015 年这三个国家经济损失将降至 9700 万美元。但如果国际社会反应迟缓，则这些国家经济损失将升至 8.09 亿美元。10 月 8 日，联合国大会批准为埃博拉应急反应特派团提供近 5000 万美元预算。

巴尔干半岛洪灾

5 月中旬，欧洲巴尔干半岛连降大雨，致使当地暴发百年不遇的洪涝灾害。塞尔维亚、波黑、波兰、克罗地亚均不同程度受灾，塞尔维亚西部、中部及波黑东北部受灾尤为严重。5 月 21 日，塞尔维亚、波黑两国宣布全国进入哀悼日。至 5 月 22 日，洪灾造成的死亡人数达到 49 人；塞尔维亚仍未见缓解迹象，灾区面临传染病风险，大约 3 万人逃离家园，60 万人受到影响，各地泥石流、山体滑坡等地质灾害频频发生，大量基础设施被摧毁，经济损失达数亿欧元；波黑的水位已经下降，但有超过 10 万人被迫疏散，100 万灾民没有食水供应，大雨在波黑引发 2000 多起泥石流事件，数十个城镇和村庄同外界隔绝。波黑外长拉古姆季亚说灾区受到的破坏并不亚于（1992 年至 1995 年的波黑）战争；在克罗地亚，大约 1.5 万人紧急疏散，水灾致 2 人死亡，1 人失踪。各国政府总计被迫疏散近 200 万民众，并调动全国的安全力量参与救灾活动。欧盟人道主义援助和危机反应专员乔治艾娃前往贝尔格莱德，同当地政府官员会面。北约秘书长拉斯姆森 21 日也到波黑首都访问。来自欧盟近 20 个国家、俄罗斯和土耳其等国的救援力量向灾区的避难所发放食物、毛毯、发电机、饮用水等救灾物资。美国、奥地利、斯洛文尼亚、马其顿等国也已向波黑提供援助。

登革热新疫情

8月27日以来，日本多地频现登革热感染者。截至9月19日，日本17个都道府县共有141人感染登革热。在此之前，日本国内已有70年未发现过此类病例。为防止登革热疫情扩散，日本厚生劳动省9月6日召集相关负责人召开了紧急会议就疫情发展的相关经过交换意见，并商议对策。与此同时，中国广东省也持续面临近20年来最严重的登革热疫情威胁，广东省卫计委10月9日公布的数据显示，仅8日一天，广东省新增登革热病例就达1826例。截至10月9日零时，广东全省共有20个地级市累计报告登革热临床诊断和实验室确诊病例共26270例。在已报告的登革热病例地区中，以广州市为最严重，广州7日报告的病例已为19631例，比10月6日零时报告的18192例增加了1439例。目前，广东省登革热疾病的死亡病例暂时没有增加，仍为6例。登革热是登革病毒京蚊虫叮咬传播引起的急性虫媒传染病，其临床表现为高热、头痛、肌肉和骨关节剧烈酸痛、皮疹、出血倾向、淋巴结肿大、白细胞计数减少、血小板减少等。

第二届拉共体首脑会议

1月28—29日，第二届拉美及加勒比国家共同体（拉共体）首脑会议在古巴首都哈瓦那召开。拉共体轮值领导人古巴领导人劳尔·卡斯特罗主持会议。除美国和加拿大外，美洲33国的国家元首和高级代表与会。联合国秘书长潘基文应邀参加了峰会并在全体大会讨论中发言。他认为此次拉共体峰会是一届历史性的会议，地区一体化的深入促进了拉美和加勒比地区的稳定和发展。此次会议以“应对贫困、饥饿和不平等”为主题，各国领导人围绕消除贫困、饥饿和地区不平等、阿根廷马岛问题、解除古巴封锁、地区无核化、土著民族自然资源和权利保护等一系列问题展开讨论，集中于解决该地区的经济社会问题，尤其是解决该地区 5000 多万人的饥饿与贫困问题。古巴领导人劳尔·卡斯特罗在开幕式上表示，求同存异是实现团结一致的重要原则，也是拉共体成员国的共同目标。拉美和加勒比地区国家还面临着许多共同挑战，贫困、饥饿、不平等和美国的监视构成了造成本地区不稳定的因素。他表示，拉美和加勒比地区的一项重要任务就是起草 2015 年后的发展计划，并在拉共体框架下建立一个全新的地区和国际化的合作模式。会议最后签署了《地区和平声明》。

第 22 届非盟峰会

1 月 24—31 日，第 22 届非洲联盟（简称非盟）峰会在埃塞俄比亚首都亚的斯亚贝巴召开。来自非盟 50 余个成员国的国家元首、政府首脑或代表参加了会议，就非洲农业发展、粮食安全、地区安全局势、未来发展愿景等议题展开磋商，并确定了“2014：非洲农业与粮食安全年”活动的年度主题。2014 年同时也是非洲各国领导人启动“非洲农业综合发展计划”（CAADP）10 周年，因此非盟开展一系列活动，希望进一步唤起非洲各国政府和民众对非洲农业发展与粮食安全的重视与支持。非盟轮值主席、埃塞俄比亚总理海尔马里亚姆在峰会开幕式发言中称赞了非洲农业综合发展计划实施 10 年来取得的丰富成果，他同时表示非洲国家需齐心协力，尽快恢复南苏丹和中非共和国的和平稳定，避免局部危机向整个非洲地区扩散。新任非盟轮值主席、毛里塔尼亚总统阿齐兹在闭幕式上发表讲话说，会议期间，各国代表就非洲未来 50 年发展蓝图——“非洲愿景 2063 战略”进行了讨论。阿齐兹说，与会各国代表还决定进一步采取措施帮助战乱国家恢复和平，打击恐怖主义、跨国人口贩卖、绑架、武器走私等犯罪活动。

第23届非盟峰会

6月20—27日，第23届非盟峰会赤道几内亚首都马拉博召开。峰会为期8天，包括常任代表委员会例会、执行委员会例会和例行大会，其中在26日和27日举行的例行大会，由非盟各国首脑出席，这也是峰会的核心部分。峰会在“非洲农业转型、实现共同繁荣、改善民生：抓住机遇实现包容性增长和可持续发展”这一总主题之下，分成若干分主题。比如，增加农业生产、提高农业生产力和农产品价值；发挥农业区域市场和贸易功能；争取2025年在非洲结束饥饿；增加公共和私人对农业的投融资等内容。围绕“农业与粮食安全”这一主题，峰会期间还举行了“非洲农业论坛”，对一系列重点农业问题的进行磋商，将政治承诺转化为实际行动，同时将包容性增长和私营部门对农业的投资作为加快农业转型的引擎。同时，还举行了一次促进女性参与农业增长、粮食安全和农业经济活动的研讨会，来自非洲国家的60多位妇女代表参加了会议研讨。

第三届核安全峰会

3月24—25日，第三届核安全峰会在荷兰海牙召开，此次核安全峰会以“加强核安全、防范核恐怖主义”为主题，50多个国家领导人或代表以及国际组织负责人与会，中国国家主席习近平出席此次峰会。这是中国新一届领导人首次出席国际安全领域的世界性峰会，也是中国在这一领域采取的一次重大外交行动。但俄罗斯总统普京第二次缺席该峰会，代表普京出席的是俄罗斯外长谢尔盖·拉夫罗夫。峰会活动内容包括开、闭幕式，四次全体会议，互动式专题讨论等。东道主、荷兰首相吕特于23日表示，核恐怖主义是当前国际安全领域面临的最大威胁之一，峰会应致力于加强世界范围内的核安全。与会领导人阐述了各国的核安全主张，并探讨防范核恐怖主义的应对举措，以“降低核材料和放射性物质落入恐怖分子手中的几率”为目标。会议还在召开期间通过《海牙公报》。公报显示，与会领导人在减少高浓铀核材料数量、增强放射性材料安全保障措施、增进国际信息交流和合作三方面达成共识。公报内容涉及全球核安全体系、国际原子能机构作用、核材料、放射源、核安全与核能安全、运输安全、打击非法贩运、核分析鉴定、信息安全、国际合作等10余个领域，共提出6项非约束力承诺或鼓励措施。中国国家主席习近平出席峰会并发表重要讲话，首次阐述中国核安全观。第四届核安全峰会将于2016年在华盛顿举行。

G20布里斯班峰会

11月16日，二十国集团第九次领导人峰会在布里斯班闭幕，发表了《二十国集团领导人布里斯班峰会公报》。作为本届峰会主席国，澳大利亚一直将“促进全球经济增长”作为峰会核心目标。此次峰会明确了2014年2月各国财长和央行行长在悉尼会议上的承诺，即到2018年，将二十国集团的经济增长额外提高两个百分点。为确保这一目标的实现，各国最终确定了1000多项促进增长的措施；各国还同意建立一个全球基础设施中心，用于搭建一个知识共享平台以及政府、私人机构、开发银行和其他组织之间的联系网络。中心将促进不同群体之间的交流，改善基础设施市场的运作及融资；关于金融机构改革方面，公报指出，将致力于保持一个强有力、以份额为基础、资金来源充足的国际货币基金组织。《公报》表示，虽然在2010年以及第15届份额审议大会上已就有关内容达成协议，但国际货币基金组织迟迟未能在份额和管理方面实施改革，各国对此深表遗憾。《公报》强调，落实2010年改革仍是各国对国际货币基金组织的最迫切要求。《公报》还公开督促美国尽快批准这一方案。如果到年底仍无结果，将要求国际货币基金组织在现有工作的基础上，做好下一步采取其他措施的准备。与会成员领导人还核准了支持增长和抗风险的《2015—2016年G20反腐败行动计划》，同意采取行动建设反腐败合作网络，包括加强司法互助，返还腐败资产，拒绝为腐败官员提供避罪港。

非法移民船只沉没事件

7月11日，一艘运载非法移民的船只在希腊萨莫斯岛附近海域倾覆，希腊海岸警卫队打捞起4具遇难者遗体，另有13人获救，约20人失踪。该船从土耳其出发时，船上载有38人。失事船只尚未找到。5月5日，在萨莫斯岛附近海域曾发生一起类似事故，22名非法移民溺水身亡。希腊是非洲和亚洲地区非法移民进入欧洲的主要通道之一，每年都发生多起非法移民船只倾覆事故。近两年来，希腊海岸警卫队在类似事故中救起约2500名非法移民。7月，一艘载有约150名非法移民的船只也曾在利比亚近海沉没，仅有22人获救。8月22日，一艘载有200多名非法移民的船只在利比亚首都的黎波里东北约60公里的海域沉没。利比亚海岸警卫队在接到渔民报告后，立即前往沉没地点开展搜救，但仅救起17人。现场救援人员22日在现场打捞出15具遗体，另有170多人下落不明。近年来，大量非法移民以利比亚为中转站，穿越地中海偷渡至欧洲，沉船事故也频繁发生。

韩国"岁月"号客轮沉船事故

4月16日上午，韩国"岁月"号客轮在全罗南道珍岛郡海域发生沉船事故。15日20时，"岁月"号客轮离开仁川港，计划于16日11点到达韩国济州岛。16日7时55分左右，船体受到严重撞击发出巨响并摇晃，几秒内船体发生倾斜，出现快速下沉。浸水后两小时内，船体侧翻，进而倾覆，船尾下浸，船首上扬，直至90%以上船体倾斜进水。乘客中包括325名前往济州岛修学旅行的京畿道安山市檀园高中的学生，15名教师，30名船务人员和89名其他乘客共476人。沉船事故发生后，韩国海军、消防、警察、海警等派遣16架直升机和24艘船在事发海域开展紧急营救。美军"好人理查"号两栖攻击舰与舰载直升机协同参与了救援。韩国官民军联合救援队集中搜索了客轮111个舱室中可能会有乘客停留的64个舱室，但搜救工作自6月24日打捞出一具女性遗体之后，未再取得新进展。至7月，事故共造成293人遇难，仍有11人下落不明，其中遇难的包括4名中国籍公民。5月15日，韩国检察机关对“岁月”号客轮发生海难时的船长等4名船员提出谋杀指控，指认他们抛下乘客、率先弃船逃生。此外，其余11名船员受到过失致人伤亡、违反海难救助法等指控。6月25日，韩国警方拘捕了2名舵手和驾驶组的2名船员，至此，涉及出事客轮上负责导航的15名船员（包括船长）全部被拘捕。但仅有1名轮机室的船员承认法庭对自己的指控，其他14人包括船长李俊锡均否认杀人指控。

金砖国家开发银行

7月15日，中国、巴西、俄罗斯、印度和南非在巴西福塔莱萨发表《福塔莱萨宣言》，宣布成立金砖国家开发银行，建立金砖国家应急储备安排。金砖国家新开发银行的启动资金为500亿美元，由成员国平摊各提供100亿美元，五国将在7年内向该银行投入1000亿美元。另外建立1000亿美元金砖国家应急储备基金，用于金砖国家应对金融突发事件，其中中国提供410亿美元，俄罗斯、巴西和印度分别提供180亿美元，南非提供其余的50亿美元。金砖银行和外汇储备基金，其功能设想分别类似现在的世界银行与IMF：金砖银行负责包括金砖国家以及其他国家的基础设施建设投资项目，扩大金砖国家的海外利益；而外汇储备基金则负责在成员国出现资本外流、债务危机等金融紧急情况时提供援助资金，这将简化金砖国家间的相互结算与贷款业务，减少对美元和欧元的依赖。巴西总统罗塞夫称，金砖国家开发银行的首任总裁将来自印度。金砖五国于2013年在南非举行的第五次金砖峰会上决定成立金砖国家开发银行和应急储备基金，按计划将于2016年开始运营。

联合国“推动为主权债务重组进程建立多边法律框架”决议

9月9日，第68届联合国大会（简称联大）举行第107次全会，以124票支持、11票反对和41票弃权的结果，表决通过“推动为主权债务重组进程建立多边法律框架”决议。中国在表决中投了赞成票。该决议是阿根廷倡议提出，由玻利维亚代表“77国集团和中国”向联大提交的。该决议强调应就发展中国家债务问题达成有效、全面和持久的解决方案，并决定在第69届联大期间通过政府间谈判进程，为主权债务重组进程建立一个多边法律框架，以提高国际金融体系的效率、稳定和可预见性，实现持久、包容和公正的经济增长和可持续发展。决议指出，一个国家为重组其主权债务所作出的努力，不应受到包括诸如风险基金在内的商业债权人的阻挠和挫败。阿根廷总统克里斯蒂娜于当日发表讲话称，在债务重组问题上获得了国际社会的支持是阿根廷的胜利。她同时感谢所有投赞成票的国家以及77国集团和中国的支持。

联合国2014年人类发展报告

7月24日，联合国开发计划署在东京发布题为《促进人类持续进步：降低脆弱性，增强抗逆力》的2014年人类发展报告。报告称，按联合国开发计划署最新发布的多维贫困指数来衡量，目前在91个发展中国家仍有近15亿人口生活在贫困之中。全球仍有近8亿人一旦遭受冲击便会面临重新陷入贫困的风险。报告还显示，全球有将近80%的人口缺乏全面的社会保障，8.42亿人口正遭受长期饥饿，超过15亿员工为非正规就业或非固定就业。该报告敦促各国针对上述问题采取措施加以改善。联合国开发计划署署长海伦·克拉克表示，“通过解决脆弱性问题，所有人将可以共享发展成果，人类发展也将变得更加平等和可持续。”

联合国气候变化峰会

9月23日，联合国气候变化峰会在纽约联合国总部召开，120多个国家的元首和政府首脑以及全球商业界与会。尽管离2015年将在法国巴黎举行的“联合国气候变化框架公约”（UNFCCC）缔约国大会只有1年时间，但一些国家在应对气候变化领域的诉求和所承担义务的看法仍然存在差距。为最终达成具有实质意义的气候变化协议，会议期望通过各国领导人面对面的协商和谈判，进一步减少分歧，形成共识。各国都被要求在峰会中表明态度，阐明观点。因此峰会有两个目标：一是为在巴黎达成气候变化新协议凝聚政治动力；二是促成减少温室气体排放和增加应对气候变化能力的大胆措施。各方在此次峰会上做出的承诺包括：各国领导人同意采取大胆行动，在减少极端贫困和促进可持续发展的框架下减少排放、增强气候复原力，争取明年在巴黎就气候变化达成有意义的全球协定；将对绿色气候基金予以大力支持，目前该基金已经获得11.5亿美元的初期资金承诺；同意加强和扩大非洲和加勒比地区的气候复原力的风险融资机制；发起首个“全球农业联盟”作为建立气候伙伴联盟方面的成果，使5亿农民在2030年能够进行气候智能型务农。

联合国维和人员马里遭袭事件

10月7日和8日，联合国秘书长潘基文和安理会先后发表声明，对马里北部再次发生袭击联合国多层面综合稳定特派团人员的事件表示强烈谴责。潘基文对7日发生的攻击事件造成一名塞内加尔维和人员死亡和另一人受伤表示愤怒。他指出，这是5天内特派团第二次遭到袭击，身分不明的攻击者对特派团位于基达尔（Kidal）的营地发起了6轮爆炸攻击。自2013年7月特派团成立以来，因敌对攻击而丧生的维和人员总数达到了31人，受伤的维和人员达91人。在安理会即将讨论马里局势之际，潘基文提醒称，所有各方均有责任保护联合国维和人员免受攻击。他强调，政治解决是唯一可以使马里实现持久和平与稳定的途径。安理会在声明中强调，根据国际法，袭击维和人员有可能构成战争罪。安理会呼吁马里政府迅速开展调查，将肇事者绳之以法。安理会同时重申其打击一切形式的恐怖主义的决心，并且强调会员国必须确保根据国际法所要求的义务打击恐怖主义。

马航 MH370 失联事件

3月8日，马来西亚航空公司从吉隆坡飞往北京的 MH370 航班（波音 777－200 型客机）在起飞不到1小时后飞机与地面航管系统失去联系，并从雷达上消失。机上共有227名乘客及12名机组人员。6小时后，马来西亚航空公司正式对外宣布飞机失联。随后，各国展开了大规模的调查与搜救行动。起初，搜索范围集中于泰国湾与南海海域，随后扩展至马六甲海峡与安达曼海。3月15日，根据军用雷达与无线电装置提供的信息，发现 MH370 在与民用雷达失联后脱离原定航线，越过马来半岛，折返向西航行。根据飞机最后一次与卫星联络的信息，将搜索范围确定为两个走廊地带：一是老挝北部、中国南部、克什米尔、阿富汗构成的北部走廊；二是南印度洋地区。24日，英国航空事故调查署以独立调查机构的身份指出，飞机极有可能在南印度洋失事。各国搜救力量遂将工作重点转移至此，但始终未能发现飞机残骸，亦未能确定飞机“黑匣子”的位置。3月24日，MH370 失联17天后，马来西亚总理纳吉布宣布飞机坠毁于南印度洋，无人生还。各国经过长达数月的搜寻，但客机至今下落不明。关于飞机失事原因至今未有结论，有“技术故障说”、“恐怖袭击说”、“机长劫持乘客说”等不同观点。

美联储月度购债规模缩减计划

1月29日，美国联邦储备委员会宣布，考虑到就业市场已取得的进展和经济前景的改善，决定从2月起继续削减月度资产购买规模，将长期国债购买规模从400亿美元降至350亿美元，将抵押贷款支持证券购买规模从350亿美元降至300亿美元。由此，美联储月度资产购买规模将从之前的750亿美元缩减至650亿美元。9月17日，美国联邦储备委员会再次宣布，将月度购债规模继续缩减100亿—150亿美元，并计划在10月底的货币政策例会上完全结束购债计划。由于考虑到美国经济复苏力度存在不确定性，就业市场远未回归到正常水平，美联储重申，在购债计划结束后的“相当长一段时间”内会继续将短期利率维持在超低水平，对何时启动加息持谨慎态度。美联储还公布了退出量化宽松政策的新原则：将通过提高联邦基金利率开启货币政策正常化进程，随后才会考虑停止将所持到期证券本金进行再投资的政策，逐步缩减资产负债表规模。美联储预计，在货币政策正常化的过程中，大体上不会出售抵押贷款支持证券；如果确实有这个需要，将会提前与公众沟通出售时机和节奏。

民航客机在7月接连失事

7月17—24日，共有3架客机在一周之内接连失事，成为自马航MH370失联后空难密集的7月“空难周”。7月17日，马来西亚航空公司MH17航班客机（波音777客机）在靠近俄罗斯边界的乌克兰东部地区坠毁，机上283名乘客和15名机组人员共298人全部遇难，飞机原定从荷兰阿姆斯特丹飞往吉隆坡。之后，国际调查显示飞机是被导弹击落。18日，乌克兰当局公布了截获的录音，录音中两名武装分子承认击落了一架客机。俄方表示MH17在飞行中曾按照乌克兰调度员的指令一度改变航线，还没来得及回到原轨道就发生坠毁，突然改变航线的原因不明。目前黑匣子已到达英国航空专家手中，调查仍在进行。23日下午，中国台湾复兴航空GE222航班客机从高雄飞往澎湖，最终在澎湖西溪村坠毁，造成机上58人（其中54名乘客、4名机组成员）中48人死亡、10人受伤，另造成地面5人受伤，客机失事现场找到36具罹难者遗体。黑匣子记录的飞行轨迹显示，飞机在晚上7时5分54秒解除自动驾驶时，开始逐渐偏航，直到黑匣子中止记录，飞机航向与依规定进场角度差了13度。驾驶员解除自动驾驶后，飞机曾撞击树丛。飞机的一号发动机也吸入树枝、树叶，影响动力输出。复兴航空公司GE222班机飞航事故事实调查报告需年底前才能发布。24日，阿尔及利亚航空公司AH5017航班客机从非洲布基纳法索首都瓦加杜古起飞50分钟后失联，后证实客机在马里坠毁。机上共有118人，大部分是法国人，包括均为西班牙裔的6名机组人员。布基纳法索搜救人员当日在马里境内靠近布基纳法索边境发现该坠毁客机的残骸和遇难者遗体，现场未能找到幸存者。调查人员认为失事原因主要是受恶劣天气影响，但尚不能排除恐怖袭击等其他猜测。

尼日利亚极端组织“博科圣地”绑架女性案

4月14日，20余名“博科圣地”武装分子分乘3辆装甲运兵车袭击了位于尼日利亚奇博克的一所女子公立中学，并在袭击中烧毁大量村庄房屋，掳走276名女学生。5月5日，美国国务院发言人哈夫表示，将以情报分享方式向尼日利亚提供“反恐协助”。6日，“博科圣地”武装组织再次闯入一村庄，绑走8名年龄12至15岁的女生，并在尼东北部城镇发动袭击，造成310人死亡。同日，美国国务卿克里致电尼日利亚总统乔纳森，提出派遣一个专家小组到尼日利亚，协助寻找被掳走且尚未逃脱的223名女学生。7日，中国、英国和法国表示将加入拯救行动。12日，“博科圣地”头目发表声明，提出用女学生交换该组织的在押囚犯。随后，尼政府宣布博尔诺州、约贝州和阿达马瓦州进入紧急状态，下令剿灭“博科圣地”。6月5日，“博科圣地”再度在尼日利亚东北部的切布克镇附近绑架了20名女性，同时被绑架的还有试图制止其行径的3名男子。27日，尼日利亚北部博尔诺州库玛巴扎村庄附近再次发生绑架事件，至少60名妇女和儿童遭绑架。这60多名妇女于7月7日看守人员外出进行武装行动时成功逃脱。但被绑架的女学生中只确认53名逃跑，仍有223名下落不明。

尼日利亚系列恐怖爆炸事件

5月20日下午，位于尼日利亚乔斯市中心繁华地段的特尔米纳斯市场附近接连发生两起汽车炸弹爆炸袭击，导致至少118人丧生、45人受伤以及周边设施损毁。尽管没有任何组织或个人宣称实施袭击，但是警方以及当地舆论认为，极端组织“博科圣地”嫌疑最大。6月3日晚，尼日利亚东北部4座村庄遭到恐怖袭击，疑似“博科圣地”武装破坏民居、教堂和清真寺，杀死大量居民。当地社区领导人称死者可能达500人，但由于通讯落后，真实遇难人数无法确认。一旦证实，这将是当地伊斯兰武装叛乱5年来最血腥的一场袭击。5日，尼日利亚迈杜古里地区200多名平民惨遭“博科圣地”武装分子屠杀。目击者称，尼日利亚政府军此前收到危险警告，但未进行干预，导致惨案发生。25日，尼日利亚首都阿布贾一座购物中心发生严重爆炸事件，造成至少21人死亡，该事件成为“博科圣地”组织的最新罪行。尽管尼日利亚军方和政府均声称要打赢针对“博科圣地”的持续5年的战争，但平民的死亡数量却逐年增加。在过去的4年中，约3600人因暴恐事件死亡。而在2014年，已有超过2000人死亡。26日，尼经济中心拉各斯的阿帕帕地区克里克路的弗拉韦尤油库发生两起爆炸。无任何组织宣称制造这两起爆炸事件。29日，尼北部博尔诺州两座村庄教堂6月遭武装分子袭击，造成至少30人死亡。对此，联合国秘书长潘基文30日通过发言人发表声明，强烈谴责极端组织“博科圣地”不断对平民发动袭击，潘基文重申，在尼日利亚按照国际人权法应对这一挑战时，联合国愿意提供支持。5月22日，联合国安理会“基地”组织制裁委员会将“博科圣地”列入“基地”组织制裁名单，依据安理会相关决议对其实施有针对性的金融制裁和武器禁运。由于“博科圣地”组织对西非地区的安全威胁持续加剧，尼日利亚、尼日尔、乍得和喀麦隆于23日决定动员建立联合部队以应对该组织的威胁。

全球房市观察网

6月11日，国际货币基金组织宣布开办“全球房市观察网”。

该网站负责汇总并定期发布世界各国房市数据，跟踪房市波动周期，帮助各国政策制定者预防房市大起大落。IMF表示，该网站可提供一站式服务，发布全球房价指数和其他与房市相关的经济指标，是IMF加强房市研究的一部分。IMF希望借此增强公众对该领域的了解并促进房市调控方面的跨国合作。IMF副总裁朱民表示，房地产是经济的重要领域，也是经济脆弱性和危机的一个源头。当前全球房市保持复苏是一个好现象，但需预防再次出现不可持续的房价快速上涨。在防控房市大起大落方面，只有各方保持开放对话，才能更加深刻了解相关政策工具的作用。根据该网站当天发布的全球房价指数，全球房价已经连续7个季度上涨。7月，该网站发布了一份与全球房市有关的季度报告。

日本“科研”捕鲸计划

9月2日，日本政府决定，将把南极海域“科研”捕鲸的对象限定于小须鲸，并考虑大幅减少捕获数量，作为其新的“科研”捕鲸计划。9月7日，日本“科研”捕鲸行动在北海道钏路近海的北太平洋启动，当天共捕获了7头小须鲸。日方计划到10月底在钏路近海最多捕捉51头。此次捕鲸活动由地区捕鲸推进协会（福冈市）实施，称将会对所捕小须鲸的胃内残留物及捕食量进行调查之后把鲸肉出售以供食用。1986年，国际捕鲸委员会就已在全球范围内禁止了商业捕鲸活动。2014年3月，国际法院做出禁止日本在南极海域进行科研捕鲸的判决。国际法院指出，日本的计划捕鲸量与实际捕获量相差甚远，不能说是以科研为目的。9月3日，美国国务院负责人表示，杀死鲸鱼“这一致死性科研对于现代的鲸类保护活动而言并无必要。美国的观点不变”。美国将敦促日本顾及上述想法，要求日本修改“科研”捕鲸实施计划。

世贸组织《贸易便利化协议》搁浅事件

7月31日，原定于当日之前在日内瓦签署的世界贸易组织《贸易便利化协议》因印度、古巴、玻利维亚、阿根廷、南非等国的拒签而搁浅。世贸组织于2013年12月签署了“巴厘一揽子协定”，其中包括旨在加速全球贸易的《贸易便利化协议》。按照协议内容，世贸组织总理事会会议应在2014年7月31日前，在世贸组织成员一致同意的基础上，将《贸易便利化协议》加入世贸规则体系。但是，以印度为主的几个成员此次突然表示反对。据悉，围绕粮食补贴所产生的分歧是谈判搁浅的重要原因。印度在谈判中就本国粮食储备和粮食补贴持强硬立场，导致谈判破裂。世贸组织总干事阿泽维多称，谈判一直进行到深夜，但始终未能找到办法弥补分歧。8月1日，印度总理莫迪在新德里会见美国国务卿克里，克里向莫迪表达了美国政府对印度拒签《贸易便利化协议》的不满。美国贸易代表弗罗曼表示，“巴厘一揽子协定”无法得到落实，是对世界贸易组织一次严厉的打击。

世界卫生组织首份预防自杀报告

9月4日，为了配合宣传“世界预防自杀日”，世界卫生组织发布首份预防自杀报告，称全球每年有80万人死于自杀，大约每40秒就有1人轻生。该报告涵盖世界绝大多数国家和地区。数据显示，自杀在超过50岁的人中较为常见，但也是15—29岁年龄段青少年死亡的主要原因之一。报告称，中低收入国家自杀人数占全球自杀人数的四分之三，远高于高收入国家。自杀率最高的国家为南美洲的圭亚那，每10万人中就有44.2人自杀。世界卫生组织总干事陈冯富珍呼吁国际社会重视自杀问题，指出该问题曾因为社会禁忌而长期被大众忽视。世界卫生组织心理健康和药物滥用部门负责人萨克斯纳称，自杀可以预防。由于外界长期将自杀与精神疾病连在一起，导致有意自杀的人不敢或不愿意寻求协助。目前，全球只有28个国家建立了国家级预防自杀战略计划。世界卫生组织官员呼吁，各国都应该出台防范自杀的策略，至少可以从地方范围开始。

首个初步通过人体测试的埃博拉疫苗

11月26日，美国国家卫生研究院宣布，实验性埃博拉疫苗的首个人体试验已取得初步积极结果。该疫苗由美国国家卫生研究院下属国家过敏症和传染病研究所与英国制药企业葛兰素史克公司合作研制，先前在灵长类动物试验中效果理想，并于9月2日展开临床试验，研究人员对志愿者进行为期48周的观察，以评估疫苗的效果和安全性。共有20名18岁至50岁的健康成年人接受了临床试验。美国国家卫生院当天表示，受试的20名成年志愿者在接受注射后4周内，血液中全部产生埃博拉抗体。其中9人体内还产生一种叫做CD8T细胞的免疫细胞。美国国家过敏症和传染病研究所主任福奇说，该疫苗在"结束此波埃博拉疫情扮演重要的角色"，并且对"预防未来爆发大规模疫情起着关键作用"。福奇还表示，基于上述进展，将会继续进行更大规模的试验，以判定疫苗是否有效。国家过敏症和传染病研究所"正在同利比里亚政府官员及其他伙伴商讨有关在西非地区展开疫苗下一阶段测试的问题"。

首届联合国环境大会

6月23日，首届联合国环境大会在肯尼亚首都内罗毕联合国环境规划署总部开幕。各国政府代表、主要团体和利益相关方代表约1200多人出席会议，共同讨论2015年后的环境保护和发展、非法野生动植物贸易、绿色经济融资等议题。此次大会为期5天，主题为"可持续发展目标和2015年后发展议程，包括可持续消费和生产"，旨在商讨和确定一系列目标和指标，推动联合国千年发展目标的成功实现。大会共达成16项决议，空气质量和打击野生动植物非法交易成为关注重点。与会代表一致同意，应积极鼓励各国政府为相关行业制定标准和政策，减少污染物排放，控制空气污染给健康、经济和可持续发展带来的负面影响。联合国环境规划署表示，将协助各国政府在控制空气污染方面进行能力建设，并提供相关数据和分析报告，供各国政府参考。大会还通过决议，敦促各国政府履行打击野生动植物非法交易的承诺。会后发布的公告称，联合国环境规划署将从三个方面推进相关工作，即加强研究野生动植物非法交易的影响、提高公共意识、支持各国政府制定相应法律。蒙古国自然环境和绿色发展部部长桑扎苏伦·奥云当选本次大会主席，比利时、乌干达和罗马尼亚等国代表被选为大会副主席。联合国大会于2013年3月通过决议，把由原来58个成员国参与的联合国环境署理事会，升级为普遍会员制的联合国环境大会，使联合国所有成员国共同在部长级层面商讨全球环境和可持续发展议题并做出决策。

乌干达沉船事故

3月22日，一艘载满难民从乌干达返回刚果（金）的船在乌干达西部艾伯特湖发生沉船事故，造成251人死亡。刚果（金）政府因此宣布国家举行为期3天的哀悼日。沉船原因是超载和安全标准低。该船载客人数比官方规定的载客标准多出80名，运输工具年久失修且安全要求执行松散。船长因此被捕接受调查。刚果（金）政府事后积极帮助幸存者，并安排遇难者的葬礼。沉船上的乘客系乌干达送回刚果民主共和国的刚果（金）难民。这些难民先前居住在乌干达境内一处难民营，经乌干达当局协商，他们自愿返回刚果（金）东部地区。沉船事故中仅有45名乘客被救出，获救者已被送回乌干达临时安置，联合国难民事故机构负责协调安置工作。部分遇难者家属从刚果（金）赶赴乌干达辨认尸体。有关搜救工作仍在进行，但发现生还者的希望渺茫。联合国难民事务高级专员公署称，另有100多人下落不明。艾伯特湖位于乌干达与刚果（金）交界处。与本次沉船事故的原因类似，乌干达包括维多利亚湖和艾伯特湖等湖上的沉船事故时有发生，造成大量人员财产损失。

亚太经合组织第22次领导人非正式会议

11月10—11日，亚太经合组织第22次领导人非正式会议

（APEC 北京峰会）在北京怀柔雁栖湖举行。本届 APEC 北京峰会围绕“共建面向未来的亚太伙伴关系”主题，在推动区域经济一体化、促进经济创新发展改革与增长、加强全方位基础设施与互联互通建设等议题方面深入交换意见。会议通过了《北京纲领：构建融合、创新、互联的亚太——亚太经合组织第二十二次领导人非正式会议宣言》、《共建面向未来的亚太伙伴关系——亚太经合组织成立25周年声明》、《互联互通蓝图》、《亚太经合组织经济创新发展、改革与增长共识》等成果，进一步明确了亚太的发展方向、目的和举措，决定启动亚太自由贸易区进程，批准 APEC 推动实现亚太自由贸易区路线图，还确立了在2025年前实现加强软件、硬件和人员交流互联互通的远景目标。APEC 成员一致认为，世界经济已经进入后国际金融危机时期的深度调整阶段。亚太发展取决于创新和改革。亚太地区必须抓住机遇，直面挑战，加快创新和改革步伐，为亚太经济发展谋求新的驱动力和竞争力。会议决定以经济改革、新经济、创新增长、包容性支持、城镇化作为五大支柱，加强宏观经济政策协调，推进务实合作、经验分享、能力建设，巩固亚太地区在世界经济的引擎地位。

亚太自贸区北京路线图

11月11日，亚太经合组织21个经济体领导人在北京发表联合声明，一致同意启动亚太自贸区进程，推动实现亚太自贸区路线图。中国商务部部长高虎城介绍，“路线图明确了亚太经合组织推进亚太自贸区建设的指导原则和行动规划，将成为亚太经合组织成立以来历史上一项具有里程碑意义的成果文件。”实施该路线图将促进亚太自贸区建设，对保障亚太地区稳定和繁荣作出实质性贡献。亚太经合组织将成为亚太自贸区的“孵化器”，在东盟“10+3”、“10+6”、“跨太平洋伙伴关系协定”（TTP）等现有区域贸易安排基础上制订全面的自贸协定。亚太自贸区将建立在亚太经合组织之外，与亚太经合组织自身进程平行推进。亚太经合组织应保持非约束性和自愿原则，鼓励单边贸易投资自由化和本国经济改革，发挥亚太自贸区“孵化器”作用，为实现亚太自贸区发挥领导作用和提供智力支持。各国领导人在联合声明中还称，将责成本国部长和官员采取相应具体措施对路线图予以促进，并每年向亚太经合组织领导人汇报进展和成果。亚太经合组织成员已经决定，在2015年将54种环境产品进口关税下调到5%以下，包括环境监测、垃圾焚烧、空气水源质量控制等类别。

伊拉克和平与安全国际会议

9月15日，由法国倡议举行，来自26个国家以及阿盟、欧盟和联合国等国际组织的代表出席了有关打击“伊斯兰国”的伊拉克和平与安全国际会议。会议于15日通过声明，强调极端恐怖组织不仅对伊拉克，而且对整个国际社会都构成了威胁，其反人类罪行应受到国际法的制裁。声明称，与会各国将支持联合国在协调帮助伊拉克政府问题上起主导作用。声明还表示，各国将采取向伊拉克新政府提供“适当军事援助”等必要手段，打击极端组织“伊斯兰国”。法国总统奥朗德在开幕式上强调，打击“伊斯兰国”已经刻不容缓。伊拉克总统马苏姆在发言中要求对“伊斯兰国”的藏身处进行持续空袭，切断其资金来源，同时防止来自邻国的武装分子加入这一组织。在各国代表聚首巴黎之际，法国的阵风战机首次在伊拉克上空执行了侦察任务。值得注意的是，叙利亚、伊朗未受邀与会。

伊朗执行伊核问题第一阶段协议

1月20日，伊朗开始执行伊核问题日内瓦第一阶段协议。当日，伊朗断开纳坦兹和福尔多核设施内串联离心机的连接，停止生产丰度为20%的浓缩铀，并开始稀释、氧化其现有的196公斤丰度为20%的浓缩铀。伊朗原子能组织主席萨利希表示，伊核问题第一阶段协议已经进入落实阶段，但是协议的落实将分步执行，完全落实尚需时日。协议开始落实意味着有关各方开始朝着和平解决伊核问题的方向前进。国际原子能机构核查人员于20日抵达纳坦兹进行核实。他们访问了阿拉克重水反应堆，确认现场未储存重水，并检查了伊朗中部伊斯法罕省的相关设施，确认供应阿拉克重水反应堆的燃料已经停止生产。2013年11月24日，伊朗与伊核问题相关六国（美国、英国、法国、俄罗斯、中国和德国）达成协议，同意以冻结其部分核计划换取国际社会放松部分制裁。依据协议内容，伊朗同意暂停生产丰度为5%以上的浓缩铀，同时稀释或转化库存的丰度为20%的浓缩铀；在自2014年1月20日开始的6个月内，伊朗不新增丰度为3.5%的浓缩铀库存，不再兴建额外的铀浓缩设施，不新增离心机等。相关国家则暂停对伊朗贵金属、汽车等的部分进口限制以及对石油化工产品的部分出口限制。

中东呼吸综合征冠状病毒新疫情

5月2日，美国发现首例中东呼吸综合征冠状病毒（MERS）感染者。截至7月23日，全球向世界卫生组织正式报告发生了837例中东呼吸综合征冠状病毒感染实验室确诊病例，包括至少291例相关死亡，通报国家数逾20国，中东地区病例最多，且大多数MERS病毒感染病例发生在沙特。欧洲也已确认MERS病毒感染病例，全部病例与中东有关系。5月10日，法国卫生部宣布3例疑似病例，最终确认1人感染MERS。世界卫生组织助理总干事福田敬二5月12日在沙特表示，“在不同国家出现的聚集性正在增加一种假说的可能性，即在亲密接触的情况下，新型冠状病毒可以由人传给人。”但他同时也强调，目前没有证据表明MERS可以在一般人群中传播。5月19日，美国疾病防治中心公布MERS的首例本土个案，这名患者是在卫生人员追踪首例境外移入个案时调查相关接触者过程中发现，这也是美国本土首起人传人事件。黎巴嫩、美国、意大利、英国、德国、法国、希腊、突尼斯及菲律宾等地等也相继发现感染患者。世界卫生组织报告，该病毒已通过照料及共居等近距离接触传染给健康人群。但还没有证据表明该病毒会在社区持续传播。

《中美气候变化联合声明》

11 月 12 日，中美两国在北京发布《中美气候变化联合声明》。美国首次提出到 2025 年其温室气体排放较 2005 年整体下降 26%—28%，比美国之前承诺的 2020 年碳排放比 2005 年减少 17% 大幅提高。中国首次正式提出 2030 年左右中国碳排放有望达到峰值，并将于 2030 年将非石化能源在一次能源中的比重提升到 20%。目前，中国和美国是全球两个最大的温室气体排放国，其排放占全球总排放的 42%。欧洲理事会主席范龙佩和欧盟委员会主席容克于当地时间 12 日就《中美气候变化宣言》发表联合声明。范龙佩和容克首先对中美两国此举表示欢迎，并称："10 月 24 日欧盟领导人曾号召其他国家尽快提出各自的温室气体减排目标，我们很高兴看到这一倡议如今得到了回应。"他们同时指出，中美此举有利于增强各国保持应对变化的雄心，有助于在 2015 年巴黎气候大会上达成可靠、持久的气候变化协议。然而，美国参众两院齐声抵制这一协议。当地时间 11 月 12 日，美国参议院共和党领袖米奇·麦康奈尔直指奥巴马的气候计划不切实际，会被作为烫手山芋丢给继任者，并导致公用事业费用上涨，造成就业机会大幅减少。众议院议长、共和党人约翰·博纳（John Boehner）在中美气候变化联合声明发布的当天也表示，奥巴马和中国达成的气候协议将严重影响美国就业，美国可能会受到"毁灭性冲击"。

（本章综述撰稿：巩新红；词条编撰：王萍媛）

大国关系

一、形势综述

2014年，大国更加重视双边经贸协定的作用，在协定缔结谈判中展开激烈博弈。受欧洲地缘政治矛盾的影响，西方与俄罗斯的关系极度紧张，双方掀起多轮制裁与反制裁、威慑与反威慑的对抗行动。美国继续强化欧亚同盟两大体系，日本在此背景下加速拓展海外防务合作关系，军事大国化步伐进一步加快。

（一）全球自贸协定谈判极其活跃，大国间的经济利益分歧严重

2014年，全球范围的自由贸易协定（FTA）谈判极其活跃。主要表现在两个方面：一是部分大国年内完成了双边自贸谈判。3月，加拿大与韩国结束8年多的自贸协定谈判，决定免除两国97.5%的进口关税。4月，日本和澳大利亚达成自由贸易协定，对日出口的诸多澳大利亚农产品将获得大幅度关税减免或者直接取消关税，日本的制造业产品则将享受更低的关税。8月，欧盟与加拿大双边谈判落幕，双方达成1500页的文件草案，旨在消除两个经济体间98%的关税，并为双方在服务和投资领域创造了大量的市场准入机会。11月，继中韩自贸区实质性谈判结束后，中澳自贸区谈判也实质性结束，中国对外自贸区谈判建设取得突破性进展。二是已经启动的自贸谈判继续得以推进。年内，美欧跨大西洋贸易和投资伙伴关系协定（TTIP）谈判、欧日经济合作协定（EPA）谈判和跨太平洋伙伴关系协定（TPP）谈判继续展开密集磋商，区域全面伙伴关系协定（RCEP）谈判和中日韩自贸区谈判继续举行，亚太经济合作组织会议通过了亚太自贸区建设路线图，各方都期待早日达成共识。各

国试图通过达成自贸协定来推动市场开放，削减贸易和投资壁垒，挖掘经济增长潜力。鉴于世界贸易组织框架下的多边谈判进展缓慢，加上作为“巴厘一揽子协议”核心内容的《贸易便利化协议》在7月底被否决，严重影响了各国对多边贸易谈判的信心。与之形成对比的是，双边或者区域性的自贸谈判效率高、针对性强，机制相对灵活，相对容易取得成果，导致大国对自贸协定谈判兴趣大增。

新一轮的自贸谈判侧重于削减各国的体制壁垒来促进贸易和投资，这促使大国在谈判中的博弈异常激烈。首先，美欧围绕监管规则的分歧严重。尽管美欧TTIP谈判从讨论基本框架转为主要议题协商及确定具体谈判方式，并进入文本谈判阶段，但在食品安全、环境保护、劳工权益、投资保护、隐私数据保护等方面存在重大分歧。在农业问题上，94%的德国人认同欧洲标准，而认同美国标准的仅占2%。德国农业部部长克里斯蒂安·施密特甚至表示：“向欧洲出口产品，就要符合欧洲的标准。”[①] 在金融监管和保护数据隐私等问题上，欧盟建议将其纳入谈判程序，但美国并不积极。在投资问题上，旨在保护投资者国外投资利益的“投资者—国家争端解决机制”（ISDS）因欧盟发起公众咨询而暂停。另外，美国不愿过多地在二氧化碳排放问题上作出让步，因而对于同欧洲协调安全和空气质量标准等问题还有所保留。其次，欧日EPA谈判在非关税壁垒等问题上展开激烈博弈。在谈判开启以来，双方交换了关税取消草案，日本希望欧盟取消汽车和电子设备的关税，欧方则最为关心的话题是如何打开封闭的日本铁路市场。欧盟声称日方在非关税壁垒方面改革不够充分，在其公布的一份报告中“对日本涉及原产地品牌识别标

① 黄发红：《欧美自贸谈判遭遇民意阻力》，《人民日报》2014年7月23日。

示以及政府采购领域的消极谈判态度表示不满”。[①] 欧盟甚至还曾表示，如果认定日本在汽车安全标准、医疗器材认证制度、铁路等领域的非关税壁垒方面改革不够充分，将不惜中止谈判。在日本向欧盟承诺将铁路采购信息详细公布在网上后，欧盟才对日方在开放铁路市场领域的努力表示肯定。再次，TPP谈判进程缓慢。截至7月，在TPP谈判的全部21个领域中，基本完成了其中12个领域的相关谈判，成员国就劳动领域规则制定、食品安全条例、公共卫生和植物检疫标准等问题达成了共识。然而，发达国家和新兴市场国家在知识产权保护、国有企业待遇以及环保三大问题上分歧严重，加上美国和日本在农产品和汽车业市场准入等问题上互不让步，导致谈判尚未取得实质性突破。

（二）欧洲地缘政治矛盾激化，俄罗斯与西方陷入激烈对抗

自2014年年初以来，西方国家与俄罗斯围绕克里米亚问题和乌克兰危机的矛盾不断激化，加之欧盟与乌克兰、格鲁吉亚、摩尔多瓦等三国签署联系国协定，美国宣布继续推动在欧洲部署导弹防御系统，这导致俄罗斯与西方的关系极度紧张，双方展开多轮博弈与对抗。

首先，双方的政治关系极度紧张。在克里米亚和乌克兰问题上，北约秘书长拉斯穆森称“俄罗斯极力动摇乌克兰东部的稳定”，新任欧盟外长莫盖里称“欧俄之间不再是战略伙伴关系”，而美国总统奥巴马在访问爱沙尼亚期间直接表示“俄罗斯侵略乌克兰威胁了欧洲

---

① 中华人民共和国商务部网站：《欧评估报告出炉，日欧EPA谈判有望继续》，http：//www. mofcom. gov. cn/ariticle/i/jyjl/j/201405/20140500602025. shtml。

致力于和平与自由的前景”。[①] 同时，西方与俄罗斯的高层联系机制基本中断，俄罗斯在近15年来首次被排除在八国峰会之外，奥巴马在诺曼底峰会上不愿意与普京进行“任何正式会晤”，美国宣布暂停美俄总统委员会框架内的一系列合作，日本停止与俄罗斯商讨有关签证、经济及投资的协议，俄罗斯—欧盟峰会被临时取消，欧盟停止与俄有关互相放宽签证政策的对话，北约决定中断与俄罗斯的民事和军事方面的各项合作。同时，俄罗斯与西方在联合国和慕尼黑安全会议等场合相互指责，互不退让。作为回应，俄罗斯宣布召回驻北约军事总代表，暂停与欧洲理事会国会议员大会的合作，同时拒绝参加该大会的夏季会议。俄罗斯常驻北约代表亚历山大－格鲁什科认为，北约试图利用乌克兰局势进行自我恢复，并使北约成员国增加军费。[②]

其次，双方展开制裁与反制裁行动。年内，西方对俄罗斯进行了多轮制裁，且呈现逐步升级的态势。美国、欧盟、加拿大和日本冻结了包括俄罗斯副总理罗戈津、俄罗斯石油公司总裁谢钦及乌克兰东部民间武装领袖等人在内的多名俄罗斯和乌克兰公民的资产，同时拒绝为他们发放签证。美国禁止美国公民为俄罗斯石油公司、商诺瓦泰克公司、俄罗斯天然气工业银行、俄罗斯对外经济银行提供融资，冻结包括“卡拉什尼科夫”集团在内的8家俄罗斯军工企业在美资产。欧盟限制俄国营银行在欧洲市场融资，禁止欧洲投资银行及欧洲复兴开发银行注资俄罗斯。日本冻结了黑海石油天然气公司和费奥多西亚石油基地的资产，实施从克里米亚地区的进口禁令。此后，西方对俄制裁范围扩大到资本市场、防务、军民两用产

① 刘畅等：《奥巴马入“普京后院”强调安全承诺，展与东欧团结》，《环球时报》2014年9月4日。

② 中国新闻网：《俄称美军在东欧空前活跃，北约东扩公然破坏稳定》，http：//www.chinanews.com/gj/2014/06－04/6244785.shtml。

品和敏感技术等领域，乌克兰东部的一些官员也被纳入到制裁名单之中。对于西方的制裁，俄罗斯从多个方面进行反击，包括：调整国内发展战略，促进经济结构升级，创建本国支付体系；着手用其他货币代替美元进行资金交易，在世界各地进行资本避险和资本融资；调整经贸发展方向，扩大与南美和亚洲地区的贸易交往。需要特别指出的是，俄罗斯提出了限制农产品进口的“精确”反制裁措施。8 月 6 日，俄罗斯宣布一年内禁止或限制从美国、欧盟各国、加拿大、澳大利亚和挪威进口牛肉、猪肉、水果、禽类、奶酪和奶制品。俄罗斯主要食品的进口依赖度为：奶制品 20%，猪肉 20%，禽肉 10%。对西方的反制裁导致俄部分食品将会出现 1—3 天用量的短缺，俄罗斯宣布通过从白俄罗斯、土耳其和拉美国家进口来补充。[①] 由于欧盟和俄罗斯关系紧密，所以为双方都带来巨大损失。从上半年来看，制裁使俄罗斯的对外融资渠道受阻，俄企业和银行从欧美借债减少 75%，只有 67 亿美元。[②] 据估计，2014 年俄罗斯经济因制裁将损失 230 亿美元，欧盟则可能损失 400 亿欧元。[③] 同时，国际石油价格大幅下跌，俄罗斯外汇收入减少，导致卢布汇率持续走跌。世界银行在 12 月初预测俄罗斯经济在 2015 年将萎缩 0.7%。[④] 与之相反，俄罗斯国内观点认为制裁俄罗斯可为美国带来好处：不仅可以冻结美国欠俄罗斯的高额债务，还可给欧洲银行造重大的资金困难，促使资本流向美国；利用制裁削弱俄欧与美国的竞争实力，将

---

① 中华人民共和国商务部网站：《俄罗斯将通过白俄罗斯、土耳其和拉美解决食品进口问题》，http：//www. mofcom. gov. cn/article/i/jyjl/e/201408/20140800697782. shtnl。

② 中华人民共和国商务部网站：《上半年俄从欧美融资减少 75%》，http：//ru. mofcom. gov. cn/article/jmxw/201408/20140800688681. shtml。

③ 李艳丽、徐莹莹：《近期西方国家与俄罗斯制裁与反制裁一览》，《北京青年报》2014 年 8 月 7 日。

④ 人民网：《俄罗斯动用巨额外汇挽救卢布贬值》，http：//world. people. com. cn/n/2014/1210/c157278 -26183697. html。

俄罗斯的天然气从欧洲市场中排挤出去，使美国的页岩气取而代之。[①] 尽管制裁与反制裁角逐激烈，但俄欧在操作层面也有变通，比如俄罗斯对农产品进口禁令进行了微调，而德国则在俄罗斯提出稳定乌克兰东部局势的和平建议之后批准莱茵集团与俄罗斯展开经贸活动。

再次，双方在军事上展开威慑与反威慑。年内，美欧针对俄罗斯展开了多方面的军事威慑行动。在北约威尔士峰会上，西方提出在北约—乌克兰特殊伙伴关系框架内为乌克兰提供价值大约 1500 万欧元的援助，具体包括指挥与通讯、后勤保障、网络安全、伤病康复等项目。同时，西方在中东欧地区频繁举行军事演习、空海巡逻和空中警戒等行动，向俄罗斯传递威慑信号。对此，俄方表示，美军和北约在东欧临近俄罗斯边境地带的活动“史无前例”的频繁活跃，北约扩大在中东欧的军事存在直接违反了 1997 年签署的双方关系基础文件，俄罗斯不会对北约在俄边境的军事动向坐视不管。[②] 针对西方的威慑，俄罗斯也采取多种手段进行反威慑，具体包括：扩充黑海舰队所需军用舰船的类型和数量，满足克里米亚及塞瓦斯托波尔加入俄联邦后的驻军需要；举行战备水准突击检查，举行多场规模庞大的常规或核战争演习，向外界展示俄罗斯的军事实力；在克里米亚辛菲罗波尔市以北 18 公里处的格瓦尔杰伊斯科耶空军基地部署一个图 -22M3 远程超音速轰炸机团，考虑将部署在白俄罗斯巴拉诺维奇的俄罗斯战斗航空团的飞机数量增加到 24 架，向白俄罗斯提供 4 个新的 S-300PMU “骄子” 防空导弹营，以减轻部署在波兰和罗马尼亚的反导系统对俄罗斯带来的巨大军事威胁。

---

① 周旭：《俄驻华使馆刊文：美国需要乌克兰战争削弱欧洲》，http：//world.huanqiu.com/exclusive/2014-07/5079999.html.

② 刘怡然：《俄罗斯副外长：俄将对北约军事部署采取必要回应》，http：//news.xinhuanet.com/world/2014-06/10/c_1111057372.htm。

（三）俄罗斯更加重视与亚非拉国家的合作，对外合作关系得以拓展深化

2014年年内，俄罗斯对其外交战略重点进行了微调，更加突出与亚非拉国家的合作关系。在亚洲，除了中俄在能源贸易、金砖国家和上海合作组织等双边或者多边框架内拓展“全面战略协作伙伴关系”之外，俄罗斯与其他国家的合作也有所加强。首先，俄印政经关系持续深化。普京与印度新任总理莫迪举行会晤，双方同意深化双边关系。在乌克兰问题上，印度方面表示俄罗斯在乌克兰拥有合法利益，[①] 并在联合国大会上就乌克兰问题决议进行投票时投了弃权票。另外，印度提出不会支持西方国家对俄罗斯实施制裁，除非这种制裁得到联合国安理会的批准。[②] 在经贸方面，俄印宣布成立联合研究工作组，筹备印度与海关联盟的自贸协定谈判，俄罗斯宣布将沿其南部边境向印度建造一条史上最大、耗资400亿美元的天然气管道。其次，俄越军工与贸易合作得以扩大。年内，俄罗斯向越南交付了第二艘“基洛”级柴电潜艇和4架苏－30MK2飞机，越南同意俄罗斯在其境内建设格洛纳斯卫星导航系统地面站，俄越还签署了在空间通讯、地球遥感、空间医学和生物学等方面开展互利合作的文件。俄越高级别工作组加强了在优先投资项目上的合作，以推动尽快签署俄白哈关税同盟与越南的自由贸易协定。越南与俄罗斯的经贸关系也得以加强，截至2014年6月，越南对俄罗斯市场出

---

① 消息网：《印度在乌克兰危机中明显挺俄》，http：world. cankaoxiaoxi. com/2014/0404/378813. shtml。

② 国际在线：《印度不支持西方国家对俄罗斯实施制》，http：//gb. cri. cn/42071/2014/03/20/7371s4471793. htm。

口总额达 7.972 亿美元，同比增长 92.72%。[①] 再次，俄罗斯与伊朗的合作关系继续加强。在能源领域，俄罗斯与伊朗就在伊南部城市布什尔合作新建两座核电站一事达成一致，签署合作修建 300 公里天燃气管道的谅解备忘录，并正在商谈利用伊朗北部的内卡和南部的卡克石油平台输送俄罗斯原油和加强天然气基础设施投资等事宜。8 月，俄罗斯宣布与伊朗签署为期 5 年的谅解备忘录，旨在加强两国的石油、商贸领域的合作，主要涉及发电装置改造、电网基础设施建设、石油天然气开发、机械设备和消费品交换等领域。在航天领域，俄伊第五次航天领域合作工作小组会议签署了扩大合作的备忘录，提出俄罗斯将向伊朗提供高分辨率的卫星照片，并在俄罗斯航天员中心为伊朗培训航天员，帮助伊朗研发、制造和发射遥感卫星。此外，在时隔 5 年之后，伊朗重新开始向俄罗斯出口汽车，并从俄罗斯购买进 55000 吨小麦。

在非洲和拉美地区，俄罗斯重点加强了与埃及、古巴和阿根廷的关系。俄罗斯与埃及的的合作主要集中在军工和农产品领域。2 月，埃及宣布打算从俄罗斯购买 20 亿美元的武器和作战技术装备。在与西方国家的较量中，俄罗斯限制了从部分国家的农产品进口导致国内出现产品短缺。为解决这一问题，俄罗斯将目光转向埃及。经过商议，埃及打算将对俄谷物出口增加 60%，达到 500 万—550 万吨，占俄罗斯欧洲地区份额的 90%。另外，俄埃还打算进一步扩大双边贸易，关税同盟正在审议与埃及建立自由贸易区的可能性，俄罗斯提出将独资兴建俄埃工业园，埃及则欢迎俄罗斯加入埃及苏伊士运河建设与改造项目。7 月，普京对拉美国家展开为期 6 天的集中访问，与古巴、阿根廷和巴西等国签署多项合作协议，涉及能源、军事、经济和电信等多个领域。俄罗斯宣布免除古巴 320 亿美元的

---

① 中国日报网：《越媒：越南对俄罗斯出口总额同比增长超 90%》，http：//www.chinadaily.com.cn/interface/toutiao/1138561/cd_ 18241596.html。

债务，同意帮助古巴开采海上石油，宣布将与阿根廷共建核电站。同时，俄罗斯总统普京在巴西访问期间提出构建“金砖能源联盟”的建议，试图通过在该联盟框架下设立“金砖能源储备银行”和“金砖能源政策研究院”来确保能源安全。

俄罗斯加强与上述国家关系的动力除了维持传统的合作关系、完成已经签订的订单之外，主要是为了缓解西方制裁俄罗斯带来的压力。俄罗斯副总理舒瓦洛夫明确表示，由于西方对俄罗斯实施制裁，俄罗斯加速了向亚洲构架靠近的步伐。[①] 俄罗斯更加重视亚非拉国家主要有三点具体考虑：一是调整能源布局，稳定能源产业。乌克兰危机导致俄罗斯与欧洲的关系恶化，欧美明确提出能源替代计划，这可能削弱俄罗斯的能源竞争力。俄罗斯加强与中国、印度和拉美国家的能源合作步伐，有利于其建立多元化的能源出口格局。二是寻找贸易和金融领域的替代伙伴。俄罗斯与西方的制裁与反制裁导致国际社会对俄投资锐减，俄罗斯国内农产品进口来源减少，这促使俄迅速加强与埃及、土耳其和拉美国家的关系来缓解金融贸易环境恶带来化的压力。三是形成更加多元的贸易体系。俄罗斯与印度、越南、埃及等国的主要合作领域集中在能源和军工领域，这是俄罗斯传统的优势出口产业。另外，上述国家都是新兴国家，经济发展潜力较大，俄罗斯通过其签署自贸协定可以便利其贸易自由化进程，形成新的贸易体系。

（四）美国加强与传统盟友的防务关系，兼顾升级欧亚同盟体系的态势明显

2014年年内，美国明显加强了对传统盟友的重视程度，其核心

---

① 吴刚：《俄罗斯副总理称西方制裁使俄向亚洲国家靠近》，http：//www. hkwb. net/news/content/2014 -09/07content_ 30380874. htn？ node =112。

是通过调整和升级与欧亚两大同盟体系来适应形势的发展变化，让盟友分担更多的安全责任来减轻美国面临的压力。

总体来看，美国与传统欧洲盟友的关系得以加强。因法国在军事打击叙利亚问题上坚定支持美国，美法关系迅速升温。奥朗德成为18年来首位对美进行国事访问的法国元首，法美两国总统共同撰文称："两国同盟关系出现变革，双发开始全方面扩大合作。"美国将法国称呼为"历史最悠久的盟友"，法方称美国是法国在非洲一个"不可获取的或者伙伴"。[①] 英美关系相对比较稳定，奥巴马与卡梅伦联合撰文称呼吁北约打击"伊斯兰国"，抵制俄罗斯对乌克兰局势的干涉，发挥促进全球稳定的作用。[②] 尽管德国总理默克尔因"监听门"和"间谍门"事件表示"对德美信任表示失望"[③]，但美德在乌克兰问题上仍然保持了沟通和协调。美国以乌克兰事件为理由推动了欧洲安全同盟体系的改造和升级。奥巴马总统提出将扩大合作，使北约称为全球安全中枢，对"满足高标准的国家"保持开放。[④] 6月举行的北约成员国国防部长会议认为"乌克兰危机显示北约面临的安全威胁范围正在不断扩大、更加难以预测"，[⑤] 同意制定一个新的"北约战备行动计划"，增强北约危机处理能力。同时，奥巴马政府宣布启动一项"欧洲安全保障动议"，计划拨款10亿美元增加在

① 国际在线：《美法总统联合撰文强调两国同盟关系》，http://gb.cri.cn/42071/2014/02/11/5931s4418070.htm。

② 中国新闻网：《英美元首联名发文，促各国增加军费应对安全威胁》，http://www.chinanews.com/gj/2014/09-05/6565499.shtnl。

③ 魏莱：《默克尔在北京公开批美国，对德美信任表示失望》，《环球时报》2014年7月8日。

④ 张远岸：《奥巴马：北约对"满足高标准的国家"保持开放》，http://international.caixin.com/2014-09-06/100725999.html。

⑤ 周珺：《北约应对新安全环境，面临诸多问题知易行难》，http://www.chinanews.com/gj/2014/06-05/6247708.shtml。

东欧和中欧的军事部署，帮助欧洲盟国以及乌克兰、格鲁吉亚和摩尔多瓦提高防务能力。9月，北约威尔士峰会通过《威尔士峰会宣言》，通过了“战备行动计划”，组建一支快速反应部队，进一步加强北约的军事能力，成员国同意将集体防务的投资比重提高到占国内生产总值的2%。时隔10年后，美国B52战略轰炸机重返欧洲部署英国，F-15和F-16战斗机也重新部署到立陶宛和波兰。

美国强化亚太同盟体系的主要做法有三个方面：一是扩大军力部署。8月14日，美国国防部发言人约翰·柯比宣布将把200艘各式舰船部署在太平洋，超过35万军队将部署在亚太各地。尽管中东地区和欧洲地区形势紧张，柯比仍然表示：“就算别处再乱，美国也不会放弃亚太。”[①] 8月，美澳签署一项为期25年的军事部署协议，计划将美国海军陆战队轮驻澳大利亚的规模在2017年增至2500人，提出增强两国特种兵间的协作能力来应对亚太地区安全威胁，承诺建立一个双边工作小组来推动在弹道导弹方面的合作。[②] 二是为亚太同盟国家撑腰打气。访问日本期间，美国总统奥巴马首次公开承认日美安保条约第5条适用于钓鱼岛。在访问菲律宾期间，美国多次重申将履行所谓的“同盟义务”。针对南海问题，美国国务院高官富克斯提出“各方不再夺取岛礁与设立前哨站、不改变南海的地形地貌、不采取针对他国的单边行动”的“三不”建议，并对中国进行了尖锐的指责。[③] 三是升级同盟内涵。4月，美菲签署了为期10年的《强化防务合作协议》，菲律宾将允许美国军队使用其军事基地，

---

① 刁海洋：《美高官表决心：国防部称“别处再乱也不会放弃亚太”》，http://www.chinanews.com/gj/2014/08-156496004.shtml。

② 鲍捷等：《美澳签25年协议“围”中国，全力打造第二关岛》，《环球时报》2014年8月14日。

③ 谌庄流等：《美国提出南海三不建议，强硬“向北京叫阵”》，《环球时报》2014年7月14日。

允许美军增加在菲律宾的轮换部署。9月，日美初步决定将指挥驻日美军联合作战的“日美共同调整所”转变成为常设机构，以便随时磋商来提升海上日常监视预警能力，同时加强网络安全和自然灾害的应对能力。日美在《联合声明》中表示：“日美两国面临安全保障上的共同课题，根据日美安全保障协商会议的规定，要采取包括修订日美防卫合作指针等措施，强化日美安全同盟并使其现代化。”[①] 日美同盟升级的主要途径是解决集体自卫权，以最新锐的军事产品装备日本，提供能够实现《美日安保条约》承诺的必要的全部能力。[②] 其主要目的为了进一步落实亚太“再平衡”战略。另外，通过升级同盟体系，美国可以让盟国在安全上分担更大的责任，以缓解美军因防务开支缩减面临的捉襟见肘的局面。

（五）日本加速拓展海外防务合作关系，军事大国化步伐进一步加快

2014年，日本通过解禁集体自卫权、松绑“武器出口三原则”等手段进一步加快军事大国化的步伐。除了加强与传统盟友美国的关系外，日本拓展海外防务合作关系还有如下几个特点：

其一，联合军事演习极其频繁。年初，日本海上保安厅和印度海岸警卫队在印度南部柯钦海域举行了联合训练，双方同意加强在打击马里海盗等问题的上合作，试图将印度周边国家也吸纳进入两国的联合训练之中。同时，日本还向印方表达希望海上自卫队参加印美海上联合演习的愿望。7月，日本海上自卫队在时隔4年后第3次参加美印海军举行的“马拉巴尔”年度联合演习。8月底举行的“卡卡杜-14”多边海上演习尽管由澳大利亚皇家海军主办，但带队

① 王少普：《美日同盟现代化究竟想要做些啥》，《解放日报》2014年5月6日。

② 同上。

的是日本海上自卫队的旗风级“旗风”号护卫舰。10月，日本自卫队以观察员身份参加了美国和菲律宾军队在靠近南沙群岛的菲律宾巴拉望岛海域举行的联合军演，这也是日本自卫队首次参加菲律宾军队的实战军演。这些演习表明，日本正逐渐加强与其他国家军队的协调和联系，军事实战能力正大幅提升。

其二，加快向海外出口武器装备的步伐。2月，日本与东盟在冲绳举行副部长级防务会议，各方一致同意在不与现行武器禁运措施抵触的情况下共同研发灾害及反恐领域装备。澳大利亚打算耗资400亿澳元（约合375.6亿美元）打造一支潜艇部队，建造大约10艘柴油动力潜艇，取代业已老化的“柯林斯”级潜艇部队。在此背景下，日本宣布将潜艇建造技术转移给澳大利亚。日本于4月份通过的“防卫装备转移三原则”规定，只要通过了严格的审查，防卫企业就可以出口或从事国际联合开发。为此，日本三菱重工向美国出口搭载在“爱国者”-2地对空拦截导弹上的高性能传感器，美国将其组装成导弹后出口到卡塔尔。7月，日本三菱电机公司日前同意卖出与欧洲导弹制造商MBDA导弹系统公司共同研发一款用于F-35隐形战斗机的空对空中程导弹，加速了向海外出售武器的步伐。日本与法国在装备合作问题上达成初步意向，双方将“机器人、无人机、新一代直升机”设定为3个合作领域。

其三，对外拓展机制性的防务联系。在日本的推动下，法国继美国、澳大利亚、俄罗斯之后与日本建立“2+2”机制，双方成立有关防卫装备共同研发的委员会，就强化日本自卫队与法军的防卫合作达成了共识。除了与东盟举行副部长级防务会议和非正式防长会议外，日本还与北约缔结了《个别伙伴合作计划》（IPCP）。日本是继韩国、澳大利亚、新西兰和蒙古之后与北约签订该计划的亚太国家，其意图是为了借此为其军事大国化进程铺路。北约秘书长称双方“在反海盗、反恐和裁军方面有共同的利益”，表示“欧洲正迎来冷战后最大的危机，与志向相同的日本对话很重要”。[①] 根据合作计划，在非洲东部索马里海域亚丁湾参与打击海盗行动的自卫队与北约军队将共享情报，开展联合演习。此外，双方还将促进自卫官在北约国防大学研修以及电脑防卫责任部门之间的交流。双方还将就人道主义援助和灾害救援分享东日本大地震的经验，日本将参加北约开展的演习和讨论会。7 月，日美两国展开太空开发合作的第二次全面对话，双方就加强在使用人工卫星开展海洋监视、监视漂浮在太空中危险的“太空垃圾”等方面的协作，就加快构筑正规的相互运用机制达成共识。另外，日本与印度签署了经济与防务关系强化声明，日本宣布在 5 年内向印度提供 350 亿美元的的投资，双方决定日本海上自卫队与印度海军定期举行共同演习。

展望 2015 年，大国关系可能在具备如下几个发展趋势：一是大国仍将重视经济贸易体制的建设和完善。部分完成自贸区实质性谈判的国家将签署正式协定，在新的框架下落实双边或者多边经济合作关系，一些正在谈判的贸易架构也有可能取得突破。二是乌克兰问题仍将是成为影响大国关系的重要因素，西方与俄罗斯在该问题上的博弈仍将持续。三是恐怖主义、极端势力和传染性疾病等问题可能继续影响到世界的安全与稳定，大国在这些问题上需要加强协调并积极应对。

二、重大事件词条

安倍访问印度

1 月 25 日，日本首相安倍晋三展开了对印度为期两天的访问。访问当天，安倍与印度总理辛格举行了年度总理级会谈，双方围绕

---

① 人民网：《日本与北约签署〈个别伙伴合作计划〉》，http：//world. people. com. cn/n/2014/0507/c1002 –24987895. html。

经济、安全、军事、能源等问题进行了讨论。安倍表示要进一步加强两国战略与全球伙伴关系，辛格则称加强彼此合作将有益于地区的发展。会后，双方签署了联合声明。声明称，日本宣布向印度提供2000亿日元（约合20亿美元）的援助，用于建设德里—孟买工业走廊以及高铁项目。两国还决定将货币互换协议额度从原来的150亿美元提升到500亿美元。双方同意建立国家安全磋商机制，并举行第二届网络安全双边对话，决定继续就日本向印度出口US－2水陆两用飞机再次进行商谈。印度还邀请日本海上自卫队参加下届"马拉巴"海上联合军事演习。另外，两国表示将继续针对民用核能合作问题保持对话以早日落实相关协议，同时进一步扩大在科技、教育与文化方面的双边交流。

奥朗德访美

2月10—12日，法国总统奥朗德对美国进行为期3天的国事访问，这是1996年以来法国总统对美国进行的首次国事访问。奥朗德与奥巴马在《华盛顿邮报》和法国《世界报》发表联署文章称，"近年来，美法同盟开始转型，两国将在众多领域展开密切合作。"访问期间，美国除了以鸣响21门礼炮接待奥朗德外，奥巴马还邀请奥朗德一起乘坐"空军一号"前往弗吉尼亚州参观美国第三任总统托马斯·杰斐逊的故居。目前，法国已是美国最大出口市场之一，美国则是法国产品在欧盟之外最大的消费国。两国在反恐、伊核、叙利亚问题、援非和气候变化等问题上展开了密切合作，双方在非洲安全问题上每天共享情报并协调行动。双方称，自法国重返北约以来，美法同盟关系已发生变化，双方关系跨入一个新阶段，开始全方位扩大合作。

北约《威尔士峰会声明》

9月5日，为期两天的北约峰会在英国威尔士新港市闭幕，与会领导人通过了由113款内容组成的《威尔士峰会声明》。声明提出，北约目前在东面和南面都面临着影响安全和稳定的严峻危机，为应对这些危机，会议通过了“战备行动计划”，并决定成立一支名叫“尖锋”的快速反应部队，以进一步加强北约的军事能力和联合防卫实力。“尖锋”快速反应部队由数千精锐士兵组成，部署在东欧地区，届时将有一个司令长官和一个指挥中心，并将得到北约空军、海军和特种部队的强有力支持。在峰会上，英国首相卡梅伦承诺向“尖锋”快速反应部队投入1000名的兵力。北约秘书长拉斯穆森则表示，成立“尖锋”部队，意味着北约能够迅速而坚决地应对任何威胁。

第六轮中美战略与经济对话

7月9—10日，第六轮中美战略与经济对话在北京举行。国务委员杨洁篪与美国国务卿克里共同主持了战略对话。双方就重大双边、地区和全球性问题深入交换意见，再次确认中美战略与经济对话机制的作用，深化战略互信、拓展务实合作、建设性管控分歧，以构建中美新型大国关系。战略对话在多项议题上达成一致，主要内容包括：加强双边合作，推动高层交往和战略安全对话，致力于尽快推动建立两军重大军事行动相互通报机制和一系列海空相遇行为准则；加强在朝鲜半岛、伊核、叙利亚、阿富汗等地区和全球性问题上的沟通与协调，携手应对共同挑战；继续推动双方围绕中美友好城市、中美省州长论坛、绿色合作伙伴、中美低碳生态城市试点、市长培训项目等地方项目展开合作；在能源与气候变化问题上，组织页岩气培训团，围绕核安全及监管、绿色数据中心节能技术、非常规油气勘查开发、和平利用核技术、可再生能源、电动汽车和工业能效、数字能源、智能电网、温室气体排放数据收集和管理、气候变化和森林、锅炉效率和燃料转换、削减氢氟碳化物、航空节能减排等问题展开交流合作；除加强环保合作外，双方还同意在海洋气候观测、开放性农业数据、灾害性天气监测、粮食安全、避免卫星相撞等科技问题上进行联合研究与交流。另外，双边还对能源、环境、科技领域的一系列对话机制进行了回顾，并对未来的发展进行了规划。

第五轮美印战略对话

7 月 31 日，第五届印美战略对话在印度首都新德里举行，美国国务卿克里与印度外长斯瓦拉吉主持了该对话。双方围绕经济振兴、国家安全、能源、贸易、教育、健康以及空间探索等议题展开了讨论，重点磋商了印度总理莫迪 9 月初赴美访问的问题。克里表示，美国欢迎莫迪政府推行的经济改革行动，希望两国打破贸易壁垒，反对贸易保护主义，为美企业赴印投资创造公平、透明、合理的投资环境。美国支持印度加入核供应国集团，支持印度成为联合国安理会常任理事国。克里称美印“修复两国关系的时机已经成熟”，斯瓦拉吉则回应称美印关系正处在“变革时刻”。在对话过程中，美印双方就两国间存在的分歧进行了讨论。克里和美国商务部长普里茨克敦促印度方面应该尽快签署世界贸易组织相关协定，但印度要求世贸组织在资金补贴以及粮食储备上给予更多自由度。印方则对美国国家安全局长期监视印度人民党和美方长期拒绝给现任印度总理莫迪发放签证等事件表示不满。对此，克里回应称现任美国政府肯定会给莫迪发放签证并欢迎他前往美国访问。

俄印首脑峰会

7 月 15—16 日，俄罗斯总统普京与印度新任总理莫迪在巴西举办的金砖峰会期间举行会谈。普京表示，俄罗斯和印度的关系是建立在战略基础上的，两国间人民的长期友谊和相互理解，为两国关系奠定了坚实基础。普京称莫迪是俄罗斯的老朋友，俄方很希望与印度政府保持这样良好的合作势头。莫迪表示，印度政府将努力深化与俄罗斯的双边关系，找到新的合作领域和发展方向。他特别提出，印度方面要思考如何利用可观的人口红利与俄罗斯开展合作。

《金砖国家领导人第六次会晤福塔莱萨宣言》

7月15日，金砖国家领导人在巴西福塔莱萨举行第六次会晤，会后发表《金砖国家领导人第六次会晤福塔莱萨宣言》。《宣言》强调金砖五国将致力于维护以联合国为中心和基础的国际法和多边主义，重申对与其他国家，特别是新兴市场和发展中国家以及国际和地区组织持续深化合作持开放态度，致力于继续建设性应对全球经济和金融挑战，呼吁国际货币基金组织下一步必须使治理结构现代化以更好地反映新兴市场和发展中国家在世界经济中不断增加的权重。《宣言》宣布签署成立金砖国家开发银行的协议，以便为金砖国家以及其他新兴市场和发展中国家的基础设施建设、可持续发展项目上筹措资金。《宣言》重申重视巴西、印度和南非在国际事务中的地位和作用，支持其希望在联合国发挥更大作用的愿望。在国际问题上，《宣言》严重关切非洲和中东地区局势，强烈谴责一切形式恐怖主义，呼吁以色列和巴勒斯坦重启谈判，重申伊朗核问题只能通过谈判方式解决，对叙利亚、阿富汗、伊拉克的局势深表关切，谴责在全球范围内实施的大规模电子监控和个人数据搜集行为，呼吁各国在《联合国气候变化框架公约》框架下形成一份适用于所有缔约方的议定书、其他形式的法律文书或具有法律效力的商定成果。

李克强总理访英

6月中旬，李克强总理访问英国，中英两国签署了30多项协议，合同金额超过300亿美元，创下中英历次高访成果之最。其中，中国发改委和英国商业、创新和技能部签署了关于加强两国产业投资合作的谅解备忘录，两国政府还签署了民用核能合作的谅解备忘录。此外，双方在金融、科学创新、生物医药、电子商务、教育、出版和文化传播等领域合作取得突破，建立了一系列战略合作平台。

美澳军力态势协议

6月14日，美国总统奥巴马与来访的澳大利亚总理阿博特会晤期间敲定军力态势协议。协议主要内容包括进一步加强两国在亚太地区的防务合作。8月13日，澳大利亚外长毕晓普、国防部长约翰斯顿与美国国务卿克里、国防部长哈格尔在悉尼举行澳美部长级会议，双方签署一份《军力态势协议》，并发布了一份联合公告。协议为美国在澳驻军设立了法律框架，规定驻澳的美国海军陆战队成员将从现有的1150人增加到2500人，允许美国在未来25年内扩大在澳军事部署和军队轮换，如允许包括B－52重型轰炸机在内的美国军用飞机和战斗机使用澳洲皇家空军位于达尔文的基地进行实弹演练，以及准许包括核潜艇在内的美国军舰获得更多停靠澳洲港口的机会。此外，双方还就弹道导弹防御系统展开更紧密合作达成意向。在此之前，澳美双方已在国防和军事的多个方面展开合作，包括网络、电子、高超声速，以及情报、监视和侦察技术等，澳大利亚向美购置了包括F－35联合攻击战斗机、EA－18G“咆哮者”电子攻击机和P－8A“海神”预警机等大批先进装备。协议的签署将有利于增强澳大利亚的军事实力，也更加便利美国落实“亚太再平衡”战略。

美国扩大欧洲军事部署计划

6月3日，美国总统奥巴马开始上任后的第12次欧洲之行，访问对象包括波兰、比利时和法国三国。访问期间，奥巴马就乌克兰局势、与俄罗斯关系、美欧关系等问题与东道国举行会谈。访问波兰期间，奥巴马检阅了美国空军向波兰增派的F－16战机，并呼吁美国国会批准10亿美元的“欧洲安全保障基金”，强化东欧新盟友的海上和空中力量，以帮助加强因为“俄罗斯侵占克里米亚半岛”而受到动摇的欧洲盟国的防务能力。根据该计划，乌克兰、格鲁吉亚和摩尔多瓦也将获得援助。奥巴马重申美国对波兰和其他东欧盟友安全的承诺，并表示美国计划扩大在欧洲的军事部署。奥巴马当天同波兰总统科莫罗夫斯基举行正式会晤。根据波兰总统府提供的消息，奥巴马与科莫罗夫斯基着重讨论了深化两国军事合作、特别是弹道导弹防御系统领域合作。美国将在东欧地区增加军事演习和培训，增加美国派驻欧洲的空军、地面部队的数量。美国将向东欧国家派出规划人员，预先部署设备，改善基础设施，以备北约迅速部署部队时使用。此外，美国海军也将增加在黑海和波罗的海地区的驻军。

美欧对俄制裁行动

2014 年年初以来，美欧因克里米亚和乌克兰问题对俄罗斯采取了多轮制裁行动。3 月，美国侧重对俄罗斯个人和个别企业资产进行制裁。截至 4 月底，共有与俄罗斯总统普京关系密切的 48 人被列入制裁清单，受制裁人被禁止入境美国，禁止在美境内与美公民进行经济交易。美国还对俄罗斯银行、俄罗斯投资资本银行、俄罗斯北海航线银行和俄罗斯索宾银行等发布中长期融资禁令。欧盟则对 87 名俄罗斯个人和 20 家俄罗斯企业或机构进行了制裁，禁止其前往欧盟旅游或进行融资活动。7 月以后，美欧对俄又发起两轮制裁。美国的行动包括：禁止美国公民为俄罗斯天然气工业银行、俄罗斯发展及对外经济事务银行、俄罗斯石油公司、诺瓦泰克公司融资；全面禁止俄罗斯外贸银行、莫斯科银行和俄罗斯农业银行的中长期融资；冻结 8 家俄罗斯军工企业在美资产，随后又把与俄军方有合约的联合造船公司纳入制裁名单；中断对俄能源行业特定物品与技术的出口，同时正式暂停对俄出口激励措施以及对俄经济发展项目的支持；俄罗斯石油公司、俄罗斯诺瓦泰克公司以及 8 家俄军工企业均不得通过美国的国际清算系统进行交易。欧盟的制裁行动包括：要求欧洲投资银行暂停在俄开展新的融资业务，禁止俄罗斯国有银行在欧盟国家发行股票或者从事债券融资，切断俄罗斯联邦储备银行、俄罗斯外贸银行、俄罗斯天然气工业银行、俄罗斯发展银行和俄罗斯农业银行在欧洲资本市场的中长期融资渠道；禁止向俄出口关键的深海钻井、北冰洋石油勘探、页岩石油钻井设备以及可转化为军事用途的高科技设备。9月11日，28个欧盟成员国达成了加强对俄罗斯实施制裁的新方案，包括禁止对其出口具有潜在军事用途和涉及国防的军民两用产品，禁止各公司向其提供债券、贷款或其他方式的国际融资，加强了对俄罗斯进入欧盟货币市场的限制。与此同时，美国也继续增强对俄制裁力度，禁止美国企业与俄罗斯天然气工业股份公司、卢克石油公司和俄罗斯石油公司等5家俄罗斯能源企业开展业务，禁止任何美国企业和个人与俄罗斯技术和国防公司进行交易。

美欧首脑峰会

3月26日，美国总统奥巴马访问欧盟总部，与欧洲理事会主席范龙佩、欧盟委员会主席巴罗佐共进90分钟的“工作午餐”。奥巴马提出，美国准备向欧洲直接供应天然气，以降低欧盟国家对俄罗斯天然气的依赖性。奥巴马还强调，欧洲要与美国团结在一起，进一步加深对俄罗斯的制裁。随后，奥巴马会见北约秘书长拉斯穆森，双方称要加强北约的集体防御。在结束对比利时的访问后，奥巴马开始对意大利进行正式访问。奥巴马分别同意大利总统纳波利塔诺和意大利总理伦齐举行了双边会谈，内容主要涉及乌克兰问题和叙利亚危机等国际热点问题。奥巴马宣布美国正式确认参加2015年米兰世博会，伦齐则表示意大利将在2014年下半年担任欧盟轮值主席国期间推动欧盟和美国自由贸易协定的谈判进程，希望最迟能在2015年上半年建立欧盟—美国自由贸易区。

美日韩首脑峰会

3月25日，美国总统奥巴马、日本首相安倍晋三和韩国总统朴槿惠在荷兰海牙举行首脑会谈，商讨举行六方会谈韩美日团长会议等事宜。这次会谈也是安倍和朴槿惠执政后的第一次会谈。在日韩两国因历史问题和岛屿争议问题处于严重对立的背景下，会谈难以消除两国的鸿沟。安倍在会谈开始时特地用韩语说："能够与朴槿惠总统会面我感到很高兴。"但是，朴槿惠没有抬头，也没有露出笑容，一直以严肃的表情贯穿整个会谈过程，更没有与安倍视线相对。朴槿惠则在会谈中表示："根据朝鲜的动向，加强三国紧密合作的必要性不断提高。能与奥巴马总统、安倍首相一起交换意见，非常有意义。"在约45分钟的会谈中，三方商定进行更紧密的合作和协调，共同解决朝核问题，提出只有朝鲜无核化取得进展，才能重启六方会谈。三方认为，需加强与中国的合作，促使中国为朝鲜弃核发挥更多作用。另外，三方还敦促朝鲜完全、可验证、不可逆地放弃所有核项目。奥巴马表示，朝鲜的核能力正在不断提高，目前三国需要举行六方会谈韩美日团长会议和韩美日安全会议，就朝核问题和安全问题进行讨论。朴槿惠表示，如果国际社会能以强有力的措施遏制朝鲜的核武器研发，韩方就能够通过多种渠道寻求与朝鲜对话。安倍晋三则称韩美同盟和日美同盟具有互补性，并提出在遏制朝鲜发展核武问题上，东京的配合也很重要。此次会议是安倍晋三和朴槿惠上任以来的首次正式会晤。在日韩关系因历史问题和领土争端陷入僵局时，美国牵头召开三方会议，目的在于"调解"日韩分歧，稳固亚太同盟体系。

美日韩总参谋长三边会议

7月1日，韩国联合参谋本部议长崔润喜、美军参谋长联席会议主席邓普西、日本防卫省统合幕僚长岩崎茂在美国夏威夷亚太安全研究中心（APCSS）举行会议。尽管美日韩三国防长每年都会在出席在新加坡举行的亚洲安全会议期间另行举行三边会谈，但三国举行总参谋长会议尚属首次。

美日首脑会晤

4月23—25日，奥巴马总统访问日本。日本在继克林顿总统访问后，时隔18年再次用"国宾"规格接待奥巴马。然而，奥巴马的行程在访问的前一周才定下来，日方在访问当天仍然不能确定奥巴马的专机具体在哪个机场降落。尽管日方再三提出邀请，奥巴马总统仍然拒绝携夫人一同访日，导致一名日本外务省的官员抱怨称，“美国竟然完全没把日本放在眼里。”日本首相安倍晋三在同奥巴马总统举行的首脑会谈中，双方围绕是否在TPP谈判中全面取消大米、小麦、牛猪肉、乳制品和砂糖5类关税，是否认可投资者与国家诉讼制度等问题分歧严重。由于日美未就TPP达成协议，日本财务大臣麻生太郎批评奥巴马“现在大概不具备在国内统筹全局的能力”。访问的最后一天，双方发表了《美日联合声明》，声明宣称：美日同盟是亚太地区和平与安全的基石，《美日安保条约》适用于所有日本施政下的区域，包括钓鱼岛，对东海防空识别区表示强烈关注，支持南海问题当事国诉诸国际仲裁，美方就日本为解禁集体自卫权所作的努力表示“欢迎并支持”。该声明严重扰乱了亚太地区安全与稳定，给地区和平发展带来负面影响。

美亚太导弹防御系统扩展计划

5月中旬，美国众议院批准了2015财年国防授权法案，其中包括要求国防部探索与日韩两国加强导弹防御系统合作的方式。有媒体报道，美国正酝酿在韩国境内部署一套“末端高空区域防御系统”（THAAD），并称美方已经在韩国境内进行实地考察。不过，韩国国防部发言人特别强调，“韩国导弹防御系统”与“美国导弹防御系统”不兼容，因此不会加入美国亚太反导系统。6月，澳大利亚总理阿博特访问美国期间，承诺将帮助美国推进弹道导弹防御系统扩大计划。美国未来导弹防御系统的建设重点有三个，分别是推进“陆基中段反导系统”（GMD）建设、加紧提升海基反导能力、开展装备采购与研发工作，而亚太地区的反导系统是其重要组成部分。

美印两国首脑联合声明

9月30日，美国总统奥巴马和到访的印度总理莫迪在白宫举行双边会晤，双方围绕贸易、气候变化和安全等问题展开讨论，寻求重振两国伙伴关系。美国对莫迪的到访非常重视，奥巴马除了此前在白宫为莫迪举行“私人晚宴”外，还“即兴”陪同莫迪参观华盛顿马丁·路德·金纪念雕像。会晤结束后，美印双方发表了联合声明。该声明称，莫迪在会晤中强调将把与美国的伙伴关系置于优先位置，以实现印度作为一个“负责任和有影响力的世界大国”崛起的目标。奥巴马则认可印度作为“一位朋友和伙伴”的崛起符合美国的利益，重申支持印度成为联合国安理会常任理事国。双方承诺启动以发展资本市场和为基础设施建设筹资为主的美印投资倡议，以推动机构投资者和企业增加投资；双方同意采取措施，把两国的贸易额从当前的约1000亿美元提高5倍。双方已经建立一个联络小组，以推动落实两国2006年签署的民用核能合作协议，尽早实现美国在印度建造的核电站输送电力这一共同目标。两国决定将美印防务合作框架协议延长10年，加大政治军事对话，探讨包括出口许可、防务合作、战略合作在内的各种问题。此外，两国还决定加大海上安全合作，美方将与印度海军探索有关技术合作。

默克尔总理访华

7月5—8日，德国总理默克尔第7次访华。随团访问的还包括空客集团、汉莎集团、西门子公司、大众汽车公司和德意志银行的高管。7月6日，默克尔访问成都，出席了“中国（四川）——德国新型城镇化合作论坛”开幕式并致辞。随后，默克尔前往北京进行访问，并在清华大学发表演讲，出席了“中德电动汽车充电项目”启动仪式。默克尔表示，德方愿与中方充分利用两国政府磋商等机制，加强创新合作，扩大共同研发和市场准入，积极拓展新型城镇化、节能环保、应对气候变化、医疗卫生等领域合作，密切在国际地区事务中的协作，携手应对挑战，实现共同发展。中国经济充满活力，德国企业愿扩大对华投资，积极参与中国中西部经济建设，欢迎中国企业赴德投资兴业，将积极推动简化签证手续，便利人员往来。德方支持欧盟同中国加强交流与对话，愿为欧中关系发展发挥积极作用。访问期间，中德达成多项合作协议，涉及经贸、航空、生态环保等领域。

欧加自由贸易协定

9 月 26 日，欧盟和加拿大领导人在双边峰会上正式宣布双方完成“全面经济和贸易协议”（CETA）的谈判。协议主要内容包括，双方将 99% 以上的关税降至零，并且在服务业和投资领域创造可观的、新的市场准入。协议生效后，欧盟超过 9000 个、约占 98% 的非农产品关税税目，以及约占 94% 的农产品关税税目将对加拿大产品完全免税。加拿大出口到欧盟的牛奶和欧盟的牛肉、猪肉和甜玉米等敏感农产品将会用关税配额的方式来开拓新市场。在欧盟对加拿大拥有出口顺差的葡萄酒和酒精类产品上，加拿大也会消除相关的贸易壁垒。在政府采购领域，加拿大将不仅在联邦层面上向欧盟开放，还将同样在联邦以下的行政单位中做出“前所未有的”开放。欧盟的 2.7 万亿美元政府采购市场，也将在国家和地方两个层面给加拿大提供更优惠、更新的市场准入和出口机会。双方还在金融服务业、电讯、能源和交通业、管理、计算机和信息技术、建筑工程等领域进行开放。此外，双方也在标准和资格互认方面进行合作。在自贸协议下，加方将审查和认可欧盟的汽车标准清单；在建筑师、工程师和会计等专业人才上进行资格互认。不过，德国对该协议的部分条款表示反对，德国经济和能源部负责议会和政府事务的高级官员贝克梅耶表示，协议中允许私人公司起诉国家的条款是“根本错误的”，它在德国批准该协议前“必须得到修改”。

日本首相访欧

4 月 29 日至 5 月 8 日，日本首相安倍晋三对德国、英国、葡萄牙、西班牙、法国、比利时等 6 国进行了为期 10 天的访问，并在经济合作与发展组织和北大西洋公约组织总部发表了演讲。4 月 30 日，安倍抵达德国，与德国总理默克尔举行了会谈。安倍谈及了日本解禁集体自卫权问题，并称“他与德国达成两国建立官民安保领域对话机制的共识”。在乌克兰问题上，日本与德国提出“应该通过对话，用和平的方法解决问题”，“敦促俄罗斯在国际社会发挥重要作用，承担重要责任的原则”。安倍邀请默克尔访问日本，默克尔回应称“来年访日”。5 月 1 日，安倍与英国首相卡梅伦举行了会谈。安倍也向英方谈及集体自卫权问题，希望加强日本与英国之间在联合国维和活动中的合作，主张日本与英国签署“物品与劳务相互合作协定”（AC—SA）。尽管双方就开展日英外长与防长“2 +2”对话等达成了协议，但由于卡梅伦忙于应对欧洲议会选举，会谈最终简单结束。5 月 3 日，安倍抵达葡萄牙，并与葡萄牙总理科埃略会面。5 月 4 日，安倍访问西班牙，并与西班牙总理拉霍伊举行了会谈。5 月 5 日，安倍与法国总统奥朗德举行会谈。安倍宣称，“日本应该与欧洲建立以共同价值观和公平原则为基础的巨大经济圈，要防止侵害知识产权，要遵守国际规范。”会谈结束后，日法同意启动缔约谈判，以推动两国联合研发用于警备监视的无人潜水器等防卫装备品。此外，双方还确认将加强有关核能技术的合作，促进经济部长间对话，决定于 2015 年在东京举行日法外交与防卫部长级磋商。为了增强欧洲对日本经济的信心，吸引欧洲对日本扩大投资，安倍在访欧期间还积极推介“安倍经济学”，称日本打算设立国家战略特区，推行医疗制度改革，削减法人税。此外，安倍还要求尽快缔结与欧洲之间的“经济合作协定”。

日本首相访问印度

1 月 25 日，日本首相安倍晋三与印度总理辛格举行了会谈并发表共同声明。日印双方同意在日本国家安全保障局局长和印度国家安全保障顾问之间建立定期协商制度，同时建立日印外交与军事的对话机制。会后，双方发表共同声明，同意强化日印两国军事安保领域的合作，同意通过加快签署《原子能协定》的进程来促进日本向印度出口核发电设备，同意就日本新干线向印度出口一事在2015年7月前完成共同调研并作出结论。访问期间，安倍称日本政府将向印度国民提供多次入境签证，并将向印度提供2000亿日元（约118亿元人民币）的低息贷款。

日本与巴西联合声明

8月1日，日本首相安倍晋三与巴西总统罗塞夫举行首脑会谈，双方就“官民一体推进互惠合作关系达成了一致”，同意推进海洋资源开发、公共设施建设、医疗等领域的合作。安倍还表示，将向巴西公民发放在规定期限内可任意多次到访日本的多次往返签证。会后，双方发表联合声明，提出要更频繁地举行两国首脑会谈，定期举行外长会谈，共同推动联合国安理会改革，以期尽早实现增加常任及非常任理事国的名额。此外，声明还宣称“国际纷争须遵照国际法而非凭借武力来解决的必要性”。

日本与北约防务合作计划

5月7日，日本首相安倍晋三在比利时布鲁塞尔的北约总部与北约秘书长拉斯穆森举行会谈。会谈后，双方签署《个别伙伴合作计划》（IPCP）。《计划》内容主要包括：在非洲东部索马里海域亚丁湾参与打击海盗行动的日本自卫队将与北约军队共享情报，双方还将开展联合演习。双方同意促进自卫官在北约国防大学研修，在双方的电脑防卫责任部门之间展开交流，就人道主义援助和灾害救援分享经验。此外，日本政府还将派遣女职员赴北约总部参加北约开展的演习和讨论会。除日本外，北约已同韩国、澳大利亚、新西兰、蒙古签署了《个别伙伴合作计划》。

日俄首脑会晤

11月9日，俄罗斯总统普京与日本首相安倍晋三在亚太经合组织（APEC）领导人非正式会议前举行了双边会晤。两国领导人讨论了乌克兰局势和和平条约情况，普京非常详细地阐述了俄方的立场，并称近年来俄日两国在经济和政治领域的关系“顺利发展”。双方讨论了普京访日的前景，提出确切日期将在双方方便的时候商榷。之后，俄罗斯总统新闻秘书佩斯科夫表示，双方愿意继续进行全面接触，包括继续与和平条约相关的工作；普京将会在2015年访日。此外，普京还和安倍详细探讨了日俄双边经贸合作项目。

日法防务合作协定

5月，日本首相安倍晋三和法国奥朗德总统启动了联合开发国防装备的谈判协议。7月29日，日本防卫大臣小野寺五典与法国国防部长勒德里昂签署了一项东京谅解备忘录，就加强国防合作一事达成一致，双方同意加强军事装备的联合研发工作。谈判期间，勒德里昂建议日法两国缔结“物品役务相互提供协定”（ACSA）等双边协定，使两国能够在食物、燃料、交通工具、弹药、装备以及其他方面互相提供支援。另外，法国对日本的机器人技术及潜航器等防务装备表现出极大的兴趣。由于担忧俄罗斯将法国出售的舰艇部署在乌克兰和远东地区，日本要求法国停止向俄罗斯出售两艘两栖攻击舰的计划，但勒德里昂表示法国为俄生产“西北风”级两栖攻击舰已经竣工。随着日本放宽了武器出口限制，日本加快了海外防务合作的步伐。此次日本与法国签署的协议是自日本决定与英国开展空空导弹联合研发以来，与其他国家签署的又一份协议。

日印《东京宣言》

9月1日，日本首相安倍晋三与访日的印度总理莫迪在东京举行正式首脑会谈，双方决定将两国关系提升至“特殊战略性全球合作伙伴关系”，加深在经济、政治、文化、安保等领域的合作。会谈结束后，双方发表了名为《东京宣言》的共同声明。声明还称，日本承诺今后5年间向印度提供500亿日元贷款，争取达成日本政府和民间将向印度提供包括政府开发援助在内 3.5 万亿日元规模的投融资，其中约有 660 亿日元将用于帮助印度进行基础设施建设。同时，日本将向印度的高速铁路计划提供相应的资金和技术，扩大日本企业在印度的直接投资，使日本对印度的投资金额和进入印度市场的企业数量在 5 年内出现倍增。声明称，双方确认了在海洋安全保障、航空飞行自由、民用航空安全以及依据国际法和平解决纠纷等方面的“共识”，双方将此前不定期举行的日本海上自卫队与印度海军之间的联合训练改为定期举行，日本还将继续参加印美海上联合军演。双方还同意就印度引进日本海上自卫队 US－2 型水陆两栖飞机事项加快磋商，并就防卫装备领域的合作启动事务性磋商。两国首脑还决定探讨建立日印外长、防长“2＋2”磋商机制。两国同意加快缔结“日印核能协议”的谈判进程。此外，日印在共同声明中称将与巴西、德国在联合国安理会改革方面加强合作，争取在 2015 年取得具体成果。

日英外长纽约会谈

9 月 23 日，日本外相岸田文雄在纽约与英国外交大臣哈蒙德举行了会谈。在双方谈及乌克兰问题时，哈蒙德称，国际社会必须联合起来对俄罗斯施加压力。岸田回应称，可以重视七国集团的联合。会上，双方就提早在英国举行两国外务与防卫阁僚会议（“2＋2”会议）达成了一致。

日越合作文件

8 月 1 日，越南政府总理阮晋勇在河内会见日本外务大臣岸田文雄。越方建议日方继续鼓励日本企业加大对越南投资力度，希望日本继续为越南提供包括政府开发援助（ODA）在内的援助，同时为越南农产品进入日本市场创造有利条件。岸田文雄回应称，越日两国经贸投资领域合作前景广阔，日本将继续向越南提供 ODA 援助，并承诺协助越南开展工业化战略。在越日合作委员会上，岸田文雄与越计划投资部部长裴光荣签署了向越南提供5亿日元（约合490万美元）无偿援助的文件，给越南提供6艘船只及其相应装备，主要目的是提高越南的航海安全保障能力。岸田文雄还与越南教育培训部长范武论签署为越南发展人力资源提供奖学金的文件。

《上海合作组织成员国元首杜尚别宣言》

9月11—12日，上海合作组织成员国元首理事会第十四次会议在杜尚别举行。与会元首共同签署并发表了《上海合作组织成员国元首杜尚别宣言》。《宣言》主要内容包括：各成员国呼吁发展全面平等互利的国际合作，实现共同、综合、合作和可持续安全，加强联合国在国际关系中的核心协调作用，进一步努力维护地区安全和稳定，相互尊重、平等互信、共同应对全球威胁和挑战，扩大政治、经济和人文领域合作，将上合组织地区建成持久和平、友好、睦邻、繁荣和和谐的地区。成员国支持在上合组织框架下继续采取积极措施打击恐怖主义、分裂主义、极端主义、非法贩运麻醉药品、精神药物及其前体、跨国有组织犯罪，保障国际信息安全。成员国愿在尊重国家主权和不干涉别国内政的原则基础上，共同努力建立一个和平、安全、公正和开放的信息空间。此外，《宣言》还发表了对阿富汗、叙利亚、伊朗核问题、乌克兰问题、全球经济治理、文化人文合作等问题的观点和主张。

习近平主席访问欧洲

3月22日至4月1日，习近平主席出席第三届核安全峰会并访问荷兰、法国、德国、比利时、联合国教科文组织总部和欧盟总部。访问荷兰期间，双方决定建立开放务实的中荷全面合作伙伴关系，并发表了《关于建立开放务实的全面合作伙伴关系的联合声明》，习近平主席同荷兰首相吕特会晤时见证了能源、农业、经贸、文化等领域合作文件的签署仪式。访问法国期间，中法发表《中华人民共和国和法兰西共和国联合声明》和《中法关系中长期规划》，决定站在新的历史起点上，开创紧密持久的中法全面战略伙伴关系新时代。双方签署多份合作文件，涉及经贸、核能、航空航天、工业、汽车、能源、金融、农业、可持续发展、科技、质检等多个领域。访问德国期间，中德发表《建立中德全方位战略伙伴关系的联合声明》，双方决定将两国关系由战略伙伴关系提升为全方位战略伙伴关系，两国在汽车、交通、信息化、税务、金融、科技、节能环保、医药、教育、农业等多个领域签署了合作文件。访问比利时期间，中比双方发表了《中华人民共和国和比利时王国关于深化全方位友好合作伙伴关系的联合声明》，决定建立中比全方位友好合作伙伴关系，在经贸、科技、电信、教育、司法等领域达成多项共识。访问欧盟总部期间，中欧双方发表了《关于深化互利共赢的中欧全面战略伙伴关系的联合声明》，欧方愿加快欧中投资协定和自贸协定谈判，在城镇化、可持续发展、应对气候变化等领域拓展合作，双方同意通过谈判妥善解决无线通信设备等贸易摩擦。

亚信会议《上海宣言》

5月21，亚洲相互协作与信任措施会议成员国国家元首和政府首脑在上海举行第四次峰会。峰会结束后发表声明，主要内容包括：各国应在迄今已达成共识基础上，谋求共同、综合、合作、可持续安全。亚洲各国愿致力于在所有国家相互信任、睦邻友好、伙伴关系及相互合作的基础上，建立深入亚洲人心的安全环境。国际社会迫切需要依据有关国际文书加强合作，共同有效应对恐怖主义、暴力极端主义、跨国有组织犯罪、毒品走私和腐败以及资源短缺、气候变化等其他威胁和挑战。《宣言》支持在符合《联合国宪章》、国际法和该地区人民的合法诉求的前提下，有序、和平地解决中东和北非地区尚在发展的事态，进一步推动亚信会议进程，支持亚信会议在亚洲事务中发挥更重要的作用，本着峰会达成的“上海共识”，为促进亚洲地区持久和平和共同繁荣作出贡献。

印澳民用核能合作协议

9 月 5 日，在印度访问的澳大利亚总理阿博特与印度总理莫迪举行会谈后发表声明，宣布印澳两国签署《和平使用核能的备忘录》，以推动两国核能领域的合作。根据协议，澳大利亚原则同意向印度出口发展核反应堆所需的铀燃料和相关技术。两国首脑还同意，基于印度的能源需求，澳大利亚将保持长期、稳定和可持续的能源供应，并将合作扩展至煤炭和可再生能源领域。该协议得到了澳大利亚铀矿企业的欢迎，部分企业已经开始与印度企业洽谈投资事宜，以期获得长期的战略伙伴。同时，该协议也为印度拓展了能源发展空间，印度可以在未来建立更多的核电站来解决电力短缺的问题。目前，印度拥有 20 座小型核反应堆，总装机达 4780 兆瓦。印政府希望到 2032 年增加 30 座反应堆，使核电总装机达到 6. 3 万兆瓦。

《中德合作行动纲要》

10 月 10，中国国务院总理李克强访问德国期间，中德双方发表《中德合作行动纲要：共塑创新》。《纲要》的主要内容包括：第一，中德两国视对方为战略伙伴，对世界和平、稳定与繁荣共同承担重要责任。两国商定，加强双边、中欧框架内和国际组织中的合作，并愿为国际热点问题寻求创新的可持续解决方案。在政治合作上，保持高层经常接触，夯实由 60 多个政府间经常性对话机制，每年举行中德外交与安全战略对话，深化两国人员互访，就国际和地区热点问题保持密切沟通。在安全政策合作上，保持中德防务战略磋商和国防部工作对话，逐步开展在联合国框架下的维和合作，在打击跨国犯罪、非法移民、恐怖主义等问题上深化合作，推动构建和平、安全、开放、合作的网络空间。在法律合作上，加深对彼此发展道路的理解，增进政治互信。第二，开展务实合作，致力于建设开放性世界经济。双方重视中德经济顾问委员会的作用，承诺为在对方国家落户的中德企业提供更加公平的待遇，致力于顺利缔结目标高远的中欧投资协定，继续鼓励和支持双向投资，支持空客公司同中国航空公司、天津和中航工业集团的合作伙伴关系，深化能源对话与合作，使服务贸易成为中德贸易新的增长点。双方决定在工业生产的数字化（“工业4.0”）方面展开合作，加强在金融领域的对话与协调。第三，致力于通过改革与创新促进增长，提升两国竞争力。双方决定扩大中德创新政策平台框架下的对话，加强中德创新政策平台的地位作用，为创新提供更好的框架条件，在中德“清洁水”创新中心平台、再生能源研究领域科技后备人才培养、光电子和光学技术等领域展开合作。另外，《纲领》还在城镇化和交通体系、农业和食品、卫生、社会保障和就业等领域的合作提出了具体的计划和安排。

中俄关于全面战略协作伙伴关系新阶段的联合声明

5月20日，俄罗斯总统普京对中国进行国事访问。访问期间，中俄两国发表关于全面战略协作伙伴关系新阶段的联合声明，主要内容包括：双方将保持和深化高层战略互信对话，提高现有双边政府、部门和地方间合作机制效率，必要时建立新的合作机制，确保全面快速发展的务实合作、人文交流和民间交往取得更大成果。双方将采取新的措施提高务实合作水平，在中俄贸易、投资和借贷中扩大中俄本币直接结算规模，继续努力推动双边贸易额在2015年前达到1000亿美元、在2020年前达到2000亿美元；建立全面的中俄能源合作伙伴关系，进一步深化石油领域一揽子合作，尽快启动俄对华供应天然气，开展和平利用核能、民用航空、航天基础技术研究、空间对地观测、卫星导航、深空探测和载人航天等领域重点项目的合作。双方强调反对干涉他国内政，以及策划、支持、资助或鼓励更改他国宪法制度或吸收他国加入某一多边集团或联盟的行为，增加新兴市场国家及发展中国家在全球经济治理体系中的代表性和话语权，支持联合国在维护世界和平、促进共同发展、推动国际合作方面发挥中心作用。此外，声明还在确保外空安全、应对全球气候变化、叙利亚问题、巴以问题、朝鲜半岛问题、伊朗核问题、阿富汗问题、乌克兰问题以及区域合作等问题上发表了相应的观点和主张。

《中法关系中长期规划》

3 月 26 日，中法两国在巴黎发表《中法关系中长期规划》。规划的主要内容包括：保持两国高层的密切互访，丰富双方交流对话的形式和内容，加强在涉及彼此利益和重大关切问题上的协调，促进两国教育文化等领域的交流合作；加强在联合国框架下就重大国际和地区热点问题的协调配合，继续在碳市场机制和二氧化碳捕集和封存技术开发领域进行交流，加强中法军队在维和、打击海盗和参与双、多边演习等方面的交流合作。在经济领域，规划提出支持国际金融货币体系改革，促进中欧间投资发展，尽快完成签署《中法社保协定》，共同设立中小企业投资基金，推进两国税务部门之间的密切合作。规划还列举两国了在核能、航空问题、工业、城市可持续发展、农业和农业食品、卫生、人文交流、教育和大学合作等领域的具体合作规划。

中美元首北京会晤

11 月 10—12 日，美国总统奥巴马来华出席亚太经合组织领导人非正式会议并对中国进行国事访问。访华期间，习近平主席与奥巴马总统举行了深入、坦诚、建设性的会谈。习近平主席指出，中美国情各异，历史文化、发展道路、发展阶段不同，应该相互理解，相互尊重，聚同化异，和而不同。两国难免存在一些分歧，但这不是两国关系的主流。两国政府要起到稳定器作用，妥善处理有关分歧。奥巴马总统表示，美方愿意同中方坦诚沟通对话，增进相互了解，相互借鉴经验，有效管控分歧，避免误解和误判。中国是美国的合作伙伴。在多极化时代，美方欢迎中国在国际事务中发挥建设性作用，愿意同中方加强交流合作，携手应对各种全球性挑战，共同促进亚太和世界和平与安全。双方达成广泛共识，取得了一系列重要成果，主要内容包括：双方深入探讨了进一步推进中美构建新型大国关系的重点方向。双方确认将继续把双边投资协定谈判作为双边经贸关系的最重要事项，同意加强两国在气候变化领域的务实合作，共同努力推动中美新型军事关系不断向前发展。双方同意在联合国宪章和国际关系基本准则基础上开展国际反恐合作，于2015年初举行中国公安部和美国国土安全部部级会晤，探讨加强反恐、执法、追逃追赃、遣返非法移民、禁毒、打击网络犯罪、加强知识产权执法等领域的对话与合作。双方愿通过联合工作组机制加强在防扩散立法、执法、一线监管等方面的合作。另外，双方还在贸易、投资、农业创新、清洁能源、交通运输、人文交流、地区和全球事务等多个问题上达成共识。

中亚五国与日本外长级对话会议

7月16日，中亚五国与日本外长级对话会议在吉尔吉斯斯坦首都比什凯克举行。吉尔吉斯斯坦、乌兹别克斯坦、哈萨克斯坦、塔吉克斯坦、土库曼斯坦五国外长与日本外相岸田文雄出席了会议。会议结束后，各方发表《联合声明》。《声明》的主要内容包括：继续加强地区合作，维护中亚安定与发展；针对毒品等威胁加强国境管理；确认裁军与武器不扩散合作；肯定日本的农业经验与技术对地区合作的重要性等。会上，日本向吉尔吉斯斯坦提供总额约2600万美元的无偿资金援助用于基础设施维持和人才培育，恢复对财政困难无法偿还日本债务而遭停止贷款的吉尔吉斯斯坦的日元低息贷款，新提供的贷款额为120亿日元（约1.2亿美元）。中亚五国与日本外长对话是从2004年开始，这次是第五次，上一次会议于2012年在东京举行。

中意关于加强经济合作的三年行动计划

6月10—12日，意大利总理伦齐对中国进行了正式访问，双方达成中意关于加强经济合作的三年行动计划。计划主要内容包括：第一，致力于推动双边商品和服务贸易继续稳步增长，并通过意大利商品和服务对华出口的显著增长逐步加速实现双边贸易再平衡，在环境与可持续能源、农业领域、可持续城镇化、食品药品及卫生领域、航空航天等五个领域展开合作。第二，在废品回收工业、可再生能源、能效、建筑与设计、健康和卫生服务、农产品—食品、航天航空、发动机技术、机械、通信技术、纳米技术、生物制药、造船、石油和天然气勘探等工业与投资领域加强合作。第三，同意为贸易、投资以及信贷机构和金融运营商一体化进程提供支持，依法为对方国家设立银行分支机构以及已全面开展运营的金融机构提供便利。第四，在符合中国、意大利和欧盟现行法规的前提下为签证发放提供便利，加强旅游领域的双边合作。第五，依托中意政府间科技混委会和中意创新论坛等双边合作机制，推动重点领域高水平的联合科研合作。

中印联合声明

9 月 17—19 日，习近平主席对印度进行国事访问，会见了印度总统慕克吉，同总理莫迪举行会谈。9 月 19 日，中华人民共和国和印度共和国在新德里发表《中华人民共和国和印度共和国关于构建更加紧密的发展伙伴关系的联合声明》。《声明》主要内容包括：两国领导人积极评价近年来中印关系取得的进展，注意到双方始终从战略和全局的角度看待中印关系。两国决定加强政治对话，深化战略互信，保持两国各层级政治对话磋商机制。双方同意通过中印战略经济对话探讨新的经济合作领域，同意采取积极步骤解决影响两国贸易可持续发展的贸易结构不平衡问题，宣布在印度古吉拉特邦和马哈拉施特拉邦建立两个工业园区，同意在新德里召开第七次财金对话，同意建立中国国务院发展研究中心与印度政府经济事务局的对话机制，同意启动“中国—印度文化交流计划”来推动两国文化及人员交往。双方签署了铁路合作备忘录和行动计划，广东省与古吉拉特邦缔结友好省邦协议，以及上海与孟买、广州与艾哈迈达巴德缔结友好城市协议。双方重申愿在和平共处五项原则的基础上，通过和平友好协商积极解决所有悬而未决的分歧，不让有关分歧影响双边关系的总体发展。双方同意保持两国防务部门和两军领导人定期互访，拓展各领域务实合作，决定于年内举行首轮海上合作对话。此外，声明还谈及了气候变化、世贸组织多哈回合谈判、能源和粮食安全、国际金融机构改革、全球治理、恐怖主义、联合国改革等多项议题。

（本章综述撰稿：潘远强；词条编撰：潘远强　彭坤）

世界军事安全

一、形势综述

2014年，世界军事安全形势保持了总体稳定，但国际与地区战略格局呈加速演变之势。主要军事力量加快战略调整，并将亚太这一最具发展活力的地区作为博弈重点。各国大力推进武器装备现代化建设，竞相争夺军备竞赛制高点。大型恐怖组织“伊斯兰国”迅速崛起，令中东局势乱象丛生，更诱发了遍及全球的恐怖主义“复归”浪潮。朝核、伊核、阿富汗问题等地区性热点问题虽有所降温，但巴以大规模冲突再起和乌克兰局势持续严峻均负面影响深远。

（一）美军将“全方位作战能力”作为转型建设的核心，着重争夺空天领域的主导权

3月4日，美国国防部发布了新版军事战略指导性文件《四年防务评估报告》(Quadrennial Defense Review，简称QDR)。[①] 这是美国自1997年以来推出的第5份同名报告。总体而言，在国防预算持续大幅削减的背景下，美国的新军事战略更多着眼现实的军队问题，力求实现“紧缩”与“扩张”之间的“再平衡”。美军提出，未来的军事转型将突出“全方位作战能力”。报告阐述了美国军事战略的三大支柱，即“保卫本土”、“营造全球安全”和“军力投送与决战

---

① Department of Defense，United States of America，*Quadrennial* Defense *Review Report*，March 2014，http：//www. defense. gov/pubs/2014 _ Quadrennial _ Defense _ Review. pdf.（上网时间：2014年3月6日）引自该报告的内容不再另行注出。

制胜”，并基于美国军事战略日程的优先事项，[①] 提出美军要发展一系列“关键能力”：新型和范围更广的网络战能力，以提高美军开展网络空间作战、支持全球范围内军事行动的能力；导弹防御能力，如增加地基拦截器的数量，在日本部署第二套提供早期预警和跟踪的雷达系统；核威慑能力，升级核武器发射系统以及预警、指挥和控制系统；建设更有活力的太空战系统；“空海一体战”能力，大幅裁减陆军，增强海空军战力，注重“依靠尖端武器应对他国威胁”[②]；提升精确打击能力，采购先进的空地导弹和远程反舰巡航导弹。美军认为，亚太地区的安全环境不容乐观，需要进一步强化在亚太地区的军事布局。具体举措包括：加强军事部署，如在2020年前将把60%的美海军作战舰艇部署到亚太；提升在大洋洲和东南亚的军事存在；强化与日本、澳大利亚等关键盟友的安全合作，同时深化与新加坡、越南等关键伙伴的防务联系；着重发展一些针对性的军事能力，如导弹防御、网络战、太空战、“空海一体战”等。

在突出“全方位作战能力”建设的过程中，美军特别重视掌控无人机和制航天权领域的主动权。美国2015财年国防预算总额为5850亿美元，较2014财年减少约480亿美元，但军费削减并未减缓美军抢占军事技术制高点的步伐。2014年中，美海军X－47B舰载无人机共完成了8次弹射起飞、30次触舰起飞和7次阻拦着陆。8月17日，X－47B在试飞期间首次演示了与一架F/A－18F“超级大

① 这些事项包括：推进“亚太再平衡”；维护欧洲和中东地区的安全与稳定；在全球范围内（重点是中东和非洲）打击暴力极端分子和恐怖主义；在美国军事力量总体“瘦身”的情况下，保护美国对技术的关键投入；努力构建新型伙伴关系，强化关键的同盟和伙伴关系。

② 陆军现役将裁至44万至45万人、为1940年以来的最小规模，裁减幅度将达7万到8万之众。海军现役兵力保持不变，未来5年将采购1艘新航母、10艘核潜艇、10艘驱逐舰和14艘濒海战斗舰。空军将采购F－35联合攻击战斗机、新型远程轰炸机和KC－46空中加油机。

黄蜂”有人驾驶战机共同编队飞行。X－47B火力强大、可携载最多2吨的弹药，作战半径达1500公里，滞空时间可达30小时以上。10月14日，被誉为美空军“最神秘太空飞行器之一”的X－37B空天飞机第3次成功返回美国加利福尼亚州的范登堡空军基地。本次太空之旅，在前两次飞行试验对系统总体结构合理性、飞行器隔热防护材料可靠性、姿态控制精确性进行试验的基础上，又在以下几方面取得了重要成果：一是进一步检验了天地往返系统的精确导航、定位与自动着陆系统的稳定性、可靠性；二是验证了飞行器在轨道间自由机动飞行的能力；三是对飞行器所携载的任务设备进行综合测试，表明X－37B不仅可以执行侦察任务，也将具有某种天天攻击和天地攻击的能力；四是验证了长期在轨部署能力，其在轨部署时间已由前两次的224天和469天拓展到674天。① X－37B所具有的快速进入太空能力，使美国得以快速构建航天信息支撑与应用体系，并将航天技术优势转换为航天能力优势，这必将给空天飞行器和地面作战武器系统带来新挑战。②

（二）北约与俄罗斯竞相调整军事战略，双方围绕乌克兰危机展开激烈的军事博弈

2013年11月至今的乌克兰危机，是冷战后欧洲遇到的最重大的安全挑战，也是继“9·11”事件和伊拉克战争后影响最重大的地缘政治事件。③ 尽管相关各方提出多个和平倡议和达成多次停火协定，但乌政府军与乌东部亲俄武装之间的战斗至今仍在继续。在乌克兰危机促使下，2014年9月初，北约在英国威尔士举行了被视为“冷

---

① 王明志：《X－37B神秘试验引发担忧》，《解放军报》2014年10月22日。

② 王君、李大光：《X－37B：神神秘秘一个谜》，《解放军报》2014年11月1日。

③ 张文宗等：《乌克兰危机的战略影响》，《现代国际关系》2014年第8期。

战后最重要"的一次峰会，并作出了众多相关决议，以指导其军事战略的调整。北约开始将防务重点从"海外干预"重新"回归"为"集体防卫"这一"最初职能"，并正式推出统称为"战备行动计划"的一系列强化军力建设的举措。[①] 北约预计将在2014年圣诞节前完成"'矛尖'快速联合作战部队"和"联合远征军"的组建工作。其中，"矛尖"部队兵力将超过4000人，从北约现有快速反应部队中抽调，包括常规部队和特种部队，能在48小时内部署到任何北约成员国。[②]"联合远征军"至少为1万人，兵员来自以英国为首的7个参与国，主要承担维和及危机管控等常规军事任务。"战备行动计划"以快速反应部队"想驻多久就驻多久"的文字游戏，绕开了1997年与俄达成的"君子协议"，实现了北约在东欧事实上的长期驻军。峰会还通过了加大军费投入、加强武器研发、增加联合演习等决议，以提升北约军队的机动性和威慑力。

针对北约的行动，俄针锋相对地提出将在2014年底前修订军事指导政策，并调整相应的军事部署。2014年，俄罗斯高度重视装备现代化工作，强势推进战略核力量建设。俄2014年国防开支为615亿美元（2.4万亿卢布），2015年更将猛增约1/3，升至创纪录的820亿美元（3.28万亿卢布）。[③] 俄总统普京11月27日在主持召开俄罗斯国防工业综合体发展会议时重申，到2020年，俄武装力量中

---

① *Wales Summit Declaration*, issued by the Heads of State and Government participating in the meeting of the North Atlantic Council in Wales, Sep. 5, 2014, http://www.nato.int/cps/en/natohq/official_ texts_ 112964. htm? selectedLocale = en.（上网时间：2014年9月12日）

② Robin Niblett, "NATO Must Focus on the 'Hybrid Wars' Being Waged on the West", July 18, 2014, http://www.chathamhouse.org/expert/comment/15178.（上网时间：2014年8月26日）

③ 胡晓光：《俄2015年国防开支猛增至820亿美元》，新华社莫斯科2014年10月17日电。

现代装备比例不能低于70%。4月，俄战略火箭兵宣布，计划重建铁路机动型陆基洲际导弹发射系统，每套系统可携20枚分弹头。[①] 俄海军海基洲际弹道导弹“布拉瓦”在2014年10月、11月成功完成两次试射。“布拉瓦”是俄专门为新型“北风之神”级战略导弹核潜艇研制的，射程达8000公里，可携带6至10个高超音速分导核弹头。[②]

乌克兰危机重创北约与俄罗斯的防务关系，使双方走到“新冷战”边缘。美俄围绕导弹防御系统的谈判中断。奥巴马6月初访问波兰期间，呼吁美国国会批准10亿美元款项，以支持美国强化在欧军事部署，提高北约欧洲盟友及乌克兰、格鲁吉亚、摩尔多瓦等与美国合作的非北约国家的军事反应能力。[③] 北约暂停与俄的各项合作，强化在中东欧、黑海和波罗的海地区的军力部署，并提升军演频率与规模。7月发生马航MH17坠毁事件后，以法国售俄“西北风”舰项目为代表的多项北俄军售合同暂时搁浅。北俄不同程度地卷入乌内战，实际已打起“代理人战争”。北约一方对乌当局进行间接军事援助，主要包括提供军事顾问、情报和资金支援、非致命性军事资源和装备等。俄则对乌持续保持大兵压境的战略威慑和处突应变之势，并在乌东部进行小规模、隐蔽化的军事渗透。[④] 有西方学者即将当前的美俄关系描绘为“战略敌手”，认为美俄较量的广度和烈度不仅超过冷战后两国间历次较量，而且成为“冷战后大国间首次公开的、直接的对抗”。欧俄关系向好的趋势也“急剧扭转，降至

① 杨民青:《俄罗斯重建“陆地核潜艇”》,《环球》2014年第9期。

② 胡晓光:《俄计划今明两年完成“布拉瓦”导弹5次发射》，新华社莫斯科2014年11月23日电。

③ 高帆、韩梅:《奥巴马称美拟扩大在欧洲军事部署》，新华社华沙2014年6月3日电。

④ 吕正韬:《乌克兰内战中的明争与暗斗》,《解放军报》2014年9月5日。

冷战后最低点”。①

（三）日本抛弃“专守防卫”战略，加速推进“军事正常化”和“军事大国化”进程

为了实现“军事正常化”和“军事大国化”的目标，日本在2014年主要采取了如下措施：

一是积极谋求解禁“集体自卫权”，降低武力使用门槛。7月1日，安倍政府通过修改宪法解释、解禁“集体自卫权”的内阁决议案。这意味着，即使自身未受到攻击，日本也可以为了“与其关系密切的国家”而行使武力，这标志着日本根本背离了战后以“专守防卫”为主要内容的安保政策。② 7月11日，美国防部长哈格尔与日防卫相小野寺五典就解禁“集体自卫权”写入《日美防卫合作指针》一事达成一致。菲律宾、澳大利亚等国也纷纷表态支持安倍内阁解禁“集体自卫权”的行径。自民党在国会参众两院的多数地位得以保持，以及美国及其盟国的纵容和力挺，使得安倍在突破“专守防卫”政策的道路上有恃无恐、愈行愈远。③

二是修改武器装备出口原则，加强同亚太国家的军事联系。4月1日，日本内阁会议通过了“防卫装备转移三原则”，以取代“武器出口三原则”，从而将始自1976年的“全面禁止出口武器”政策全面颠覆，大幅放宽了对出口武器的限制。新的“三原则”规定，日本不向明显妨碍维护国际和平与安全的场合出口防卫装备；对允许出口的情况进行限定和严格审查；出口对象将防卫装备用于目的之外或向第三国转移时，需获日方事先同意并置于适当管理之下。

---

① Rober Legvold, “Managing the New Cold War”, *Foreign Affairs*, July/August 2014, p. 75.

② 李岩：《日解禁集体自卫权内外制约尚多》，《环球》2014年第13期。

③ 周永生：《“由守转攻”的日本国防政策》，《解放军报》2014年7月11日。

尽管日本政府相关人士称，政府现在没有出口“杀伤力较高武器”的计划，但既然新原则没有禁止，意味着日本出口武器的大门已经敞开。[①] 6月举行的日澳外长与防长“2+2”会议，就缔结共同研发“防卫装备”协议问题达成一致，日本将向澳大利亚提供潜艇技术，澳海军预计向日方购买12艘“苍龙”级常规潜艇，相关协议规模将达400亿美元。在6月的香格里拉对话会上，安倍晋三公开宣布将向越南等在南海与中国有领土争端的东南亚国家出口巡逻、监视、救援、运输、扫雷等“防卫装备”，以提高相关国家的海岸警卫能力。[②]

三是军事部署重点继续向西南转移。日本继续扩编“水陆机动团”（“西普联”），新建、扩建西南方向海空基地，并频繁与美举行针对性联合军演，旨在强化“综合机动防卫力”和提高自卫队的“离岛”作战能力。

四是组建新型网络战力量。4月9日，日本自卫队网络防卫队正式成立。它是由陆上、海上和航空自卫队组成的联合网络空间防卫部队，隶属防卫省，是防卫大臣的直属部队，由统合幕僚长负责指挥，初期编制约90人。与以往自卫队的网络战力量相比，新部队的显著特点有二：其一，加强了进攻能力建设。其武器不仅包括“过去曾攻击日本的电脑病毒”，还将包括今后新研发的专用木马和病毒。其二，使用门槛降低。日防卫省正在为对外网络攻击进行立法准备，将别国网络攻击视为“武力攻击”（即“有事”），以此启动所谓“自卫权”。[③]

五是继续修订《日美防卫合作指针》，谋求与美国军事合作的“无缝连接”。10月8日，日美发布了修订《日美防卫合作指针》的

① 吴怀中：《日本打开武器出口的潘多拉魔盒》，《环球》2014年第7期。

② 周永生：《日本武器出口迈出大步》，《解放军报》2014年6月23日。

③ 高东广、李大光：《日本“网军”跃跃欲试》，《解放军报》2014年4月11日。

中期报告，修改幅度之大令人关注。报告删除了现行版本中限定自卫队支援美军“周边事态”的提法，代之以“在全球范围支援美军”，这意味着日本安全保障政策体制再次出现重大转变。报告虽未出现“集体自卫权”的字样，但明确提出自卫队将在从“平时”、“灰色地带”事态到“战时”都对美军开展“没有缝隙”的合作与支援。日美还将在导弹防御、情报收集、预警侦察、太空、网络等领域开展和强化合作。

六是加快列装高新侦察与进攻性武器。日2014财年防卫预算为4.88万亿日元，2015年将增长3.5%，达到历史最高的5.05万亿日元，为连续第三年增长。① 在高额军费支撑下，日新锐装备不断入役。4月，隶属于日本政府“情报收集卫星”项目（IGS）的“雷达4号”雷达侦察卫星成功发射升空，它与在轨的“雷达3号”、“光学3号”、“光学4号”卫星一起，完成了日本空中情报系统“四星体系”的构建。这使日方对同一地点的重访频度大幅提高，对华军事侦察效果已接近实时。② 3月12、13日，日海上自卫队连续服役了“凉月”号与“冬月”号2艘最新型“秋月”级驱逐舰，4艘“秋月”级至此全部入役。“秋月”级是防空与反潜并重的新一代通用驱逐舰，被视为日本版“宙斯盾”舰，甚至被认为是日海上自卫队装备迈向“独立自主”的里程碑。③ 10月3日，日防卫省宣布计划增购2艘满载排水量高达10000吨的“爱宕”级“宙斯盾”驱逐舰（2015财年和2016财年分别建造，预计2020财年完成部署），以应对“弹道导弹威胁”。④ 10月8日，日本第7艘“苍龙”级AIP动

---

① 张殿成：《日本防卫预算三连增为哪般》，《解放军报》2014年12月13日。

② 黄晋一：《日本情报卫星：实时监视中国》，《环球》2014年第8期。

③ 文扬、蔡建昭：《“秋月”级暗藏玄机》，《解放军报》2014年3月22日。

④ 吴珅、傅启胜：《“宙斯盾”驱逐舰缘何受青睐》，《解放军报》2014年10月4日。

力潜艇“仁龙”号下水。11月21日，日防卫省又宣布订购4架E-2D“先进鹰眼”预警机、3架“全球鹰”无人侦察机以及17架MV-22“鱼鹰”倾转旋翼运输机等一批新型美式军机，并在2018财年底前装备到位。[①] 在武器研发方面，6月19日，日防卫省召开会议，决定确立防卫装备发展新战略。根据新战略，日本将与英法等防务产业竞争力强的欧洲国家建立合作关系，联合开发对象包括下一代F2战斗机和导弹。新战略还将推进运输机、海上救助飞行艇等军用装备向民用领域转移，并通过大学等研究机构探索民用技术的军用可能性。[②]

（四）新一轮恐怖袭击浪潮对世界安全稳定构成巨大挑战，全球反恐形势极其严峻

2014年，恐怖组织“伊斯兰国”[③] 利用叙利亚、伊拉克乱局迅速崛起，已构成国际恐怖势力主干，并催生强烈的“溢出效应”，对地区和全球安全构成了空前严峻的恐怖主义挑战。

2014年1月，长期在伊拉克、叙利亚交界地区活动的恐怖组织“伊斯兰国”，相继发动德尔祖尔和拉卡两大战役，在叙东北部一举开拓大片根据地，随后逼近伊拉克首都巴格达和伊拉克库尔德自治区首府埃尔比勒，并控制伊叙、伊约边界的全部过境点。其武装人

---

① 冯武勇、刘秀玲：《日本决定订购一批新型美式军机》，新华社东京2014年11月21日电。

② 刘秀玲、冯武勇：《日本决定确立防卫装备发展新战略》，新华社东京2014年6月19日电。

③ 该组织曾多次易名，其前身可追溯到成立于2004年初的“基地”组织伊拉克分支（AQI），2006年更名为“伊拉克伊斯兰国”（ISI），2013年4月扩名为“伊拉克与黎凡特伊斯兰国”（ISIL）（阿拉伯语为“伊拉克与沙姆伊斯兰国”，即ISIS），2014年6月更名为“伊斯兰哈里发帝国”（简称“伊斯兰国”，IS）。为行文方便起见，文中均使用“伊斯兰国”表述。

员由年初的1万余迅速扩充至9万多，控制区域达26万平方公里。[①]从装备水平看，“伊斯兰国”拥有的坦克、装甲车、大口径火炮、防空武器等的数量和打击力已超过“基地”组织总部、阿富汗塔利班、巴基斯坦塔利班、黎巴嫩真主党、巴勒斯坦哈马斯、车臣伊斯兰武装等其他激进武装。[②]“伊斯兰国”实力的快速膨胀，令世界各地恐怖组织刮目相看。一些组织已表示服从，另一些则宣称“愿借鉴成功经验”。车臣伊斯兰武装主力之一“迁徙者支持军”、尼日利亚“博科圣地”和巴基斯坦恐怖组织“哈里发运动”于7、8月间相继宣布效忠巴格达迪。印尼“伊斯兰团”、菲律宾“阿布沙耶夫”武装、阿富汗塔利班、巴基斯坦塔利班、乌兹别克斯坦“伊斯兰运动”等著名恐怖组织虽未表示效忠巴格达迪，但都承认“伊斯兰国”的斗争经验值得借鉴。在此背景下，阿富汗塔利班发动“秋季攻势”，在加兹尼等省重创政府军。巴基斯坦塔利班在开伯尔山口等险要地段伏击北约车队，屡屡得手。印尼“伊斯兰团”则宣布成立东南亚“伊斯兰国”，疆域拟从印尼扩展到马来西亚、泰国、菲律宾和文莱。尼日利亚“博科圣地”从2014年8月中旬起，沿尼喀、尼乍边界向首都阿布贾步步推进，造成65万民众流离失所。在利比亚，以米苏拉塔民兵为代表的原教旨主义武装和以津坦民兵为代表的世俗主义武装，围绕机场和炼油厂的争夺战日益激烈，中央政府无力控制局面。也门、索马里、肯尼亚、乍得等国的安全局势也在恶化。[③]

“伊斯兰国”的扩张同时损害了多个攸关方的利益（如其直接

① “Islamic State ‘Has 50, 000 Fighters in Syria’”, Al Jazeera, August 19, 2014, http: //www. aljazeera. com/news/middleeast/2014/08/islamic-state – 50000 – fighters-syria – 2014819184258421392. html. （上网时间：2014年8月26日）

② 董漫远：《“伊斯兰国”崛起的影响及前景》，《国际问题研究》2014年第5期。

③ 同上。

挤压“什叶派新月地带”，挑战了伊朗的地缘战略利益；致力于推翻巴沙尔政权，挑战了俄罗斯在中东的“势力范围”等），但首先挑战的是美国在中东的利益，因为它将使美国发动伊拉克战争的地缘政治和“民主改造”成果化为乌有，其决意灭亡以色列也是美国所不能允许的。有鉴于此，8月8日，美国总统奥巴马授权美军开始对“伊斯兰国”实施空袭。一个松散的“反恐联盟”随之逐渐形成。法国、英国、澳大利亚和加拿大等北约成员国，以及巴林、约旦、沙特、卡塔尔和阿联酋5个海湾国家，均参与了对“伊斯兰国”的空袭行动。德国未参与空袭，但向库尔德人提供了武器。土耳其加强了边境地区军事部署，并准许美国使用其军事基地。但截至年底，“伊斯兰国”通过调整战术、灵活周旋，避免了主力遭创，且在叙利亚顶住了政府军攻势，压缩了叙反政府世俗武装“叙利亚自由军”的实控区域，长期围困土叙边境重镇科巴尼，并与伊拉克政府军和库尔德武装分子呈胶着拉锯状态。源源不断加入“伊斯兰国”的外籍“圣战”分子，引起了欧洲国家的广泛担忧。针对北约欧洲盟国介入伊拉克“反恐”，“伊斯兰国”英国籍成员在“推特”（Twitter）发布威胁，称将发动第二轮“9·11”事件式恐怖袭击进行报复。慑于“圣战”分子“回流作案”的苗头日趋明显，德法内政部长已将回流的“圣战”分子列为其“未来几年面临的最大威胁”，英国首相卡梅伦则表示“伊斯兰国”已“对英国构成严重威胁”。[①] 此外，其他恐怖组织如中东的“呼罗珊集团”、“努斯拉阵线”、“哈里发战士”，非洲的“西非圣战统一运动”（马里）、“索马里青年党”、

① Pall Cruickshank and Tim Lister, “Foreign Legion in Iraq and Syria May Bring Jihad to West”, http://edition.cnn.com/2014/06/16/world/meast/iraq-sria-foreign-legion-jihad-threat-to-west/; Paul Cruickshank and Tim Lister, “Europe Faces ‘Greatest Terror Threat Ever’ from Jihadists in Iraq and Syria”, http://edition.cnn.com/2014/06/19/world/europe/lister-european-jihadists/.（上网时间：2014年7月2日）

“圣灵抵抗军”（乌干达），俄罗斯的车臣反政府武装等，也在不同程度上加大了活动力度。[①] 全球恐怖势力已呈现中东“持续扩张”、非洲“多股合流”、南亚和东南亚“资源重组”、东欧“循环往复”的总体态势。这些都使全球反恐形势愈发不容乐观。

（五）地区性安全问题的热度有升有降，全球面临的风险和挑战依然严重

2014年，尽管伊核与朝核问题均出现缓和迹象，叙利亚危机与阿富汗问题走势相对平缓，但这些问题的彻底解决尚需时日，且远不能排除重趋恶化的风险。巴以再次爆发大规模冲突，巴以和平前景依旧堪忧。这些地区问题的热度有升有降，表明全球安全面临的风险和挑战依然严重。

一是加沙再度硝烟四起，巴以再次陷入军事冲突。7月8日，以色列对加沙地带发动代号为“护刃行动”的军事打击。该行动是6年来以色列对加沙地带发起的持续时间最长、造成损失最为严重的一次军事打击，旨在严重削弱巴勒斯坦激进武装哈马斯的军事能力，迫使其停止向以境内发射火箭弹，维护以色列国家安全。此次大规模冲突却由小事引发：3名犹太学生在希伯伦附近被诱拐杀害，哈马斯强调非其所为，而以则将矛头对准了哈马斯，双方最终只能兵戎相见。7月19日，以方又发动地面进攻，导致大量平民死伤。8月26日，在埃及的斡旋下，巴以达成长期停火协议，长达50余天的军事冲突方告结束。停火协议虽已达成，但巴以双方在实质性问题上互不相让。以色列要求哈马斯归还以方士兵遗体，并解除武装；哈马斯则要求重建并开放加沙的海港与机场，双方谈判步履维艰。中东地区错综复杂的关系，决定了任何试图从根本上解决巴以冲突

---

① 李霄云：《2014全球反恐地图》，《世界军事》2014年第23期。

的努力都绝非易事；一纸协议难掩历史积怨，巴以和平进程前路漫漫。

二是驻阿北约联军撤退终落帷幕，阿富汗和平之路仍荆棘密布。2014 年虽是北约在阿联合驻军的结束年，却也成为北约主要国家分头摸索在阿的留存模式的开始年。根据联合国授权，北约主导的驻阿“国际稳定部队”任期将于本年底结束。英国虽于 10 月 26 日向阿军移交了最后一处军事基地、宣告结束其在阿长达 13 年的军事行动，但仍留下数百名军事人员用以“训练和指导”阿士兵，留守的英国特种部队甚至仍可“在必要时出动”。美军驻留阿富汗的程度则更高。根据奥巴马的计划，2014 年后将在阿留下约 9800 名美军士兵；据阿美签署的双边安全协议，美国驻留军队将拥有阿全境 9 处基地的使用权，驻留美军人员还将拥有刑事豁免权以及必要时的入室搜查权。奥巴马于 10 月签署一份指令，指示驻阿美军，2015 年在“塔利班继续同‘基地’组织勾结”的条件下，可继续对其展开军事行动（包括空袭）。[①] 德国等一些北约国家也准备仿效英美“撤军”模式，试图与阿单独签订未来的相关协议。观察人士普遍认为，诸多北约国家要在某种程度上保留在阿军事存在，主要是考虑到阿的地缘政治地位和依然脆弱的安全形势。[②] 9 月 29 日，阿什拉夫·加尼就任阿富汗新总统，历时 5 个月的阿总统选举至此落幕。随着美国及北约逐步从阿撤军，加之自身经济发展困难，阿国内和平进程之路仍荆棘密布。[③]

三是越菲借美“战略东移”之机肆意挑衅，南海局势骤然升温。

---

① 陈杉、仇博：《奥巴马在阿富汗陷入左右煎熬》，新华社喀布尔 2014 年 11 月 24 日电。

② 陈杉、陈汉琪：《如何看待英美撤军阿富汗》，新华社喀布尔 2014 年 10 月 27 日电。

③ 王世达：《阿富汗新政府面临三重挑战》，《解放军报》2014 年 9 月 26 日。

越菲在南海兴风作浪，与美国推进“亚太再平衡”战略存在密切关联。2014年，奥巴马政府深化了与菲律宾的防务合作，加强了与越南的友好合作关系。3月17日，菲律宾根据与美国制定的最新安全协议，允许美国使用其军事基地，美军对菲“进入权”自此确定。10月，美国决定解除对越出口致命武器的禁令。这些举动在很大程度上助长了越菲在南海问题上向中国叫板的嚣张气焰。自5月初“中海油981”钻井平台在中国西沙群岛毗连区内开展正常作业活动以来，越南出动包括武装船只在内的大批船只冲撞和干扰中国作业平台和船只，纵容国内不法分子打砸抢烧，对中资企业和人员造成严重损伤。越菲还联手向中国发难，6月8日，越菲海军在中国南海南子岛举办足球、排球与拔河混合赛，对华挑衅行为一目了然。

四是朝核问题出现新动向，半岛局势缓和与紧张交织。自年初以来，朝鲜主动改善南北关系，朝鲜最高领导人金正恩呼吁民族之间停止相互诽谤和反目，并在第17届亚运会闭幕之际派出高级代表团对韩国进行闪电式访问。然而，10月7日以来，朝韩双方又发生了三次短暂交火；双方10月15日召开的将军级会谈也因分歧较大，未达成任何成果。朝鲜转变强硬外交姿态，用对话代替对抗，旨在摆脱西方长期的经济制裁，有利于朝韩关系驶入正轨。但2013年2月朝鲜进行第三次核试验后，美国一直拒绝重启六方会谈。美韩于10月23日还同意，再次推迟战时作战指挥权对韩方的移交时间（原定于2015年底）。由于朝鲜不会轻易弃核，美朝关系是解决朝核问题的关键因素之一，恢复六方会谈、推动半岛局势走向和平与稳定，仍是一个短期内难以实现的目标。

五是伊朗宣布“弃核”，但“全面协议”仍未落定。3月1日，伊朗总统鲁哈尼宣布放弃制造核武器，称该决定是基于“道德原则”。伊朗最高领袖哈梅内伊也发出宗教指令，禁止在国内生产核武器。5月，伊朗与国际原子能机构达成协议，同意采取5项措施以增加核计划的“透明度”。伊朗还在伊拉克问题上通过支持阿巴迪组阁一事向美国示好，企图换得美欧解除制裁和对其“和平利用核能”持宽容态度。但2月以来，伊核问题六国与伊朗虽进行了多轮对话会，7月20日和11月24日两次设定的“大限”均已过去，全面协议依然不见踪影。谈判焦点始终纠结在两方面：一是伊朗的铀浓缩能力问题。出于对伊朗发展核武器的忌惮，西方要求伊朗大幅缩减浓缩铀产能，以推迟伊朗生产出可能的武器级浓缩铀的时间。伊朗则要求其发展核技术的权利得到承认，并希望继续扩大浓缩铀产能。二是西方解除对伊制裁问题。西方的长期制裁已严重影响伊朗经济，故伊朗力促解除制裁。而以美国为首的西方国家则希望尽量保持制裁压力以增加谈判筹码，迫使伊朗在铀浓缩等关键问题上做出让步。① 伊核问题的彻底解决尚需时日。

展望2015年，世界军事安全形势依旧不容乐观，面临的风险和挑战很可能继续增多。以“伊斯兰国”与“基地”组织为代表的恐怖主义威胁、乌克兰危机、叙利亚内战、巴以对抗、伊核与朝核问题、阿富汗重建、东海与南海问题等，均将影响地区乃至全球形势。随着公共空间、领土、海洋资源与贸易及战略通道对各国发展的重要性继续凸显，部分国家间争端可能加剧；大国可能继续调整塑造战略布局，通过加强军队现代化建设和谋求新的军事制高点，加大地缘争夺力度。

二、重大事件词条

27国全球和平行动演习

8月19日至9月1日，印尼国民军与26国军队在印尼西爪哇森杜尔国民军维和中心举行全球和平行动演习，印尼国民军总司令穆尔多戈上将主持了开幕仪式。此次演习主题为“2014年全球和平行

---

① 车玲：《美伊积怨是伊核谈判“拦路虎”》，《解放军报》2014年7月21日。

动演练”，是印尼国民军和美国全球和平行动议国际合作计划，来自27个国家的541人参加演习。演习分三个阶段进行：第一阶段高级培训研讨会，有来自孟加拉国、菲律宾、印尼、英国、日本、德国、约旦、柬埔寨、加拿大、韩国、马来西亚、蒙古、尼泊尔、法国、斯里兰卡、泰国、越南和美国18个国家的28人参加；第二阶段参谋人员培训活动，有来自美国、澳大利亚、新西兰、印度、南非、孟加拉国、巴西、菲律宾、日本、约旦、柬埔寨、韩国、马来西亚、尼泊尔、巴基斯坦、荷兰、新加坡、斯里兰卡、乌克兰、加拿大、德国、越南等25个国家的69人参加；第三阶段战场培训活动，有来自美国、孟加拉国、菲律宾、日本、柬埔寨、蒙古国、尼泊尔和坦桑尼亚8个国家的360人参加。印尼国民军总司令穆尔多戈上将表示，这些国家之间合作演习旨在提高对复杂的全球和平行动的认识，特别是提高印尼国民军对全球和平行动的认识，提升印尼在国际舞台的作用。

埃及向法国订购4艘“追风”级轻型护卫舰

6月6日，法国DCNS集团击败德国蒂森克虏伯海事系统公司和荷兰达门造船集团，获得埃及10亿欧元订单，为其建造4艘“追风”级轻型护卫舰。该合同包括建造2艘护卫舰以及后续2艘的选择权，其中一艘将在法国建造，建造完毕后再运往埃及。埃及选择的DCNS“追风”级轻护舰排水量为2400吨，将装备法国的“塞提斯”（SETIS）作战管理系统、MBDA公司研制的“米卡”垂直发射舰空导弹和“飞鱼”MM－40反舰导弹。“追风”级轻护舰采用柴油机驱动的螺旋桨和喷水推进系统混合推进，最高航速可达22—27节，可容纳50—75名船员。“追风”级驱逐舰还可以配置部署特种部队以及指挥装备，可用于反海盗、海上控制和拒止、作战、反恐、缉毒以及缉私行动，还可执行油气平台保护、海上搜索和救援、渔业保护、环境保护和人道主义援助等任务。

北约“2014 赛博联盟”演习

11 月 18—20 日，北约开展了“2014 赛博联盟”多国联合赛博防御演习，这是北约史上规模最大一次赛博演习。此次演习旨在测试联盟应对各种不断升级的网络威胁、快速共享赛博信息、协作应对以北约网络为目标的赛博事件，以及维护网络安全的能力。“赛博联盟”每 7 年举行一次，此次演习有来自各成员国的技术人员、政府人员和赛博专家等 400 余人参加，学术界和工业界的代表也首次受邀作为观察员参加演习。北约首脑会议认为，赛博攻击会威胁北约国家及欧洲和大西洋的繁荣、安全与稳定，对现代社会造成常规袭击，而赛博防御则是集体防御的一部分核心任务。

北约“春天风暴”军演

5 月 5—23 日，北约盟国联合举行的“春天风暴”大型国际军事演习在爱沙尼亚的 5 个地区举行，约 6000 名北约成员国军人参加演习，为历年来参加该军演部队数量最多的一次。参加演习的部队包括：英国兰开斯特公爵步兵团、拉脱维亚步兵连、美国陆军第 173 空降旅军人连、立陶宛军队侦察队等。波兰派遣 3 架苏 - 22 战斗机和装备 SA - 8 导弹系统的防空分队参加演习，它们的任务是保护塔林附近的阿玛瑞空军基地及其附近领空。比利时的防空部队也执行了防御任务。法国的网络保护专家首次参加了演习。

北约“寒冷反应”联合军演

3 月 10—21 日，北约在挪威北极圈范围的哈尔斯塔地区展开“寒冷反应”联合军演，该地区距俄罗斯边境直线距离约 450 公里。北约方面称该演习主要是检验北约国家战略协作水平以及应对热点事件的能力。“寒冷反应”是 2014 年欧洲地区最重要的实战演习之一，演习的目的是加强危机情况下各国协同作战能力，特别是训练不习惯在极寒天气条件下作战的士兵。本次演习有北约盟国以及其伙伴国共 16 个国家参演，主要包括美国、瑞典、挪威、加拿大、法国、荷兰、英国等，总兵力约 16000 人，参演部队包括海军、空军、装甲部队、海军陆战队和特种部队，海陆空的演习科目都有所涉及。此军演每年举行一次，今年是第 6 次，同时也是近 3 年来规模最大的一次。

北约“坚定标枪 1”军演

5 月 16—23 日，北约盟军在爱沙尼亚开始举行名为“坚定标枪 1”的大规模军演。来自英国、法国、美国、比利时、丹麦、波罗的海三国和波兰的近 6000 名士兵参加，参演部队包括步兵、侦查兵、工程人员、战斗机和网络安全部队。演习中，盟军模拟击退敌军对爱沙尼亚的攻击。

北约“联合远景—2014”联合军演

5 月 18—28 日，北约在挪威展开“联合远景—2014”军演，18 个国家参与了军演。此次军演是北约史上规模最大的情报信息搜集演习，主要以地区冲突演变为国际冲突的设想为基础，并启用了卫星、无人机、海军舰艇、地面传感器及其他先进技术，美国空军 RQ－4“全球鹰”无人机也参加了演习，为后方指挥官提供了综观战场或是细部目标的能力。此次演习的目的是为了测试北约在假定危机发生的各个阶段，从不同来源搜集信息以及共享情据的能力，以及使北约快速反应部队时刻处于待命状态，并使部队能够应对高科技、高强度战争，提高全球干预的能力。

北约 2014 年军事重点

1 月 22—23 日，北约召开了国防参谋长会议，确定了未来在军事行动、伙伴关系和北约转型方面的军事重点。为了强调合作伙伴关系对北约的总要性，会议就振兴“地中海对话”、加强与欧洲—大西洋合作达成一致。在国际安全援助部队问题上，会议重申了未来 11 个月内全力支持国际安全援助部队指挥官的承诺。在北约与俄罗斯关系上，会议批准了 2014 年工作计划，并同意继续在反海盗、反恐、海上搜救、后勤和医疗保障等领域寻求互惠互利的合作。在驻科索沃部队问题上，北约及其伙伴国对科索沃安全局势表示乐观，决定设置一系列的基准和指标来确定驻科部队的未来角色与结构。在北约转型问题上，会议表示全力支持连接部队计划（Connected Forces Initiative）的实施，支持2015年“金三叉戟”大规模海上军事演习。会议还强调了智能防御的重要性，决定将注意力集中在一些薄弱的重点项目上，如空天地联合和弹道导弹防御等等。

“对抗台风”空战演习

6月9—20日，美国空军与马来西亚开展“对抗台风”空战演习。6架美国空军（USAF）的F－22“猛禽”战斗机抵达马来西亚皇家空军（RMAF）的巴特沃斯基地，这是F－22战机首次参加东南亚国家联合军演。美国派出的这6架战斗机来自于第154战斗机联队的第19和第199歼击机中队。同时参加这次演习的还有来自美国空军的第104战斗机联队的F－15“鹰”式战斗机、第18歼击机中队的波音F/A－18D战机以及第6和第15歼击机中队的“全球鹰”无人机。马来西亚则派出了苏－30战斗机、第17歼击机中队的米格29战斗机。此次演习还考查了参与国的空中运输能力。因此，参加演习的还有美国第36空运中队的C－130运输机、第517空运中队的C－17运输机。马来西亚也派出了第20中队的C－130运输机。

俄巴战略技术合作协议

4月1日，俄罗斯与巴西在2014年智利国际军事与航空航天装备展上签署了一项战略技术合作协议。根据该协议，俄罗斯技术公司和巴西奥迪布里切特国防与科技公司将进行战略技术合作。该协议将两公司2012年签署的技术合作延长到了2015年。2012年的协议开启了双方在各应用领域的技术产品合作，包括防空系统和海事监控等内容。2013年，两国通过加强网络安全和空间技术合作，深化了战略伙伴关系。此外，双方还试图在能源、技术安全、基础设施、基于运动物体的多功能复杂水面舰艇和潜艇等领域拓展合作。

俄罗斯2014年国防预算

3月25日，俄罗斯联邦财政部公布了2014年国防预算，预算总额为24881亿卢布，较2013年的21014亿卢布增长了18.4%，所占俄GDP比重从3.1%增加到3.4%。目前的开支计划显示，俄罗斯国防预算2015年将进一步提高21.7%，增至30269亿卢布；2016年提高11.6%，增至33780亿卢布。国防预算现占到俄罗斯政府总开支的20.1%，其中，国家安全执法占16.5%，相反，投入教育、住房、社会关怀与卫生保健的支出总体呈下降之势。该预算内的国防拨款还将由国民经济与社会政策开支名下追加的经费加以补充。

俄罗斯SLS重型火箭完成评审

8月27日，重型火箭"航天发射系统"（SLS）完成评审工作，表明项目的进展已从规划转向研发阶段。SLS火箭的最大运载能力是130吨级，能执行飞往太阳系的任务，也包括飞往其他小行星和火星的任务。SLS火箭的研发是在经过严密"关键决策点C"（KDP-C）之后做出的决策。KDP-C评审为70吨级SLS火箭提供了70.21亿美元的成本基线，发射就绪日期不晚于2018年11月。SLS所有的基础硬件制造已经完成，现已进入实验阶段。首次飞行试验中，SLS的运载能力为70吨级。SLS火箭是世界上运载力最强的火箭，其下一阶段研发任务是进行关键设计评审，再次确认项目规划与技术风险。

俄罗斯北方舰队——联合战略司令部

2月18日，俄军总参谋部透露将在北方舰队基础上组建一个新的军事机构，即北方舰队——联合战略司令部。该司令部的主要任务是确保俄罗斯在北极的利益。北方舰队、陆军北极旅、空军和防空部队的一些部队和相应管理部门将被编入这个新军事机构。新组建的联合司令部除了管辖北方舰队等主要部队以外，还会将分散部署在新地岛、新西伯利亚群岛、法兰士约瑟夫地群岛上的部队纳入其管辖，其地位和俄罗斯的其他军区相同。新的联合司令部隶属于俄罗斯武装力量总参谋部和俄罗斯国防部，未来将受俄罗斯国防指挥中心的指挥。北方舰队司令弗拉基米尔·科罗列夫上将负责领导这个新军事机构，他直接接受俄国防部长的指挥。

俄罗斯核报复演习

5 月 8 日，俄罗斯进行了一场核应对演习，演习模拟了俄罗斯在受到攻击后如何进行大规模报复的场景。作为演习的一部分，俄罗斯在西北部的普列谢茨克发射了一枚“白杨”洲际弹道导弹，分属于太平洋舰队和北方舰队的两艘潜艇也试射了远程弹道导弹，俄罗斯战略轰炸机也参与了此次演习。普京与白俄罗斯、亚美尼亚、塔吉克斯坦和吉尔吉斯斯坦四国的总统一起观摩并监督了本次演习。

俄罗斯设立克里米亚集团军群

8 月 14 日，俄罗斯总统给普京宣布，他已经批准了俄国防部制定的关于建立克里米亚军队集群的专项计划。根据俄国防部计划，新组建的克里米亚军队集群将纳入俄罗斯武装力量整体发展规划中。到 2020 年前，俄罗联邦政府将拨出 7000 多亿卢布用于克里米亚各方面的发展，同时采取措施，促进克里米亚与俄整个南部地区的一体化。

俄罗斯在西部进行弹道导弹演习

5 月 27 日至 6 月 5 日，俄罗斯在该国西部地区进行弹道导弹演习。俄西部军区装备“伊斯坎德尔—M”战术导弹系统的导弹编队和远程轰炸机参与了该次演习。俄罗斯在本次演习中发射了“陆基和空基高精度武器联合打击假想敌的重要设施”。

俄罗斯战略核部队举行演习

9 月 12 日，俄罗斯战略核部队在中南部的阿尔泰举行了重大演习，内容包括对抗非常规部队和高精度武器，并在无线电干扰和敌军行动活跃的情况下执行作战任务。超过4000名士兵，以及超音速战斗截击机MiG－31和Su－24MR侦察机参加了演习，动用了400个技术单元以及空军参与该演习。

俄罗斯“白蜡树”级核潜艇导弹试射实验

9月3日，俄罗斯首艘“白蜡树”多功能核潜艇“北德文斯克”号在白海进行的测试中成功完成导弹试射，测试过程验证了核潜艇及其装载武器的高效性。“北德文斯克”号核潜艇1993年投建，2010年6月下水，2011年10月完成首次海试，2012年接受国家验收，2013年12月开始运行，预计2014年年底前抵达俄罗斯北方舰队潜艇力量驻扎地执行任务。“北德文斯克”号水上排水量8500吨，水下排水量11700吨，艇长121米，宽14.2米，平均吃水8.8米，水上最大航速18节，水下最大航速32节，最大自持力120天，最大下潜深度800米，人员编制56人。该艇属于俄罗斯第四代核潜艇，是一型传统的多用途攻击性核潜艇，沿用了苏联独有的双壳体传统，抗沉性相当强。配备最新通信和定位系统，装备了射程超过2500公里、可携带核弹头或常规弹头的SS－N－24型超音速巡航导弹等。该艇集中了苏联和俄罗斯多年在降噪研究方面所取得的各种最新成果，具有无与伦比的隐蔽性。潜艇装备自动化的作战情报指挥系统，以及自动化的操纵控制、动力系统、舰务系统。“北德文斯克”号在俄罗斯海军舰艇分类中被归为一类水下核潜艇，其充分反映了俄罗斯潜艇向多用途、深潜、安静、自动化发展的趋势。

俄乌“网络大战”

3月13日，俄罗斯与乌克兰之间爆发网络攻击。13日，乌克兰一家网站被俄罗斯黑客攻击，次日乌克兰黑客进行了反击，攻击了俄罗斯政府、中央银行及外交部的网站。16日，在克里米亚公投期间，乌克兰政府网站遭到了一波共计42次的连续攻击，且全部是分布式拒绝服务攻击（DDOS），与俄罗斯对格鲁吉亚使用的攻击方式一致。17 日，俄罗斯网站遭到 132 次攻击，致使俄大量网站瘫痪。其中一次攻击威力巨大，是俄黑客攻击格鲁吉亚网站烈度的 148 倍，比 13 日俄黑客的攻击烈度大 4 倍。17 日，攻击俄罗斯网站的数据量达到每秒 124 千兆字节，共持续 18 分钟。2008 年俄罗斯对格鲁吉亚的网络攻击中，最大的一次也只有每秒 843 兆字节，而当天俄罗斯对乌克兰的攻击仅有 4 次，峰值只有每秒 9.8 千兆字节。

俄新型护卫舰下水

3 月 17 日，隶属于俄罗斯黑海舰队的“格里戈罗维奇海军元帅”号护卫舰在加里宁格勒下水。该舰长 124 米，宽 15 米，排水量 3850 吨，2 台 DS－71 燃气轮机可带动舰艇以 32 节高航速疾行。该舰配备有发射“Kalibr”和“俱乐部”反舰导弹的 1 座 8 联装垂直发射系统、1 座 100 毫米口径舰炮、“喀什坦”炮/弹合一近程防空系统、“施基利”垂直发射放空导弹系统、2 座 2 联装鱼雷发射管、1 座反潜火箭发射器以及“卡－28”或“卡－31”直升机。该舰专门为俄罗斯黑海舰队建造，主要用于独立或配合其他海军部队执行反舰、反潜以及防空作战任务。到 2016 年底，将有 6 艘该型护卫舰和 6 艘常规潜艇交付黑海舰队使用。这将扩大俄罗斯黑海舰队可执行的任务范围，包括为航母护航、前出地中海长期部署、对阵西方海上力量、具备反导能力的美军“宙斯”舰等等。

俄战略导弹部内建立网络安全部队

10 月 16 日，俄罗斯战略导弹部队（SMF）发言人伊戈尔·叶戈罗夫上校称，俄罗斯战略导弹部队已经建立了负责监测和阻止网络攻击的部队。叶戈罗夫称：“俄罗斯战略导弹部队在武器装备和部队控制上均采用数字技术，并扩大了电子文件管理的应用。因此俄罗斯战略导弹部队的工作人员正在采取预防措施提升网络安全，并正在建立负责控制网络攻击的可持续作战部队。”由于俄军信息化建设的推进，网络安全问题日益突出。叶戈罗夫称，“如果有必要，俄罗斯网络安全专家将负责寻找和减少信息信息系统的漏洞”，这支网络部队建立目的就是为了确保装备移动式路基导弹系统及其发射井的安全。他还称，到2017年俄罗斯国防部将成立专业化部队负责击退瞄准其关键目标的网络攻击。

俄总参谋长会晤美参联会主席

1月21日，俄罗斯联邦武装力量总参谋长瓦列里·格拉西莫夫与美军参谋长联席会议主席马丁·邓普西在布鲁塞尔举行会晤，双方确定了美俄2014年军事领域联合行动方案。双方还就国际安全及加强双方军事领域合作等问题进行磋商，同时签署了2014年工作计划。美俄军事合作组成立于2009年，其目的是协调两国在特定领域内的合作，以达到维护战略稳定、加强国际安全和军事联系的目的。

法国加强网络部队建设计划

1月21日，法国国防部长勒德里昂表示，法国已拨款10亿欧元（约合人民币84亿元）用于加强网络安全能力建设。这项10亿欧元的投资将用于建设网络防御部队，用以监控法军的信息安全。该部队的工作人员数量将从2011年的20人增加到2019年的120人。位于布鲁兹的法国国防采购局信息中心的员工数量，也将在未来几年内从250人增加到450人。该笔款项还将用于如下几个方面：在法国雷恩建设一个网络防御人员培训中心、将网络防御尖端研究人员的数量增加3倍、拓展2012年组建的民间网络防御预备役组织。在法国里尔举办的第六届网络安全国际论坛上，勒德里昂表示：“法国现在面临的网络危机是来自外部的控制能力、远程打击能力和摧毁国家重要基础设施的能力。网络安全防御问题已经成为国家性首要问题，因为它涉及国家主权。”

“海上微风—2014”演习

9月8—10日，美国和乌克兰等国在黑海西北水域举行了“海上微风—2014”（Sea Breeze）海上联合演习。演习期间，各方方演练了搜寻违规船只、船只检查和援助遇险船只等科目。美军派出“罗斯”号驱逐舰和280名海军参加演习，乌克兰海军派出了5艘舰艇和保障船只以及2艘边防部门船只。除美国和乌克兰外，西班牙、加拿大、罗马尼亚和土耳其的海军也参加了此次军演。格鲁吉亚、挪威、瑞典和法国派出军事观察员观摩演习。乌克兰国防部称此次军演是为了落实乌美两国的双边合作计划。

韩国2014“护国演习”

11月10—21日，韩国举行了代号为“2014护国演习”的年度演习。此次演习的目的在于整合韩军最为优化的军事力量，以应对“局部挑衅和全面战争”。共计33万名海、陆、空、海军陆战队官兵参演，演习内容包括前线军团作战计划执行训练、机械化步兵师双向演习、西北岛屿地区防御演习、海上和海岸防御演习、联合登陆训练、探测导弹及拦截演习，部分演习由韩美两军联合进行。此次“护国演习”是自1996年开始以来最大规模的一次演习，参加人员范围远大于往年，且所有团级部队都参加演习。韩国方面表示，鉴于朝鲜近期假设全面战争状态进行了高强度军事演习，韩军决定实施史上最大规模的演习。“护国演习”是年度例行演习，旨在增强韩国海、陆、空三军及海军陆战队的协调配合能力和作战能力。

韩美“双龙”联合军演

3月27日，韩美开始在韩国浦项附近海域举行代号为“双龙”的两栖登录联合演习。该演习是韩美“关键决断/鹞鹰”年度例行联合军演的组成部分。此次“双龙”演习由美军太平洋司令部主持，韩美联合司令部组织实施，持续12天。参演的兵力包括：美国海军陆战队等第三远征队7500人、第七舰队第76两栖登陆特混舰队2000人，以及韩国海军和海军陆战队3000余人。参演装备包括：美军“伊利湖”号巡洋舰和“霍华德”号导弹驱逐舰、“好人查理”

号多用途两栖登陆舰、“新奥尔良”号两栖船坞运输舰、MV－22“鱼鹰”运输机，以及韩国海军导弹驱逐舰、两栖登陆舰和直升机等，共20艘舰艇和55架飞机。演习科目包括登陆、渗透、实弹射击等内容，演习设想在敌方东海岸抢滩登陆。与2012年和2013年举行的相同代号演习相比，2014年“双龙”演习规模明显增大，同时也是自1993年“团结”演习以来韩美举行的最大规模的两栖登陆演习。

《加拿大航天政策框架》

2月7日，加拿大工业部部长詹姆斯·摩尔和航天局局长沃尔特·纳廷齐克一同发布了《加拿大航天政策框架》。该《框架》将成为加拿大未来航天战略活动的指南，以确保和维持加拿大强大的航天工业和商业竞争力。加拿大未来航天战略基于以下5项原则：一是“以国为先”，独立自主、安全和繁荣昌盛将成为加拿大航天活动的核心；二是利用航天强化经济，为加拿大航天工业提供市场前沿技术支持，促进就业；三是全球协同工作，在主要航天项目中与其他国家合作；四是促进加拿大创新，为已经验证的加拿大强项投资，如机器人项目和詹姆斯韦伯太空望远镜等；五是鼓舞未来一代加拿大人投身航天事业。

加拿大授权空袭ISIS行动

10月7日，加拿大议会以157比134的多数票投票批准加拿大空军空袭伊拉克境内的极端组织“伊拉克和大叙利亚伊斯兰国”（I-SIS）计划。该计划为期6个月，加拿大空军将派出6架CF－18战斗机、一架加油机、两架侦察机和一架运输机，约600名空军参与执行任务。

加拿大完成驻阿富汗部队撤军

3月18日，加拿大最后一批驻阿富汗部队全部撤离，正式结束加军历史上最长时间的12年海外作战任务。2001年美国发生

“9·11”恐怖袭击事件后不久，加拿大军队于2002年跟随美军进驻阿富汗。2011年加拿大结束在阿富汗的作战行动，并陆续撤军，最后一批回国军人于2011年奉命继续在阿富汗首都喀布尔执行训练任务。自2001年被调派至阿富汗以来，有4万多名加拿大士兵轮流执行当地任务，期间有158名军人、1名外交人员和2名平民在阿富汗丧生。加拿大政府表示，撤军后仍将考虑在阿富汗的未来建设中继续发挥某些重要作用。

“快速三叉戟”多国军事演习

9月15—26日，代号为“快速三叉戟”的多国军事演习在乌克兰西部利沃夫州陆军学院国际维和与安全中心基地举行，包括美国、乌克兰、英国、德国等15个国家在内的1200名军人参加了此次演习。其中，美军约200人，乌军约600人。本次演习是美国地面部队首次进入乌克兰境内进行军事演习。演练内容包括巡逻、防爆破等，并突出实弹射击和直升机演练。演习分为两个阶段：第一阶段按照北约的标准程序演练各军事指挥部之间的协作，第二阶段演练维和行动。此次演习被视为北约国家兑现支持乌克兰承诺的象征，也是对俄罗斯的战略威慑。俄罗斯外交部指责演习加剧了乌克兰危机。“快速三叉戟”多国军事自2006年起每年在乌克兰举行，2014年演习原计划7月举行，但由于乌克兰东部局势紧张而推迟到9月。

美防长发表国防工业演讲

9月3日，美国国防部长查克·哈格尔在罗德岛州纽波特市举行的“东南新英格兰国防工业联盟会议”就国防工业创新和国防部采办改革计划发表了演讲，这是哈格尔就任国防部长以来首次就国防工业发表主旨演讲。哈格尔认为，美国在海、陆、空、天、网等领域的绝对优势并不是非常有保证，因此国防部和工业界都需要加强投资保持领先，美国必须严肃对待挑战，采取一切必要的措施来维持和更新军事优势。这不仅需要政府和工业界加强投资，还需要国防工业企业重拾创新精神，并要求国防工业加强创新，开发新技术、新操作概念，探索采用新的采办方法。

美国“第三个抵消战略”国防创新计划

11月17日，美国国防部长哈格尔推出“第三个抵消战略”国防创新计划，旨在通过投资尖端技术与系统，特别是机器人、自主系统、小型化、大数据，以及包括3D打印在内的先进制造业等领域，在预算紧缩时期维持美国军事技术优势。“抵消”一词是军事部门和国防工业专业人士所用的术语，指在战略或技术上获得重大突破，可以抵消对手在传统军事实力方面的优势。美国第一个抵消战略为20世纪50年代的核武库建设。第二个抵消战略为20世纪70年代精确制导导弹、隐形飞机和先进情报、监视与侦察平台的开发。

美国“全球闪电14”演习

5月12—16日，美国战略司令部与其他作战指挥部及政府机构合作，举行了“全球闪电14”大规模核武器演习。在此次演习中，美军一次性出动了10架B－52重型轰炸机和6架B－2轰炸机。其中，6架B－2轰炸机占到美国现役B－2轰炸机总数的1/3，出动的B－52重型轰炸机也占到现役改型轰炸机总量的1/6，其规模在冷战后美军所有演习中是最大的。

美国“矢量鹰”多任务微型无人机

2014年，美国洛克希德·马丁公司推出多任务微型无人机“矢量鹰”，其起飞总重量仅为1.8公斤，纵向剖面约10厘米，拥有一流的载荷、速度和航时能力。该无人机包括固定翼型、垂直起降型和倾转旋翼型，能在各种环境下提供多任务能力，可以在战场上根据各种任务重新配置。该无人机具备全自主飞行、降落、故障安全特性，在可操作距离范围内无声地执行任务。无人机的数据链具备开放式体系结构和可重构的型式，自适应能力强。

美国《2015财年陆军装备现代化计划》

6月10日，美国陆军公布了《2015财年陆军装备现代化计划》。

该计划文件详细介绍了美国陆军在11个能力组合领域的研究、开发与采购投资情况，重点列举了每个组合在过去两年内取得的成就，介绍了具体的现代化建设重点与目标，优先的物资采购计划，以及陆军的科学与技术研究应用计划。

美国2015财年国防预算

3月4日，美国国防部公布了4956亿美元的2015财年国防预算申请，比2014财年的4960亿美元的拨款额略有减少，比2014财年的5266亿美元的申请额减少5.89%。2015财年的预算申请包括：1352亿美元的人员预算、1987亿美元的作战与维护预算、904亿美元的采购预算、635亿美元的研发预算。与2014财年的预算拨款相比，人员预算减少0.54%，作战与维护预算增加3.06%，采购预算减少2.25%，研发预算增加1.16%。该预算申请中，美国陆军、海军、空军预算分别为1203亿美元、1477亿美元和1378亿美元，与2014财年相比，陆军预算减少1.11%，海军增加0.25%，空军增加2.28%。该预算计划消减军队数量和部分原有装备，海军从2016年开始将削减一艘航母，空军有80架飞机退役，军队数量削减后，陆军将减至第二次世界大战战后最小规模；与此同时，将采购和开发新型武器装备。预算表明，美国国防部更愿意在未来为美军装备新型军事装备而不是对原有装备进行升级改造，美国将打造一支更加精简、科技水平更高且全球作战能力更强的军队。

美国裁减陆军计划

2月24日，美国国防部长查克·哈格尔公布一系列2015年国防预算提议，主要内容包括2017年前大幅启动陆军裁减行动，主要目的在于确保美军的技术领先地位和在满足美国战略需求的前提下应对国防开支削减带来的影响。根据哈格尔的方案，美国陆军规模拟从现在的52万名现役军人缩减至44万至45万左右，特种部队的规模从现有6.6万人增至6.97万人，同时国防部“将继续把行动重点和兵力转至亚太地区”。奥巴马总统向国会提交的2015财年预算案中给国防部增加了260亿美元预算，达到5220亿美元。哈格尔在记者招待会上说：“我们正在重新定位，将焦点转向决定未来的战略挑战和机遇的新中心”，“陆军必须加快脚步并加大战后缩编的力度，但有能力在取得一个地区战事胜利的同时，支援另一个地区的海军和空军行动”。

美国第三代“追踪与数据中继卫星”

1月24日，美国国家航空航天局（NASA）在卡纳维拉尔角发射了一颗新的高级通信卫星——第三代“追踪与数据中继卫星”，用以支持国际空间站和哈勃太空望远镜。这颗新的通信卫星在追踪与数据中继卫星系列中被称为“L”，造价约为3500万美元。在轨道上运行一段时间后，NASA将把它重新命名为“TDRS－12”。中继卫星被称为“卫星的卫星”，可以捕捉从更低轨道航天器上发出的信号，并传输给地面控制中心，实现这些航天器与地面站之间的通信联络。一颗中继卫星只能传输它的天线接收范围内的信号，几颗中继卫星组成一个“星座”后，便可以让航天器行经轨道上的任何一个点时，都能保持联络畅通。中继卫星项目是NASA在地球同步轨道搭建的一个通信系统，由数颗卫星组成，第一颗在1983年4月4日发射升空，最近一次发射是在2013年1月30日。目前，美国、欧盟和日本等都在发展新一代跟踪与数据中继卫星系统，天基测控将成为未来航天测控的重要发展方向。

美国对伊拉克军事援助方案

6月19日，美国总统奥巴马宣布援助伊拉克安全部队的一揽子方案，决定增派300名军事顾问赴伊，但并未理会伊拉克政府的请求，坚持不发动空袭，不向伊拉克出兵。美国还准备在伊拉克首都巴格达及北部地区成立联合作战中心，大幅增加搜集情报、监控侦察等活动，与伊拉克安全部队共享情报，协作打击叛军。此外奥巴马宣布通过新设立的“反恐伙伴关系基金”，争取向伊拉克安全部队提供更多武器装备。奥巴马计划筹集50亿美元基金，但项目尚未得到国会批准。24日，首批90名军事顾问进驻伊拉克着手筹建联合作战中心，协助伊拉克安全部队打击叛军。五角大楼发言人约翰·柯比当日在例行记者会上表示，约90名美军顾问抵达伊拉克首都巴格达后，会与目前常驻伊拉克的40名美军顾问组成评估小组，筹建美伊联合作战中心。

美国国际空间站安装首台零重力3D打印机

11月17日，美国国家航空航天局宣布其已在国家空间站成功安装世界首台零重力3D打印机，以帮助宇航员在微重力环境中进行增材制造试验。该零重力3D打印机由太空制造公司设计和建造，由美国国家航空航天局宇航员安装在国际空间站在轨实验室的微重力科学操作箱（MSG）内。在太空制造公司和美国国家航空航天局地面保障团队的帮助下，宇航员实现了开机并完成了对关键系统的检查以确保软、硬件工作正常。零重力3D打印技术验证的目标是进行太空增材制造实验以探究增材制造技术的应用情况。宇航员将打印一系列的工程测试样品，然后将其送回到地面用于分析，并与发射前利用该3D打印机在地面打印的样品进行比较。传统上，这些材料和装备是从地球上发射供应的，这种太空制造能力将彻底改变太空探索的方法。

美国海军成功测试新型电子战系统

8月7日，美国海军对新型电子战作战管理水面防御系统（EWBM）进行测试，并取得成功。该型系统由美国海军研究局（ONR）赞助，其设计目的是改变未来海上舰艇的电子战和防御。该系统已在2014年7月举行的环太平洋军演（RIMPAC）中通过广泛验证。在演习中，它被部署到美国和盟军的多艘舰艇上，以便支持多个电子战任务，以应对各种威胁。该系统被设计来帮助水兵和海军陆战队员提高作战效率，军事人员可以在船上和飞机上使用它，共享敌方传感器和雷达威胁的数字信息，同时利用现有的通信网络。

美国和吉布提签署军事基地条约

5 月 5 日，美国总统奥巴马与吉布提总统盖莱举行会晤，两国签署了美军在吉布提建立为期 10 年的军事基地条约。根据条约，美国每年会投入 630 万美元建设基地，并可在 10 年条约期满后再延长 10 年。吉布提的莱蒙尼尔军营驻有 3000 名美国军人和文职人员，这是美国在非洲唯一的永久军事基地，美国每年支付 3800 万美元租用费。两国签署条约后，美国在非洲的永久军事基地得到加强，这是打击恐怖主义的一个关键设施。莱蒙尼尔军营是非洲之角和阿拉伯半岛的一个反恐枢纽，美国一直在从这里出动无人机打击基地武装分子嫌疑人。吉布提隔着亚丁湾与也门相望，与厄立特里亚和埃塞俄比亚以及索马里接壤，并且拥有良好的港口，是非洲之角的战略要冲，同时也是非洲和阿拉伯半岛的反恐枢纽，因此吉布提成为美国的一个首要反恐伙伴。美国计划在今后 25 年里投入 10 亿多美元，用以扩大和翻修莱蒙尼尔军营，以显示美国在非洲的存在。

美国核裁军方案

4 月 8 日，美国国防部公布核裁军方案。到 2018 年，美军部署的陆基洲际弹道导弹预定减至 400 枚。根据美俄 2011 年生效的新版《削减战略武器条约》，到 2018 年，双方部署的陆基洲际弹道导弹、潜射弹道导弹及重型轰炸机不得超过 700 件，部署和未部署的陆基洲际弹道导弹发射器、潜射弹道导弹发射器及重型轰炸机不得超过 800 件，核弹头不得超过 1550 枚。为符合条约规定的数量限额，五角大楼决定到 2018 年将美军部署的 50 枚“民兵 3 型”陆基洲际弹道导弹从导弹发射井中移出，状态由“部署”变为“未部署”，使美军部署的陆基洲际弹道导弹减至 400 枚。届时美军将有 400 个部署的导弹发射井，50 个未部署导弹发射井，加上 4 个测试用导弹发射井，共有454件部署和未部署的陆基洲际弹道导弹发射器。潜射弹道导弹方面，美军将在14艘俄亥俄级核潜艇部署240枚“三叉戟2型”潜射弹道导弹，同时每艘核潜艇拆除4个导弹发射管，令部署和未部署潜射弹道导弹发射器从现在的336件减至280件。重型轰炸机方面，美军将保留19架B－2A隐形轰炸机和41架B－52H轰炸机，总计部署60架可装载核武器的重型轰炸机，同时将30架B－52H轰炸机改作常规用途，令部署和未部署的重型轰炸机从现在的96架减至66架。至于核弹头的数量，五角大楼在清单中没有列出削减方案，只称到2018年美军将设法把部署的陆基洲际弹道导弹弹头、潜射弹道导弹弹头及重型轰炸机弹头减至1550枚。

美国核军工管理局2013年最重要成就清单

1月2日，美国国家核军工管理局（NNSA）发布了一份2013年最重要成就清单。其中，改进运行和场址的成就主要有：（1）2013年，NNSA按时完成了5个项目，在预算下筹集了1000多万美元。其中，该局完成的最大项目是安装了位于洛斯阿拉莫斯国家实验室（LANL）的放射性实验室的公用办公楼设备。（2）NNSA宣布成功完成设施与基础设施资本结构调整计划，减少了NNSA在8个场址上大量积压的设施维护、修理和拆除工作。（3）有4项发明位于大众科学前100名之列，它们是：LANL的世界最小、最轻便X射线机；桑迪亚国家实验室（SNL）的光纤网络，它是世界最大、速度最快的局域网；SNL的非易爆化肥配方；劳伦斯利弗摩尔国家实验室（LLNL）的仿生眼。（4）作为正在进行的翻新B61核弹工作的一部分，2013年8月14日和15日成功进行了两次B61－12雷达下落实验。NNSA还完成了B61－12核弹与尾翼组建接口首次综合实验和两次水力学实验。在国际合作方面的成就主要有：（1）NNSA的《全球降低威胁倡议》成功去除了捷克共和国、越南和匈牙利所有剩余的高浓铀。在过去的4年里，NNSA去除或处置了5110多千克的高浓铀和钚。（2）完成了 1993 年美—俄高浓铀购买协议。（3）NNSA 还与俄罗斯签署了两个《合作减少威胁协议》的后续协议，加强了双方在核安全、放射性材料安全、反应堆燃料转换、打击非法走私核材料与放射性材料领域的合作。

美国陆基“宙斯盾”反导系统首次试射

5 月 21 日，美军在位于夏威夷的太平洋导弹靶场和陆基“宙斯盾”反导系统试验场，首次实弹试射了陆基“宙斯盾”反导系统，并取得成功。试射期间，美军没有发射实弹作为目标导弹，而是使用一枚模拟弹道导弹作为目标导弹。陆基“宙斯盾”反导系统对目标导弹进行跟踪监控后，美军使用垂直发射系统发射了一枚陆基标准－3 型 IB 制导导弹对其拦截。陆基“宙斯盾”反导系统的垂直发射系统、火控系统、SPY－1 雷达系统与美军巡洋舰和驱逐舰装备的“宙斯盾”反导系统基本相同，此次试射取得成功，进一步增强了陆基“宙斯盾”反导系统的反导能力。2009 年美国总统奥巴马宣布在欧洲实施名为“分阶段适应方案”的反导计划后，陆基“宙斯盾”反导系统成为其重要组成部分。该系统计划 2015 年部署至罗马尼亚、2018 年部署至波兰，美国称其主要目的是为了防范来自伊朗的弹道导弹的威胁。俄罗斯对此保持强烈警惕，担心欧洲反导系统可以及时拦截俄弹道导弹，削弱其战略威慑能力。

美国首次在日本部署 P－8 巡逻机

1 月，美国首次在日本冲绳嘉手纳空军基地部署 6 架 P－8“海神”反潜巡逻机。P－8 巡逻机以波音 737 客机为平台，是美军新型远程海上巡逻机。机身长 39. 47 米，翼展 37. 64 米，高 12. 83 米，空机重量 62. 73 吨，最大起飞重量 85. 82 吨。巡逻机由 2 部涡轮发动机推动，最大巡航速度每小时 907 公里，最大航程 2222 公里，其可同时监控 64 个被动声呐浮标，32 个主动声呐浮标，反潜能力是 P－3C 巡逻机的 3 倍。P－8 巡逻机最主要的武器是代表当今世界轻型空投反潜鱼雷最高技术水平的MK54反潜鱼雷。此外，P－8武器挂点多，其5个内置武器挂点和6个外置挂点均可挂装反潜鱼雷、炸弹和水雷等武器，并可发射“鱼叉”反舰导弹打击水面舰艇。P－8巡逻机搭载先进一体化“磁异探测”（MAD）系统，此系统将通过确定地球磁场中的磁力变化或反常现象，提供对水下目标的搜索、探测、定位和确认能力。P－8巡逻机采用“AN/APY－10”新型海上监视雷达，除具备AN/APS－137海上监视雷达的全部能力外，还可显示天气信息，并在“边扫描边跟踪”和目标探测模式等方面提供更强大的能力。美在日部署P－8巡逻机的目的是完善美日在亚太信息收集体系，加强美军与日本自卫队的合作关系。

美国太平洋一体化防空反导中心

10月1日，美国太平洋一体化防空反导（IAMD）中心成立，该中心和欧洲以及中央司令部已经成立的一体化防空反导中心类似，是一个联合多国的组织，旨在培养和训练本国及盟国军队，吸纳一体化防空反导领域的专业人员，加强其在太平洋地区的一体化防空反导能力建设和规划，提升美国及多国联合部队在太平洋地区的作战能力。IAMD中心全面运转起来后，将通过4个方面提升一体化防空反导能力、互操作性、集成和知识储备：对太平洋地区的一体化防空反导人员开展规范化教育和培训；重视开展应对威胁时的一体化防空反导训练和演习；积极与盟军进行一体化防空反导研讨、演习和信息交流；宣传联合和多国作战思路、战术、技术、程序和经验教训。

美海军《2015—2019海军作战部长实施计划》

8月21日，美国海军发布了《2015—2019海军作战部长实施计划》，指出美国海军继续坚持三个原则：作战优先、前沿存在、准备就绪。该计划的主要内容包括：将战略威慑作为第一要务，维持一个可靠的、现代化的、具有生存能力的海基威慑力量，包括14艘

“俄亥俄”级弹道导弹潜艇（战略核潜艇）和“三叉戟”D5弹道导弹，再加上开发替代“俄亥俄”级的新型战略核潜艇（2031年实现首航）。在2019年前交付9艘“弗吉尼亚”级攻击潜艇以及近80架P-8A“海神”海上巡逻机。二是发展电子战能力与网络作战能力。美海军将采购更多的EA-18G“咆哮者”电子攻击机以及雇佣近千名网络作战人员。调整海军网络，在军舰上以及海军作战中心安装一体化海上网络和体系服务，在陆上实施下一代网络以及建立一个管理海军赛博安全的机构。三是增加美国海军的前沿存在，目标是把部署的舰船由2014年的97艘增加到2021年的120艘。太平洋地区将由2014年的50艘增加到2019年的65艘，这包括2015年在关岛增加一艘攻击潜艇。中东地区将从2014年的近30艘增加到2019年的近40艘，包括4艘濒海战斗舰以及用“路易斯普勒”号机动登陆平台代替“庞塞”号海上前进集结基地。

美海军移动用户目标系统地面站

1月26日，美海军接收了3个由通用动力C4系统承建的用于移动用户目标系统（MUOS）的地面站。这3个地面站分别位于夏威夷、弗吉尼亚和澳大利亚，它们通过MUOS卫星从全球各地的服役人员处接收无线电呼叫，并在几秒内将其连接到国防部的地面通信网络。地面系统在MUOS卫星与美国国防部网络之间提供通信与控制界面，同时为在轨的MUOS卫星的总体管理与运行提供协助。MUOS的无线电呼叫使用了通用动力研发的MUOS波形，此种波形利用了广泛使用的商用宽频分工多重撷取系统（WCDMA）移动电话技术。每个地面站都有高达18.4米的Ka波段天线，这些天线建立在53英尺高的基座上。

美韩“乙支自由卫士2014”联合演习

8月18日—29日，美韩举行了“乙支自由卫士2014”（UFG—2014）联合演习，参演兵力超过8万，演习首次采用美韩共同策划的“针对性遏制战略”，应对“朝鲜大规模杀伤性武器（WMD）威胁”。从总体流程来看，UFG 大致分为两部分实施，其中头 4 天是“乙支”演习，包括韩国中央政府、地方自治机构、警察厅在内的 3500 余个机构（共 41 万人）全数参演，主要进行以国民参与为主的反恐演练和灾害救援疏散演练。接下来的“自由卫士”演习中，美韩两军首先通过计算机模拟进行兵棋推演，再实施大规模实兵演练，提高应对未来多种威胁的能力。兵棋推演在美韩龙山沃克中心联合战斗模拟室（CBSC）进行。CBSC 与驻韩美军单独使用的战斗模拟室（KBSC）进行信息联网，可全程模拟美韩与朝鲜发生全面战争的情形，并可根据需要为演习增加新要素。CBSC 还能与东豆川的韩军网络战术训练中心（WTC）保持联动，同时还设有通往美国德州基地、韩国平泽及乌山基地的广域通信网，能实现美韩所有武装力量联合作战。

美军“英勇盾牌”演习

9 月 18 日，美军开始在关岛举行代号为“英勇盾牌”的军事演习，包括两个航母战斗群在内的 19 艘军舰、200 多架军机、1.8 万名士兵参加了演习。此次演习内容包括如何搜寻潜艇、在海上拦截可疑船只，以及使用岛上新安装的导弹防御系统等。美军曾在 2006 年、2010 年及 2012 年举行过“英勇盾牌”演习。

美军“战术助推滑翔”导弹项目合同

11 月 24 日，美国国防高级研究计划局（DARPA）授予波音公司“战术助推滑翔”（TBG）项目一份总价值约为 2600 万美元的合同（其中基本合同 527 万美元，后续意向合同价值 2099 万美元）。此前，DARPA 在 2014 年 9 月下旬相继授予了雷声公司和洛·马公司总价值均为 2500 万美元的合同（其中基本合同约 500 万美元，意向合同约 2000 万美元），用于完成 TBG 项目的初始阶段。至此，TBG 项目的竞争单位扩大至三家，均为美国军工巨头。TBG 项目由

DARPA 和空军联合投资启动，双方各投 1.5 亿美元，旨在发展和验证战术级空射高超声速助推滑翔系统所需的支撑技术。项目最终将以完成飞行演示验证作为成果，具体时间将在未来 5 年内确定。TBG 项目是 DARPA 和空军正在联合推进的两个高超声速技术方向之一，另一个方向是“高超声速吸气式武器概念”（HAWC），着眼于研发采用超燃冲压动力的高超声速巡航导弹。

美军电磁频谱新战略

4 月 11 日，美国国防部召开记者会，发布了最新的电磁频谱战略。美国国防部首席信息官特里·塔凯表示，此举是为了满足未来战争和国防安全的需求，也是美国军方应对当前电磁频谱资源日益紧张的新思路和新举措。在 2008 年修订的《国防部频谱战略计划》中，美国国防部专门向联邦政府电磁频谱管理机构提出了未来的频谱需求计划。同时，美军不断加大对现有电磁频谱资源管理和计划的力度，以尽可能地提高电磁频谱共享的程度，并展开电磁频率重复利用和增效技术的研究，以提高电磁频谱的利用效率。2012 年，美国总统科技顾问小组向奥巴马提交了一份 1000MHz 的宽带共享报告，计划通过建立大带宽、微小区的频谱共享结构，建成世界上第一个频谱高速公路。2013 年，奥巴马又发布了一份名为“扩大美国在无线创新上的领导地位”备忘录，指定联邦机构和办公室加快许可和鼓励共享联邦用途频谱的努力。在这一过程中，美军也认识到，技术不是唯一的出路，最根本的有效解决途径还是“将道路不断拓宽”，即通过扩展可用电磁频谱来增加频谱资源。

美空军全球打击司令部《2014 年战略总规划》

4 月 10 日，美国空军全球打击司令部（AFGSC）司令官斯蒂芬·威尔森中将批准了该司令部《2014 年战略总规划》。威尔森表示，编制该战略规划的目的是为司令部官兵提供一份有关司令部优先事项的路线图，为司令部开展各项工作提供一个框架，为司令部官兵提供一个总的战略指导。同时，美国空军全球打击司令部（AFGSC）还立足支持美国总统和各司令部指挥官的需要，在该战略规划中审查了当前的战略环境（包括威胁和挑战），阐述了自身的战略愿景和优先事项安排。该规划确定的优先事项包括：慑止并确保可靠、安全和有效的核力量；赢得当前在全球范围内进行的作战；持续强化人员队伍；塑造未来等等。

美空军综合性战略文件

2月20日，美国空军参谋长韦尔什上将在空军协会年度空中作战讨论会上称：空军正在制定一份综合性战略文件，该战略文件包括3个部分，每个部分都将经常更新。首先是一份未来30年规划，它将审视威胁、战略重点和需采取的各项行动；这部分将每两年进行一次审查，每4年进行一次更新。其次是一份未来20年“总体规划”，它把空军对未来20年的判断与空军核心职能文件集成，并将空军已经制定的多份总体规划合为一体，从而为空军组合权衡各项能力（从空间能力到兵力机动）提供支撑；该总体规划将每年进行一次审查，每两年进行一次更新，空军将在其框架下制定一系列针对ISR（情报、监视与侦察）、轰炸机、战斗机和人力资源等领域的飞行规划或总体规划。最后是一份未来10年的战略，主要反映《空军2023》文件的思想。韦尔什指出，制定新综合战略文件的目的是更好地规划未来的投资方向。他提及了几个正在探讨，但未确定的能力概念，例如战略敏捷性、以网络电磁（网络）为中心的作战行动、混合式威慑等。

美陆军《战场手册3—38：网络电磁作战》

2月24日，美国陆军2014年第一次发布网络空间军事作战官方条令《战场手册3—38：网络电磁作战》。手册包括攻击、防御和网络作战三部分，将网络攻击作战明确列为正常军事冲突的一部分。另外，手册同时还介绍了网络作战或网络电磁作战的基础内容，定义了部分专业术语并明确了一些重要的作战因素和约束条件，为进行网络电磁作战提供了总体理论指导。

美蒙军事合作协议

4月10日，美国国防部长哈格尔结束对中国的访问后前往蒙古国，并与该国达成加强军事合作的协议。根据哈格尔与蒙古国防部长巴特—埃尔登签署的“共同愿景”声明，两国将通过军事培训与援助，扩大两军的交流与合作关系。哈格尔在联合记者会上说：“强大的美国—蒙古防卫关系，对美国的‘亚洲再平衡’策略至关重要。”巴特—埃尔登排除了让美国在蒙古设立军事基地的可能性，并称，“我们的法律规定不准设立外国军事基地或让外军驻扎本地”。

美日指纹数据库共享协议

2月7日，美日两国政府签署了一份共享指纹数据库信息的协议，声称旨在使其对恐怖袭击事件以及尚未解决案件的调查工作起到辅助作用。据了解，由于构筑数据系统需花费较长时间，日本已于数年前开始启动数据库信息的整合工作。“杀人以及恐怖袭击”等重大犯罪的嫌疑人或入境时可疑人物的指纹，均会被作为“第一次查询”存入对方国家的数据库。若发现指纹一致的情况，将作为“第二次查询”，使用邮件传达搜查目的，可以为搜查者提供罪犯姓名以及犯罪历史等信息。日本警察厅的数据库已存储1040万人的指纹信息，无罪者和不起诉的人以及受到法律保护的未成年人将被排除在指纹查询对象之外。

美完成下一代无人机发动机设计

3月12日，美国轨道公司宣布成功完成下一代无人机系统推进系统设计、发展和验证项目中的设计工作。这型发动机将配装全世界最大和最有经验的无人系统运营商——因斯图公司的无人机。目前，轨道公司开始生产原型机的硬件，以支持该推进系统的地面试验和最终的飞行试验。下一代发动机将有能力使用多种燃料，比如汽油、JP5 和 JP8，满足因斯图公司所有军民用无人机客户的需求。这种下一代推进系统将是世界范围内性能最先进的小型无人机发动机，使用了当今最小、最轻的发动机控制单元。

欧盟 2014 年防务政策重点

2 月 12 日，在欧洲议会安全和国防委员会会议上，欧盟军事和国防官员称："运营网络安全、无人机（UAV）开发和使用以及更加密切地欧盟—北约磋商机制是 2014 年欧盟最高国防政策的重点领域。"在网络安全上，欧盟委员会正在研究如何保护欧盟运作"远离渗透"，并"考虑设置验证工具来防止攻击，以及提高人员的风险感知能力"。在无人机开发和使用问题上，欧盟军事委员会主席称，"人们需要共同应对无人机的使用和发展。在这方面进行合作，比以往任何时候都更有必要，这将是一个长期的议题。"关于欧盟与北约关系上，欧盟军事委员会主席表示："我们强烈地意识到需要增进欧盟—北约关系。欧洲盟军最高司令部与欧盟军事委员会几乎没有任何正式的交流，但我们可以做出改进，这不会是一个重大的改变，不过，通过非正式的方式，我们有很多的方法增进关于能力发展和其他问题的对话。"

欧洲成功验证大规模水下移动数字通信网络技术

5 月，由欧洲防务署（EDA）于 2010 年发起的代号为"RA—CUN"的水下声学通信网络的国际合作项目，在地中海拉斯佩齐亚军港成功进行了操作验证，验证了建立大规模水下移动数字网络并运行的技术可行性。该项目参与国包括德国、意大利、荷兰、挪威和瑞典，旨在研发与验证在移动与固定节点间建立水下专用且稳定的声学网络。2014 年以前，初步的网络协议草案已通过国际合作的方式完成了开发与海试。此次试验向多国观察员演示的水下移动数字网络，由 16 个通信节点组成，有两种运作模式。试验中，WTD71 所属的"行星"号调查船布放由阿特拉斯研制的"海猫"号微型潜艇，后者利用声呐扫描海床，通过水下通信网络实时汇报沉船等的位置等情况，以声学方式对有效数据进行接收后，使信号通过浮标网关进入通信网络，并由无线电传到海岸基站。海底无线通信在未来的海洋研究和开发中将扮演重要角色，在德国国防军装备、信息技术与后勤服务联邦办公室与相关德国企业的研究与开发努力下，水下数字通信网络基础设施建设已持续数年。目前，德国国防军舰艇与舰载武器技术中心旗下的水下声学和海洋地理研究所、海事技术和研究中心（WTD71）以及L—3通信公司、德国意力（ELAC）、阿特拉斯电子公司（Atlas Elektronik）、弗劳恩霍夫研究所等均在该领域的研究中扮演着关键角色。

日美“利剑”大型军演

11月8—19日，日美两国在日本靠近九州地区的鹿儿岛县奄美群岛举行“利剑”例行大型联合军演。约有3万名日本自卫队员、30艘舰船、260架飞机和1万名美军士兵参演。演习假设离岛遭受武力攻击，双方实施了实弹夺岛训练，在演习区域部署地对舰导弹部队，实施了航空救援作战，并举行了海上自卫队护卫舰与美军航母的演习。此次军演是近年来日美两国最大规模的联合演习，旨在提高日本在受到武力攻击时与美军共同应对的能力，以及确保两国联合军事行动顺利进行。“利剑”演习每两年举行一次，是日美两国从1986年开始实施的定期演习，早年内容以检查船只、海上警戒、海上机动等为主，从2007年开始强调反潜战。

《武器贸易条约》

6月4日，澳大利亚和卢森堡等8国加入首个限制常规武器交易的国际准则《武器贸易条约》（ATT）。至此，参加该条约的国家增至40国。ATT主要内容为在武器可能用于恐怖袭击和屠杀市民的情况下，禁止缔约国进出口武器、让武器过境或充当中介。禁止出口的武器涉及坦克、武装直升机、军舰、小型军火等等。根据规定，

《武器贸易条约》需要至少50个国家签署并批准，并在第50个签署国按程序交存批准书90天后正式生效。

西班牙新版国防出口条例

8月27日，西班牙政府新一套军品和军民两用品出口条例正式生效。作为首批批准联合国《武器贸易条约》的30个国家之一，西班牙在新条例制定过程中充分参考该条约条款。西班牙政府表示，新条例将所有的规定集中在唯一的文件中，扩大了之前2008年和2011年颁布的国防出口法规，更新了国防装备出口转移规定。根据官方公报发布的153页国防出口条例的前言部分称，该条例的目的是“设定条件、需求和规程”，使西班牙能“遵守欧盟规范和西班牙的国际承诺，并有助于促进世界和地区的和平、稳定和安全”。

新澳国防科技合作声明

8月25日，新加坡与澳大利亚政府发表声明，表示两国政府已达成一致意向，增强国防科学技术合作，增进两国战略关系，今后合作的重点涉及系统工程和集成领域。双方同意在国防、经济、外交事务以及教育等方面强化两国关系。两国之间的防务合作可能会横跨所有领域，包括陆、海、空以及多方联合服务。新加坡与澳大利亚的国防科技合作是基于2008年两国签署的一份谅解备忘录，该谅解备忘录的合作大纲由澳大利亚国防科学技术组织和新加坡国防科学技术局联合制定。

以色列军事工业公司私有化改革

4月9日，以色列财政部宣布对以色列军事工业公司进行私有化改革。以色列国有弹药和地面系统公司将同工会和员工签署一份协议。根据协议，3400名劳动者将有1170人将被立即辞退，私有化完成后，将进一步裁员950人。在私有化进程中，以色列军事工业公司还签订了大量财政协议，为维持公司生产线，以色列国防部将会在未来5年内每年购买价值1.58亿美元的弹药。此外，以色列政府也通过融资和取消政府债务的措施来优化公司的财务状况。

印沙首项防务协议

1 月 27 日，印度尼西亚国防部副部长萨弗里·三苏汀将军与沙特阿拉伯国防部副部长阿卜杜阿齐兹王储就在训练、培训、反恐、国防工业等领域展开合作签署协议。这是两国建交以来首次签署防务合作协议，同时也是印尼第一次与中东国家签署防务合作协议。

英法联合研制新型直升机反舰导弹

4 月 1 日，英国与法国政府与欧洲导弹集团（BMDA）签署了价值 5 亿英镑（约合人民币 51.7 亿元）的合同，支持该集团完成新型直升机载反舰导弹的研制与生产。该合同将完成始于 2009 年的一项联合研究计划，并为欧洲导弹集团赢得一份阶段评估合同。该导弹研制计划旨在为英国皇家海军的“野猫”直升机和法国海军的“美洲豹”直升机配备更先进的装备，以替代老旧的“海贼鸥”及 AS15TT 反舰导弹。研发中的新型导弹重量约 100 千克，装备有 30 千克的弹头与红外成像导引头，未来可能会装备激光半制导系统。该导弹可打击包括小型快速攻击舰和全尺寸护卫艇在内的各类舰船，且具备对地面目标进行打击的能力。欧洲导弹集团在一份声明中称，该合同的签订将“凝聚英法两国之力，为军方打造低价高效的新型武器，并加强欧洲导弹集团的全球竞争力”。英国皇家海军原计划在 2016 年装备该型导弹，但由于法国在研制过程中遭遇障碍，该导弹预计将于 2020 年方可入役。

英国“国家海上安全战略”

5 月 13 日，英国发布了“国家海上安全战略”。该战略首次概述了英国实现在国内外海上安全的方式，列明英国如何组织和利用其多种国家能力，以确定、评估和应对海上安全挑战。战略突出了海洋领域对英国的繁荣和安全的重要性，并规定了英国如何通过政府部门之间、政府与工业界及盟友之间的有效合作，以及如何尽可能整合本国资产和人员来实现国家海上安全。该战略提出了5项优先事项：推动能够适用国际海事法的安全国际海域的建设；帮助其他国家实现本国的海上安全；通过支撑港口和海上设施以及客、货运船只的安全保障，保护英国本土和海外领土、本国公民和经济的安全；确保重要的海上贸易和能源运输线的安全；保护英国本土和海外领土的资源和人口免受非法、危险活动的危害。此外，该战略还介绍了一个强大的政府应如何作出海洋安全决策，并重申了对保护海上贸易外来、维护国际海事法的承诺。

英国《国防改革法案2014》

5月17日，英国《国防改革法案2014》开始生效。该法案对英国国防采办图景作出两大改变：一是该法案授权政府可以与私营单位（由政府拥有、合同商运营的企业）签署购买和服务采购合同；二是为英国国防部单一来源合同提供一套监管框架，并成立单一来源管理办公室（SSRO）。此外，法案还扩展了启用预备役部队的情况。法案的生效对英国国防部门的影响不可低估，当最初的议案于2013年公布时，英国宇航防务与安全工业协会立即确定了5个重点：保护中小企业免受新规定的潜在影响；确保单源管理办公室的独立性；加强供应商在合同价格上的确定性；确保单源定价规定的统一应用；保护供应商的产权以及商业敏感信息。

英国未来空军结构报告

8月1日，英国议会下院国防委员会发布名为《遥控：遥控空中系统——目前和未来用途》的报告，称英国空军未来将新增无人机，增购或升级已有战机和设计新的载人战斗机，以此满足2030年之前的国防需要。报告称："BAE系统公司的'雷神'无人机将成为组合部队最具潜力的成员之一，此外还将增购洛克希德·马丁公司的F-35'闪电'Ⅱ型战机，延长'台风'战斗机的使用寿命和制造新的载人战斗机。"英国政府曾表示有意建设由无人机和载人战斗机组成的混合空军，但给出的二者比例一直在 80∶20 和 20∶80 间摇摆不定。

越南战舰首访菲律宾

11 月 25 日，越南两艘俄制隐身护卫舰“丁先皇”号（HQ－011）和“李太祖”号（HQ－012）停靠菲律宾马尼拉湾，这是越南战舰首度到菲律宾访问。两艘护卫舰是俄罗斯泽列诺多尔斯克造船厂专为越南建造的“猎豹 3.9”型隐身多用途护卫舰，目前以金兰港为母港，隶属越南海军第 4 军区。该型战舰采用隐身设计，上层建筑采用整体式，许多过去外露布置的设备修改为隐蔽不知，大大降低了雷达探测率。“猎豹 3.9”型护卫舰配备现代化导弹和火炮系统，主要用于独立或者参与编队打击水面舰艇、潜艇目标，同时执行护航以及巡逻等任务。从武器系统来看，“猎豹 3.9”型护卫舰配备 8 枚 Kh－35E 反舰导弹，最大射程 130 公里。另外，该舰还装备一架卡－28 直升机。

（本章综述撰稿：倪海宁；词条编撰：高立、张涛）

东亚地区

一、形势综述

2014 年，东亚地区战略格局塑造进入关键阶段，大国地区博弈加剧，中国对“亚太再平衡”的反制取得初步成效，地区秩序处于质变前夕。地区安全领域，朝鲜半岛波澜不惊，东海、南海争端仍然是安全焦点，恐怖主义对地区的潜在威胁加大。地区各国政局整体保持稳定，东南亚各国在曲折中推进政治转型，泰国再现军事政变。地区经济增速减缓，中国成为推进地区合作的主要力量。

（一）大国地区博弈加剧，中国“反平衡”政策取得成效

2014 年，东亚地区战略格局塑造进入关键阶段，大国地区博弈加剧，美国继续推进对中国的“再平衡”；日本大力配合美国，继续借助海洋外交、价值观外交强化对中国的战略钳制；中国积极作为，主动塑造，反制政策取得初步成效，东亚地区战略秩序处于质变前夕。

2014 年，尽管面临“伊斯兰国”、乌克兰危机和埃博拉疫情等挑战，但美国不仅没有放缓实施“亚太再平衡”战略的步伐，而且在过去的基础上，进一步向纵深发展。美国进一步强化了与日本的同盟关系，力图借助日美同盟的重大突破，夯实“亚太再平衡”战略的基石。10 月，美日公布新防卫合作指针中间报告，极度扩大日本自卫队活动范围和任务，同时加强了美日军力一体化，从而使得原为“专守防卫”的日本自卫队今后将能协同美军充当地区乃至世界警察。美国继续视东南亚为其“亚太再平衡”网络的重要构成，以南海争端为切入点，强化与相关国家的关系，其中菲律宾、越南

等国成为重点，军售、军演成为重要途径。在4月的奥巴马亚洲之行中，马来西亚与菲律宾是最后两站，其中对马来西亚的国事访问是美国总统48年来的第一次。在奥巴马访问菲律宾之前，美菲两国正式签署了《强化防务合作协议》，强化了双边军事同盟关系。访菲期间，奥巴马称该协议证明美国保护菲律宾的承诺是"坚定的"，并鲜明表示支持菲律宾将南海问题提交国际海洋法庭。为巩固同盟关系，美菲举行了"肩并肩－2014"、"卡拉特"、"PHIBLEX 15"等系列军演。在对越关系上，继2013年建立"全面伙伴关系"后，2014年，美继续深化与越南的安全合作关系，支持、帮助越南提升军事战斗力，尤其是海上能力。10月，美国政府宣布将部分取消已对越南实施长达30年的杀伤性武器销售禁令，允许今后向越南转让与海上安全相关的防卫装备，帮助越南加强海上安全，美国出口的武器类型将包括舰艇和军机，主要用于装备越南海岸警卫队。这意味着自越南战争结束近40年以来，美国将首次向越南出口杀伤性武器。

2014年，日本强力推进"积极和平主义"，以此作为谋取地区地缘政治优势的重要途径。日本政府于7月通过解禁集体自卫权决议案，这一方面配合了美日同盟的强化，另一方面也为更多的军事介入地区事务提供了合法性。东南亚仍然是日本参与大国地区博弈的重点所在，日本力图以海洋外交为切入点，加强与相关国家的战略合作，强化"战略互惠关系"。日菲关系进一步发展。10月初，日本以观察员身份参加美菲"PHIBLEX 15"演习，这是日本自卫队首次参加菲律宾军队的实战军演。10月下旬，日、美、菲举行了首次联合军演，且演习地点设在南海海域。日越关系也快速发展。3月，日本高规格接待到访的越南国家主席张晋创。10月，安倍和到访的越南副总理阮春福举行会谈，确认将在海上安全等领域加强两国合作，安倍表示"将把两国关系提升到广泛的战略伙伴高度"。11月，日本和东盟举行首次防长会议，就防卫合作对地区稳定具有重要意义达成共识，同时确认将在海洋安全等领域加强合作。2014年，在发展与东南亚的关系中，继传统的经济手段之后，军售、军援成为日本经营地区的重要手段。4月，日本批准通过允许武器出口的“防卫装备转移三原则”，这在很大程度上扫除了日本对外军售的法律障碍。5月，安倍明确表示要向越南出口先进的海上巡逻船，以便与中国抗衡。9月，日本防卫省面向到访的东盟成员国外交和防卫部门负责人，举办了国内防卫装备用品展览会。这是日本首次由政府主办展览，向海外推销日本的防卫装备用品。10月，日本政府就扩大对东盟国家提供军队能力建设援助一事与相关对象国展开了协调，菲律宾、马来西亚等国成为新的海洋能力援助候选国。

面对来自美、日的战略牵制，中国积极主动应对，“反平衡”政策取得初步成效，战略被动地位明显改善。第一，在处理地区大国关系上，中国积极推进中美关系发展，灵活处理中日关系，有效管控中美、中日之间的分歧与冲突，增大自身的战略回旋空间。在中美关系上，尽管仍然存在诸多分歧与矛盾，但中国主动引导，积极推进两国关系向新型大国关系转化，双边关系增信减疑。11月，北京“习奥会”上，习主席提出推进中美新型大国关系建设的六个重点方向，奥巴马总统也展示了明朗的政治态度，“美国有诚意同中国在亚太构建合作而不是竞争的关系，共同维护地区安全稳定”。中美首脑务实合作，达成包括气候协议、军事协议在内的27项成果与共识。在中日关系上，由于日本坚持在钓鱼岛、参拜靖国神社等问题上的错误立场，2014年中日继续处于冷和平状态，但中国将政府交流与民间交流、政治领域与经济领域区别对待，顺应日本民间对华友好交流的大势，接待规模空前的日中经济协会代表团访华，举行第14次中日友好交流会议并发表了建设性的“大阪宣言”。对于顽固坚持右倾化的日本当局，中国坚持原则、以斗促合。11月，日方表示愿意落实中日达成的四点原则共识，妥善处理有关问题，习主席应约会见来华出席APEC峰会的日本首相安倍晋三，中日领导人实现两年半来的首次会晤。第二，中国深化与地区国家的双边关系，巩固周边睦邻合作形势，改善地区战略环境。在东北亚地区，中国国家主席习近平先后专程访问韩国、蒙古。对韩国的访问进一步加强了两国元首互信，促使中韩战略合作伙伴关系跃升到更成熟阶段，两国得以在各个领域加强合作，携手发挥东亚地区“稳定器”的作用。对蒙古“走亲戚式”的访问是中国国家元首11年来对蒙古国的首次访问，也是习主席上任以来继访韩之后再次专程访问单个国家。对韩、蒙的专程访问凸显了中国对周边邻国外交的重视，为稳定东北方向，突破美日的战略围堵打下了良好的基础。在东南亚方向，中国与东盟拉开“钻石十年”的合作序幕。第三，中国发挥主场优势，积极利用地区多边机制塑造国际形象，争取地区战略有利态势。在亚洲相互协作与信任措施会议第四次峰会上，中国倡导“共同、综合、合作、可持续”的亚洲安全观，呼吁努力走出一条“共建、共享、共赢”的“亚洲安全之路”，提出“亚洲的事情归根结底要靠亚洲人民来办，亚洲的问题归根结底要靠亚洲人民来处理，亚洲的安全归根结底要靠亚洲人民来维护”。在亚太经合组织工商领导人峰会上，习主席描述了将中国日益增长的经济实力与亚太地区所有国家互惠互利相结合的“亚太梦”，更明确地指出了地区的发展方向。他明确提出，中国举办北京APEC就是要建立一种新型的“互信、包容、合作、共赢的亚太伙伴关系”。中国顺应地区发展大趋势，赋予经济增长和政治合作以优先地位，这与美日主导的加强军备、结盟、树敌、对抗形成鲜明对比，赢得了地区秩序变革博弈的主动权和制高点。

（二）围绕海上争端的传统安全问题仍然是地区焦点，恐怖主义威胁加大

2014年，在地区安全领域，朝鲜半岛局势波澜不惊，东海、南

海争端依然是地区安全不稳定因素，地区安全形势整体可控，恐怖主义等非传统安全因素的潜在威胁加大。

半岛问题并未完全平静，但也未出现重大恶化。朝韩双方都在寻找对话途径，但双方始终未能举行实质性对话以改善紧张关系，朝韩关系依然是缓和与对抗交替出现。2014 年年初，金正恩提出要改善朝鲜半岛紧张局势。2 月，朝韩双方举行了高级会谈，但会谈因为韩美军演、朝鲜发射导弹等原因而中断。8 月，韩国提出举行第二次高级会谈的倡议。10 月，仁川亚运会为双边会谈提供了比较适合的途径。朝方派出人民军总政治局局长黄炳誓和劳动党中央书记局书记崔龙海、金养建参加韩国仁川亚运会闭幕式，并透露“改善韩朝关系的意愿”，韩朝双方就 10 月末至 11 月初恢复高层会谈达成了协议。但朝韩随后发生了多次冲突，包括西海“北方界线”（NLL）附近交火事件、在非军事区（DMZ）附近向传单射击等。11 月，朝鲜以韩国民间团体散发对朝传单为由拒绝举行韩朝高层会谈，两国关系再次陷入僵局。朝韩关系始终不能有实质性改善，其深层原因是两国诸多重要问题上存在重大分歧且让步空间很小，这些问题包括：韩美联合军事演习、美国计划在韩部署反导系统、韩国民间团体对朝抛撒传单进行心理战、取消韩国对朝制裁、重开金刚山旅游、双方对过去两国首脑签订的两个宣言的态度、朝鲜核与导弹问题、人权问题等等。因此，朝韩关系依然是时而炮火相对，时而握手言和，半岛局势呈现出对话和对抗并存的局面。

中日钓鱼岛对峙呈现常态化，出现军事化倾向，但局势并未失控。日本当局并非将钓鱼岛看作是单纯的领土争端问题，而是将其视为修宪、扩军、脱离战后体制的重要抓手，因此更乐见局势的紧张化和复杂化。2014 年，日本将继续将防卫重心南移，展开针对性的军事部署以及频繁举行军事演习。为此，中国采取了一系列的反制措施，以压促谈，争取主动权。截至 11 月 25 日，中国公务船 2014 年在钓鱼岛 12 海里巡航天数已累计达 28 天。此外，中国海空军力量也已进入状态，围绕东海和钓鱼岛做好应付突发事件的准备。中方维护国家领土主权的决心和意志坚定不移，同时也始终致力于通过对话磋商管控和解决钓鱼岛问题。11 月，中日就建立两国防务部门海上联络机制达成一致，双方防务部门正就推进海上联络机制进行协商，中日钓鱼岛问题处于可控局面中。

南海争端仍是地区核心安全问题，中国继续展开有理、有利、有节的斗争以维护自身权益。2014 年，因“海洋石油 981”事件，中越自 2013 年实现海上合作历史性进展后又出现重大倒退反复，中越南海冲突一度激化，但双方最终控制了争端的恶化升级。5—7 月，越南不断干扰、阻挠我“海洋石油 981”正常作业钻井，由此引发中越在西沙海域对峙。5 月中旬，在中越对峙过程中，越南国内部分地区发生大规模排华暴动，造成数名中国公民死伤。中国秉承和平解决争端的原则，促使事件妥善解决。8 月，越共中央政治局委员、书记处常务书记黎鸿英作为越共中央总书记阮富仲的特使出访中国，越方声明此行目的在于，确保钻油平台事件不会重演，并“在两党及两国间促进长期发展健全、稳定的关系”。针对区外大国加大卷入力度，中国适度调整南海政策，提出双轨思路。11 月，李克强总理在出席第九届东亚峰会时阐述了中方关于南海问题的原则立场，明确了处理南海问题时的“双轨思路”，即有关具体争议应由直接当事国通过谈判和协商解决、南海和平稳定由中国和东盟国家共同加以维护。中国同意积极开展磋商，争取在协商一致的基础上早日达成“南海行为准则”。针对菲律宾单方面诉诸国际仲裁，中国发布了《中华人民共和国政府关于菲律宾共和国所提南海仲裁案管辖权问题的立场文件》，重申中国不接受、不参与该仲裁的严正立场，并从法律角度全面阐述中国关于仲裁庭没有管辖权的立场和理据。

恐怖主义对中国、东南亚海岛国家的威胁加大。2014 年，中国国家安全形势总体良好，但恐怖威胁仍然存在，在云南昆明和新疆多地先后发生暴力恐怖事件，恐怖活动向全国蔓延的风险前所未有。对中国而言，反恐已不是应急之举，而是进入常态化、持久战模式。随着“伊斯兰国”势力的发展，结合东南亚本地的极端原教旨主义和分裂主义，恐怖主义对马来西亚、印尼、菲律宾、泰国等国的威胁急剧加大。在国际智库经济与和平研究所发布的2014年全球恐怖主义指数排名中，菲律宾在全球162个国家中位列第九，去年因恐怖主义而死亡的人数占全球1.6%，泰国排名第十。[①] 针对“伊斯兰国”对马来西亚国家安全的威胁，11月，马来西亚总理纳吉布向国会提呈题为《如何应对“伊斯兰国”威胁》的白皮书，这是马来西亚首份反恐白皮书。白皮书称，截至今年10月底，警方已鉴定39名马来西亚人在叙利亚与伊拉克参加军事组织，其中17人投身“伊斯兰国”组织，22人加入“叙利亚自由军”（Ajnad Al Sham）。[②] 白皮书建议采取新措施以应付新型恐怖主义对国家安全的威胁。这些新措施包括修改现有法令或新增反恐法令，遏制“伊斯兰国”组织等新型恐怖组织的渗透，避免更多民众前往中东地区参与“圣战”，全面打击及预防恐怖主义。“伊斯兰国”在穆斯林众多的印度尼西亚也掀起了波澜，该国反恐形势也十分严峻。根据印尼处理恐怖主义机构的数据显示，印尼有14省是恐怖主义势力潜在活动的地区。[③] 根据相关报告，“伊斯兰国”成立后在很短的时间内，就有2000名印尼人公开宣誓效忠巴格达迪，承认他为哈里发，准备为其而战。[④]

---

① 人民网：《澳发布全球恐怖主义指数 印度菲律宾泰国进前十》，http：//world.people.com.cn/n/2014/1120/c157278-26063377.html。

② 中国新闻网：《马来西亚两名公务员因牵涉“伊斯兰国”活动被捕》，http：//www.chinanews.com/gj/2014/12-03/6838856.shtml。

③ 中国新闻网：《印尼反恐行动成果显著 成功遏制恐怖事件发生》，http：//www.chinanews.com/gj/2014/01-03/5696396.shtml。

④ 廖建裕：《伊斯兰国与印尼》，http：//www.zaobao.com/forum/views/opinion/story20140929-394503。

（三）地区各国政局基本稳定，东南亚国家在曲折中推进“民主转型”

2014年，地区各国政局基本保持稳定，朝鲜金正恩牢牢掌握政权，安倍执政基础依然比较牢固。东南亚国家“民主转型”成果有喜有忧，泰国以军事政变结束国家动荡，佐科最终顺利就任印尼总统。

尽管2013年年末的张成泽事件凸显了朝鲜内政的不确定性，但2014年朝鲜经历了频繁的高层人事变动，政局仍然保持了稳定。4月，朝鲜举行第13届最高人民会议第一次会议，金正恩出席会议并再次当选国防委员会第一委员长。5月，黄炳誓被中央军委授予次帅军衔，接替崔龙海出任朝鲜人民军总政治局长，成为领导层的“第二号”人物。这是金正恩上台后朝鲜高层出现的又一重要人事变动。9月，朝鲜召开第13届最高人民会议第二次会议，金正恩没有出席会议。但根据金正恩提议，会议再次进行了重大的人事调整，补选黄炳誓为朝鲜国防委员会副委员长，玄永哲和李炳哲为朝鲜国防委员会委员，免去崔龙海朝鲜国防委员会副委员长职务，免去张正男朝鲜国防委员会委员职务。9至10月间，金正恩因身体原因从公众视野消失了40余天，朝鲜国内保持正常运转，这也较好说明了金正恩政权的稳定性。

日本安倍政权基本保持稳定，安倍通过内阁改组、提前大选等方式确保其相位。安倍内阁自2012年12月26日上台至2014年9月3日改组，在无一名阁僚换人情况下持续执政617天，创下第二次世界大战后内阁“原班人马”执政的最长时间纪录。为确保2015年秋季连任自民党总裁，从而为继续长期执政创造必要条件，9月3日，安倍对自民党高层及内阁进行了较大范围调整，确保其相位的意图十分明确。在此次内阁改组中，“保核心”是重要特征，18名内阁阁僚中有6名主要阁僚留任。与此同时，安倍任用5名女性进入新内阁，为历届内阁女性阁僚数量之最。但仅10月20日一天安倍内阁两名女阁僚辞职，其后共同社最新民调显示，安倍内阁支持率为48.1%，比上月下降6.8个百分点。该媒体分析，安倍支持率下跌可能与女阁员小渊牵涉丑闻有关。[①] 11月，鉴于“安倍经济学”声势已明显减弱，兼之安倍在解禁集体自卫权等一系列安保政策上的举动让日本民众忧心忡忡，其内阁支持率明显下滑，民调显示安倍内阁的民意支持率为44%，比10月下滑了8个百分点，[②] 为应对执政路上前所未有的危机，确保长期执政，安倍宣布解散国会众议院，准备提前举行大选，借大选“重生”。在12月14日的选举中，执政的自民党、公明党合计获得325席，超过了全部475个议席中的2/3。自民党获得290席，虽较选举前减少了5席，但仍将继续其日本政坛“一家独大”的格局，安倍将继续执政。但此次选战也显示了日本选民对安倍这两年来所实施的国防政策以及修宪意向有一定的不安。与安倍在安全问题上唱反调的反对党小党日本共产党获得比以前多一倍的议席，从原本的8席增至21席。而驻日美军基地最多的冲绳县，是自民党唯一全军覆没的选区。

泰国再度出现军事政变，国内动荡局势暂时平息。2014年，泰国大规模反政府活动持续展开，街头政治导致国家动荡不安。5月20日，泰国军队在全国范围内开始实施军事管制法，陆军总司令巴育发表全国电视讲话，称军方接管政权。22日，在有各方代表参加的会谈破裂后，巴育宣布政变，成立“全国维持和平秩序委员会”以接管政权，并亲自担任总负责人，泰国三军最高司令、海军和空

① 网易：《安倍内阁一天两名女阁僚辞职》，http://news.163.com/14/1021/05/A92BI3PH00014SEH.html。

② 人民网：《安倍解散国会计划暗藏何玄机》，http://world.people.com.cn/n/2014/1118/c157278-26048376.html。

军司令以及国家警察总长担任副职。委员会决定“暂时中止”2007年宪法，但第二条“泰国是以国王为国家元首的民主体制国家”予以保留。25 日，泰国国王普密蓬签署御令，正式任命巴育为泰国第29 任总理。对于经历了数月社会动荡的泰国而言，军方干政平息了街头纷争，使民众生活恢复正常，巴育担任国家总理有利于维持稳定，推行改革。但从长远看，泰国动荡不安的根源并非政变可以解决，如何处理政治民主与政治稳定的关系，如何实现不同政治派别之间的和解以打破循环往复的政治僵局，将是泰国改革之路上最重要的任务，巴育和军方仍然面临严峻挑战。

印尼举行总统大选，宪法法院裁定最终人选，佐科就任总统有惊无险。7 月 9 日，印度尼西亚举行总统选举，两位候选人分别是来自印尼斗争民主党的佐科与来自大印尼行动党的普拉博沃。在正式结果宣布之前，佐科与普拉博沃两个阵营都自称赢家，相持不下。22 日，印尼选举委员会宣布，现任雅加达市市长的佐科当选为印尼第 7 任总统。官方数字显示，此次大选中佐科获得 7063 万余张选票，得票率为 53.15%，而另一名候选人普拉博沃获得 46.85% 的支持，票数为 6226 万余张。[①] 22 日下午，在选举委员会即将公布官方结果前，普拉博沃召开记者招待会指责选举不公并宣布从即刻起和竞选伙伴退出此次印尼总统大选，随后普拉博沃阵营提起上诉。当时印尼多方担心普拉博沃的态度可能导致其支持者上街暴乱。8 月21 日，印尼宪法法院正式宣读对落选总统候选人普拉博沃阵营对选举结果的上诉案判决书，拒绝了普拉博沃阵营提出的全部上诉要求，判决全国选委会 7 月 22 日公布的选举结果正确无误，肯定佐科和尤索夫当选 2014 至 2019 年正、副总统，普拉博沃阵营上诉案以彻底失败告终。10 月 20 日，佐科宣誓就任印度尼西亚总统。

① 人民网：《印尼总统选举：风波难撼定局》，http：//world.people.com.cn/n/2014/0724/c157278 -25331325.html。

（四）地区大国经济增速放缓，中国成为推动地区合作的主要力量

2014 年，地区主要经济体，同时也是世界第二、第三大经济体的中国、日本经济发展增速均较2013 年继续放缓，日本 GDP 出现负增长。中国主动调整经济结构，放慢增长速度，经济由高速发展进入中高速发展。根据李克强总理 3 月所作的政府工作报告，2014 年中国国内生产总值增长预期目标设定为7. 5%左右。[①] 但2014 年实际经济增长可能低于目标设定。10 月，国家信息中心首席经济师预计，第四季度中国 GDP 增长速度将与第三季度不相上下，维持在7. 2%—7. 3%的水平，全年经济增长速度在7. 3%。[②] 12 月，中国银行发布了《2015 年经济金融展望报告》，认为在“三期叠加”大背景下，2014 年中国经济继续放缓，预计全年 GDP 增长 7. 4%左右，显著低于改革开放以来 9. 9%的年均增速。[③] 尽管经济增速逐步放缓，但总体来看，中国经济依然运行在合理区间，同时出现了一些积极的趋势性变化，以服务业为主体的第三产业快速增长、比重提高，电子商务、移动互联等新型业态加快发展，就业和节能降耗等指标好于预期。2014 年，日本经济仍然处于缓慢复苏之中，“安倍经济学”加剧日本经济颓势。早在2013 年年底，联合国《世界经济形势与展望》报告就预测，日本提高消费税率，在一定程度上影响

---

① 新华网：《2014 年中国 GDP 将首次突破 10 万亿美元》，http：//news. xinhuanet. com/fortune/2014 －03/05/c_ 119624704. htm。

② 新浪网：《范建平：2014 年中国 GDP 增速将维持在 7. 3%》，http：//finance. sina. com. cn/china/20141027/215120654832. shtml。

③ 新华网：《中行预计明年经济增长 7. 2% 降息降准概率大》，http：//news. xinhuanet. com/fortune/2014 －12/02/c_ 127270817. htm。

经济增长，日本GDP在2014—2015年增长只有1.5%左右。[①] 4月1日，日本政府把消费税从5%上调至8%，日本家庭9月份消费支出同比下降5.6%，连续第6个月减少。[②] 日本政府公布的第二季度经济增长率环比下降1.8%，换为换算成年率下降7.1%，为2009年第一季度以来最大跌幅。[③] 为此日本内阁府报告下调了对本国经济的基本评估，认为“日本经济的增长势头有所减弱，在部分领域观测到疲软现象”，应警惕由消费税上涨所带来的“下行风险”以及对经济的持续负面作用。[④] 12月，日本内阁府公布第三季GDP修正值，下调了初值，换算成年率下降1.9%。[⑤] 12月1日国际主权评级机构穆迪因日本经济出现技术性衰退，下调日本主权评级，导致日元对美元汇率，跌到7年来的新低点。[⑥] 日本10家民营调查机构及金融机构均预测，2014年去除物价变动等因素的GDP实际增长率为负增长。[⑦] 2014年日本经济依然缺乏增长动力，经济顽疾并未因“安倍经济学”而得到根本缓解，经济仍未进入自律性的复苏，复苏之路依然坎坷。

---

① 环球网：《〈世界经济形势与展望〉报告：全球经济2014年将增长3%》，http：//china. huanqiu. com/News/mofcom/2013－12/4679138. html。

② 人民网：《日本量化宽松政策给垂死安倍经济学“进补”》，http：//japan. people. com. cn/n/2014/1104/c35463－25972001. html。

③ 中国新闻网：《数据驳安倍“经济好转”说　日本经济前景不乐观》，http：//www. chinanews. com/gj/2014/09－24/6625217. shtml。

④ 同上。

⑤ 新浪网：《日本2014年度GDP或现负增长》，http：//finance. sina. com. cn/world/20141209/100221030835. shtml。

⑥ 联合早报网：《社论：安倍提前大选未雨绸缪》，http：//www. zaobao. com/forum/editorial/story20141204－420345。

⑦ 搜狐网：《调查称日本2014年GDP将呈负增长　为5年来首次》，http：//news. sohu. com/20141125/n406362093. shtml。

2014 年，中国积极推进地区经济合作，立足东亚，辐射亚太，力推地区共同发展。在东北亚次区域，11 月，中韩自贸区结束实质性谈判，实现了“利益大体平衡、全面、高水平”的目标。中韩自贸区谈判于 2012 年启动，是中国迄今为止对外商谈的覆盖领域最广、涉及国别贸易额最大的自贸区。中、日、韩自贸区在年内继续推进，分别于 3 月、9 月、11 月举行了三轮谈判，中、日、韩自贸区的建立将形成一个拥有 15 亿人口和 15 万亿美元 GDP 的共同市场。谈判原计划今年年底完成，但由于日本拒绝中韩两国的提案等原因，3 国磋商陷入困难局面，预计达成时间将推后 1 年。在东南亚方向，中国—东盟打造自贸区升级版。8 月，第 13 次中国—东盟经贸部长会议正式宣布启动中国—东盟自贸区升级版谈判，意味着自贸区升级版已经从概念走向实践。10 月，亚洲基础设施投资银行成立，21 个创始成员中包括了除印尼以外的东盟所有成员国。在“海上丝绸之路”倡议中，东南亚也构成重要一环，中国将借助既有的行之有效的区域合作平台，如中国—东盟（“10 + 1”）等机制，并为其注入新的内涵和活力。为整合东亚乃至亚太各国经济，11 月，中国在 APEC 北京峰会提出亚太自贸区（FTAAP）路线图，并得到与会国的热烈响应，峰会决定启动亚太自贸区进程，有效扭转了亚太合作碎片化和分化的不利局面。在世界经济复苏曲折、地区各国谋求发展之际，保持中高速增长的中国经济成了地区“火车头”，中国的地区经济合作战略惠及地区各国，受到各国欢迎。

展望 2015 年，尽管奥巴马不会弱化“亚太再平衡”战略，但中国战略地位将更加改善，冲出“再平衡”重围之势不可逆转。东海、南海争端将呈现长期化、反复化特征，高风险地区的低烈度冲突可能性依然存在，“同盟对抗”与“新安全观”两种安全理念继续博弈。随着“伊斯兰国”势力发展，恐怖主义对东南亚及中国的威胁急剧增大。朝鲜的国内改革、外交新动向值得关注。东南亚相关国家的政治转型将是大势所趋，不可逆转。中国将顺应地区发展大势，更加积极地推进地区经济合作，以中国为枢纽的地区经济网络正在形成之中，这将继续有力地推动地区性变革，东亚地区中的中国因素将更加重要。

二、重大事件词条

安倍解散国会

11月21日，日本首相安倍晋三解散国会众议院，准备提前举行大选。当天上午，日本政府通过了解散众议院的内阁决议，安倍内阁全体阁僚在内阁决议书上签字。当天下午，日本众议院举行全体会议，由众议院议长宣读解散众议院的天皇诏书。众议院解散后，安倍内阁于当天晚些举行临时内阁会议，决定在12月2日公示候选人、12月14日举行投票的众议院选举日程。因为2013年实施的选举改革减少了5个农村地区的议席，此次新选举的众议院将有475个议席，数量少于此前的480个，其中295名议员在单议席选区制下选出，而其余180名议员则在比例代表制下选出。

安倍晋三在北约发表涉华言论

5月6日，在访问欧洲的途中，日本首相安倍晋三在比利时布鲁塞尔召开的北约理事会会议发表涉华言论，宣称中国“多次试图改变东海和南海现状，并正在成为地区不稳定因素”。安倍是在与北约秘书长拉斯穆森签署日本自卫队与北约组织开展反海盗和网络安全等领域军事合作计划书后发表这一言论的。中国外交部发言人华春莹于5月7日表示，日本领导人如此不遗余力地到处人为制造地区紧张，挑动矛盾和对立，真实目的是试图通过渲染外部威胁，为其突破军事安全限制，使日本成为不受约束的军事大国的政治目标服务。

安倍晋三重组内阁

9月3日，日本首相安倍晋三宣布了新一届内阁名单。此次改组是安倍自2012年12月第二次上台以来，首次对内阁成员以及自民党内部进行人事调整。日本媒体分析认为，安倍此次大规模内阁重组意在削减党内不满情绪，增强凝聚力，并期望以此拉动内阁在日本民众中的支持率。改造后的内阁新设“安全保障法制担当大臣”，负责制定正式行使集体自卫权的相关法案；新设“地方创生担当大臣”，负责振兴地方经济发展。此次入阁的多人与安倍保持“高度一致”的价值观。除总务大臣高市早苗、副总理兼财务大臣麻生太郎、安全保障法制担当大臣兼防卫大臣江渡聪德外，石破茂的入阁也被认为是安倍为挽回支持率而采取的举动。

奥巴马出访东亚四国

4月23—29日，美国总统奥巴马先后访问日本、韩国、马来西亚和菲律宾等东亚四国。白宫声明称，奥巴马此次亚洲之行旨在展现“美国在外交、经济和安全领域加强与亚太地区国家接触的承诺”。访日期间，奥巴马明确表态钓鱼岛适用于《美日安保条约》第五条，并与安倍发表了联合声明，但日美未能就《跨太平洋伙伴关系协定》（TPP）达成广泛协议。25日，奥巴马到访韩国并与总统朴槿惠举行会谈。两国元首在会谈上商定将重新考虑美方于2015年向韩方移交战时作战指挥权的时间问题。奥巴马还访问了首尔北部的龙山韩美联合司令部。在美韩发表的共同声明中，美国表示支持朴槿惠在《德累斯顿宣言》中所提出的“以民主主义和自由市场经济原则为基础进行和平统一”的构想。26日，奥巴马抵达吉隆坡，开始对马来西亚进行为期3天的国事访问，这是美国总统48年来首次访问马来西亚。奥巴马与马来西亚总理纳吉布进行会谈，提出两国合作要不断地进一步开拓。28日，奥巴马到访菲律宾。访问期间，奥巴马称美、菲新签署的军事协议证明美国保护菲律宾的承诺是“坚定的”，并鲜明地表示支持菲律宾将南海问题提交国际海洋法庭的做法。就奥巴马访问东亚四国期间的涉华问题，中方表明了自己的原则立场，认为有关各方都应为增进本地区国家互信合作，促进地区共同和平、稳定与繁荣作出积极努力，而不是相反。

澳总理参加日本国家安保会议

4月8日，日本首相安倍晋三邀请访日的澳大利亚总理阿博特参加了在首相官邸举行的国家安全保障特别会议，就加强日澳两国安保合作达成一致。这是日本首次邀请外国首脑参加国家安全保障会议。安倍表示："澳大利亚是日本的特殊伙伴，双方有着共同价值观。而且，确保亚太地区的和平、稳定与繁荣，也是日澳两国共同的战略利益。"有分析表称，澳总理在日本受如此"殊荣"，体现了安倍政府拉拢澳大利亚的急切心态。

朝韩第19次离散家属团聚活动

2月20—25日，在朝韩双方红十字会协商决定的基础上，中断3年零4个月的第19次朝韩离散家属团聚活动在朝鲜金刚山举行。此次离散家属团聚活动分两轮举行：20—22日由韩方82名申请者与其寻找的180名朝方家属会面，23—25日由88名朝方申请者会见372名韩国方面的家属。朝鲜红十字会中央委员会副委员长李忠福表示，离散家属团聚活动意义深远，这是韩朝双方共同努力的成果，符合朝鲜民族希望改善朝韩关系、实现统一的共同愿望。大韩红十字会总裁柳重根表示，离散家属会面是最重要的人道主义事业，将尽快制定根本性的解决方案。韩国政府还表示，团聚活动结束后将制定后续对朝工作会谈战略。

朝韩非公开军事会谈

10月15日，韩朝在板门店举行非公开军事会谈。这是韩朝自2011年2月以来时隔3年8个月再次举行军事会谈。据悉，韩朝10月7日在朝鲜半岛西部海域北方界线（NLL）附近相互开炮后，朝鲜向韩方发出了电话通知，这为韩朝推进召开军事会谈提供了重要契机。此前据预测，双方将在会谈上重点商讨缓和NLL一带军事紧张局势的方案和韩国民间团体向朝散发反朝传单等事宜。由于朝鲜不希望公开举行会谈，所以韩国政府没有公布相关消息。16 日下午 20 点，朝鲜通过朝鲜中央通讯社公开与朝韩军事当局之间的会谈内容，青瓦台国家安全室相关人员与国防部和统一部在进行紧张的讨论之后，在时隔 3 个多小时后发布了韩国政府的正式立场。

朝日斯德哥尔摩会谈

5 月 29 日，朝日政府代表在瑞典斯德哥尔摩举行会谈，就解决绑架案问题、实现邦交正常化进行了磋商，朝方同意就绑架受害者问题进行全面调查。日方称其已与朝鲜就重新调查“绑架受害者”问题达成了一致；在朝鲜对受害者情况重新调查的阶段，日本同意部分解除对朝制裁，并将在适当时期探讨对朝鲜实施人道援助。朝中社于 29 日发表《关于朝日政府间会谈结果的新闻公报》。公报说，朝方虽有迄今保持的立场，但愿进行全面的调查，最终解决涉及日本人的所有问题。

朝鲜《全面实行 12 年制义务教育纲领》

4 月 1 日，朝鲜开始在全国范围内的幼儿园、小学、初高中全面实行 12 年义务教育。据韩联社引用朝鲜中央广播的报道称，朝鲜全国的教育部门齐心协力制定了具有统一性、专门性的新教育纲领——《全面实行 12 年制义务教育纲领》，规定了新义务教育的总目标和不同阶段的教育目标。另据韩联社 4 月 1 日引用朝鲜中央广播的报道称，《全面实行 12 年制义务教育纲领》规定，学前教育（幼儿园）1 年、小学 5 年、初中 3 年、高中 3 年为义务教育。之前的 11 年制义务教育中 4 年的小学教育增长为 5 年，6 年的中学教育被分成了初中和高中两部分。

朝鲜第 13 届最高人民会议第二次会议

9 月 25 日，朝鲜第 13 届最高人民会议第二次会议在平壤万寿台议事堂举行。会议先后讨论了朝鲜关于全面实施普及 12 年制义务教育的执行情况和组织问题等两个议题。会议通过“全面实施12年制义务教育，提高教育质量”的决议。根据金正恩提议，会议补选黄炳誓为朝鲜国防委员会副委员长，玄永哲和李炳哲为朝鲜国防委员会委员。因职务调动，免去崔龙海朝鲜国防委员会副委员长职务；免去张正男朝鲜国防委员会委员职务。这次会议由最高人民会议议长崔泰福主持，朝鲜最高领导人金正恩没有出席会议。2014年4月，朝鲜举行第13届最高人民会议第一次会议。金正恩出席会议并再次当选国防委员会第一委员长。最高人民会议是朝鲜最高权力机关，其代议员每5年选举一次。朝鲜一般每年举行一次最高人民会议，但在必要情况下还会召开第二次会议，就国家重大事项进行讨论。

朝鲜发射新型导弹

6月26日下午5时许，据韩联社报道，朝鲜在其东南部的江原道元山市附近向朝鲜半岛东部海域连续发射了3枚短程导弹。韩国联合参谋本部官员称，这3枚导弹射程在190公里左右。朝鲜于2014年3月16日和22日凌晨先后向朝鲜半岛东部海域连续发射导弹。有分析称，本次发射的导弹与以往试射的型号有较大差异，朝鲜试射导弹的意图在于试探能否躲开韩军及驻韩美军的拦截系统，因而引起了有关国家的高度关注。

朝鲜新设多个经济开发区

7月23日，朝鲜最高人民会议常任委员会发布政令，决定在平壤市设立尖端技术开发区，在黄海南道设立国际绿色示范区，在南浦市设立出口加工区，在平安南道设立工业开发区和农业开发区，在平安北道设立旅游开发区。2013年11月，朝鲜指定了13个经济开发区，包括鸭绿江经济开发区、新坪旅游开发区、渭原工业开发区、满浦经济开发区等。此外，朝鲜还宣布将新义州市的“特殊经济区”更名为“新义州国际经济区”。6月，朝鲜将合营投资委员会和国家经济开发委员会一同归并贸易省，并把贸易省改名为对外经济省。有分析认为，朝鲜为新义州市的经济特区更名，表明其试图吸引其他国家投资，提高开放水平。

第 10 届北京—东京论坛

9 月 28 日，由中国日报社和日本言论 NPO 组织共同主办的第 10 届北京—东京论坛在东京开幕。450 名与会代表围绕“构筑东北亚和平与中日两国的责任——通过对话克服困难”这一主题进行深入讨论。中国国务院新闻办公室主任蔡名照在开幕式上发表主旨演讲时说，北京—东京论坛以民间方式举办，搭建了官民互动的平台。双方坦诚相见，直面问题，传递了促进中日关系改善发展的正能量。蔡名照强调，目前中日关系陷入僵局的主要原因在于日本右翼势力，要害是日方一些决策和行动背弃了中日邦交正常化的精神和双方达成的谅解共识。他指出，当前，中日关系正处在关键性的十字路口，以什么样的态度认识和对待日本军国主义侵略历史，影响中日关系发展的方向和前途。希望日方信守承诺，以实际行动坚持和平发展，维护本国的国际信誉。日本前首相福田康夫在发言中高度评价北京—东京论坛 10 年来在民间外交中发挥的重要作用，并指出日中两国应从历史中学习经验和智慧，维护亚洲稳定与繁荣。日本外务大臣岸田文雄在会上称，北京—东京论坛已经成为中日民间交流的重要平台，希望与会代表在本次论坛中继续开展良好对话，促进两国交流。中国驻日本大使程永华、中国人民大学新闻学院院长赵启正等在论坛上致词。北京—东京论坛于 2005 年举办，每年举行一次，在中日两国交替召开，旨在通过官民互动，加强交流，影响和引导两国公众舆论。

第 14 次中日友好交流会议

9 月 22—23 日，由中国人民对外友好协会、中日友好协会和公益社团法人日中友好协会共同主办的第 14 次中日友好交流会议在大阪隆重举行。中日各界 300 余名代表出席会议，就如何在困难形势下“掀起中日民间交流的新高潮”这一议题广泛深入地交换了意见。23日，会议在发表《大阪宣言》后结束。《宣言》呼吁中日双方共同拿出智慧，早日克服困难，推动中日关系回到健康稳定的发展轨道。《宣言》指出，当前中日关系由于历史和领土问题陷入严峻局面，两国国民感情严重恶化。中日“和则两利，斗则俱损”，中日友好符合两国人民根本利益。《宣言》强调，每当中日关系出现问题时，双方应根据《中日联合声明》等4个政治文件的各项原则和精神，及时妥善处理。中日友好交流会议始于1983年，是由时任中日友协会会长廖承志和日中友协会长宇都宫德马共同倡议召开的两国民间友好团体工作会议，旨在加强双方友好合作关系共同探讨中日关系的新问题，开创中日民间交流新局面。会议隔年轮流在中日两国召开，迄今已举行13次。

第14届西太平洋海军论坛年会

4月22—23日，第14届西太平洋海军论坛年会在青岛召开。在为期两天的论坛年会中，与会各成员国和观察员国围绕“合作、信任、共赢”这一主题展开研讨交流，审议了2012年年会会议纪要、2013年和2014年工作小组会会议纪要；通过了《海上意外相遇规则》；批准了巴基斯坦成为论坛观察员国；听取了MH370失联客机搜救行动情况；专门讨论了实施海上联合搜救行动的方法模式；讨论了论坛各类行政事项，确定了未来活动安排；23日，来自25个国家的海军领导人和代表出席了年会闭幕式。下一届西太平洋海军论坛年会将由印度尼西亚海军承办。

第24届东盟峰会

5月10—11日，第24届东盟峰会在缅甸首都内比都举行。本届东盟峰会的主题是“团结起来，迈向和平与繁荣的共同体”。当天召开了一系列预备会议，包括东盟外长会议、东盟政治和安全共同体委员会会议、东盟经济共同体委员会会议等。峰会通过了至2015年建成东盟共同体的《内比都宣言》和第24届《东盟峰会结果主席声明》。东盟各国领导人强调，决心成功建设东盟共同体，进一步推进有效开展2009—2015年阶段东盟共同体建设进程剩下的工作，为2014年12月31日公布东盟共同体的成立做好准备等。关于2015年后东盟共同体的发展方向，东盟各国领导人肯定，东盟共同体应继续发挥三大支柱所取得的成果，同时迈向更高的互联互通目标；发挥东盟在处理地区战略性问题、东亚地区的合作机制和多层次、多领域的互联互通网络等方面中的主导作用；注重提高人民的社会福利；有效应对灾害、疾病、气候变化、环境恶化等挑战。关于对外方面，东盟各国领导人一致同意将继续扩大和进一步深化与各伙伴的合作关系，确保有效落实所达成共识的合作计划；维持东盟的核心作用等。缅甸于1997年正式加入东盟，17年来首次担任东盟轮值主席国。

东亚领导人系列峰会

11月12—13日，东亚领导人系列峰会在缅甸首都内比都举行。本次系列峰会包括东盟领导人会议、中国—东盟领导人会议（“10+1”）、东盟与中日韩领导人会议（“10+3”）和东亚峰会（“10+8”）等，会议主题为“团结一致，迈向和平繁荣的共同体”。12日召开的第25届东盟领导人会议通过了《关于东盟共同体在后2015年发展愿景的内比都宣言》、《关于加强东盟秘书处和评估东盟机构的宣言》和《东盟2014年气候变化联合声明》。13日召开第9届东亚峰会，东盟10国及8个对话伙伴国的领导人共同回顾了东亚峰会机制建立以来的合作进程，并就进一步加强以合作为基础的这一机制、共同应对气候变化、灾害管理和流行疾病等非传统安全领域的问题交换了意见。会议还讨论了涉及本地区和平、安全和经济发展等问题。中国国务院总理李克强在东亚峰会上阐述了中方关于南海问题的原则立场，并在发言时指出，各方应深入推进地区一体化，实现融合发展、共同繁荣，将六大领域的合作作为重点：一是推动东亚贸易投资便利化；二是加快东亚互联互通；三是扩大东亚金融合作；四是加强东亚减贫合作；五是推进东亚海上合作；六是密切东亚人文交流。

菲律宾购买 12 架韩国战机

2 月 21 日，菲律宾国防部副部长马那罗透露，菲政府已同韩国方面达成购买 12 架韩国产 FA－50 战斗机的协议，合同总价值 4.22 亿美元。此前，菲律宾总统阿基诺三世已批准支付这 12 架战斗机的货款。协议签署后，菲律宾国防部将先支付总合同金额的 15%，然后分期付款。FA－50 战斗机的韩国制造商可能从 2015 年中期开始向菲律宾交付战机。

菲美“肩并肩—2014”双边联合军演

5 月 5—16 日，菲美两国举行了为期 10 天的“肩并肩—2014”年度双边联合军演。此次联合军事演习在菲律宾西部和北部举行，其中包括三描礼士省和巴拉望省面向南海的区域，双方有约 5500 名官兵参加。菲军方表示，演习科目包括海洋监控、实弹演练、拆弹演练以及“大规模伤亡应对”演练等。虽然菲美两国宣称，“肩并肩”年度联合军演主要侧重于应对自然灾害，然而此次军演在菲美刚刚签署《强化防务合作协议》后不久举行，外媒普遍认为演习有很强的针对性。

菲美“卡拉特”联合演习

6 月 26 日至 7 月 1 日，菲律宾与美国海军在南海举行了代号为“卡拉特”的例行联合军事演习，演习具体的地点选在菲律宾吕宋岛西部的苏比克湾、三描礼士、甲米地和特尔纳特等地附近海域。两国海军共派出约 1000 人参加，其中美军约 700 人、菲军约 300 人。美国驻菲律宾大使馆在一份声明中说，美国将派出包括美国海军最新服役的“哈尔西”号导弹驱逐舰在内的军舰、战机及海军陆战队组成的特遣部队参加此次军演。菲律宾将派出“拉蒙·阿尔卡拉斯”号巡逻舰、直升机等装备参加演习。演习课目包括：海上联合作战、两栖登陆、潜水打捞、海上巡逻和侦察飞行等。菲美两军还将进行多次专业交流及研讨会，并进行情报分享。菲方强调，这次演习纯粹是菲美海军之间的例行海上训练活动，和菲律宾与中国的争议或者南海争议无关，但吕宋岛西海岸三描礼士省附近的实弹演习场地距离在黄岩岛附近巡逻的中国船只有约80海里。

韩朝两次交火

10月7日，一艘朝鲜巡逻艇向南越界约0.5海里，韩军立刻发出警告信号并进行了警告射击。朝鲜巡逻艇开炮对射，韩方也开炮予以还击。10月10日，朝鲜利用14.5毫米高射机枪向韩国市民团体散发的对朝传单开火，有数枚子弹落入韩国境内，随后韩军利用K－6机关枪回射40多发，没有韩方人员在此次事件中伤亡。11日，朝鲜祖国和平统一委员会官方网站“我们民族之间”刊登文章，提及前一日的韩朝开火事件，称朝鲜无法容忍韩国的上述行为，韩朝第二次高层会谈可能“泡汤”。

“海洋石油981”钻井平台事件

5月至7月，越南不断干扰、阻挠中国“海洋石油981平台”正常作业，由此引发中越在西沙群岛海域对峙。5月3日，中国海事局发布《琼航警第0033号》航行警告，宣布5月2日至8月15日期间，中国海洋石油总公司“海洋石油981”号钻井平台在以北纬15度29分58秒、东经111度12分06秒点为圆心，1海里为半径范围内进行钻井作业，其他无关船只禁止驶入。5月5日，中国海警船与越南船只在中建岛以南17海里处对峙。7日，越南海军船只在南海海域内阻止中国船只进行石油堪探作业期间，双方船只相撞。在其后两个多月中，越南方面派出多艘海警船、渔船，骚扰干扰中国钻井平台作业，甚至派出“蛙人”特工在海水中布设渔网等障碍物，严重影响中国海上作业和航行安全。7 月 15 日，中国“海洋石油981”钻井平台结束在西沙中建岛附近海域的钻探作业，转场至海南岛陵水项目作业。

韩国决定修建慰安妇追悼公园

2 月 27 日，韩国国会全票通过了一项议案，决定在韩国国内建造慰安妇追悼公园。据悉，这是韩国国会第一次主导建造有关慰安妇问题的相关设施。此外，韩国方面正在就公园选址首尔的问题进行探讨。韩国国会还在决议中强调，“日本政府图谋否定‘村山谈话’和‘河野谈话’的举动昭然若揭”，韩国政府希望通过率先建造慰安妇追悼公园的契机来为韩国青少年树立正确的历史观。

韩国调查坠毁无人机事件

4 月 8 日，参与调查无人机坠毁事件的一名韩国负责人表示，4 月 6 日坠毁在韩国坡州市、白翎岛和江原道三陟市的小型无人机来自距离朝韩军事分界线（MDL）15—20 公里的朝鲜地区。他表示，调查团通过解读无人机全球卫星定位系统（GPS）上输入的回归坐标，可以明确这些无人机确实来自朝军前线部队。无人机上配备有小型相机，韩国军方初步判定为朝鲜制造，其中一架坠毁的无人机还拍摄了较为模糊的青瓦台画面。

韩美探月合作计划

6 月 2 日，据韩国国际广播电台报道，韩国航空宇宙研究院准备正式启动月球勘探项目，计划在 2017 年之前研发出试验用轨道船，在 2020 年发射正式轨道船和月球登陆船。另外，韩国未来创造科学部表示，韩国航空宇宙研究院将与美国国家航空航天局签署一项旨在共同研制试验用月球轨道船的合作合同。目前，韩国在大型国策项目上推进国际合作尚属首次。韩国希望在此次合作中，借美国的高精尖技术将本国的航天产业提升到新的高度。

韩日议员围棋交流赛

9 月 3 日，韩国国会棋友会长、新国家党议员元裕哲在国会议员会馆会见了正在访韩的日本生活党党首小泽一郎。双方决定共同推动在2015年1月至2月举行的韩日议员亲善围棋大赛。据报道，2015年是日韩建交50周年，双方此举旨在通过棋盘外交缓解僵硬的韩日关系。韩日议员围棋交流赛始于1999年，2004年举行第六届大赛后便一直处于中断状态。元裕哲表示："现在不正常的韩日关系对两国都没有任何好处，两国议会应该发挥轴心作用，推动两国关系走向缓和。"对此，小泽一郎表示："大多数日本国民还是希望韩日两国能够改善关系，将努力推动交流赛顺利举行。"曾担任日本民主党代表和干事长的小泽一郎是拥有业余6段实力的围棋爱好者，并曾做过日本议会棋友会会员。据悉，元裕哲与韩国新国家党议员金起善、"新政治民主联合"议员崔圭成等国会棋友会的会长团人士将于9月25日访问日本，与日本议会棋友会会长菅直人前首相讨论举行亲善围棋大赛的方案。

柬埔寨拉那烈亲王宣布重返政坛

3月16日，柬埔寨王国诺罗敦·拉那烈亲王正式宣布重返政坛，并将率新成立的政党参加2018年柬埔寨大选。当天拉那烈在金边会见了支持者，表示他重返政坛"是为了重振保皇党和西哈努克主义的力量，拯救国家"。拉那烈还说，他将注册的新政党命名为"君主主义人民社会党"。柬埔寨于2013年7月28日举行国会选举，在123个国会席位中，人民党占据68席，救国党获得55席，柬埔寨保皇党奉辛比克党失去国会席位。救国党指责大选违规，拒绝进入国会。目前人民党和救国党正就此展开谈判。针对这样的形势，拉那烈呼吁柬埔寨执政的人民党和救国党继续通过谈判解决问题，建议救国党出席国会并发挥国会议员的作用，共同解决国家问题。1944年1月2日，拉那烈出生于金边，是诺罗敦·西哈努克之子、现国王西哈莫尼同父异母的哥哥。拉那烈曾任柬埔寨王国政府第一首相，并曾两度宣布退出政坛。

美部分解除对越武器禁运

10月2日，美国政府宣布正采取措施，部分取消已对越南实施长达30年的杀伤性武器销售禁令，允许今后向越南转让与海上安全相关的国防用品，帮助越南加强海上安全。这意味着自越南战争结束近40年以来，美国将首次向越南出口杀伤性武器，此次部分解除禁运也是双方关系取得进展的象征。美国国务院官员表示，美国今后将将以个案审查的方式处理越南政府提出的武器购买请求，并与美国国会保持密切协调。美国官员透露，出口的武器类型将包括舰艇和军机，主要用于装备越南海岸警卫队。近年来，越南也在积极谋求美国解除武器禁运。越南外长范平明此前在纽约亚洲学会发表讲话时称，鉴于越美已实现关系正常化将近20年，而且两国2013年建立了“全面伙伴关系”，仍然维持对越南的武器销售禁令“不正常”。他还表示，如果美国不卖给越南武器，越南仍然能通过其他国家获得。俄罗斯目前是越南主要的武器供应国。

美菲“PHIBLEX 15”演习

9月29日至10月10日，美菲两国在菲律宾巴拉望岛和吕宋岛举行了代号为“PHIBLEX 15”的联合两栖登陆军事演习。来自美国驻日本冲绳军事基地的3500名士兵和1200名菲律宾士兵参加了此次演习。本次“PHIBLEX 15”两栖登陆训练增加了重要的指挥演习，旨在加强作战时期的通讯交流和沟通。其他内容还包括实地演练、两栖登陆演习、训练配合使用各种武器，以及配合举行民事、军事和人道等战役等。菲律宾海军陆战队发言人说，演习将在不同地点进行，目的是提高参战部队的协同能力，提高反应速度，以及应对自然灾害与其他突发事件的能力。10月2日，日本自卫队以观察员身份参加了此次联合军演，这是日本自卫队首次参加菲律宾军队的实战军演。

美菲《强化防务合作协议》

4月28日，美国与菲律宾在菲律宾首都大马尼拉正式签署了

《强化防务合作协议》。根据该协议，美军可更广泛地使用菲方指定的军事基地和设施，包括机场和港口；美军有权在这些地方新建设施，但一旦撤出，新建设施将归属菲方；美军可在这些地方部署装备、战机和军舰；美军不能在菲设立永久军事基地。协议禁止美军把核武器运入菲律宾，同时强调美军需要保护环境、人类健康和安全。此外，根据协议，菲方营地指挥官有权进入美军所在区域。新协议初定有效期限为 10 年，但是菲美两国将就协议执行情况定期展开双边磋商。防务和安全专家指出，这份协议对菲律宾来说是一把“双刃剑”，既强化了菲律宾和美国的军事同盟关系，也增加了菲律宾在安全领域面临的恐怖袭击风险。

日本“防卫装备转移三原则”

4 月 2 日，日本政府召开内阁会议，通过了取代“武器出口三原则”的“防卫装备转移三原则”，大幅放宽对外输出日本武器装备和军事技术的条件。根据新的“防卫装备转移三原则”，日本将在下列情况下允许出口武器装备和技术：一是有助于促进和平贡献和国际合作；二是有助于日本的安全保障。基于第二点原则，日本还将可与以美国为首的安保领域合作国共同开发和生产武器装备，加强与盟国在安保与防卫方面的合作，确保自卫队和日本人在海外活动的安全。新“三原则”不仅释放了日本军工能力生产，更加强其在东亚地区的军事存在。修改武器出口原则，实质上是日本谋求军事崛起的重要路径之一。有媒体分析认为，安倍政府 2013 年首先在综合战略和政策上取得突破，再通过局部的推进和改造，从根本上解除了对日本发展军力的限制。

日本 2014 年版《防卫白皮书》

8 月 5 日，日本内阁正式通过并公布了该年度《防卫白皮书》。2014 年版《防卫白皮书》是日本自 1970 年公布以来的第 40 部，也是安倍晋三内阁在 2013 年底制定新版《防卫计划大纲》之后发布的首部白皮书。新版《防卫白皮书》多处出现了对中国正当行为的曲解和指责。此外，白皮书还公布了2014年度日本防卫力量整备的主要事项，包括购买固定翼飞机（P-1）、建造护卫舰及潜艇、建造多功能救灾舰艇、引进新型预警机、引进无人机、在与那国岛配备沿岸监视部队、购买F-35A战斗机、购买水陆两用车样品等等。

日本大选

12月14日，日本提前举行大选，共有1191名候选人争夺众议院总共475个议席。在此次大选中，执政的自民党、公明党合计获得325席，超过了全部475个议席中的2/3（317席）。鉴于自民党获得290席，超出能够主导国会运行的“安定多数”（266席），自民党将继续其日本政坛“一家独大”的格局，这意味着新政府将更容易推行其政策。主要的反对党民主党获得73席，比上届国会多11席。此次选战被定位为审判安倍经济政策，日本评论一般认为，自民党的胜利意味着安倍这两年来执行的经济政策获得了肯定。此次选战也显示了日本选民对安倍这两年来所实施的国防政策以及修宪意向有一定的不安。与安倍在安全问题上唱反调的反对党小党日本共产党获得比以前多一倍的议席，从原本的8席增至21席。而驻日美军基地最多的冲绳县是自民党唯一全军覆没的选区。日本这次投票率创新低，只有52.4%，比上次2012年的59.3%少了7个百分点。

日本第三大政党分裂

5月29日，日本前东京都知事石原慎太郎举行记者会，宣布“日本维新会”正式进行分党。在“日本维新会”分党之后，石原将另组新党，而另一名党首，即大阪市市长桥下彻，将带领余下的党员保留“维新党”的名称。维新会目前在日本国会参众两院共计拥有62名议员。据日本媒体报道，石原将带领其中约15名成员另组新党。跟随82岁的石原出走的人都是此前成立的“太阳党”中的核心人物，比如75岁的平沼赳夫和72岁的园田博之等。

日本内阁成员和国会议员参拜靖国神社

8月15日，日本内阁成员和国会议员陆续参拜靖国神社。率先在参拜殿前现身的是日本内阁国家公安委员会委员长兼绑架问题担当大臣古屋圭司；之后，日本内阁总务大臣新藤义孝也进入靖国神社参拜。此外，日本超党派议员组织“大家一起来参拜靖国神社国会议员之会”部分成员，当天将近中午时分再度集体参拜，其中包括自民党政调会长高市早苗，以及一些现任内阁副大臣等头面人物。根据该会事后发布的数字，此番参拜议员总数约为80人。这一数字比去年的102人有所减少。此外还有一些个别前往参拜的日本国会议员，如众议院议员、前首相小泉纯一郎次子小泉进次郎等。日本首相安倍晋三本人当天未前往参拜，而是通过其代理人，以“自民党总裁”名义自费向靖国神社供奉了祭祀费。中国外交部曾多次指出，靖国神社中供奉着二战甲级战犯，日本领导人对待这一问题的态度，反映了日本能否正视和反省日本军国主义的对外侵略历史。日本领导人向靖国神社供奉祭品，还有日本内阁成员参拜靖国神社，反映出日本现内阁对待历史的错误态度。

日本国会议员代表团访问朝鲜

7月10日，以参议院议员猪木宽至为团长的日本国会议员代表团抵达平壤，开始对朝鲜进行访问。代表团成员包括日本众议院议员松浪健太、石关贵史、阪口直人以及参议院议员清水贵之、山田太郎。另外，日本“体育和平交流协会”成员也随同访问了朝鲜。猪木宽至等6名国会议员在朝期间同朝鲜劳动党干部进行了会谈。2013年，曾为拳击手的猪木宽至在平壤设立了个人事务所，提出要致力于促进日朝体育文化方面的交流。代表团除了访问猪木宽至个人事务所以外，还考察了朝鲜部分体育场馆和运动场。代表团在参观朝鲜和韩国展开经济合作项目的开城工业园后，于7月14日晚返回日本。

日本“解禁集体自卫权”内阁决议

7 月 1 日，日本内阁不顾经过长期历史讨论而达成的“禁止行使集体自卫权”的共识，正式作出“解禁集体自卫权”的决议。5 月 27 日举行的“关于安全保障法制整备的执政党协议会”上，日本政府提出了自卫队今后拓展武力行使范围的 15 项事例，其中包括：“加强应对介于军事冲突与和平状态之间的‘灰色地带’事态”相关的 3 项事例、“参与联合国维和行动与集体安全保障”相关的 4 项事例、“行使集体自卫权”相关的 8 项事例。安倍政权以 15 项事例为幌子，声称限制性解禁集体自卫权，并于 7 月 1 日通过了“解禁集体自卫权”的内阁决议。该内阁决议的作用在于对宪法进行重新解读，为自卫队今后扩大武力行使的范畴提供法理依据。7 月 6 日，安倍宣布在接下来进行的内阁改造中，新设“安全保障法制担当大臣”一职，以便推动扩充自卫队武力行使职能的立法和改法工作。

日本修改教科书编写指南

1 月 28 日，日本文部科学相下村博文宣布，已对“初高中教科书编写指南”进行修改，把钓鱼岛和竹岛（韩国称“独岛”）明确表述为日本“固有领土”。文部科学省要求初中社会科、高中地理历史科和公民科均明确记载钓鱼岛和竹岛“是固有领土”，“具体内容需符合竹岛被韩国非法占领、钓鱼岛不存在领土争议的政府见解”。对此，中国外交部发言人华春莹表示：“钓鱼岛及其附属岛屿自古以来就是中国领土。不管日方如何处心积虑，绞尽脑汁，变换手法宣传自己的错误立场，都改变不了钓鱼岛属于中国这一基本事实。我们敦促日方尊重历史事实，停止挑衅，以正确的历史观教育年轻一代，以实际行动为改善与邻国关系作出努力。”韩国也强烈谴责日本政府的行为，并要求日本立刻停止这一做法。韩国政府的声明说，日本的自欺欺人让人看到日本政府标榜的“积极和平主义”背后隐藏的真实面目。日本不断制造与邻国的矛盾，破坏地区和平与稳定，日本在此情况下打着“积极和平主义”的幌子宣称要为维护国际社会的和平与稳定做出贡献，并在国际社会发挥重大作用，但日本能否做到这一切让人质疑。

日本与东盟国家第五次防务会议

2 月 18 日，日本与东盟国家在冲绳县宜野湾市举行了副部长级防务会议。这是日本与东盟国家之间举行的第五次防务会议。19 日，日本政府邀请了东盟成员国副部级防务官员前往位于冲绳县那霸市的航空自卫队基地进行参观。与此同时，日本还介绍了 10 种可用于救灾和反恐的装备。这是日方首次向东盟展示此类装备，主要包括：放入倒塌房屋内可确认内部影像的球型侦察机器人、可探测墙内人员举动的透视装置等。展示过程中，参与研发的日本防卫省负责人通过实际操作和视频图像进行了说明。日本此举意在为放宽“武器出口三原则”铺路，进一步扩大与东盟各国在武器装备方面的合作。

日本政府决定派自卫官担任反海盗多国部队司令

7 月 18 日，日本内阁正式作出决议：2015 年 5 月将派遣海上自卫队要员担任反海盗多国部队司令。据悉，这将是日本自卫队员首次担任多国部队司令官。在索马里海域实施应对海盗行动的多国部队司令官每 3 个月轮换一次，2015 年 5 月开始由日本人员担任，负责参与行动的各国间的联络协调。日本海上自卫队目前有 2 艘护卫舰参与行动，其中 1 艘与其他国家军舰一起执行巡逻任务。此外，日本内阁会议还决定将 7 月 23 日到期的海上自卫队在索马里海域的护航行动延期 1 年。自卫队于 2009 年开始按照国内成立的《应对海盗法》执行反海盗护航任务，并在东非吉布提建立了军事基地。日本此举将进一步推动其解禁集体自卫权的行动。

日美菲联合军演

10 月 22—23 日，日美菲三国舰船在南海进行了联合演习。在本次演习中，以广岛县吴基地为母港的日本海上自卫队护卫舰“涟”号、以神奈川县横须贺基地为据点的美国第七舰队航母“乔治·华盛顿”号和宙斯盾巡洋舰“安提坦”号以及菲律宾海军“德尔毕拉尔”级护卫舰等参加。据悉，除实弹射击外，演习中还测试了舰船在夜间航行过程中的密码通信等。菲军方介绍称，这是三国首次实施联合演习，并无针对别国之意。

《日美防卫合作指针》中期报告

10月8日，日美政府在东京举行的外交和防卫局长级会议上公布了修订《日美防卫合作指针》的中期报告。此次中期报告最值得关注的变化是，删除了现行版本中限定自卫队支援美军“周边事态”的提法，代之以“全球范围支援美军”，强调为反映日美同盟的“全球性质”，日美将扩大军事合作范围，强化军事合作力度，促进与地区盟国、伙伴国的三国间、多国间安保和防卫合作。报告提出，日美将在从“平时”、“灰色地带事态”到“战时”的任何阶段展开无缝合作，这些合作措施包括海洋安全保障、情报收集、预警侦察、训练演习、设施和区域利用和防护、后方支援、装备防护、防空和导弹防御、临检等确保经济制裁效果的活动、太空网络安全合作等。由于日本政府暂时推迟向国会提出审议配合行使集体自卫权的相关法案，这份报告未能具体列出日本自卫队行使集体自卫权的场合及方式，预计这部分内容将在2014年年底或2015年年初公布的最终报告中得到体现。

泰国规模反政府运动

1月13日，泰国国内反政府力量发起“封锁曼谷”行动，示威者占据曼谷7个主要路段，并在大型商场外集合，导致市中心商业区交通瘫痪、400间学校停课，全市最少200万人受影响。泰国政府此前已派出大量警力保证示威游行秩序，看守政府总理英拉多次呼吁民众保持克制。2月19日，泰国反政府示威领导人素贴宣布示威者的行动重点是驱赶英拉和打击他信家族企业。素贴将示威者分成三组：一组围堵他信家族企业；一组留守集会场地；一组准备全程追堵英拉。在此过程中，泰国的安全形势也变得更加复杂严峻。2月23日，位于曼谷市中心的拉差巴颂路口反政府示威者营地遭到炸弹袭击，造成2人死亡、20多人受伤。

泰国国王正式任命巴育为总理

8月25日，泰国国王普密蓬·阿杜德签署御令，正式任命“全国维持和平秩序委员会”主席、陆军司令巴育为泰国第29任总理。当天巴育在陆军总部接受了国王御令。当天泰国电视台统一播出御令发布仪式。国会秘书长宣读了国王御令。御令中说，国家立法议会通过投票一致同意巴育为总理，巴育是资质合格且令人放心的人选，因此批准巴育任泰国第29任总理。随后巴育向国王照片行礼，代表接受任命。巴育上任后发表讲话，承诺将为泰国人民的利益恪尽职守，表示将选择内阁成员，尽快成立政府。他说，政府、维和委员会及全体民众将一同努力解决国家各方面的问题，开展改革工作。8月21日，泰国国家立法议会召开会议选举过渡政府总理，作为唯一候选人，巴育以191票同意、3票弃权的票数当选。按照泰国临时宪法，立法议会负责推举总理，国王批准后正式生效。

泰国军事政变

5月20日，泰国军队占领泰国国家电视台，在全国范围内实施军事管制法。泰国陆军总司令巴育发表全国电视讲话，称军方接管政权。5月21日，军方召集选举委员会、上议院、看守政府、为泰党、民主党、人民民主改革委员会等多方召开第一轮会议，各派在会上未能达成一致。军方随后发布第13条军管令，要求所有集会人员不得游行，只能在集会地点范围内活动。22日，泰国政治斗争各方代表在陆军俱乐部参加军方召集的第二轮会谈。当地时间16时20分左右，会谈破裂，巴育结束会谈并随后宣布政变。军方宣布，斗争两派的主要政党领导人、两派民间运动的主要领导人以及其他重要政治人员已经被军方逮捕。巴育宣布政变后成立“全国维持和平秩序委员会”以接管政权，并亲自担任总负责人，泰国三军最高司令、海军和空军司令以及国家警察总长担任副职。委员会决定“暂时中止”2007年宪法，但第二条“泰国是以国王为国家元首的民主体制国家”予以保留。

“香山论坛”

11月20—22日，第五届“香山论坛”在北京召开。本届论坛的主题是“合作与共赢：构建亚洲命运共同体”，与会代表围绕“地区安全架构”、“地区海上安全”和“地区反恐”等议题，探讨亚洲未来安全合作之路。与往届相比，本次“香山论坛”展现出两大特点：一是规格提升，由之前的“两轨”升格为“一轨半”，即由军事学术论坛升级为高端安全和防务论坛；二是规模扩大，48个国家和国际组织派遣官方代表团出席论坛，中外正式代表达到近300人，超过前四次论坛代表人数的总和。在新形势下，“香山论坛”既为国外提供了了解中国军队的新方式，又搭建了一个对话的平台，促进了亚太各国在防务安全领域的交流与互信。“香山论坛”由中国军事科学学会自2006年起举办，原定位为“民间学术交流”，参与人士主要由中外防务专家学者组成，每两年举办一届。

亚信会议第四次峰会

5月20—21日，亚洲相互协作与信任措施会议第四次峰会在上海召开，会议主题为“加强对话、信任与协作，共建和平、稳定与合作的新亚洲”。本次会议是亚信成立以来规模最大的一次会议，46个国家和国际组织领导人、负责人或代表与会，其中包括11位国家元首、1位政府首脑及10位国际组织负责人，国家主席习近平出席并主持会议。会议不设具体议题，与会成员国围绕“亚洲安全形势”、“推进亚信对话、信任与协作的措施”等议题发表意见。峰会上，中方正式接任2014—2016年亚信主席国，这是中国首次担任亚信主席国。21日，会议在发表倡导相互尊重主权的《上海宣言》后落下帷幕。该宣言涉及的内容非常广泛，涵盖了所有26个成员国关切的事项。

亚洲基础设施投资银行

亚洲基础设施投资银行（Asian Infrastructure Investment Bank，AIIB），简称亚投行，是一个政府间性质的亚洲区域多边开发机构，重点支持基础设施建设，总部设在北京。亚投行法定资本1000亿美元，初期资本达到500亿美元。2014年10月24日，包括中国、印度、蒙古、乌兹别克斯坦、哈萨克斯坦、斯里兰卡、巴基斯坦、尼泊尔、孟加拉国、阿曼、科威特、卡塔尔以及印尼以外的东盟（ASEAN）所有成员国等在内21个首批意向创始成员国的财长和授权代表在北京签署《筹建亚投行备忘录》，共同决定成立亚洲基础设施投资银行。中国提倡筹建亚洲基础设施投资银行，一方面能继续推动国际货币基金组织和世界银行的进一步改革，另一方面也是补充当前亚洲开发银行在亚太地区的投融资与国际援助职能。亚洲基础设施投资银行不仅将夯实经济增长动力引擎的基础设施建设，还将提高亚洲资本的利用效率及对区域发展的贡献水平。

印尼总统大选

7月9日，印度尼西亚举行2014年总统选举，两位候选人是来自印尼斗争民主党的佐科与来自大印尼行动党的普拉博沃。22日，印尼选举委员会宣布，现任雅加达市市长佐科当选为印尼第七任总统。官方数字显示，此次大选中佐科获得7063万余张选票，得票率为53.15%，而另一名候选人普拉博沃获得46.85%的支持，票数为6226万多张。22日下午，在选举委员会即将公布官方结果前，普拉博沃召开记者招待会指责选举不公并宣布从即刻起和竞选伙伴退出此次印尼总统大选，并随后提起上诉。8月21日，印尼宪法法院正式宣读对落选总统候选人普拉博沃阵营对选举结果的上诉案判决书，拒绝了普拉博沃阵营提出的全部上诉要求，认为全国选委会 7 月 22 日公布的选举结果正确无误，肯定佐科·威多多和尤索夫·卡拉当选 2014 年至 2019 年正、副总统。10 月 20 日，佐科宣誓就任印度尼西亚总统。

英拉被判违宪并被解职

5 月 7 日，泰国宪法法院作出判决，看守总理英拉 2011 年将时任国家安全委员会秘书长他汶调离的行为属于滥用职权、违反宪法，宣布即日解除其看守总理职务。法院当天还解除了当年参与该人事变动的 9 名现任看守政府成员的职务，包括副总理兼外交部长素拉蓬、副总理兼财政部长吉滴叻、副总理巴差、劳工部长差林等。法院在判决中说，其余内阁成员可以继续履行看守职责，直至新一轮大选产生新政府。当天，看守内阁指定副总理兼商务部长尼瓦探隆为新的看守总理。

越南国家主席访问日本

3 月 16—19 日，越南国家主席张晋创对日本进行了国事访问。18 日晚上，张晋创与日本首相安倍晋三举行了会谈。双方称，就两国关系在各个领域日益全面、务实、深入发展的大方向和具体办法进行了交流，并取得一致看法。安倍表示将时刻准备援助越南加强海上执法能力。在经济方面，安倍指出，越南是日本对外援助（ODA）政策中的头等重要合作伙伴。双方同时还宣称，将继续加强在论坛、合作机制以及在区域和国际组织方面的密切合作。结束会谈时，张晋创和安倍签署了旨在加强纵深战略合作伙伴关系的共同宣言，并共同出席了投资、教育及培训、医疗、农业领域的合作文件签署仪式。

中国发布南海问题的立场文件

12 月 7 日，外交部受权发表了《中华人民共和国政府关于菲律宾共和国所提南海仲裁案管辖权问题的立场文件》，重申中国不接受、不参与该仲裁的严正立场，并从法律角度全面阐述中国关于仲裁庭没有管辖权的立场和理据。该立场文件指出：首先，菲律宾提请仲裁事项的实质是南海部分岛礁的领土主权问题，超出《联合国海洋法公约》的调整范围，仲裁庭无权审理；其次，以谈判方式解决在南海的争端是中菲两国通过双边文件和《南海各方行为宣言》所达成的协议，菲律宾单方面将有关争端提交强制仲裁违反国际法；第三，菲律宾提出的仲裁事项构成中菲两国海域划界不可分割的组成部分，而中国已根据《联合国海洋法公约》的规定于2006年作出声明，将涉及海域划界等事项的争端排除适用仲裁等强制争端解决程序。2013年1月22日，菲律宾单方面就中菲有关南海问题提起强制仲裁。其后，菲律宾不顾中国的一再反对，执意推进仲裁程序。此次中国通过发布立场文件，再次阐明了对南海诸岛及其附近海域拥有主权的历史和事实，表达了中国维护主权和海洋权益的决心和意志。

中韩自贸区实质性谈判结束

11月10日，中国国家主席习近平与韩国总统朴槿惠在北京举行会晤，双方共同确认中韩自贸区结束实质性谈判。会晤后，在两国领导人共同见证下，中国商务部部长高虎城和韩国通商产业资源部部长尹相直，分别代表两国政府签署了结束中韩自贸区实质性谈判的会议纪要。中韩自贸区谈判于2012年5月启动，是我国迄今为止对外商谈的覆盖领域最广、涉及国别贸易额最大的自贸区。根据谈判成果，双方货物贸易自由化比例均超过“税目90%、贸易额85%”。协定范围涵盖货物贸易、服务贸易、投资和规则共17个领域，包含了电子商务、竞争政策、政府采购、环境等“21世纪经贸议题”。同时，双方承诺在协定签署后将以负面清单模式继续开展服务贸易谈判，并基于准入前国民待遇和负面清单模式开展投资谈判。

中韩自贸区谈判实现了“利益大体平衡、全面、高水平”的目标。

中日韩环境部长会议

4月28—29日，第16届中日韩环境部长会议在大邱市举行。中国环境保护部副部长李干杰、韩国环境部长尹成奎和日本环境相石原伸晃出席了本次会议。在本届会议中，中、日、韩三国就相互间环境合作方案进行商讨，并各自介绍本国治理大气污染的相关政策，从而相互借鉴污染治理经验。此外，三国还商讨了水环境管理、环境破坏救济制度、各方环境政策以及气候变化应对措施等问题的方案。会后，三方确定将“改善大气质量”作为优先合作领域，并商定将于2015年在中国举行的第17届中、日、韩环境部长会议上确定具体的联合行动计划。

中日韩自贸区第四轮谈判

3月4—7日，中、日、韩自贸区第四轮谈判在韩国首尔举行。中方首席谈判代表、商务部部长助理王受文率团与会。外交部、发展改革委、工业和信息化部、财政部、环保部、农业部、海关总署、质检总局、工商总局派员与会。日本和韩国也派代表团参加谈判。本轮谈判主要就货物贸易的降税模式、服务贸易和投资的开放方式、协定的范围和领域等议题展开磋商。2012年11月，中日韩三国在柬埔寨举行经贸部长会议，正式宣布启动FTA谈判。此后在2013年的3月、7—8月以及11月，中、日、韩三方举行了前三轮谈判。首轮谈判确定了三方谈判的基本原则和方针，第二轮谈判商讨了谈判范围和商品准入方式，第三轮谈判则就商品领域的基本方针进行了讨论。中日韩三国的经济和贸易关系已经日益密切，自贸区的建立将形成一个拥有15亿人口和15万亿美元GDP的共同市场。

中越防长会谈

10月17日，中国国务委员兼国防部长常万全与越共中央军委副书记、国防部长冯光青进行会谈。常万全表示，在当前中越关系开启转圜进程背景下，冯光青率领阵容庞大的高级军事代表团访华，体现了越南党和军队推动中越关系改善发展的积极政治意愿，希望双方相向而行，推动中越关系健康稳定发展。冯光青说，越南党和军队高度重视越中关系，珍惜越中传统友谊，真诚希望与中方加强交流合作，希望两国军队能够成为维护越中友好的支柱力量。双方就下一步中越两军关系发展达成三点原则共识：一是本着“长期稳定、面向未来、睦邻友好、全面合作”的十六字方针和“好邻居、好朋友、好同志、好伙伴”的“四好”精神，逐步恢复并推动两军关系健康稳定发展；二是两军加强团结，为巩固两国共产党执政地位，维护社会主义建设事业提供坚强保障；三是恪守中越两党两国领导人达成的有关重要共识，为妥善处理海上问题，维护和平稳定局面发挥积极作用。中越两国防长曾于2014年第8届东盟防长会议期间缅甸首都内比都举行会晤。

（本章综述撰稿：唐笑虹；词条编撰：栗硕、张宇）

南亚地区

一、形势综述

2014年，南亚地区经济形势趋向好转，经济改革成效初显。南亚大国印度和巴基斯坦通过资金支持、国内改革和国际合作等方式提升本国国防工业能力。多国国内政治安全形势不容乐观，印度国内围绕大选暴力不断，巴基斯坦选举结果遭遇质疑，反恐形势陷入困局，孟加拉民主化进程依然艰难。印度重视周边外交，通过大国合作谋求经济发展和大国地位。

（一）印巴多措并举，提升国防工业能力，打造现代化国防

为增强本国军事实力，南亚大国努力打造坚实的国防工业基础，尤其是在提升本国国防工业的自主化水平上下功夫。2014年以来，印巴两国通过加大对国防工业的资金投入、推出改革新举措、加强与国外企业合作等措施不断提高本国国防工业能力，努力打造现代化的国防和装备。

印巴两国不断加大对国防工业的资金支持。为了提升国防现代化水平，除每年不断增加的国防预算外，印巴两国还拨出专项资金用于国防工业的发展和装备的更新。7月，印度新政府宣布，将投入35亿美元来更新老化的苏联时代军用装备以及促进国防工业发展。[①] 印度第12个五年计划（2012—2017）向军工厂委员会“现代化计划”分配了约1570亿卢比（约25.75亿美元）。与第11个五年

---

① 中新网：《印度将投入35亿美元更新军备并促进国防工业发展》，http://www.chinanews.com/mil/2014/07-21/6407059.shtml。

计划（2007—2012）中295亿卢比的现代化投资总额相比，新的五年计划中工厂现代化的投资总额为上一个计划的5倍，投资比例显著增加。根据印度军工厂委员会制定的军工厂现代化计划，印度将在2014—2015财年中花费120亿卢比（约1.95亿美元）用于设备现代化，计划集中在改善其主要陆基产品的质量。[①] 印度通过加大对本国国防工业的资金投入，加快本土国防工业的发展，尽快摆脱对他国武器装备的依赖。巴基斯坦也投入专项资金，支持本国国防工业的发展。6月，巴基斯坦国民议会批准了一项14.9亿卢比（约1500万美元）的资金，以满足在2014/2015财年中预期的工业支出。该部分资金将划拨给国防生产部下属的巴基斯坦四大军工集团，[②] 用于工业现代化计划，特别是与海军造船厂相关的计划。这些计划包括采购和安装升船机和传输系统，以及各种设备和机械，为水面舰艇和潜艇提供对接和维修服务。[③] 巴基斯坦政府希望通过提供额外的资金来支持国有国防工业基础的持续现代化。

印巴通过推进改革促进本国国防工业的发展。当前，印度70%的国防装备需要依靠进口，为改变这种状况，近年来印度一直致力于推动印度军工建设本土化。莫迪总理上台后在多个领域进行改革，为国防工业快速发展扫除障碍。一是加大国防工业向外资的开放力度。8月6日，印度内阁批准将军用设备生产企业的外资持股上限从26%调高至49%，[④] 调高持股比例上限将有助于印度获得其需要的

---

① 中新网：《印度斥巨资推进军工厂现代化　或与英国合作》，http：//www. chinanews. com/mil/2014/03 - 24/5987114. shtml。

② 四大军工集团包括：巴基斯坦兵工厂集团、卡拉奇造船厂和机器制造厂、塔克西拉重工业公司和巴基斯坦航空综合公司。

③ 中新网：《巴基斯坦额外投1500万美元支持国防工业现代化》，http：//www. chinanews. com/mil/2014/06 - 20/6304109. shtml。

④ 中新网：《印度军费增12%　提高外国投资国防领域比例上限》，http：//www. chinanews. com/mil/2014/07 - 11/6377464. shtml。

投资、节省外汇储备并鼓励技术转移。而且，由于外资比例没有超过50%，印度公司依然可以保持对合资公司的管理和整体控制。二是简化生产许可流程。2014年，印度对国防生产政策进行了重要修订，将几类国防项目从强制许可列表中删除，使得需要许可才能进行生产的国防产品缩小至四种类别。[①] 由于大多数组件及零部件已经从清单中移除，这意味着中小型企业可以更多地参与军工生产。此外，这项举措将使外国制造商无需经过繁琐的许可证审批流程就能够在印度生产某些国防产品。三是优先采购本国军工产品。根据2013年一项政策的转变，印度国防部决定寻求各种途径，先从国内市场购买武器和装备，然后如有需要，直接从海外采购。2014年，印度国防部向当地船厂发出招标建造16艘浅水反潜作战舰船，[②] 这标志着印度国防部首次按照改革后的政策优先对本国军品进行采购。同时印度装备采购也逐步向私企开放。在今年批准的更新武器装备重大项目中，为海军提供价值900亿卢比的5艘舰船的合同面向印度所有国营及私营船舶招标。[③] 巴基斯坦政府也鼓励本国国有武器生产商巴基斯坦兵工厂进行商业化改革，实施更加商业化的业务模式，最终使之转变成一个更加自立的企业。此外，巴基斯坦政府还鼓励其他私营企业加入兵工厂的改革中来。[④] 巴基斯坦此举意在提高本国国防工业企业的效率，为国防现代化高效和持续化发展奠定坚实的基础。

---

① 中新网：《印度修订国防生产政策　方便外国制造商在印生产》，http：//www.chinanews.com/mil/2014/07－07/6357841.shtml。

② 中新网：《印度国防部首次向本国船厂招标16艘反潜舰艇》，http：//www.chinanews.com/mil/2014/06－19/6297019.shtml。

③ 中新网：《印度将投入35亿美元更新军备并促进国防工业发展》，http：//www.chinanews.com/mil/2014/07－21/6407059.shtml。

④ 中新网：《巴基斯坦政府敦促国有兵工厂进行商业化改革》，http：//www.chinanews.com/mil/2014/07－14/6384542.shtml。

印巴深化国防工业国际合作。除了加大自主研发生产和直接购买国外先进武器装备外，印巴还积极寻求与外国军工企业合作来提高本国国防工业能力。印度在购买美、俄、以等国先进武器装备时，一般都要求一部分装备直接购买，一部分通过技术转让在印度进行生产，不断加大与外国军工企业合作生产的力度。根据2014年印度放开国防工业外资限制提案，如果外商转让技术，股份上限可以从26%提高至49%；而如果涉及尖端武器生产，则允许外商100%独资。[①] 该提案对外资进入印度有极大的吸引力。提案公布后，美国、英国、法国等传统武器出口大国争先恐后和印度接洽，希望投资印度军工业。对印度而言，这项措施如能顺利实施，将使印度逐步摆脱武器严重依赖进口的境况，进而成为一个武器制造大国；此外，通过吸引外资和引进尖端武器生产技术，将使印度军备实力整体得到提升。巴基斯坦亦有提高本土工业能力和使本国军事供应商多样化的需求。由于巴基斯坦与其军事装备主要供应商美国的关系并不一直顺畅，此外巴基斯坦需要尽可能地确保物资供应的安全，因此，壮大国防自立能力和实现供应商多样化对巴基斯坦来说非常重要。在这种背景下，巴基斯坦国防部长提出“十分愿意与世界上发达的国防工业企业探索实行合资企业的途径”。[②] 3月17日，巴基斯坦与尼日利亚举行了双方会谈，提出要为两国的国防贸易和联合生产项目提供更多的机会。8月17日，巴基斯坦政府的一份声明指出，巴基斯坦和韩国双方已同意“通过建立合资企业，进一步增强彼此军事实力，在国防生产领域加强合作，互利共赢”。

---

① 国际在线：《印度开放国防工业外资限制　欲吸引外资发展军工业》，http：//gb. cri. cn/44571/2014/07/07/7872s4604370. htm。

② 中新网：《巴基斯坦和罗马尼亚探讨联合生产武器　含坦克炮弹》，http：//www. chinanews. com/mil/2014/04 －21/6087565. shtml。

（二）南亚整体经济向好，改革成效显现，持续发展仍有诸多制约

2014 年南亚地区经济逐步好转。据亚开行预测，2014 年南亚地区全年 GDP 增速有望达到 5.4%。[①] 世界银行发布的《全球经济展望》报告指出，斯里兰卡经济在南亚各国中表现最佳，2014 年经济增长率预计将达到 7.2%，通货膨胀率从 2013 年 10 月的 6.7% 降至今年 5 月的 3.2%。[②] 印度新政府自 5 月底上台以来，经济指标一路向好。印度财政部的经济调查报告指出，2014—2015 财年印度的经济增速在 5.4%—5.9% 之间。这与世界银行此前预测的 5.5% 数值相近。印度股市是 2014 年全球表现最佳的股市之一。印度孟买敏感 30 指数年初以来一路走高。截至 7 月 18 日，孟买敏感 30 指数今年以来累计上涨 20.74%。[③] 衡量印度通胀的主要指标——批发价格指数（WPI）10 月同比上涨 1.77%，涨幅低于 9 月的 2.38%，创 5 个月来最低涨幅。[④] 巴基斯坦国家统计委员会公布的 2013 至 2014 财年前 9 个月的经济增长临时数据为 4.14%，这一数字虽然低于政府制定的 4.4% 增长目标，但高于上一财年 3.7% 的修正增长率。[⑤] 总之，与上一年度相比，2014 年南亚经济整体趋好。

国内改革措施刺激经济逐渐趋好。除了斯里兰卡受惠于欧美市

---

① 新浪网：《亚开行：经济改革助推亚洲经济增长》，http：//finance.sina.com.cn/world/20140925/101220410330.shtml。

② 网易：《世行：斯里兰卡经济在南亚各国中表现最佳》，http：//news.163.com/14/0613/09/9UK1P5JD00014JB5.html。

③ 张枕河：《经济前景趋于乐观　国际资本大举涌入印度股市》，《中国证券报》2014 年 7 月 18 日。

④ 中新网：《印度 10 月份通胀率涨幅下降 1.77%》，http：//finance.chinanews.com/cj/2014/11-24/6807519.shtml。

⑤ 梁桐：《巴基斯坦经济改革效果初显》，《经济日报》2014 年 5 月 21 日。

场在2013年下半年以来的逐渐复苏，印巴经济好转多来自于国内经济改革的有力推动。7月10日，莫迪政府公布了上台以来的首份预算案，誓言在控制举债的情况下恢复经济增长。新措施包括开放对外资的限制、让更多国营企业私有化，以及改革税制等。由于莫迪政府采取了一些开放市场的举措，优惠投资环境，出台各种配套措施，使得投资市场信心明显增强，有利于推动印度经济的发展。巴基斯坦经济改革也取得初步成效。2013年9月，巴基斯坦与国际货币基金组织签署了一项为期3年的长期贷款协议。根据该协议，后者将视巴基斯坦经济结构性改革的进展情况向其分期发放68亿美元贷款。改革内容共涉及17个领域，包括将亏损国企私有化、填补税收漏洞、改革能源行业等。[①] 为履行该协议，巴基斯坦政府采取了大力推进私有化、减少政府开支、提高金融市场稳定性等一系列经济改革措施。改革取得了积极效果，国际货币基金组织也对巴基斯坦作出了“经济状况好转，经济改革有效”的积极评价。截至6月底，巴基斯坦已在上述领域中的10项达到协议制定的标准，并已通过国际货币基金组织的3次审议，同时分批次接收后者贷款共计22亿美元。[②] 这些改革措施不仅为巴基斯坦赢得了发展本国经济所需的资金，同时这些措施本身也促进了本国经济的发展。

经济持续好转仍面临一些制约。虽然南亚地区经济发展趋好，但要保持持续好转，各国仍面临诸多制约因素。目前，外资是印度政府所倚重的促进经济增长的法宝，印度政府希望利用外资发展本国的制造业。但是，即使印度政府提高了外资比例，外资进入印度仍面临重重障碍。例如印度新修订的《征地法》规定，公私伙伴关系类项目征地须征得70%的被征地对象的同意，而私人项目征地则

① 梁桐：《巴基斯坦经济结构性改革见成效》，《经济日报》2014年8月20日。

② 同上。

须征得80%的被征地方的同意。[①] 这一规定是导致外国直接投资项目在印度常常久拖不决的重要原因。此外，一些结构性矛盾也难以根治。如通货膨胀居高不下使得印度央行不得不保持较高基准利率。但此种做法又增加了投资的成本，对印度政府的经济决策形成巨大压力。巴基斯坦经济虽然开始走向平稳和缓慢发展，但是经济结构的不平衡将对经济发展有着一定的制约作用。因为巴基斯坦经济增长率提高的主要原因在于工业部门的高速发展。而工业部门高速发展主要得益于大规模制造业和建筑业，但小规模制造业、屠宰业、发电配电业、采矿和采石业未能达到增长目标。农业增长率为2.1%，与既定目标差距较大。[②] 斯里兰卡等经济发展受惠于出口的国家，由于欧美等国家地区经济尚未完全企稳及缓慢增长，这些国家的经济可持续性依然面临诸多不确定性。

（三）印度大选伴随暴力，巴基斯坦选举结果遭到质疑，孟加拉民主进程艰难曲折

印度大选导致各种力量博弈，引发连环暴力袭击事件。2014年是印度的大选年，反政府武装暴力活动和民族暴力冲突事件频发。反政府武装以大选为目标发动多次暴力袭击活动。3月11日，印度安全部队遭到纳萨尔派的武装伏击，造成至少16人身亡，多人受伤。这是印度一年来遭受的最严重反政府武装袭击事件。[③] 4月12日，印度纳萨尔派反政府武装在印度中部袭击选举工作人员和安全部队人员，造成至少15人死亡、数人受伤。印度政府谴责反政府武

① 吕鹏飞、邹松：《经济向好难掩结构隐忧》，《人民日报》2014年7月25日。

② 梁桐：《巴基斯坦经济改革效果初显》，《经济日报》2014年5月21日。

③ 中新网：《印度安全部队遭反政府武装伏击　至少16人死》，http://www.chinanews.com/mil/2014/03-13/5944378.shtml。

装伤害无辜，认为袭击是恐怖行为，目的是破坏民主进程。[①] 4 月 24 日，纳萨尔派反政府武装分子在民兵与选务官员乘坐巴士车经过村庄时发动袭击，5 名民兵与 3 名携带投票机的选务官员在袭击中死亡。[②] 同时，围绕选举的不同民族利益矛盾也凸显出来，引发了连环暴力事件。5 月 1 日和 2 日，印度阿萨姆邦爆发暴力冲突，导致 30 多名穆斯林人士被杀。系列袭击事件的导火索是印度大选中不同民族的政治矛盾。当地穆斯林民众宣称支持一位“非波多”的议员候选人，而当地土著民族波多族认为这违背了他们的利益。为此，反政府组织“波多民族民主阵线”领导和组织了针对穆斯林的系列爆炸袭击事件，使阿萨姆邦部分地区陷入紧张局势。

巴基斯坦反对派质疑选举结果，国内政治走向前景不明。在 2013 年 5 月的巴基斯坦国民议会选举中，谢里夫领导的穆斯林联盟（谢里夫派）以压倒性优势获胜，成为议会第一大党并成功组阁，伊姆兰·汗为主席的正义运动党成为议会第三大党。大选后，伊姆兰·汗不断指责选举涉嫌欺诈，要求总理谢里夫辞职。8 月 14 日，巴反对党带领数万名支持者从东部城市拉合尔出发前往首都伊斯兰堡，持续举行静坐和抗议。反对党提出去年的国民议会选举存在舞弊，总理谢里夫应立即辞职，并重新进行选举。如果谢里夫不辞职，抗议者不会离去，并可能冲击总理府。谢里夫则公开表示拒绝辞职，称现政府将按照宪法要求，完成五年任期，并提议反对党通过对话，解决分歧。9 月 3 日，巴基斯坦政府代表与反对党正义运动党进行了对话，试图尽早结束其国内面临的政治危机，但未能取得明显进展。12 月 16 日，反对党再次组织全国性大罢工，逼迫谢里夫辞职。虽然

---

① 新华网：《印度安全部队遭毛派武装伏击　至少 16 人死亡》，http：//news.xinhuanet.com/world/2014－03/13/c_ 126259713.htm。

② 中新网：《印度大选引发连环暴力袭击事件　已致 9 人死亡》，http：//www.chinanews.com/gj/2014/04－25/6107363.shtml。

因巴基斯坦发生严重恐怖袭击事件，反对党于 12 月 18 日宣布结束历史 4 个月的反政府抗议。但是，反对党已整体退出了巴国民议会和省议会，相当于破釜沉舟。如果没有取得重大政治成果，其今后的政治走向将极为艰难。而谢里夫政府多次与军方会面，希望获得后者的支持。但军方表示不介入不干涉，要在宪法框架内寻求和平解决争端。事实上，在反对党的队伍向巴政府的权力核心区一步步推进的过程中，军方并没有丝毫干涉，这等于从侧面上支持了抗议队伍。无论这场争端如何解决，军方无疑都将是最大的获益者。因为，无论是谢里夫政府继续主政还是新政府上台，军方的政治话语权都将提升。

孟加拉国选举引发政局动荡，民主进程再遇挫折。在 2014 年议会选举前，孟加拉国国内就爆发了多起政治暴力事件。选举前 12 个月，孟加拉国国内的政治暴动共造成 500 人死亡，[①] 在该国历史上达到了峰值。自 2013 年 10 月定下大选日期以来，孟加拉国暴力事件更是层出不穷。当局出动数万名军警驻守全国各地投票站，但还是无法制止暴力冲突的发生。1 月 5 日，孟加拉国议会选举在一片混乱中举行。投票当天，孟加拉国全国共有 24 人死于与大选相关的暴力冲突，其中多数被警察射杀，死者中还包括一名国家选举委员会的官员。此外，1 月 4 日和 5 日，全国 18000 个投票站中有超过 600 个遭纵火或袭击。孟加拉国《每日星报》称，“这是孟加拉国独立数十年来最血腥、最暴力的一次选举。”[②] 孟加拉国大选结束，孟加拉国人民联盟获胜，但是他们将面对反对党的联合抵制，反对派要求撤销大选结果。因为按以往惯例，孟加拉国通常在一个由无党派人

---

① 中新网：《政治暴力阴云包裹孟加拉国大选 经济春天遭阻力》，http://www.chinanews.com/gj/2014/01-06/5701982.shtml。

② 国际在线：《孟加拉国大选结果不被支持 大选或将重新进行》，http://gb.cri.cn/42071/2014/01/07/5892s4382557.htm。

士组成的看守政府主持下举行大选，但总理哈西娜主持的现政府废除了这一制度。而反对党联盟认为，没有这一制度就难以保证大选公正，因此以封锁交通、大罢工等措施抵制大选。自 2011 年 5 月看守政府制度被废除后，反对派一直进行抗议，但政府并没有做出妥协。孟加拉国的民主化一直处于曲折而艰难的进程中。

（四）印度外交活跃，周边外交居首要，大国互动谋合作

印度新政府在外交舞台表现活跃。2014 年 5 月底大选后上任的印度新政府积极开展全方位外交。一方面重视大国外交和多边外交，另一方面重视发展与周边邻国的关系。在大国外交方面，莫迪先后出访日本和美国。8 月 30 日，印度总理莫迪开始对日本为期 5 天的访问，议题重点包括安全防卫和经济合作。这是莫迪就任印度总理以来，首次在南亚以外地区的双边访问。莫迪此行携数名亿万富翁及印度工业界领导人同行，意在日本的资金和技术，经济合作是其重点。9 月 30 日，莫迪开始对美国进行为期两天的正式访问。莫迪访美的主要目的是寻求美国投资，以此来推动本国经济的发展。此外，加强美印战略互信以及防务合作也是莫迪访美的重要目的。多边外交方面，印度努力维护本国国家利益。7 月 15 日，在金砖国家峰会上，印度推动和参加金砖国家开发银行和金砖国家应急储备基金的设立。这不仅有利于印度作为金砖成员国获得资金的使用权，而且也可以提高印度的大国地位。7 月 31 日，在世界贸易组织（WTO）关于“巴厘岛协议”表决大会上，印度投出否决票并要求享有囤积粮食的特权。印度向来重视保护国内农业，不希望遭受自由贸易的冲击。在认为该协议将威胁到印度的粮食安全时，印度不顾多国的反对毅然投了否决票。

周边外交成为新政府外交首选。莫迪就任总理成为掀开印巴两

国关系新篇章的“好机会”。巴基斯坦总理应邀参加莫迪总理就职仪式，这是印巴两国自 1947 年各自独立以来，一方政府首脑首次出席对方总理就职仪式，在印巴双边关系中颇为罕见。[①] 虽然 2014 年两国发生边境地区擦枪走火事件，以及巴基斯坦驻印高级专员会见克什米尔独立派领导人事件，但两国仍然希望缓和双边关系。5 月和 11 月，巴方两次释放在押印度人，意在释放善意，缓和和改善两国的紧张关系。莫迪上任后重视与中小邻国发展关系，南亚邻国成为其首访国家。6 月 15 日，就职不满一个月的莫迪访问不丹。这是莫迪就职后首次出访，同时也是印度独立以来第一位把不丹作为出访首站的总理。8 月 3 日，莫迪访问邻国尼泊尔，是印度总理时隔 17 年之后再次访问该国。为加强两国经济合作，印度同意修建比哈尔至加德满都的石油管道，为尼泊尔提供汽油、柴油和自动变速器用油。在莫迪访问尼泊尔前，已先后有印度外长和内政部长等高官访问尼泊尔。11 月 25 日，印度和尼泊尔在南盟峰会非正式会议期间，签署了包括基础设施和能源合作等领域在内的 10 项合作协议。印度对邻国的访问与合作体现了印度新政府以南亚周边外交为重点，积极改善和发展与巴基斯坦的关系，巩固和加强对不丹、尼泊尔等邻国的影响力。

大国积极寻求与印度新合作空间。各大国利用印度新政府上台的契机，寻求与印度发展新的合作。美国先后派出国务卿和国防部长对印度进行访问，一方面寻求与印度新的合作机会，另一方面为印度总理莫迪访美做铺垫。7 月 30 日，美国国务卿访印并参加第五届美印战略对话，双方积极开拓新领域合作以进一步加强双边关系，此外，双方还就网络安全等问题重点展开讨论。8 月 7 日，美国国防部长访印，称两国必须通过共同研发和生产武器来扩大军事合作范

① 中新网：《印度总理莫迪会见巴基斯坦总理谢里夫　微笑握手》，http://www.chinanews.com/gj/2014/05-27/6217802.shtml。

围，还应扩大军事演习的规模，提高军事演习的复杂性。9 月，中国国家主席习近平对印度进行为期 3 天的访问。两国签署为期 5 年的贸易和经济发展计划，希望在未来 5 年将双方贸易额提升至 1500 亿美元，[①] 以解决两国日益加大的贸易失衡问题。此外，双方还同意在空间和制药领域开展合作。9 月，澳大利亚总理访印，同印度订立铀矿保护协议，“揭开与印度合作关系的新篇章”。另外，双方的海上安全合作，以及教育合作也将被提上日程。12 月 11 日，俄罗斯总统普京访问印度，双方签署包括军事技术领域、原子能领域在内的十几项合作协议。印度新政府上台后，各大国均想利用该有利时机寻求与印度的合作；而印度新政府要实现发展经济的承诺和提升大国地位也需要与大国合作。

（五）报复性恐怖袭击困扰巴基斯坦，巴反恐陷入恶性循环怪圈

2014 年以来巴基斯坦国内恐怖袭击不断。虽然巴基斯坦总理谢里夫一直推动与塔利班和平谈判解决国内恐怖问题。但是 2013 年美国无人机炸死巴基斯坦塔利班组织（简称“巴塔”）前首领哈基穆拉·马哈苏德，多次绕过巴基斯坦政府发动无人机打击，破坏了巴基斯坦与“巴塔”之间的谈判。此外，由于巴塔内部派系众多，尤其是接替马哈苏德的法兹卢拉是个强硬派分子，反对与政府进行和谈。所以，虽然双方的谈判在进行，但恐怖袭击活动也一直不断。其中两次大的恐怖袭击，将巴基斯坦的国内反恐形势置于报复与反报复的恶性循环的怪圈。

美国无人机反恐引发“巴塔”真纳国际机场的报复性恐怖袭击。

---

① 新华网：《未来 5 年中印贸易额将提至 1500 亿美元 助全球经济增长》，http://news.xinhuanet.com/finance/2014-09/23/c_127020364.htm。

6 月 8 日，巴基斯坦最大城市卡拉奇的真纳国际机场的遭恐怖袭击，造成至少 28 人死亡，24 人受伤。[①] 此次恐怖袭击事件的发生与美国“无人机反恐”密切关系，据“巴塔”发言人的表态，此次袭击是报复去年 11 月美军无人机炸死该组织前首领哈基穆拉·马哈苏德，并且表示将有更多的报复行动即将展开。美国在巴基斯坦实施的通过无人机打击恐怖分子的做法，使得塔利班将报复的怒火引向了巴基斯坦，引来“巴塔”组织的强烈报复。卡拉奇机场恐怖袭击给巴政府与“巴塔”的谈判蒙上阴影。原本巴基斯坦政府与“巴塔”谈判就面临巨大的内外压力，卡拉奇机场遇袭事件令和谈更是雪上加霜。袭击事件发生后反对党纷纷要求政府采取果断行动，回击“巴塔”武装分子；美国也敦促巴政府铲除瓦济里斯坦地区武装分子，阻止他们越境进入阿富汗。因此，此次袭击机场事件蓄意破坏政府与“巴塔”之间的和谈进程。作为对此次袭击事件的回应，从 6 月 15 日起，巴基斯坦军方对西北部的本土和外国武装分子发起代号为“利剑行动”的大规模清缴行动。

巴基斯坦军方的强力反恐引发了军人子弟学校遭袭。12 月 16 日，巴基斯坦西北部城市白沙瓦的一座军人子弟学校遭武装分子袭击，造成 141 人死亡。[②] 巴基斯坦塔利班组织发言人称，袭击是为了报复此前巴基斯坦军方的清剿行动。[③] 因为事发学校由军方管理，主要招收军人子女。学校遭袭事件后，巴基斯坦恢复了与恐怖袭击有关的死刑，处死多名恐怖分子。此外，政府还宣布改变针对极端组

① 中新网：《巴基斯坦塔利班袭击卡拉奇机场，致 50 余人伤亡》，http：//www.chinanews.com/gj/2014/06－09/6260603.shtml。

② 中新网：《巴基斯坦 141 名师生惨死塔利班抢下　国际社会同声谴责》，http：//www.chinanews.com/gj/2014/12－17/6883192.shtml。

③ 中新网：《巴基斯坦将针对恐怖主义相关案件恢复执行死刑》，http：//www.chinanews.com/gj/2014/12－17/6886706.shtml。

织的政策，以后将没有“好的”与“坏的”塔利班之分。[①] 至此，政府与“巴塔”的谈判之门完全关闭。可以预见，今后巴基斯坦将加大反恐力度，美国也将继续无人机空袭，巴基斯坦国内的反恐形势将呈现出恐怖活动与反恐怖活动加剧的态势。

展望2015年，改革与发展依然是南亚地区的主旋律。印巴将继续深入推进国防工业现代化，进一步加大国内改革和加强国际合作。印度各项经济改革措施将逐步落实，进一步扫除阻碍经济发展的障碍，如分阶段实施统一税制，从而使得本国经济能实现持续增长。巴基斯坦在国内政治危机暂时缓解的情况下，集中精力应对国内恐怖主义袭击带来的安全问题，经济平稳发展将受到影响。

二、重大事件词条

《2014年国家赛博安全委员会法案》

4月14日，巴基斯坦公布了首个赛博安全法案——《2014年国家赛博安全委员会法案》。该法案提出：网络安全威胁是巴基斯坦“国家正面临的主要非传统、非军事威胁之一”。鉴于海外情报网络入侵和间谍事件的频频曝光，巴基斯坦国家赛博安全领域面临着明显而现实的威胁，巴基斯坦地区正积极考虑发展赛博战，而当务之急是制定措施以应对外来威胁。该法案旨在建立一个国家赛博安全委员会，明确其职能和权力，以制定和起草政策、准则、新兴赛博安全威胁相关管理模式，并处理迫切的监管立法需求，同时按照国际最佳实践提出意见和建议。根据该法案，巴基斯坦国家赛博安全委员会将有行使职能和制定战略计划的权利。该法案强调促进政府、私营部门实体、学术界、民间团体、赛博安全专家之间的相互沟通，

---

① 中新网：《巴基斯坦总理承诺清算武装分子　将加强军事行动》，http：//www.chinanews.com/gj/2014/12－18/6890316.shtml。

并且制定了未来10到20年巴基斯坦赛博领域的发展愿景。

2014年印度国际防务展览会

2月6日，印度国防部长A. K. 安东尼在新德里为亚洲最大武器展览会之一——2014年印度国际防务展览会揭幕。为期4天的印度国际防务展每两年举办一次，由印度国防部主办。这是印度第八次举办该防展，共有来自30个国家的624家企业参展。此次防务会展的重头展品为各种类型的火炮系统。俄罗斯以37个参展企业的数量成为最大参展国，重点展品包括"托尔"M-2KM防空导弹系统等。相比此前的国际防务展，此次会展的参展企业略有减少。

安倍访问孟加拉国与斯里兰卡

9月6日，日本首相安倍晋三前往孟加拉和斯里兰卡进行正式访问。安倍此次访问的重点是孟加拉国。孟加拉国总理哈西娜在与安倍的会谈中表示，孟加拉国将退出2015年10月的联合国安理会非常任理事国竞选，转而支持日本。在明年秋季的安理会非常任理事国选举中，孟加拉国原是日本的竞争对手，但在日本的外交攻势下孟加拉国做出让步。2014年5月哈西娜访日时，安倍曾表示将提供最多达6000亿日元（约合人民币350.7亿元）的经济援助。而在双方此次的会谈中，安倍表示日本将促进日本企业进驻孟加拉国，援助孟加拉湾地区的基础设施建设。7日，安倍与斯里兰卡总统贾帕克萨举行会谈后，双方发表联合声明，并表示已就争取增加安理会常任理事国和非常任理事国席位达成一致。此外，安倍与斯里兰卡总统贾帕克萨就建立政府间的海洋安全磋商机制等强化合作的措施达成了一致。安倍表示日方将就向斯里兰卡提供巡逻艇展开调研。

巴基斯坦大使会见克什米尔分离人士

8月18日，巴基斯坦驻印度大使巴斯特会见了克什米尔的分离主义人士，引发印巴两国外交关系紧张。由于巴斯特会见了克里米尔的分离主义组织领导人，印度暂停了与巴基斯坦的外交对话。印度称，巴斯特会见克什米尔分离主义领导人损害了缓和两国关系的努力。20日，巴斯特在新德里表示，对话是寻求永久和平的唯一方式。有媒体评论称，这次的激烈反应显示印度新政府在对巴基斯坦采取更为强硬的路线。

巴基斯坦朝圣者遭袭事件

6月8日深夜，巴基斯坦西南部俾路支省边境地区发生爆炸，至少有30名什叶派朝圣者在袭击中死亡，多人受伤。从伊朗返回的朝圣者的车队停在边境地区塔夫坦一家旅馆外时，一伙不明身份的袭击者首先向车队中的两辆汽车投掷了两枚手榴弹，随后用自动步枪对这两辆汽车进行射击。事发后，巴基斯坦安全部队和警察迅速抵达袭击现场并封锁了袭击的事发区域。

巴基斯坦发射“沙欣”系列导弹

11月13—17日，巴基斯坦分别成功发射了“沙欣-1A”型导弹、“沙欣-2”型导弹，射程分别达到1500公里和900公里，而且都可以携带核弹头。巴基斯坦导弹发展有将近20年的历史。通过这些年不断改进，射程逐步提高，基本型是750公里，后来可不断增加装药量，提高飞行基本路线，最终达到上千公里射程。

巴基斯坦前总统穆沙拉夫受审

6月18日，巴基斯坦前总统穆沙拉夫首次出现在法庭接受叛国罪指控的审理。叛国罪名主要指2007年时任巴基斯坦总统兼陆军参谋长的穆沙拉夫宣布实施紧急状态，并解除近60名法官职务，此举涉嫌违宪。2013年3月，穆沙拉夫从国外回到巴基斯坦参加选举，但被法院禁止参选。后因涉嫌卷入3起案件一直被软禁。迄今为止，穆沙拉夫5次缺席庭审，前2次是因为警方称从他家前往法庭的路上发现爆炸装置，后3次是因为身体原因。2014年3月31日，穆沙拉夫通过律师向审理他叛国罪的特别法庭递交了出境申请，希望法庭允许他赴美国治疗并看望在阿联酋治病的母亲，但这遭到了特别法庭的拒绝。由于穆沙拉夫在多起案件中受到指控，巴内政部此前将他列入“出境限制名单”。2014年4月21日，他又向信德省高等法院申请将其移出“出境限制名单”。6月12日，卡拉奇地方法院判决巴政府15天内取消对穆沙拉夫的出境禁令。6月14日，巴基斯坦联邦政府向最高法院提起上诉，反对信德省高等法院此前作出的解除前总统穆沙拉夫出境限制的裁决，表示穆沙拉夫如果离境后很可能不会回国接受所面临的多项指控。最高法院支持了特别法庭拒绝穆沙拉夫申请出境的判决。

巴基斯坦全国税制改革

6月10日，巴基斯坦财政部向国民议会提交了第二个预算报告。作为巴基斯坦年度经济政策中最重要的文件，此次提交的预算报告的最大特点是力推税制改革。巴基斯坦拟将全国税收规模提高约5000亿卢比，达到27000亿卢比的规模。巴政府在2014至2015财年预算报告中拟定的税收政策，主要围绕三大支柱：一是增大对富人的登记和征税力度；二是提高现行的预扣税水平；三是提高所得税在财政收入中的比例。巴基斯坦财政部官员称，上述改革措施已得到总理谢里夫的首肯。巴基斯坦长期以来有大量富人并不纳税，此次税制改革将这一群体作为重点征税对象，通过区别化的预扣税税率提高其纳税额。巴基斯坦逃税现象严重，税收对巴基斯坦财政贡献极为有限。巴基斯坦人口中只有约0.9%的人缴纳所得税，导致巴基斯坦成为全球税收规模占GDP比例最低的国家之一。

巴基斯坦政府与塔利班首次直接会谈

3月26日，巴基斯坦政府与“巴塔”的领导人进行了直接会谈，商谈俘虏交换事宜。2014年早些时候，双方已经进行了间接沟通，但随后双方的联络因武装暴力冲突一度中断。这次会谈的议题主要集中在俘虏交换事宜上。巴方表示，一旦此次和谈失败，巴基斯坦军方将会在有需要的时候对“巴塔”迅速采取军事行动。这次会谈是巴方首次与该组织直接会谈。巴基斯坦总理谢里夫称，这是“巴塔”“最后的机会”。“巴塔”谈判代表次日发表声明，双方同意延长2014年3月初开始的停火协议。近几年，“巴塔”针对该国军事设施、清真寺和集市制造了大量恐怖袭击事件，已造成了数万名平民丧生。

巴基斯坦政治危机

8月15日起，巴基斯坦反对党“人民运动党”和“正义运动党”组织数万人走上街头抗议。他们宣称，现任总理谢里夫所属的“穆斯林联盟”在2013年大选中舞弊，要求谢里夫辞职并解散议会。9月1日凌晨，示威者涌向总理府并与警方发生冲突，警方使用了催泪瓦斯、警棍和橡皮子弹驱散抗议人群，造成至少3人死亡，500多人受伤。示威者冲进了位于都伊斯兰堡的巴基斯坦国家电视台总部，强行关闭电视信号，砸毁部分设备，造成几个频道电视信号暂时中断。短暂混乱过后，巴军方控制了电视台总部大楼，并勒令示威者离开。巴基斯坦反对党“正义运动党”领导人伊姆兰·汗当晚则表示，示威者将继续在全国范围举行抗议活动。对于反对派的指责，谢里夫公开表示拒绝辞职，他说现政府将按宪法完成5年任期，并提议反对党通过对话解决分歧和矛盾。现任总理谢里夫在20世纪90年代先后两次当选总理，但所组的政府均遭军方解散。去年5月，“穆斯林联盟”在大选中取得胜利后上台执政。目前，对于巴基斯坦政治危机，军方并没有直接介入。8月31日，军方召开高级别会议后发表声明说，军方对巴国内当前的政治危机及其出现的暴力性变化表示严重关切。声明说，军方再次重申，当前形势应立即通过政治方式解决，不应诉诸暴力手段。

韩国总统访印

1月15日，韩国总统朴槿惠抵达印度首都新德里，开始对印度进行为期4天的国事访问。16日，朴槿惠出席在印度总统府举行的欢迎仪式，随后同印度总理辛格举行首脑会谈，就两国政治、经济、科技、信息通信技术等诸多领域的合作方案以及两国共同关心的地区和国际问题深入交换意见。朴槿惠此次访问的议题重点之一是最终敲定韩国浦项钢铁在印度奥里萨邦的投资建厂项目。核能合作也是此次访问的重要话题。同一天下午，朴槿惠将分别会见印度副总统哈米德·安萨里和印度众议院在野党党首，探讨加强两国合作之策。17日，朴槿惠出席信息技术市场博览会和信息通信技术商务恳谈会，并出席大韩商会和印度商会联合主办的“韩国—印度经济合作论坛午宴”。朴槿惠希望在访印期间能够升级韩国和印度《全面经济伙伴协定》，推动两国经济合作，帮助韩国企业开拓印度市场。印度外交部发言人赛义德表示，朴槿惠的访问将扩大和加强印度与韩国的战略伙伴关系。

卡拉奇机场恐怖袭击事件

6月10日，巴基斯坦最大城市卡拉奇的真纳国际机场遭到恐怖分子袭击。约10名枪手袭击了机场外的一处安全检查点，并与巴基斯坦军方发生交火。交火时间长达6个小时，共造成29人死亡，其中10名枪手被当场击毙。此次袭击发生后不久，“巴塔”宣称对此负责。巴基斯坦反对党领袖在袭击事件后要求政府采取果断行动回击“巴塔”武装分子。另外，向来指责巴基斯坦反恐不力的美国也利用此次袭击敦促巴政府铲除瓦济里斯坦地区武装分子，阻止他们越境进入阿富汗。6月10日上午，巴军方宣称在西北部展开空袭，打死至少15名武装分子，不久后，“巴塔”再次宣称要“展开全面战争”。

马尔代夫议会选举

3月22日，马尔代夫举行议会选举投票，共有包括23名女性在内的302名候选人在马尔代夫全国85个选区争夺议员席位。其中马累岛拥有13个选区，阿杜岛拥有7个选区，其余65个选区分散在其他岛上。此前，马尔代夫选举委员会主席富瓦德因干扰选举公正、违反选举规定及蔑视法庭罪被解除职务并处以6个月刑罚。马尔代夫现任总统亚明的支持者们曾以选举委员会不能领导选举为由，于3月20日向马尔代夫最高法院请求推迟选举，但最高法院没有做出任何裁定，投票按计划进行。3月23日，马尔代夫选举委员会公布的投票结果显示，马尔代夫总统亚明领导的执政联盟在议会选举中赢得多数席位。在议会的85个席位中，亚明领导的进步党赢得34席，同属执政联盟的共和党获得15席、进步联盟获得5席。而前总统纳希德领导的反对党民主党仅获24席。亚明在选举结果揭晓后向媒体表示，他期待自己领导的执政联盟能够得到更多席位。

孟加拉沉船事故

5月15日，孟加拉国一艘载有数百人的渡轮在该国中部一条河流上遭遇恶劣天气，发生倾覆沉没，造成至少52人死亡，另有数百人失踪。这艘渡轮在孟加拉国首都达卡南部蒙希甘杰县附近的梅克纳河上倾覆沉没。官员表示，渡轮沉没时船上载有大约200—350名乘客。事故船只被打捞上岸后，消防员、海军、海岸警卫队组成的搜救队伍检查了船只，并从船体内陆续发现遇难者遗体。5月17日早晨，孟加拉内河运输管理局曾一度暂停搜索行动，但在家属的压力下，救援行动重启。相关部门还成立了沉船原因调查委员会负责此次事故调查。孟加拉国全国约有250条大小河流，船运是主要交通方式之一。由于不少客轮年久失修，加上超载严重，沉船事故时有发生。

孟加拉国大选

1月5日，孟加拉国举行议会选举，选举委员会6日公布选举计票结果，执政党人民联盟赢得了300个席位中的232个。此次选举的平均投票率为39.8%，为1996年以来的最低。孟加拉国总理谢赫·哈西娜将投票率低归咎于反对派政党孟加拉民族主义党抵制此次选举。计票结果公布后，反对派发起示威，引发冲突，造成最少18人死亡。孟加拉国当前的政治僵局有其历史渊源。1996年2月孟加拉国议会选举中，民族主义党获胜，但这一结果遭到了人民联盟的抵制，该联盟要求在无党派人士组成的看守政府的监督下重新选举。孟加拉国新政府通过修宪满足了这一要求，在当年6月的重新选举中，人民联盟击败民族主义党，哈西娜成为孟加拉国总理。但2010年哈西娜政府又通过议会废除了看守政府监督选举的条款，遭到反对派的强烈抵制。2013年11月25日，孟选举委员会宣布于2014年1月5日举行议会选举。根据日程，12月2日是递交选举提名文件的最后期限，但反对党联盟没有一个政党提交提名文件。由于反对党联盟的抵制，孟全国300个选区中有153个只有一名候选人，无需投票直接当选。按以往惯例，孟加拉国通常在一个由无党派人士组成的看守政府主持下举行大选，但孟加拉现政府废除了这一制度。反对党联盟认为，没有该制度就难以保证大选的公正，因此抵制本次大选。

尼泊尔前王储藏毒被逮捕

6月16日，尼泊尔前王储帕拉斯·沙阿近日因私藏12.6克大麻，在泰国曼谷被当地警方逮捕。尼泊尔驻泰使馆表示，帕拉斯的家人在其被捕后未与尼泊尔使馆联络，其父即尼泊尔前国王贾南德拉目前仍居住在尼泊尔首都加德满都。现年43岁的帕拉斯是尼泊尔末代国王贾南德拉之子，也是该国最后一位王储。2001年尼泊尔发生令人震惊的“王室血案”，时任国王的比兰德拉夫妇等9名王室成员被王子迪潘德拉射杀。当时帕拉斯作为国王的侄子逃过此劫，在其父登基后成为王储。2008年尼泊尔首届制宪会议宣布废黜国王，建立尼泊尔联邦民主共和国。失去王室地位的帕拉斯携家人移居新加坡，后旅居泰国。帕拉斯之前已犯有藏毒记录，2012年他因藏有2.4克大麻被泰国警方逮捕，后被保释。

尼泊尔总理大选

2月10日，尼泊尔制宪会议（议会）在加德满都举行了新一轮总理选举。该国大会党主席苏西尔·柯伊拉腊当选为新一届的政府总理，由最高法院首席大法官雷格米领导的临时政府结束了过渡使命。尼泊尔制宪会议共有601个席位，当天有553名制宪会议成员参加投票，苏西尔作为唯一总理候选人得到405票支持。现年75岁的苏西尔政坛资历深厚，1954年加入尼泊尔大会党，历任该党多个重要职位，2010年当选大会党主席。苏西尔所属的柯伊拉腊家族在尼泊尔政治进程中多次扮演重要角色，此前该家族已有3人担任尼泊尔首相或总理。2013年11月19日，尼泊尔举行了内战结束以来第二次制宪会议选举，历经波折组成了新一届国家议会。在此次大选中，苏西尔领导的大会党成为尼泊尔第一大政党，尼泊尔共产党（联合马列）、联合尼共（毛主义）分别居于第二、第三位。正式选举前一天，尼泊尔大会党、尼泊尔共产党（联合马列）宣布达成组建联合政府的共识，大会党占据总理等职位，尼泊尔共产党（联合马列）领导人将出任内政部长等要职。而普拉昌达领导的联合尼共（毛主义）则宣布不加入新政府。

斯里兰卡洪灾

6月4日，斯里兰卡西部及南部地区遭受暴风雨袭击。暴雨引发的洪涝及山体滑坡造成至少23人死亡，超过100万民众受灾，近150所学校被迫关闭，部分道路中断。此次受灾最为严重的地区为南部的卡卢特勒地区，死亡人数达12人。斯里兰卡总统拉贾帕克萨要求政府有关部门加快开展救灾工作。斯里兰卡安全部队及警方对受困居民展开救援，同时协助政府开展灾害救济工作。斯里兰卡空军投入了8架直升机向灾区投放1.7万多公斤救灾物资；海军派出了40个搜救小组前往灾区协助救援。斯里兰卡为印度洋岛国，地处热带，属热带季风性气候，每年的5月至8月和11月至次年2月为雨季，降水量大。近几年持续发生洪涝灾害，造成巨大经济损失和人员伤亡。2014年4月，斯里兰卡中部与东部地区就因暴雨造成山洪暴发与泥石流等灾害，至少12人死亡，90万人被迫逃离家园。

斯里兰卡议会抵制联合国人权调查动议

6月18日，经过政府和反对党成员之间长达两天的激烈辩论，斯里兰卡议会以144票赞成、10票反对的结果，通过了一项关于抵制联合国主导的对斯里兰卡展开人权问题国际调查的动议。这项动议是由斯政府向其议会提交的。泰米尔全国联盟在当天的投票中投了反对票，是唯一投反对票的党派；斯里兰卡主要反对党统一国民党投了弃权票；执政联盟成员、穆斯林大会党则抵制投票，理由是日前在南部沿海地区爆发的宗教冲突中，政府没能有效保护穆斯林民众的利益。2014年3月，联合国人权理事会通过决议，决定就大量平民在斯里兰卡内战后期被杀害等问题展开人权问题国际调查，斯里兰卡政府对此表示强烈反对。

斯里兰卡总统访问巴勒斯坦

1月6—7日，斯里兰卡总统马欣达·拉贾帕克萨对巴勒斯坦进行访问。巴勒斯坦总统阿巴斯会见了来访的拉贾帕克萨。阿巴斯向拉贾帕克萨介绍了目前巴勒斯坦国和平进程的基本情况，并与拉贾帕克萨讨论了双方共同关心的双边关系和多边关系的问题。会谈结束后，巴斯双方签署了多个双边合作协议，涉及政治互信、经济合作与安全合作。访问期间，拉贾帕克萨被巴勒斯坦政府授予最高荣誉勋章——“巴勒斯坦之星”，以表彰他为巴、斯两国友好关系发展所做的杰出贡献。在授奖仪式上，拉贾帕克萨表示，斯里兰卡将会继续全力支持巴勒斯坦国和友好的巴勒斯坦人民。

泰米尔纳德邦首席部长贪污获刑

9月27日，印度原知名电影女明星、南部泰米尔纳德邦首席部长贾娅拉姆·贾亚拉利塔因巨额财产来源不明被法院判处监禁。这场历时18年的官司至此尘埃落定。贾亚拉利塔现年66岁，1991年至今三度担任泰米尔纳德邦首席部长。1996年，即首个任期的最后一年，她因价值6.6亿卢比（约合1100万美元）的巨额财产来源不明受到检方指控。检方当时在她家中搜到28公斤黄金、750双鞋和1000多套印度传统民族服装沙丽。2014年9月27日，卡纳塔克邦首府班加罗尔一家特别法庭对这桩陈年旧案作出裁定，认定贾亚拉利塔拥有的财产与收入不成比例，判定其因“非法聚财”而获刑4年，同时需缴纳10亿卢比（约合1636万美元）罚款。根据印度最高法院2013年的一项裁定，立法机构成员如果获罪两年以上必须辞去现职。身为泰米尔纳德邦首席部长的贾亚拉利塔是地方议会成员，因此她将成为新规实施后首名去职的邦首席部长。

王毅部长访问印度

6月8—9日，中国外交部长王毅作为习近平主席的特使应邀访问印度。访问期间，王毅外长会见了印度新任领导人莫迪总理，同印度新任外交部长苏诗玛·斯瓦拉吉举行会谈。王毅部长指出，在双方共同努力下，近年来中印面向和平与繁荣的战略合作伙伴关系健康平稳发展，各领域交流与合作不断推进，在国际地区事务中保持良好协调配合。2014年是“中印友好交流年”，也是中印共同倡导的和平共处五项原则发表60周年。王毅表示，中方愿与印方一道，抓住机遇，创造条件，推动中印战略合作伙伴关系迈上新的台阶。

习主席会见印度总理莫迪

7月14日，出席金砖国家领导人第六次会晤的国家主席习近平在巴西福塔莱萨与印度总理莫迪进行了会谈。习主席表示，中印作为两个最大发展中国家和新兴市场国家，都处在实现民族复兴的伟大历史进程中，最珍惜的就是和平与发展，两国的理想和目标息息相通。中印都是世界重要一极，拥有许多战略契合点。无论从双边、地区还是全球层面看，中印都是长久战略合作伙伴，而非竞争对手。莫迪表示，他领导的印度新政府愿深化印中友好合作关系，愿意同习近平主席保持密切良好的工作联系，欢迎习近平主席在不久的将来对印度进行国事访问。习主席强调，中印双方要加强交往，期待着在不久将来访问印度，欢迎莫迪总理早日访华。双方要对接各自发展战略，建立更加紧密的发展伙伴关系，扩大文化、教育、宗教、青年等领域友好交流，在铁路等基础设施建设、产业投资等领域打造一批示范性项目，扩大服务贸易、投资、旅游等领域合作，逐步实现双边贸易总体平衡和可持续发展，推进孟中印缅经济走廊建设，引领区域经济一体化进程。中印要加强多边领域合作，共同参与国际规则制定，增强发展中国家的话语权。中方欢迎印方作为创始成员加入亚洲基础设施投资银行。

辛格会见杨洁篪

2月11日，印度总理辛格在新德里会见中印边界问题中方特别代表、国务委员杨洁篪。辛格表示，在两国领导人多年来的积极努力推动下，印中关系取得了巨大发展。长期稳定发展的印中关系是印方始终如一的选择。双方应保持高层交往势头，增进战略沟通，共同办好今年“印中友好交流年”活动及和平共处五项原则发表60周年纪念活动。印方将积极参与孟中印缅经济走廊和“丝绸之路经济带”建设。辛格赞赏印中边界问题特别代表第十七次会晤的积极作用，认为双方应坚持通过谈判，寻求解决两国边界问题的方案，同时保持印中关系稳定发展。他还表示希望加强两国在二十国集团、金砖国家等国际组织中的合作，推动世界政治经济秩序朝着更加公平合理的方向发展。杨洁篪表示，两国领导人搭建了中印战略合作新框架，推动中印关系步入了快速发展的新阶段。中印边界谈判已取得了一些进展，双方应继续致力于寻求公平合理和双方都能接受的解决边界问题方案，共同维护边境地区的和平与安宁。

"因陀罗—2014"俄印海军联合演习

7 月 17—19 日，"因陀罗—2014"俄印海军联合海上演习在俄罗斯符拉迪沃斯托克举行。印度派出了由"兰维德什"号驱逐舰、"什瓦利克"号护卫舰以及"沙科季"号补给舰组成的海军编队。俄罗斯方面参加演习的是"瓦良格"号导弹巡洋舰、"维诺格拉多夫海军上将"号大型反潜舰、"佩列斯韦特号"大型登陆舰和补给舰。俄罗斯太平洋舰队和印度海军的海军岸基航空兵及舰载航空兵积极参与此次行动。演习中，两国海军官兵举行了海上战术机动行动、无防守泊地舰只护卫以及直升机对换着陆等科目的演练，并实施遇难船只救援、海上补给、联合反潜、防空与舰防等项目的操作演练。双方在俄太平洋舰队旗舰"瓦良格"号导弹巡洋舰上做演练总结、举行欢送印度海军编队仪式后，本次联合演习结束。

印巴边界交火

10 月 7 日，印巴两军在克什米尔争议地区发生交火，冲突不断升级。这次交火是印巴双方自 2003 年达成停火协议以来最严重的一次军事冲突。印巴双方都指责对方先挑起军事冲突。印方称，印度边防军连夜发射炮弹进行回击，至少消灭 18 名"恐怖分子"。印度表示巴方准军事边防部队先向印度 50 个哨所及 35 个掩体发动袭击，印军才以猛烈炮火回击。巴基斯坦称，印军炮击造成 15 名巴基斯坦平民身亡，超过 50 名平民受伤。巴准军事边防部队贾维德·汗少将说："我们不知道印方为何攻击巴平民。"当天交火事件，使得边境附近的多栋建筑物遭到严重损毁，约 2 万民众已经从该地区迁移。

印巴边境自杀袭击事件

11 月 2 日傍晚，巴基斯坦与印度交界处的瓦格赫口岸发生自杀式爆炸袭击，共造成包括多名儿童在内的 55 人死亡，100 余人受伤，警方称死亡人数有可能继续上升。爆炸发生后，"基地"组织分支以及两个巴基斯坦塔利班分支均宣称对该事件负责。

印巴在克什米尔实际控制线交火

5月3日，印度和巴基斯坦军队在克什米尔实际控制线发生交火。据印军发言人说，3日晚，在印控克什米尔首府斯利那加西南185公里处的本杰地区边界，巴基斯坦军队使用轻武器向印度军队哨所开火，印军予以了回击。印军没有伤亡。截至5月5日，巴方未对这一事件进行回应。印巴在边界地区交火已成常态化趋势，今年1月份，印巴曾在一周内至少交火4次，双方各有人员伤亡。最初是1月18日印度越过边境对巴方检查站实施偷袭，造成1人死亡1人受伤。巴方进行还击，造成两名巴军事人员受伤，其中1人因为伤势过重死亡。随后双方又互相各进行了一轮报复性打击，造成数人受伤。

印巴总理会谈

5月27日，印度新任总理莫迪在新德里与应邀前来参加其就职典礼的巴基斯坦总理谢里夫举行会谈。这是自印巴1947年分治以来首次有领导人出席对方领导人的就职仪式。莫迪上任第一天的工作即是在海德拉巴宫会见谢里夫，也是两人继总理就职仪式后第二次握手，原本预计半小时的会谈持续了近一个小时。会谈气氛友好而富有建设性，安全问题和经贸问题成为此次会谈重点。莫迪强调，必须停止目前仍存在于印巴边境的恐怖活动，双方要加强区域反恐合作。同时，他要求巴方加快2008年“孟买恐怖袭击案”的审判工作，称巴方对此案的审判情况将影响印巴贸易正常化进程。谢里夫在会谈后发表的声明中表示，印巴两国应当消除猜忌和恐惧，从对抗转向合作，并建立互信。谢里夫访印前，巴政府宣布释放151名关押在巴基斯坦监狱的印度人，并将向印方移交多艘被扣押渔船。

印度“阿卡什”防空导弹试验

6月18日，印度陆军完成了“阿卡什”中程防空导弹的最终验证试验，为该导弹装备陆军铺平了道路。印度国防研究与发展组织

（DRDO）在一份声明中称，“阿卡什”导弹的发射试验在奥里萨邦巴拉索尔的综合试验靶场（ITR）进行，在海拔30米处拦截了一架“女妖”靶机，检验了该系统对亚音速巡航导弹的拦截能力。“阿卡什”防空导弹已完成了所有的开发飞行试验和用户试验，正处于为印度陆军和空军生产之中，订单总额为2300亿印度卢比（38.19亿美元），目前已经交付的导弹价值350亿印度卢比（5.81亿美元）。印度陆军是“阿卡什”的发起用户，计划订购装备两个团的导弹，印度空军订购的导弹足以装备8个中队，目前已经装备了两个中队。“阿卡什”防空导弹为全天候机动防空导弹，射程为30千米，与俄罗斯的“山毛榉”为同一级别。印度陆军的导弹订单由巴拉特动力有限公司生产，而空军的订单由巴拉特电子有限公司生产。此外，巴拉特动力有限公司还将生产所有的雷达和雷达相关设备。

印度“加尔各答”号军舰正式服役

8月16日，印度最大的国产军舰“加尔各答”号交付海军，加入海军西部司令部的西部舰队。印度总理纳伦德拉·莫迪主持交付仪式。“加尔各答”号军舰的60%是由印度国内自行研制的，该舰具有很好的隐身性能并配备有印度最先进的监视和武器系统。远程防空导弹系统是印度海军未来军舰的主要防空武器，但由于技术故障该计划被推迟部署，导致“加尔各答”号驱逐舰在交付时并未装备这款防空武器。印度海军官员表示，印度国防研究与发展组织（DRDO）曾自行研发拖曳阵声纳，但以失败告终，因此“加尔各答”号军舰将不会配置拖曳阵声纳。该舰由位于加尔各答的戈登里奇造船厂建造。

印度阿萨姆邦血案

5月1日，印度阿萨姆邦爆发暴力袭击，造成34名穆斯林人士死亡，5000多名当地居民因担心受到袭击而大举逃亡。此次冲突是当地激进组织“博多民族民主阵线”（NDFB）所为。此次袭击事件的地点主要位于阿萨姆邦西北的巴斯卡和科克拉加尔地区，当地居民以博多族为主，惨案的主要受害者为说孟加拉语的穆斯林移民。其导火索是当地穆斯林民众在大选投票中支持一位“非博多”的议员候选人，激化了博多族和非博多族之间的矛盾。袭击事件发生后，印度政府和警方高度重视，时任总理辛格表示这起事件是恐怖主义行为，并承诺政府将采取一切手段进行打击。阿萨姆邦首席部长塔伦·戈戈伊紧急取消了原定的访问德国的计划，全力处理这一事件。截止到5月4日，阿萨姆邦警察已逮捕30余名嫌疑人，调派了大批军队前往事发的3个地区维持治安，并实施无限期宵禁。

印度安全人员遭反政府武装袭击

3月11日，印度一支安全部队和警察遭遇该国反政府武装袭击，造成至少20人身亡，另有多人受伤。当天上午10时左右，印度一支安全部队和当地警察在切蒂斯格尔邦南部的吉拉姆加迪地区遭到印度反政府武装纳萨尔派的袭击，双方交火数小时。袭击造成15名印度中央后备警察部队人员和5名当地警察遇难，另有5人受伤。反政府武装方面的伤亡情况不详。印度政府方面派出其他安全部队力量到交火现场进行支援救助。纳萨尔派武装成立于20世纪60年代，现有成员约1万人。该组织活跃于印度一些偏远地区，经常实施针对政府和安全部队的袭击，曾在2013年对一支印度政府车队的袭击中造成27人死亡，遇难人员中还包括印度警务高层人员。

印度第三次试射“烈火”-IV导弹

1月18日，印度国防研究与发展组织（DRDO）从奥里萨邦海岸第三次试射“烈火”-IV导弹。该型号导弹的第一次试射以失败告终，第二次试射才取得成功。该试验的成功可为2015年为导弹顺利被印军接收的用户试验铺平道路。印度自产的4000千米射程的“烈火”-IV地对地中程弹道导弹，能携带装有载入隔热罩的重达1吨的弹头，重量与“烈火”-III相比较轻，只有17吨，但号称可以摧毁反导系统。该两极固体推进火箭高达20米，装备了印度国产的环形激光陀螺仪和复合材料火箭发动机，可以从铁路和公路发射车上发射，这使得“烈火” –Ⅳ更加灵活，具有更大的作战半径。

印度发射区域导航卫星

4月4日和10月16日，印度分别在斯里赫里戈达岛和萨迪什·达万航天中心成功发射两颗导航卫星。这是印度计划建设的区域导航系统中的第二颗和第三颗。该系列第一颗卫星于2013年7月1日发射升空。“印度区域导航卫星系统”宣称可以为印度领土用户提供独立的导航定位服务，它一共由7颗卫星组成，包括定位在东经34度、东经83度和东经132度赤道上空的3颗静止轨道卫星，以及位于赤道倾角29度、飞经东经55度和东经111度的各两颗倾斜同步轨道卫星。通过这样的轨道设计，它能最大限度地提高覆盖区域内的定位精度，并将所需卫星数量降到最低。按照计划，印度将在2015年内完成7颗导航卫星的发射，然而这并不意味着其立即就能提供导航服务，印度空间研究组织在卫星和载荷的调试与测试、星座的组网与运行控制方面可能还需花费一段时间。按照计划，“印度区域导航卫星系统”未来还能进一步扩展，可向全球提供导航服务，不过要打造这样的全球版卫星导航定位系统，印度至少还需要再发射10多颗卫星，其组网和配套设备也更为复杂。

印度工人遭伊拉克叛军劫持

6月18日，40名在伊拉克工作的印度建筑工人遭伊拉克武装分子挟持。在伊拉克北部大城市摩苏尔附近执行一项工程计划的约40名印度建筑工人，在撤离战乱地区时被疑似逊尼派圣战团体“伊拉克与黎凡特伊斯兰国”（ISIL）好战分子挟持为人质。6月17日晚，印度外交部设立24小时控制室，除与巴格达当局密切联系之外，还与伊拉克各方进行联系。印度外交部指派前任驻伊大使芮迪赴当地试图营救这些工人。面临上任后第一场人质危机，印度总理莫迪与外交和安全专家共同商讨情势发展，并指示尽全力营救人质。

印度国防工业跨行业委员会首次会议

3月20日，印度政府新成立的国防工业跨行业委员会（DDMB）在印度斯坦航空有限公司（HAL）召开了首次委员会会议。该委员会旨在加强印度航空航天设计与研发能力，并推动国防工业关键领域的自主化工作。该委员会成员主要由印度政府中主管国防研究、生产和制造工作的相关人员组成。此次会议研讨的主要内容包括：如何通过协同各家单位的核心能力来为研究和开发打下坚实的基础，创造良好的研究环境以及塑造支持合作的研究氛围。会议认为，所有参与的组织必须分享在以往项目实施中的经验教训，以自主化为目标，为实现未来项目的成功形成集体合力。会议还就现代化技术的应用以及挽留高素质人才的措施等问题进行了讨论。

印度海军试射K-4潜射弹道导弹

3月24日，印度海军试射了一枚K-4潜射弹道导弹（SLBM），射程超过2000千米。导弹从一座位于孟加拉湾的潜置发射筒中发射。K-4导弹设计射程3500公里，可携带2.5吨的核弹头载荷。虽然印度已拥有陆基“烈火”系列导弹，并建立了空中核打击能力，但水下核威慑力量仍然处于空白。K-4导弹项目具有极高的敏感性，是印度K系列潜射导弹的组成部分，由印度国防科学研究发展组织开发。

印度和尼泊尔合作协议

11月25日，尼泊尔和印度在南亚区域合作联盟峰会非正式会议期间，签署了包括基础设施和能源合作等领域在内的10项合作协议。尼泊尔外交部发表的声明说，其中一项协议是印度进出口银行向尼泊尔政府提供10亿美元贷款，用来发展基础设施和能源项目。除此之外，双方签署的协议还包括：印度将帮助尼泊尔建立一个新的警察学院；两国共同提升双边旅游合作；共同加强两国边界交通运输联系等。印度总理莫迪此前曾表示，印度与尼泊尔的关系是“独一无二”的，并承诺将继续对尼泊尔提供援助。

印度进行远程弹道导弹拦截试验

4 月 27 日，印度军方在印度东部奥里萨邦的惠勒岛成功进行了一次远程弹道导弹拦截试验。当天进行试射的是一枚经过改进的“大地”系列超音速反弹道导弹，被用于在 3 万米的高空拦截并摧毁目标。这枚导弹成功地在大气层外拦截了一枚 4 分钟前从约 100 公里外的军舰上发射的舰对地导弹靶弹。印度国防研究和发展组织发言人拉维·库马尔·古普塔说，这次试验是印度研发的反弹道导弹防御系统的一部分。此前，印度已经 6 次成功地在大气层内进行弹道导弹拦截试验，这次试验是首次从大气层外拦截并摧毁来袭的导弹。印度的弹道导弹防御系统最初采用双层结构，包括大气高层拦截的 PAD 系统和大气低层拦截的 AAD 系统。PAD 系统是在印度“大地”－2 地对地弹道导弹基础上发展起来的，拥有移动发射装置，具备高度机动性。AAD 的最大探测距离为 460 千米，能同时跟踪 200 个目标，可探测飞行速度达 13 倍音速的中程弹道导弹。2009 年起，印度军方开始研发新型 PDV 拦截导弹以取代 PAD 系统，此次试验采用的就是新型 PDV 超音速拦截导弹，可拦截高达 150 千米处的目标。

印度陆军设立“中国小组”

2 月 17 日，印度陆军设立 3 个中国小组。小组成员来自印度北部、中部和东部军区，其任务是密切跟踪中国的每一个行动，挖掘中国战略构想的核心，预测其对于印度国家安全的影响，并每日撰写报告。3 个小组中，一个设在总部位于加尔各答的东方司令部，共 6 名成员，由一名陆军准将统领。另一个小组设在总部位于乌坦布尔的北方司令部，还有一个小组设在总部位于勒克瑙的中央司令部，后两个小组均由 3 名成员组成，由上校统领。印度政府智库、大学等有不少专门研究中国的机构，但军方成立类似机构尚属首次，且全部由现役军人组成。这些小组不仅跟踪中国的军事能力，还包括其他重要的领域，如国际战略、软实力举措和经济改革等。印度军方称，此次设立“中国小组”并不意味着印度军方会干涉国家外交事务，这一小组是印度军方的“内设智库”。

印度潜艇AIP系统

11月20日，为提高柴电动力潜艇在水下的续航时间，印度国防研究与发展组织研发出一款不依赖空气推进的AIP系统，该装置可应用于在建的最后两艘“鲉鱼”级潜艇中。“鲉鱼”级潜艇是在法国国防重大技术转让项目下建造的。目前“鲉鱼”级潜艇的建造工作是在孟买马扎冈船厂中进行，“鲉鱼”级潜艇的首艇预计在2016年底投入使用。“鲉鱼”级潜艇的原制造商法国DCNS公司表示可以帮助印度将国产AIP系统装入到潜艇之中。传统的柴电潜艇每两天必须上浮到潜望镜状态来充电，这使它们容易遭到来自海上和空中的反潜平台攻击，AIP系统将大幅提升柴电潜艇的水下续航时间。

印度任命新的国防部长和财政部长

5月27日，印度新政府任命阿伦·贾特里接替A. K. 安东尼为国防部长，同时兼任财政部长。贾特里是印度人民党高级领导人，生于1952年。贾特里一贯主张增加军费，特别是增加在最新武器装备上的投入。之前印度有多个国防项目由于军费紧张而暂停，贾特里上台后可能重新分配印度国防预算，印度军事装备水平将会大幅提升。

印度试射“大地”－2型地对地导弹

1月7日上午，印度陆军在印度东部奥里萨邦昌迪普尔外海的综合导弹试射场，成功试射了可以携核弹头的“大地”－2型地对地导弹。整个发射活动由特别组建的印度战略力量司令部进行，同时受国防研究暨发展组织的相关科学家监督。这种地对地导弹能够携带500千克—1000千克的弹头，射程可达350公里，已于2003年配发印度战略司令部正式服役。昌迪普尔外海的综合导弹试射场负责人表示，此次试射是战略反击能力训练演习的一个重要组成部分，导弹试射100%成功，所有既定目标都已经达到。印度军方认为，此次试射成功清楚地表明了印度当前的战备状况可以应付任何突发事件，同时也再次确定了印度战略武器威慑部分的可靠性。

印度试射“丹努什”面对面弹道导弹

11月18日，印度从奥里萨邦附近孟加拉湾海域的一艘海军舰船上成功试射了可携带核弹头的“丹努什”面对面弹道导弹。该型导弹是印度自行研制的“大地”近程弹道导弹的海军版，导弹在试射中精确命中目标。“丹努什”导弹是在印度国防研究与发展组织的综合导弹开发项目下研发的。此次试射的导弹为该项目研制的5枚“丹努什”导弹之一，该型导弹设计为印度海军的反舰武器，同时也可摧毁射程范围内的陆地目标。“丹努什”导弹的发射重量约为4.4吨，射程达350千米，能携带500千克—1000千克的常规或核弹头。此次“丹努什”导弹的成功发射标志着印度海军具备了精确打击敌方目标的能力。

印度试射国产空空导弹

5月4日，印度空军首次成功试验了利用苏-30MKI战机发射的自制“阿斯特拉”空对空导弹。这枚导弹从果阿附近海域发射到阿拉伯海上空。这意味着印度进入拥有机载远程导弹制造工艺的五大国行列。此前只有俄罗斯、美国、法国和中国能够独立生产这种空空导弹。这是一种高度精准的水平面外射程的导弹，能击中水平线下的空中目标，即能够实施视距外打击。印度研制这种装备的项目预算为95.5亿卢比（约合1.6亿美元），用了10年时间。2004年3月，该导弹项目获批，但多次出现启动问题和技术问题。导弹的空气动力外形设计缺陷导致项目完工时间大大推迟。这次试验全面达到了预定目的。“阿斯特拉”空对空导弹能截击潜在敌人的导弹，大大增加了印度的军事能力。

印度试射远程巡航导弹

10月17日，印度在奥里萨邦昌迪普尔试验场使用机动式发射装置，对巡航导弹“无畏”进行了首次试射。该型导弹由印度国防研究与发展组织耗时8年研制，是一种亚音速导弹，射程为700千米至1000千米，可携带核弹头。它能够海洋、空中和陆地发射，动力系统采用的是涡轮喷气发动机。它还能超低空飞行以躲避雷达探测，而且能够在目标附近盘旋，待机攻击。这是该型导弹的第二次试射。2013年3月，印度曾首次试射该型导弹，但因偏离预定轨道而被遥控引爆。

印度首个火星探测器入轨

9月24日，印度首个火星探测器“曼加里安”号成功进入火星轨道。印度空间研究组织在南部城市班加罗尔宣布，经过24分钟发动机点火和推进，当地时间24日8时2分（北京时间10时32分），“曼加里安”号成功进入预定火星轨道。探测器重1350千克，携带照相机、成像光谱仪、甲烷感应器等设备。2013年11月5日，“曼加里安”号在印度南部一座发射中心升空，预计在火星轨道运行至少6个月，主要研究火星表面状况，同时“扫描”火星大气层，以探测火星是否存在生命演化过程中关键的物质甲烷。9月24日下午，探测器开始向地面回传火星画面。印度总理莫迪在印度空间研究组织位于班加罗尔的指挥中心观看了探测器入轨直播。“曼加里安”号成功入轨意味着继美国、俄罗斯和欧洲之后，印度成为同样具备发射火星轨道探测器能力的国家。

印度新海军情报网络

11月23日，印度国防部长马诺哈尔·帕里卡尔宣布印度将启用新的海军情报网络以实时跟踪各类舰船，并表示海军“要致力于对错误零容忍”。帕里卡尔指出，印度西海岸卡瓦尔和芒格洛尔的沿海安全还存在差距，有必要将其纳入沿海雷达的覆盖范围。该网络将成为连接新形成的沿海雷达链的枢纽中心，由印度海军控制，同时根据印度国家安全顾问的要求进行工作。自2008年11月26日恐怖分子在孟买实施恐怖袭击后，印度采取了一系列举措，以创建一个海军情报网络。新项目旨在提高印度的海上和沿海安全，并推动多机构间的协调，主要目标是在不久的未来与24个国家展开合作，互相交换商船数据，使印度能够对整个印度洋区域的潜在威胁保持跟踪。

“印度制造”计划

11月24日，印度总理莫迪宣布启动“印度制造”计划，希望借此推动印度制造业发展，提升全球影响力。以软件业为龙头的印度服务业及相关产业占其国内生产总值的50%，但软件业每年只能解决100万人就业，其他上千万的就业人口需要制造业来消化。印度政府计划把制造业的比重从15%提升至25%。“印度制造”有着很好的基础，在官方公布的25个主要门类中，纺织业占印度制造业的比重为20%，而且在设计理念、销售渠道等方面更贴近欧美高端市场。印度的煤矿、皮革及汽车零配件等行业也已具有相当规模。在生物、化学、电子、通信等领域，印度得益于英语的相对普及以及对欧美专利体系的相对熟悉，缩短了其产品从生产到上市的周期。此外，在航空航天、核能利用、国防装备、再生能源等高技术领域，印度与欧美国家合作的空间较大。但是，基础设施落后、工业生产配套设施短缺、高素质工人短缺等问题将制约“印度制造”计划的实施。

印度驻阿领事馆遇袭事件

5月23日，阿富汗西部城市赫拉特发生一起针对印度驻阿领事馆的袭击事件。此次袭击事件是阿富汗塔利班组织所为，两名阿富汗警察受伤，4名袭击者被击毙。此前，阿富汗塔利班组织曾发表声明称，将发动针对外国机构和本国政府的“春季攻势”，所有外国部队、帮助外国人的阿富汗人均为其打击目标。2014年阿富汗境内已经发生多次针对外国机构和本国政府的袭击事件，造成多人伤亡。

印度宗教集会发生踩踏事件

10月3日晚，印度北部比哈尔邦省会巴特那发生严重踩踏事故。事故造成至少32人死亡，多人受伤，死者多为妇女和儿童。当天是印度教三大主要节日十胜节的最后一天，印度各地都有盛大的庆祝活动。报道说，在巴特那的甘地广场，人们在庆祝十胜节的主要仪式结束后匆匆离开，由于疏散的道路狭窄发生踩踏，很多人当场昏厥。也有消息说现场传言发生电线脱落，人们争相涌向出口，导致踩踏。在印度，宗教活动参与人员众多，如遇空间局促、疏导不力等情形，踩踏事件极易发生。2013年10月，印度中央邦一座寺庙内发生踩踏事件，造成115人丧生。

印度总理出访尼泊尔

8月3—4日，印度总理莫迪访问尼泊尔。这是时隔17年之后印度总理再次访问邻国尼泊尔。为加强两国经济合作，印度同意斥资20亿卢比修建比哈尔至加德满都的石油管道，为尼泊尔提供汽油、柴油和自动变速器用油。印度石油公司的官员表示，该公司正在计划动工修建管道。两国代表最终签署3个谅解备忘录，其中包括印度为尼泊尔提供6900万尼泊尔卢比（约合435万元人民币），用以应对尼泊尔频发的甲状腺疾病。1950年，两国签署《和平与友好条约》，但尼泊尔一直认为该条约使其丧失了部分主权。莫迪对尼泊尔总理柯伊拉腊表示：“关于这个条约，您想怎么做就怎么做，无论是修改条款还是废除，您的提议我将全盘接受。”不过，此举被印度媒体解读为“莫迪为柯伊拉腊开了一张‘空头支票’”。

印度组建新山地打击军

1月1日，印度军方组建一支新的山地打击军。这支新的山地打击军是印度在中印边界部署的第一个专门的进攻型山地作战部队，包括 2 个山地步兵师、1 个炮兵师和 2 个独立装甲旅。2013 年 7 月，印度内阁安全委员会批准了印军方提出的在中印边界地区增设山地打击军的提议。2014 年 1 月 1 日，这支被命名为“第十七山地打击军”的部队在位于印度南部城市兰契的总部正式开始组建。印度军方计划在 7 年时间里耗资约 110 亿美元召集 9 万名士兵加入该部队，其总部最终将设在西孟加拉邦的巴纳格尔。1 月 8 日，时任印度总理辛格听取了军方高层关于印军在实际控制线附近行动能力的简要汇报。在简报会上，印度军方表示，“第十七山地打击军”将把印军应对中国的能力提高到“威慑”水平，具备了应对突袭的快速反应能力。

中国与斯里兰卡新闻出版合作备忘录

6 月 6 日，在斯里兰卡访问的时任中国国家新闻出版广电总局党组书记、副局长蒋建国在斯里兰卡首都科伦坡与斯里兰卡出版商协会举行了会谈并签署了合作备忘录。双方在会谈中达成一系列共识：第一，今后将加强双方出版界的联系；第二，于 2015 年起组织各自出版企业参加对方的国际书展；第三，鼓励和支持本国出版社积极引进对方国家优秀作品版权；第四，通过资助等方式推动两国互译出版对方优秀作品；第五，建立双方出版人员派遣交流机制；第六，鼓励对方出版企业在本国开展投资贸易等。双方一致认为，合作备忘录的签署将对加深两国人民在文化之间的相互了解和推动两国之间文化的交流向深层次的发展发挥重要作用。当天在会谈开始前，蒋建国还会见了斯里兰卡文化艺术部部长班达拉·埃克纳亚克。中国驻斯里兰卡大使馆临时代办任发强出席了此次备忘录签署活动。

中尼签署扩大航权备忘录

2 月 24—25 日，中国与尼泊尔两国的民航管理部门在尼泊尔首都加德满都举行了最新一轮的航空会谈。由中国民航总局副局长夏兴华率领的中国民航代表团，与尼泊尔文化、旅游和民航部秘书长吉米瑞率领的尼泊尔民航代表团参加了此次航空会谈。中尼双方在会谈中就下一步大幅度扩大两国间的航权安排基本达成了一致意见，并签署了扩大两国间航权的谅解备忘录。根据双方签署的扩大航权谅解备忘录，中尼双方的空运企业有权经营的客运航班量将会在未来的3年内增至每周70班次。与此同时，中尼两国间的货运航空班次也将逐步放开。该航权扩大备忘录的签署是中国民航总局积极推进中国与南亚地区的航空运输互联互通的一项重要举措，此举将大大促进中尼两国间的人员往来和旅游经贸合作。

中印“2014年度手拉手”联合军演

11月16日，中印两军系列军演——“2014年度手拉手”在印度浦那举行。这是中国陆军和印度陆军第4次举行联合训练演习。之前3场“手拉手”军演有两次在中国境内举行、一次在印度贝尔高姆举行。2014年的中印联合军演聚焦反恐战略，演习以连级规模举行。双方采取体验教学、示范观摩、混编同训等方式，组织基础体能、战术手语、入室清剿和简易爆炸物搜索与排除等课目训练，按照战场监视、立体封控、营救人质、联合歼击、追捕搜剿的步骤实施城镇反恐联合实兵演练。

中印边界问题特别代表第17次会晤

2月10日傍晚，中印边界问题特别代表第17次会晤召开。与着眼于解决日常巡逻问题的中印边境事务磋商和协调工作机制不同，特别代表会晤的级别更高一些，旨在通过磋商解决整个中印边境纠纷问题。印度代表团由印度国家安全顾问梅农率领，中国方面是国务委员杨洁篪带队。双方于10日和11日在新德里国宾馆海得拉巴宫展开会晤，就两国边界久马尔段交换了意见。

（本章综述撰稿：庞敬然；词条编撰：韩略）

西亚·非洲地区

一、形势综述

2014 年西亚非洲地区形势出现了许多新情况、新变化。以“伊斯兰国”为代表的宗教极端组织势力借助叙利亚和伊拉克乱局迅速兴起，反过来又加剧了地区局势的混乱。围绕如何打击“伊斯兰国”，美国和地区各国或明或暗地展开激烈博弈；伊核谈判在艰难中前行；巴以冲突再起，但双方斗争的方式、策略、力量基础和背景环境都有新的改变，这些都客观反映出中东地区秩序正在经历深刻且迅速的调整。埃博拉疫情和恐怖主义等非传统安全问题也在不断威胁着非洲地区的稳定。

（一）“伊斯兰国”势力迅速兴起，叙伊两国动荡加剧

2014 年 1 月，之前一直在叙利亚活动的宗教极端组织“伊拉克和沙姆伊斯兰国”（ISIS）利用叙伊边界的混乱局势回师伊拉克。在经过数月准备后，于 6 月发起“六月攻势”，击溃伊安全部队并占领了包括摩苏尔在内的伊拉克北部多座重要城镇，甚至一度逼近伊拉克首都巴格达，并对伊北部库尔德人控制区形成了围攻之势。其间，该组织还宣布改名组建“伊斯兰国”（IS）。“伊斯兰国”势力之所以发展如此迅猛，短短时间内获得如此大的“战绩”，是多重因素共同催生的结果：首先，正是叙利亚的战乱使“伊斯兰国”获得了更多的活动空间、人员和武器装备，而该组织的大本营也设在叙利亚东北部的拉卡省；其次，伊拉克马利基政府极力排挤伊拉克逊尼派参与政治进程，引起了逊尼派的强烈不满，导致很多逊尼派部落对“伊斯兰国”进攻采取了默许甚至支持的态度；第三，美国中东战略的收缩、中东大变局的动荡以及地区国家之间的博弈使中东地区出

现了权力真空，为“伊斯兰国”兴起提供了政治空间。

从很多方面来看，“伊斯兰国”的兴起标志着中东地区的恐怖主义和宗教极端主义都发展到了一个新阶段。首先，与“基地”组织不同，“伊斯兰国”的首要目标不是在海外发动恐怖袭击，而是以获取领土和建国为目标。其所宣称要建立一个以“哈里发”为首领的伊斯兰神权国家，试图占领的领土目标囊括了大半个非洲和整个西亚、中亚，甚至包括巴尔干半岛、西班牙、中国等国家和地区。“IS并非是一个单纯的恐怖组织，而是一支恐怖军队和一个野心勃勃的政府。”[①] 其次，该组织拥有较强的军事力量和资金支持。其通过劫掠民众、控制油田、贩卖石油等手段积累起了雄厚的财力，并利用这些财力招募、吸引了大量的武装人员。根据美国中央情报局的分析，IS 有 2 万—3. 15 万名战斗人员，其中 1. 5 万名是来自国外的“圣战者”，且实战经验丰富，战斗力强。[②] 第三，该组织在手段上比“基地”组织更暴力、更极端。“伊斯兰国”不仅攻击西方人员和什叶派，甚至还屠杀了大量同属逊尼派的不服从者。第四，“伊斯兰国”还非常善于利用现代化的宣传手段扩展自身影响，通过在“推特”上开设账户、论坛发帖和出版电子报刊等方式宣传恐怖活动，招募人员，甚至吸引了大量西方国家公民投奔。

“伊斯兰国”的肆虐加剧了本已动荡不安的伊拉克和叙利亚两国局势。“伊斯兰国”攻占了伊拉克西北部大片领土，这减弱了伊中央政府对逊尼派区域的控制，而库尔德人也利用乱局趁机扩展自身势力，离心倾向不断加强。伊拉克越来越难以成为一个统一的国家，

① 《23 国为何打不败“伊斯兰国”杂牌军》，http：//ln. people. com. cn/n/2014/1019/c340338 -22649829. html。

② 同上。

而有很多分析人士甚至认为伊拉克已经分裂成了三个国家。[①] 在叙利亚，美国对极端组织的打击使得叙温和反对派和极端组织公开决裂，这就导致其一方面要和政府军作战，另一方面又要和极端组织作战，左支右绌，腹背受敌。叙利亚战局也由之前的“政府军—反对派武装”之间的两方对战演变成了“政府军—温和反对派—极端组织”之间的三方混战，局势变得更加复杂混乱。

此外，两国和周边地区也都面临严重的人道主义灾难。根据联合国的统计，截止到 2014 年 10 月 1 日，伊拉克因战乱至少造成 7715 人死亡，12297 人受伤，而实际伤亡人数可能远高于这一数字。[②] 在叙利亚方面人道主义状况也不容乐观。目前，叙海外难民人数已经超过 300 万人，而叙国内流离失所的人数也已达到 650 万。[③] 由此而来的难民问题成为周边地区，尤其是土耳其的巨大负担。土耳其灾害与紧急事务管理局表示，进入土耳其避难的叙利亚人已超过 150 万。为修建和运营 24 个难民营，土耳其政府已花费资金超过 40 亿美元。与此同时，大量涌入的难民对土耳其本国的社会稳定也造成了很大影响。

（二）打击极端组织成为地区安全中心议题，各国博弈激烈，地区秩序深入调整

面对“伊斯兰国”威胁的不断增强，地区各国和国际社会开始采取措施予以遏制和打击。其中，美国发挥了主导作用。2014 年 1

---

① *Iraq is already splitting into three states*, http://www.usatoday.com/story/news/world/2014/07/28/iraq-divided-into-three-states/13165519/.

② *Iraq: UN reports at least 1, 119 killed in September; actual figure likely higher*, http://www.un.org/apps/news/story.asp? NewsID=48973#.VFDq226UTMU.

③ 《美国打击“伊斯兰国”难度加大》，http://world.people.com.cn/n/2014/1016/c1002-25843437.html。

月，正当“伊斯兰国”在伊境内不断攻城略地之时，美国已开始援助伊安全部队，并向伊方提供了“地狱火”导弹。6月上旬，美国扩大了与伊拉克的反恐合作。在情报、侦察以及战术指挥上向伊方提供援助。9月10日，美国国务卿克里在访问伊拉克期间表示，美国将力争建立一个包括全球盟友的最广泛联盟，对抗、削弱直至最终击垮“伊斯兰国”。9月10日，美国总统奥巴马发表全国讲话，全面阐述了打击“伊斯兰国”的战略。他宣布将加大对伊拉克的空袭力度，并将打击范围扩展到叙利亚境内。美国还将培训叙利亚的温和反对派，并重新整合伊拉克军队。① 其间，美国还向伊拉克马利基政府施压，迫使其下台并组建了以阿巴迪为总理的更具包容性的伊拉克新政府。

与此同时，国际社会中的很多其他国家也纷纷加入打击“伊斯兰国”的行动。9月15日，伊拉克和平与安全国际会议由法国倡议举行，来自美、俄、法、英等26个国家以及阿盟、欧盟和联合国等国际组织的代表参加了会议。会议通过的声明说，极端恐怖组织不仅对伊拉克，而且对整个国际社会都构成了威胁，其反人类罪行应受到国际法的制裁。同时会议表示将向伊拉克新政府提供“适当军事援助”。② 这次会议标志着打击“伊斯兰国”国际联盟初步形成。联盟的打击也取得了一定的效果。10月14日，美国总统奥巴马在出席打击“伊斯兰国”国际联盟各国军方高官联合会议时表示，截至目前国际社会打击“伊斯兰国”行动取得了一些重要进展，比如阻止了“伊斯兰国”的攻势、拯救了大量无辜平民、夺回了摩苏尔大

---

① *Statement by the President on Islamic State of Iraq and the Levant*, http://www.cfr.org/counterterrorism/statement-president-islamic-state-iraq-levant/p33428.

② 《伊拉克安全国际会议同意向伊提供“适当军事援助”》，http://news.xinhuanet.com/world/2014-09/15/c_1112490174.htm。

坝、摧毁了“伊斯兰国”在伊拉克与叙利亚境内的大量军事目标等。[①]

但总体来看，当前国际社会的打击只是一定程度上遏制了“伊斯兰国”的攻势，并未伤及其根本，打击效果并不理想。从军事上来说，奥巴马一直避免出动美军的地面部队，而仅靠空中打击很难从根本上战胜和清除极端组织。奥巴马不愿动用地面部队主要是出于两方面的考虑：一方面结束伊拉克和阿富汗战争是奥巴马政府的主要政绩，奥巴马也多次向美国民众作出不再派遣地面部队重返战场的政治承诺；另一方面，在美国中东战略持续收缩、战略重心不断东移的大背景下，奥巴马担心派遣地面部队会使美国再次深陷战争泥潭，消耗过多资源。所以，不到万不得已，奥巴马不会出动地面部队。英、法等西方国家由于面临与美国相似的国内政治问题，所以也不愿出动地面部队。

此外，美国的地区盟友在打击“伊斯兰国”的问题上也都有自己的特殊利益考虑，彼此立场各异，难以形成合力。伊拉克本应是打击“伊斯兰国”的主力，但该国安全部队饱受教派矛盾、贪污腐败、装备给养等问题困扰，士气低落，战斗力很弱，此外伊拉克政府也不希望邻国军队进入本国境内；伊拉克库尔德人不仅要保卫其自治区，还希望抢占与伊拉克中央政府存在争议的地区，并借此争取国际社会对其政治诉求的支持；沙特虽然也将“伊斯兰国”视为威胁，但更希望推翻阿萨德政权，并借此削弱伊朗势力；叙利亚反对派武装对打击“伊斯兰国”也不感兴趣，不愿为此耗费实力，而是希望借西方军事支持来武装自身，推翻阿萨德政权；埃及当前仍集中精力应付国内问题，无力对外干预。

土耳其是最有可能提供地面部队的地区大国。10 月 8 日，极端

---

① 《美国与 21 国与会商讨打击“伊斯兰国”毒瘤》，http：//www. chinanews. com/mil/2014/10 – 15/6678695. shtml。

组织一度攻占了叙利亚紧邻土耳其边界的安巴尔省，距土耳其仅一步之遥。但土耳其在打击极端组织问题上迟迟不愿付出实质性的行动，反而有大量国际“圣战者”不断从土耳其越境进入叙利亚，一些极端主义分子甚至在土耳其获得了补给和医疗救治。之所以出现这样的情况，其原因主要有以下几个方面：首先，“伊斯兰国”扣有土耳其人质，使得土耳其政府在打击问题上缩手缩脚；其次，土耳其一直试图推翻叙利亚阿萨德政权，打击“伊斯兰国”的行动可能会影响这一目的的实现；第三，武装库尔德人打击“伊斯兰国”可能会壮大本国库尔德分离主义势力；第四，打击行动可能会引发“伊斯兰国”对土耳其的报复。

（三）伊核谈判艰难中进行，未来前景仍不明朗

自 2013 年 11 月伊朗与伊核问题六国达成阶段性协议之后，各方都对协议予以了认真履行。国际原子能机构发布的一份报告显示，伊朗正在继续努力，以满足与伊核问题六国 2013 年达成的阶段性协议。伊朗已在 7 月 20 日前停止了部分敏感核活动。当阶段性协议于 2014 年 7 月续约后，伊朗方面还同意及时把所有丰度 20% 浓缩铀氧化物转变成燃料，并稀释所有丰度 2% 的浓缩铀。该报告还证实，伊朗已经稀释了 4100 公斤的浓缩铀，稀释后的浓度已达到天然铀的水平。[①] 作为交换，西方国家也减轻了制裁，解冻了部分的伊朗海外存款。

2014 年伊核谈判的关键问题在于如何达成最终的永久协议。从 1 月 10 日至 10 月 16 日，各方先后举行了 8 轮谈判。谈判的具体细节仍不得而知，但从透露出的消息来看，虽然各方在实行具体有效的核查和监督机制、阿拉克重水反应堆和关闭福尔多铀浓缩设施等

---

① 《伊朗愿在伊核六国谈判中让步　西方国家未积极回应》，http：//news. xinhuanet. com/world/2014 －10/22/c_ 127123914. htm。

问题上的立场正不断接近，但在伊朗所能拥有的离心机数量和最终协议的有效期限这两个核心问题上仍存在较大分歧。[①] 为达成最终协议，谈判各方仍需作出重大妥协。伊朗外长扎里夫在第 8 轮谈判结束后表示，谈判“非常艰苦困难，但富有成果”，“迄今尚未达成一致，但我们正在通向达成一致的道路上”。参与谈判的一名美国高级官员也表示这是一场非常复杂的谈判，每个人都非常努力地工作，谈判取得一些进展，但仍有大量工作要做。中国外交部军控司司长王群也表示，“六国与伊朗围绕伊核问题全面协议中的有关核心问题进一步坦诚、深入交换了意见。目前距离 11 月 24 日的最后期限已经不远，各方面临的困难仍然不少，但另一方面，也不应小视谈判业已取得的成果。”[②]

面对最后期限的日益临近，美伊两国仍然有达成协议的迫切愿望。从伊朗方面来讲，西方国家不断加重的制裁给本国经济造成越来越多的困难。伊朗迫切希望通过签订核协议缓解经济困境并改变在中东地区被孤立的地位。如果伊朗被解除制裁，其原油出口量可以从目前的每天 130 万桶增加到每天 220 万桶，同时可获得 1000 亿美元的海外被冻结资产。[③] 而一旦谈判破裂，伊朗很可能会面临更严重的制裁。而从美国方面来讲，奥巴马政府一直试图通过核谈判限制伊朗的核计划并稳定地区局势。如果谈判破裂，伊朗很可能会加速核计划，而美国也一定会加重制裁，这将加剧两国关系和整个地区局势的紧张，甚至可能会爆发武装冲突，给本已动荡不安的中东

① *In Iran nuclear talks*, http: //thediplomat. com/2014/10/in-iran-nuclear-talks-no-deal-is-worse-than-status-quo/.

② 《伊朗核问题谈判前景不明》，http: //news. gmw. cn/newspaper/2014 - 10/18/content_ 101514151. htm。

③ *Iran nuclear talks: why Tehran must be brought in from the cold*, http: //www. theguardian. com/commentisfree/2014/oct/02/nuclear-talks-why-tehran-must-come-in-from-cold.

地区秩序带来新的冲击。

美伊两国要达成最终协议，不仅要面对谈判桌上的困难，同时也要面对来自国内的压力。以伊斯兰革命卫队和教士阶层为代表的伊朗国内保守势力一直不希望达成核协议，而伊朗最高领导人哈梅内伊也对核谈判态度强硬，多次表示伊朗决不会停止或放缓核研发计划，甚至还宣称伊朗应该大幅提高铀浓缩能力。而奥巴马政府也面临着来自国会的强大压力。10月19日，美国参议院外交委员会主席、新泽西州民主党参议员罗伯特·梅内德斯（Robert Menendez）针对伊核谈判表示，“如果所达成的协议，没有在实质上有效地摧毁伊朗的非法核武器计划，那么我希望国会做出反应。不能让一纸协议来纵容伊朗跨过核国家门槛。”他还在推动一项立法，即如果11月24日没有达成协议，就加紧对伊朗的制裁。[①] 面对国会的压力，奥巴马甚至有可能被迫绕过国会签订伊核协议。[②]

面对各种分歧和困难，在最后期限前达成协议的可能性在不断降低，但即使到时没能谈妥，各方也应该会极力避免谈判的彻底破裂。寻求谈判的再一次延期将是一种可能的补救方式。

（四）巴以冲突再起，轮回之中现新变

2014年，巴以双方再次爆发大规模武装冲突。自4月份和谈破裂之后，失望和不满情绪就一直在巴以双方间蔓延。进入6月份，先后又有3名犹太青年和1名巴勒斯坦青年被对方极端分子杀死，这大大加剧了局势的紧张，双方开始不时发生小规模冲突。7月8日，以军发动“护刃行动”，对加沙地区展开大规模持续轰炸，而加

---

① 《美媒：奥巴马欲绕过美国国会搞定伊朗核协议》，http：//www. chinanews. com/gj/2014/10 – 21/6698711. shtml。

② *Obama reportedly wants to cut Congress out of Iran deal*，http：//www. foxnews. com/politics/2014/10/20/obama-reportedly-wants-to-cut-congress-out-iran-deal/.

沙地区武装人员也发射火箭弹反击。截至8月26日双方停火，以色列共打击了5263个目标，造成2141名巴勒斯坦人死亡，其中有500多名儿童。加沙地带武装人员共发射了4564枚火箭弹，造成以色列方面70人丧生，其中包括64名军人和1名儿童。据以方估计，巴方约有1000名武装人员被击毙，加沙地带重建需要10年时间。然而，据联合国此前公布的数据，巴勒斯坦死亡的人中约有70%为平民。[①]

巴以双方都宣称己方取得了战事的胜利。哈马斯称，自己"击败了中东地区最强大的军队，破解了以色列威慑力，打破了以军不可战胜的神话"。[②] 根据停火协议，以方还同意开放口岸，允许人道主义物资和建筑用材料进入加沙，并承诺不再实施定点清除行动。此外，以方也同意取消对转移资金用于支付加沙地带政府工作人员工资的限制，具体操作事宜由巴勒斯坦联合政府负责。与此同时，以方也宣称达到了"痛击"哈马斯的目的，摧毁了其大部分的地道和火箭弹，而且除通往埃及的拉法口岸外，运入加沙的所有物资都还处于以色列严格监管之下。[③] 但双方关切的根本矛盾仍未得到解决。哈马斯的主要目的是彻底打破以色列对加沙地区的封锁，而以色列则试图实现加沙地区的完全去军事化，这两点在停火协议中都未得到体现。当前由埃及斡旋的停火协议只是临时性的，随后双方将展开正式谈判。双方是继续坚持自己的核心诉求不让步，还是在国际社会的压力和介入下，在某些方面作出妥协和让步，将成为关注焦点。但无论以色列还是哈马斯都不可能轻易接受对方的要求，

① 《以色列处决两名绑架以色列青年的巴勒斯坦人》，http：//www.chinanews.com/gj/2014/09－23/6621215.shtml。

② 《记者观察：加沙冲突停火　前景依然艰难》，http：//news.xinhuanet.com/world/2014－08/28/c_ 126927337.htm。

③ Will the Ceasefire Hold? *The Economist*, August 9th－15th, P.35.

而只要双方的核心目标无法实现，冲突就随时有可能再次爆发。

从2008年12月份至今，巴以双方已经爆发了三轮大规模冲突，形成了“打—谈—再打”的恶性循环。本次冲突本质上仍是之前多次冲突的延续，但也有一些新情况与新改变。首先，地区环境的动荡使得巴以冲突边缘化。巴以问题曾长期是中东地区的核心问题，是各种矛盾的汇聚点。解决巴以问题常常可以带动中东其他问题的解决。但随着2011年中东大变局的发生，地区秩序剧烈动荡，教派矛盾、民主转型、宗教极端主义等问题开始超越阿以民族矛盾成为中东地区更为需要得到关注和解决的。巴以冲突也成为普通矛盾的一种，对巴以冲突的解决难以再对中东其他矛盾的解决起到提纲挈领的作用。因此，其受到的关注度有所下降并出现边缘化倾向。① 其次，巴勒斯坦内部两派走向联合。4月23日，哈马斯与法塔赫达成和解协议，同意在5周内组建联合政府，并在联合政府成立后6个月内举行大选。6月2日，新成立的联合政府开始运作。9月25日，双方进一步就管理加沙地区的联合政府达成全面协议。两派的和解有助于巴勒斯坦一方的团结统一，但却会加重以色列和美国对巴政府的敌视。第三，美国调停巴以冲突的能力下降。美国近两年的中东政策——包括坐视穆巴拉克被赶下台、拒绝武力打击阿萨德政权和与伊朗进行核谈判——使以色列、沙特等美国中东地区的传统盟友对美国在中东地区的承诺心存疑虑。② 这也促使盟友对美国调停巴以冲突的诚意产生疑虑。第四，哈马斯失去了众多外部支持，力量受到很大削弱。埃及新总统塞西上台后将穆斯林兄弟会列为恐怖组织并予以严厉打击，因此也大大减弱了对与穆兄会有密切联系的哈

① *What the Gaza War Means for the Middle East*, http://carnegieendowment.org/2014/07/28/what-gaza-war-means-for-middle-east/hisw.

② *Why Israel vs. Palestine Is Different This Time Around*, http://www.usatoday.com/story/news/world/2014/08/01/ozy-israel-palestine/13455651/.

马斯的支持。而沙特、约旦和阿联酋也因为同样的原因减弱了对哈马斯的支持。总体来看，本已居于劣势的巴勒斯坦一方力量进一步减弱，以色列仍无作出重大让步的意愿，国际调停力量也有所下降，这都使得巴以问题的解决难度加大，和谈重启的前景也更加黯淡。

（五）转型国家局势动荡，政治过渡进程在曲折中前行

2014 年 6 月 3 日，埃及前军方领导人塞西当选埃及新一任总统，在大选中塞西的得票率高达 96.91%，但投票率只有 47%。投票群众主要以老年人、中年人以及妇女为主，而宗教人士和穆兄会成员或抵制或被禁止参加投票。值得注意的是，在 2011 年初和 2013 夏两次革命中表现积极的青年人也有很多没有参与投票，男性青年的“政治冷淡感”尤为显著。[①] 投票情况反应出埃及政局的三个特点：一是塞西获得了自身所在政治派别的绝对支持；二是埃及的政治仍处于世俗与宗教派别分裂之中，塞西的执政基础较为薄弱；三是存在中间政治派别，该派别由大量青年构成，对宗教派别不信任，对塞西政权也持观望态度。为巩固执政基础、发展经济，塞西上台后采取了一系列改革措施，包括在经济上削减食品和能源补贴，控制赤字；政治上逮捕穆兄会成员及支持者，禁止独立电视台和独立广播节目，并打击对其政权的批评者。但塞西采取的措施并没有起到应有的效果：一方面埃及经济增长仍然乏力，失业率和贫困率居高不下；另一方面塞西在政治上威权主义的做法也引发了越来越多的怀疑和批评。经历 3 年多的混乱动荡后，埃及民众的耐心已经到了极限，如果不能采取强有力且行之有效的措施，迅速取得令民众满意的成绩，埃及局势可能会出现新的动荡。

利比亚世俗和宗教两派势力矛盾激化，政治过渡进程被严重扰

---

① 《埃及政局陷入轮回塞西执政阻力重重》，http：//news. 163. com/14/0715/06/A1650I7P00014AED. html。

乱。利比亚世俗势力在6月举行的利比亚议会选举中大获全胜，但原本控制议会多数席位的宗教势力不甘失败，拒绝交权。自7月13日开始，分别代表世俗势力和宗教势力的两派民兵武装在首都的黎波里持续爆发冲突，利比亚临时政府和国民代表大会被迫迁往小城图卜鲁格。在代表宗教势力的民兵武装“利比亚黎明”夺取的黎波里控制权后，任期本已结束的利比亚国民议会复会，并组建了“救国政府”。利比亚由此出现两个议会、两个政府对立的局面。此后，双方又爆发了多轮激烈冲突。动荡不安的局势使利比亚国家重建和政治和解无从谈起。9月25日，联合国秘书长潘基文发表讲话指出，利比亚过去几个月来经历的前所未有的武装冲突，不仅导致超过30万人流离失所，重要基础设施被毁，医疗机构物资匮乏，更使得政治过渡进程面临着利比亚革命以来最严峻的挑战，其国内危机还由于非法武器贩运而进一步对整个地区及其之外的国家造成威胁。[①]

相比其他转型国家，突尼斯的政治过渡进程一直较为顺利。尽管突尼斯也面临宗教与世俗势力对立、经济增长缓慢、失业率高和恐怖袭击频发等问题，但无论是执政党派还是在野党派都没有诉诸暴力和极端的方式解决问题，而是努力在现有政治框架内协调彼此立场，寻找共识，确保政治过渡进程沿着和平稳定的路径前进。2014年6月，突尼斯各派通过召开全国对话会议达成一致，确定了新议会和总统选举日期及程序。10月30日，议会选举结果公布，代表世俗势力的突尼斯呼声党获得议会217个席位中的85席，赢得议会大选，成为未来突尼斯新议会席位最多的政党及政府的第一大执政党。而前执政党派、代表宗教势力的“伊斯兰复兴运动”则在第一时间向对手获胜表示了祝贺。

① 《利比亚“深陷危机”联合国举行利比亚问题高级别会议》，http：//www. un. org/chinese/News/story. asp? NewsID = 22620。

（六）埃博拉疫情大规模暴发，恐怖主义威胁仍然严重

2014 年年初，埃博拉病毒开始在几内亚、利比里亚和塞拉利昂三国迅速暴发蔓延，并呈现出向世界扩散的趋势。根据世界卫生组织发布的数据显示，截至 10 月 19 日，全球埃博拉病毒感染者达 9936 人，共造成4877 人死亡。埃博拉病毒在西非地区的传染态势依然强劲。埃博拉疫情给受影响的非洲国家带来严重的宏观经济和社会影响。国际货币基金组织初步估算显示，2014 年利比里亚和塞拉利昂经济增长率将可能下滑至少 3%—3.5%，几内亚下滑约 1.5%。国际货币基金组织称，尽管疫情影响三国的方式不同，但无论怎样，预计都会大大降低三国的经济增长率，加剧通胀压力。商业中断以及食品和基本商品价格上涨尤其影响着最贫困和最脆弱人口。由于经济增长减缓导致收入降低，用于紧急规划的额外开支增加，预计三国都将面临更严重的财政赤字。在出口萎缩且食品和其他重要物品进口增加的影响下，经常账户差额也会恶化。[①] 面对严重的疫情，国际社会也纷纷对非洲国家展开援助。中国政府在第一时间伸出援手，率先响应疫区国家和世界卫生组织的呼吁，通过包机运输等方式第一时间向受疫情影响国家提供了三批紧急人道主义援助。美国于2014 年8 月4 日宣布派遣至少50 名公卫专家抵达西非，协助对抗史上最严重的埃博拉疫情；至 10 月 7 日，美国国防部宣布将总共耗资 7.5 亿美元来帮助抵御疫情。俄罗斯外交部于 2014 年 10 月 16 日在公告中称，俄罗斯将继续协助对抗埃博拉病毒的扩散，并为此拨款 7.79 亿卢布。日本政府表示向世界卫生组织等三家国际机构提供 150 万美元的援助，向利比里亚等疫区国家提供约相当于 500 万美元

① 《IMF 批准向埃博拉疫区提供 1.3 亿美元援助金》，http：//www.chinanews.com/gj/2014/09 –29/6643105.shtml。

的紧急援助，并追加4000万美元援助资金。①

此外，非洲面临的恐怖主义威胁也十分严重。4月中旬后，尼日利亚极端武装“博科圣地”先后发动多起恐怖袭击事件。包括在尼日利亚首都阿布贾连续制造针对平民的多起汽车炸弹恐怖袭击事件，以及博尔诺州200余名女中学生集体绑架事件。此外还不断对政府控制的地区发起袭击，造成大量平民伤亡。“博科圣地”现象在非洲并不孤立，它代表着非洲伊斯兰极端势力日益蔓延的趋势，西非马里“伊斯兰马格里布基地组织”、中非共和国反政府武装“塞雷卡”、南北苏丹和东非索马里“青年党”形成的恐怖主义之弧也正是非洲宗教极端势力蔓延之弧。9月份，乌干达安全部门在首都坎帕拉逮捕了10多名恐怖分子嫌疑人，这些人携带炸药、自杀式背心等用于发动恐怖袭击的物品。9月26日，乌干达国防军司令瓦马拉对媒体表示：“目前全球最大的（安全）威胁是恐怖主义，我们也不例外，因为我们在这一地区长期致力于打击恐怖组织。”② 不仅如此，非洲基督教极端势力增长势头也日趋明显。从施舍到武器，非洲基督教极端主义日益增长。非洲基督教极端分子引用《旧约》和《新约》来证明暴力和杀戮的合法性。非洲基督教原教旨主义早在“9·11”恐怖袭击事件之前就存在，但10多年来伊斯兰极端分子的袭击正迅速激活基督教民兵组织，现已卷入非洲大陆热点地区的“报复性恐怖主义”之中。③

---

① 《国际社会向西非提供援助》，http://health.gmw.cn/newspaper/2014-11/24/content_102215904.htm。

② 《乌干达军方称恐怖主义成该国头号安全威胁》，http://news.xinhuanet.com/world/2014-09/26/c_1112647934.htm。

③ 《恐怖事件频发，非洲面临严峻考验》，http://money.163.com/14/0514/07/9S6JDJO200253B0H_all.html。

二、重大事件词条

阿拉伯五国外长会议

8 月 24 日，埃及、沙特阿拉伯、约旦、卡塔尔和阿联酋五国外长齐聚沙特的吉达市，讨论叙利亚局势相关问题。各方均表示应联合打击恐怖主义和极端主义势力。五方会谈发表的声明指出，会议讨论了恐怖主义和叙利亚局势等问题，认为中东地区极端主义思想和恐怖主义活动的威胁不断加剧，各方应共同采取措施打击恐怖主义，并通过政治途径解决最尖锐的地区冲突。

巴勒斯坦联合政府

4 月 23 日，法塔赫和哈马斯达成协议，同意组建联合政府并准备在新政府成立后 6 个月内举行全国大选。6 月 2 日，巴勒斯坦联合政府成立，但由于两派存在很大分歧而运转艰难。9 月 25 日，法塔赫和哈马斯再次表示，已就包括加沙政府的工作安排、结束以色列对加沙地带的封锁、重建加沙等问题达成协议。双方在声明中表示，承认巴联合政府的权威性，并重申将全力支持联合政府为结束以色列对加沙地带封锁、重新开放加沙地带与以色列边境口岸所做的努力。根据协议，目前隶属于巴勒斯坦民族权力机构的 3000 人保安部队将并入加沙安全服务系统并负责管理边境口岸地区。这是两大派别间的第 6 个官方协议，是巴勒斯坦两大派别消解纷争的重要信号，也是哈马斯 7 年来首次向法塔赫移交部分权力。不过，双方在有关哈马斯加沙雇员工资支付以及边境口岸保安部队控制等重要问题上仍有不同意见。

刚果（金）宣布疫情结束

11 月 15 日，刚果（金）卫生部长卡邦格宣布，该国境内的埃博拉疫情结束。他说，截至 15 日，刚果（金）已有 42 天未出现埃博拉新增病例。这表明，此次困扰刚果（金）的埃博拉疫情结束。

此外，刚果（金）还在疫情中心区域部署了应急医疗队，以防疫情死灰复燃。根据世界卫生组织的标准，如果一个国家在两个隔离期（42 天）内未出现新增病例，世界卫生组织将宣布该国埃博拉疫情结束。此次刚果（金）的埃博拉疫情共出现 71 例确诊、疑似和可能感染病例，其中 43 人死亡。

“呼罗珊”组织

9 月 23 日，美国司法部长霍尔德表示，从对美国本土的威胁上看，“呼罗珊”组织的危险性不亚于“伊斯兰国”。他表示，“美国对该组织的监控已达两年”，“对该组织的打击还将继续，直到我们认定其无力再发动恐怖袭击”。“呼罗珊”组织是“基地”组织的一个分支，趁叙利亚战乱而壮大。该组织的名字来自古代中西亚的一个地名，其主要目标是招募并训练欧美公民，让其返回各自国家发动恐怖袭击。美国全国广播公司称，该组织已在叙境内进行了一年多的秘密准备，其成员人数不超过 100 人。该组织领导人法德利（Fadhli）现年 33 岁，十分擅长策划恐袭活动，曾与本·拉登及扎瓦赫里关系密切。美国国务院从 2005 年开设认定法德利为恐怖分子，并悬赏 700 万美元通缉他。

利比亚国会选举

6 月 25 日，利比亚正式举行国民代表大会选举，共有包括 152 名女性在内的 1714 名候选人参与角逐。这是自卡扎菲政权倒台以来，利比亚举行的第二次议会选举。利比亚共有约 340 万合法选民，此次参加投票的仅有约 63 万人。7 月 21 日，利比亚国家最高选举委员会在首都的黎波里公布了国民代表大会选举的最终结果。利比亚国民代表大会共设 200 个议席，受安全局势和部分选民抵制影响，一些选区的选举活动未能如期举行，因此仅公布了 188 个议席的选举结果，尚有 12 席空缺。

联合国抗击埃博拉总部

9 月期间，世界卫生组织发表的最新数据显示，西非已有 3000

多人死于埃博拉病毒。世界卫生组织的声明还警告说，新的数据也许不能完全反映疫情的规模，很多病患或是不敢走进医院，或是因医院人满为患而被拒之门外。在此背景下，联合国专门在加纳组建了抗击埃博拉总部，并派出一支协调国际间行动的团队。9月29日，这一行动的负责人安东尼·班伯里和他的团队抵达加纳首都阿克拉。这是联合国首次建立一支紧急医疗特派团。联合国秘书长潘基文说，特派团将有助于协调国际援助统一应对埃博拉疫情。特派团目前的任务是找出疫区最重要的需求，并确保援助能够到位。

美国空袭“伊斯兰国”

8月8日，美国总统奥巴马在白宫发表讲话称，为了保护美国利益，已经授权美国军方在伊拉克进行有针对性的空袭。不过，奥巴马表示美国不会派遣地面部队返回伊拉克。9月23日，美国在几个阿拉伯盟国的支持下对叙利亚境内的“伊斯兰国”武装分子发动了空袭，开辟了打击“伊斯兰国”的第二战场。美军参谋长联席会议主席邓普西表示，空袭行动削弱了叙利亚境内“伊斯兰国”极端组织的军事指挥和战斗能力，还摧毁了其大批装备和设施。同时，对伊拉克境内“伊斯兰国”目标的空袭行动帮助伊拉克政府军扭转了前期的被动局面。9月29日，一位美国军官称，美国战机自8月以来已经出动了大约4100架次，先后多次对伊拉克和叙利亚境内的“伊斯兰国”武装分子展开空袭行动。另外，巴林、卡塔尔等部分海湾阿拉伯国家合作委员会成员国也参与了对叙利亚境内“伊斯兰国”目标的空袭行动。

美记者被极端组织斩首事件

8月19日，“伊拉克和黎凡特伊斯兰国”极端组织发布一段视频，显示该组织以极为残忍的手段杀害了一名美国记者。该组织宣称，这是对美国总统奥巴马发动空袭的报复，并扬言另一名美国记者的生命系于奥巴马接下来的决定。视频公布后，美国高度关注，并迅速作出系列反应。20日上午，美国国家安全委员会发言人凯特琳·海登宣布，美国情报界已经分析了这段涉及两名美国公民的视频，判定其是真实的。随后，奥巴马表示，全世界都为这一残杀行为所震惊，他已经与受害者家属通话并表示慰问。美国国务卿克里发表声明称，这一行径是对追求和平生活的人们的威胁，必须摧毁该组织并将杀害美国记者的凶手绳之以法。

南非大选

5月10日，南非第五次全国大选落幕并正式对外公布结果。与南非共产党、南非工会大会组成三方同盟的非洲人国民大会（简称非国大）保住了其执政地位，获得400个国民议会议席中的249个，取得五连胜。此次南非大选比较顺利、有序，虽然偶有抗议，但并没有发生大规模的骚乱事件。经过20年的发展，南非社会从最初的种族对抗逐渐走向全面和解。在大选正式结果公布的仪式上，南非总统祖马特别感谢了全体选民能够积极参政并能和平、合法表达政治诉求。

尼日利亚大楼倒塌事故

9月12日，尼日利亚首都拉各斯"万国教会犹太会堂旅馆"发生坍塌，造成多人死亡。尼日利亚官方统计数字显示，在这起重大事故中已有115人遇难，其中84人来自南非，另有至少7人是尼日利亚人，其余遇难者身份不详。这起事故还造成16人重伤，重伤员当中有人不得不接受截肢手术。为响应尼日利亚知名神职人员、福音传道者约书亚的号召，这些礼拜者专程赶往尼日利亚的拉各斯，不料在睡梦中遭遇横祸。目前，25名南非幸存者已经被送回国，接受进一步的治疗。

土耳其"窃听门"事件

2月24日，一份疑似土耳其总理埃尔多安与其儿子比拉尔的电话录音被曝光到网络上。该录音曝光了一段他们谈及如何藏匿大量美金的对话，该对话显示的日期是 2013 年 12 月 17 日。该音频被曝光后立即引起了极大关注，短时间内点击量超过 200 万次。随后，土耳其检方展开大规模反贪腐调查，三名前内阁部长的儿子被捕。事件发生后，埃尔多安第一时间作出表态，称曝光的音频是合成伪造的。而土耳其各反对党纷纷对埃尔多安的讲话进行了抨击，认为其应辞职。土耳其的一些城市也爆发了民众抗议活动，要求埃尔多安下台。

土耳其矿难

5 月 13 日下午，土耳其西部马尼萨省索马地区的一个私营煤矿发生爆炸。事故发生在该煤矿 150 米深的矿井下，正值矿工换班。土耳其能源和自然资源部长耶尔德兹说，事发时有 787 名矿工在井下作业。当时一个配电器发生故障，引起爆炸和大火，许多矿工因吸入大量浓烟而窒息死亡。这是土耳其历史上最为严重的一起矿难。根据矿工家属的情况以及煤矿提供的材料，遇难总人数达到 300 人左右。发生事故的这座煤矿坐落在山谷之中，已有 20 多年的开采历史，矿区条件比较差，共有矿工 3000 多人。矿主在记者招待会上否认煤矿管理不力或存在疏忽问题，称发生爆炸和大火后井下能见度太低。14 日，土耳其政府发表声明，宣布 13—15 日为国家哀悼日。与此同时，数万土耳其民众由于不满矿难，走上街头示威游行，引发土耳其局势动荡。

叙利亚问题第二次日内瓦会议

1 月 22 日，叙利亚问题第二次日内瓦会议在瑞士西南部的蒙特勒市召开。会议由联合国秘书长潘基文主持，美国、俄国斯、中国等 30 多个国家的外长、叙利亚政府与反对派代表等出席会议。叙利亚政府和反对派同意自 24 日起在日内瓦举行直接谈判。这是叙利亚危机爆发三年来双方首次面对面接触。潘基文在会议开幕式上说，叙利亚冲突发生近三年后，叙利亚政府和反对派、相关地区国家和国际社会首次举行会议寻求政治解决叙问题的措施，这是充满希望的一天。叙利亚人民对结束国家冲突、决定政治制度与未来负有主要责任，国际社会要尽全力帮助他们实现这些目标。潘基文表示，叙利亚问题“行动小组”外长会议于2012年通过的《日内瓦公报》已为叙利亚人民主导的过渡设定出关键步骤，首要的是各方形成共识、建立过渡管理机构。他呼吁各方立即停火，积极寻求政治解决叙利亚问题，在《日内瓦公报》的基础上达成协议。美国国务卿克里表示，叙利亚问题第二次日内瓦会议将是“困难和复杂的”。俄罗斯外长拉夫罗夫说，该次会议的主要任务是结束冲突，并呼吁外来势力不要介入叙利亚内部事务。

叙利亚总统大选

7月4日，叙利亚人民议会议长拉哈姆宣布，现任总统巴沙尔·阿萨德在7月3日举行的总统选举中胜出，成功连任。巴沙尔获得约1032万张有效选票，得票率为88.7%，另外两位候选人哈贾尔和诺里分别获得3.2%和4.3%的选票。这是叙利亚危机爆发以来的第一次选举，也是叙利亚进行的第一次总统差额选举。叙利亚反对派指责叙利亚的总统大选是一场“民主闹剧”，美、欧等西方国家则对选举结果予以抵制。

耶路撒冷犹太教堂遇袭事件

11月18日，耶路撒冷发生近年来最血腥的袭击，两名巴勒斯坦男子持枪及利刀闯入一间犹太教堂，造成数人伤亡。这起袭击引发国际社会高度关注，联合国秘书长潘基文和联合国中东和平进程特别协调员罗伯特·赛里等人皆对此予以强烈谴责。以色列总理内塔尼亚胡表示，将对袭击事件予以重拳回击，并指责是巴勒斯坦哈马斯武装与巴勒斯坦当局的纵容造成这一局面。巴勒斯坦总统阿巴斯办公室则发表声明称，阿巴斯一贯谴责任何一方杀害平民的行为，并谴责发生在西耶路撒冷犹太教堂的针对祈祷者的袭击。美国总统奥巴马则谴责耶路撒冷犹太会堂所遭受的“恐怖攻击”，并呼吁以色列和巴勒斯坦寻求和平。

伊核问题第七轮谈判

9月26日，伊核问题六国（美国、英国、法国、俄罗斯、中国、德国）及欧盟与伊朗在纽约举行的第七轮伊核问题谈判结束。谈判并未取得突破。此轮谈判于9月19日开始，欧盟外交和安全政策高级代表阿什顿、伊朗外长扎里夫及伊核问题六国有关官员与会。尽管谈判气氛基本融洽，但伊朗与西方国家在谈判中仍存在较为明显的分歧。出席联大活动的伊朗总统鲁哈尼认为，目前的谈判进程“极为缓慢”，要求必须面向未来作出有勇气的决定。鲁哈尼同时重申，如果协议不能完全解除西方国家对伊朗的有关制裁，那将是“无法接受”的。

伊拉克总统选举

7月24日，伊拉克国民议会第五次会议投票选举总统。前临时国民议会议长马苏姆赢得多数议员支持，以较大优势战胜其他竞争对手当选总统。马苏姆现年76岁，与本届总统贾拉勒·塔拉巴尼同属伊拉克库尔德自治区两大执政党之一的库尔德斯坦爱国联盟，是伊拉克著名政治家。马苏姆于1992年7月至1993年4月任伊拉克库尔德自治区政府总理，于2004年9月至2005年3月任临时国民议会议长，后于2010年6月至11月政府组建陷入僵局期间担任国民议会代理议长。根据伊战后各方达成的政治默契，政府总理由人口占多数的什叶派担任，国民议会议长由逊尼派担任，而总统一职则由库尔德人担任。

伊拉克组阁危机

8月11日，伊拉克总统马苏姆指派议会副议长阿巴迪组建新政府，引起争取连任总理的马利基的不满。马利基较早时批评马苏姆迟迟未指派他连任总理，打算控告对方违宪，而效忠马利基的安全部队则加强在首都巴格达的部署。美国高调介入事件，声言支持马苏姆，并会密切关注巴格达可能发生政变的风险。随后，马利基的长期支持者伊朗也表示了对阿巴迪的支持。在内外压力下，马利基最终放弃了连任并转而支持阿巴迪。

“伊朗军火船”事件

6月5日，以色列海军在距离以色列1500公里外的苏丹和厄立特里亚之间的公海上截获了一艘船，该船悬挂巴拿马国旗，船员来自多个国家。以色列认为，这艘船属于伊朗，目的是向加沙地带运送叙利亚制造的射程大约在200公里的M－302远程火箭弹等武器。经过清查，船上共有40枚导弹、181枚迫击炮弹及40万颗子弹。这艘货轮从伊朗南部的阿巴斯港出发，在首先前往伊拉克之后绕过阿拉伯半岛进入红海。根据以色列军方的说法，这批武器打算在苏丹港上岸后由陆路运入加沙走廊。伊朗外长扎里夫对此予以了否认，他表示所谓伊朗向加沙地带运送武器的说法是“谎言”，以色列试图通过“栽赃”来破坏伊朗与有关国家就解决核问题所达成的协议。

“伊斯兰国”组织

该组织的全称为“伊拉克和黎凡特伊斯兰国”，其前身是约旦人阿布·穆萨布·扎卡维2003年成立的“一神教圣战派”，主要针对平民发动自杀式袭击。扎卡维曾在阿富汗建立恐怖组织训练营。2001年，美军推翻塔利班政权后，扎卡维流亡至伊拉克，并在2003年伊拉克战争爆发后创建“一神教圣战派”。次年，扎卡维投靠“基地”组织，将其恐怖机构改名为“基地”组织伊拉克分支（AQI），但其骨干力量仍以非伊拉克人为主。为站稳脚跟，扎卡维利用伊拉克逊尼派对新上台的什叶派势力的不满，在清真寺、学校、咖啡馆、市场等地大肆发起针对什叶派民众的自杀式炸弹攻击。随后，扎卡维利与“基地”组织高层发生矛盾，本·拉登的头号助手扎瓦希里多次批评其策略，但扎卡维对此置若罔闻。2006年6月，扎卡维被美军空袭行动炸死，AQI 中的外国骨干渐作鸟兽散。2006 年，马利基政权在上台后不断排挤逊尼派，使一些已经与 AQI 分开的逊尼派武装力量重新聚集在一起。2010 年，美伊联军击毙 AQI 两名联合领导人。随后，曾经被驻伊美军囚禁 5 年的伊拉克人巴格达迪成为该组织的新头目。在其领导下，2011 年美军全部撤离伊拉克时，AQI 由一个以外国人为主的组织变为主要是“伊拉克的人”的组织，改称“伊拉克伊斯兰国”（ISI）。巴格达迪继承并升级了扎卡维的恐怖策略，把自杀式炸弹攻击的目标扩大到了伊拉克的警察和军队。此时，在 ISI 的队伍中，已经集结了一大批在萨达姆军队服过役的逊尼派军官。2011 年叙利亚内战爆发后，ISI 派所谓的“胜利阵线”分支入叙，开辟了进攻什叶派的新战线。2013 年，ISI 与叙利亚反对派武装“救国阵线”联合，改名号为“伊拉克和黎凡特伊斯兰国”。此时，该组织已经不仅仅满足于发动自杀式炸弹攻击，而是要占据和控制领土，其攻击目标也进一步扩大到基督教徒和非穆斯林的少数族裔群体，并要求全球穆斯林向其效忠。该组织在其“占领规划”中宣称，要在 5 年内占领西亚、北非、西班牙、中亚、印度次大陆全境乃至中国新疆。资料显示，该组织拥有大约 1.2 万的成员，已经控制了 3.5 万平方英里的土地，掠夺了约 15 亿美元的资产，并正通过其占领的油气井及冶炼设施大肆敛财。

以巴停火协议

8 月 26 日晚上 7 点，以色列和巴勒斯坦同意开始无限期停火。在停火消息的鼓舞下，部分巴勒斯坦人走上街头庆祝。巴勒斯坦民族权力机构主席马哈茂德·阿巴斯在一次简短的电视讲话中宣布了这一停火协议。在讲话中，阿巴斯还对埃及、卡塔尔及美国国务卿约翰·克里为促成停火所发挥的作用表示感谢。协议的全部细节目前还不得而知，不过初步迹象显示，哈马斯并未坚持要求以色列全面解除对加沙地带长达 7 年之久的封锁，以色列放宽了对进口的部分限制。埃及外交部表示，以色列已同意开放与加沙地带的边境，允许人道主义援助及重建材料进入加沙地带。巴以双方定于一个月内就其他问题重启间接会谈。

以色列“护刃行动”

6月12日，3名以色列青少年遭到绑架。以色列指责哈马斯绑架了这3名青年，并对哈马斯在约旦河西岸的设施进行了广泛的打击。此后，一名16岁的巴勒斯坦少年遭到杀害，这又导致东耶路撒冷的一些社区和以色列各地阿拉伯城镇中的民众与以色列安全部队爆发了街头冲突。此后，以色列和哈马斯互射火箭弹，冲突不断升级。7月8日，以色列在巴勒斯坦开展“护刃行动”，目的确定为清除火箭弹袭击和破坏哈马斯的军事潜力。7月17日前，以色列采取的主要行动为空中和海上远距离袭击、特种部队突袭。随后，以军开始对加沙地带发动地面攻击，并称其任务是摧毁巴勒斯坦武装分子在边境下挖掘的隧道。这一事件是2006年以来巴以之间最严重的冲突，标志着以色列和哈马斯的紧张关系再次升级。7月30日，联合国公布的数据称此次冲突已造成约24万人流离失所，1297名加沙人和56名以色列人丧生。

以色列“犹太国家”法案

11月23日，以色列内阁投票通过了颇具争议的“犹太国家”法案。这项法案的意图是通过法律途径确立以色列的“犹太国家”属性。以色列是否是一个“犹太国家”一直以来是一个极富争议的问题。争议的主要原因之一是，以色列国除了犹太人外，还生活着约20%的阿拉伯人。该法案所规定的诸多内容已在以色列施行。例如：将犹太民族的标志“大卫王星”确定为以色列国旗，将犹太民族的另一标志“烛台”作为以色列国徽，将歌咏犹太民族的歌曲“希望”作为以色列国歌，允许使用犹太传统历法，规定犹太人具有移民以色列的权利等。另外，法案将阿拉伯语排除在以色列“民族语言”行列外，并赋予其“特殊身份”，并再次肯定了以色列犹太公民独有的民族自决权。

以色列原油泄漏事故

12月4日，以色列埃拉特石油管道破裂，致使60万加仑原油泄漏。据以色列官方当日称，这是以色列历史上最严重的一次环境灾难。以色列环境保护部南方主任盖·萨梅特（Guy Samet）透露，埃拉特地区石油泄漏是建设工人改造石油管道时造成的“系统性故障”所致。石油泄漏管道长达5公里，原油流进河流、小溪，并且淹没了部分伊芙咯拉（Evrona）自然保护区。萨梅特表示，地区的完全净化和修复工作需要数年的时间，可以称这次事件为一场自然灾难，这给环境造成了巨大的损失。另外，一位名为罗森菲尔德（Mickey Rosenfeld）的警方发言人表示，3人在此次原油泄漏事件中受伤，并均已送往医院接受治疗。

以色列总统更替

6月10日，以色列议会投票选举该国新一任总统。由于当天的选举未能在首轮得出结果，候选人梅厄·谢特里特和鲁文·里夫林不得不在第二轮投票中展开角逐。随后，以色列议会议长宣布，鲁文·里夫林当选该国新任总统。里夫林是此次以色列总统选举5名候选人中唯一的右翼党派代表，也是以色列议会前议长。7月24日，以色列新总统鲁文·里夫林在耶路撒冷的以色列议会上宣誓就职，成为以色列第10任总统。里夫林在宣誓就职后发表讲话，强调有必要建立一个具有平等公民权的以色列国。他说，无论是世俗百姓还是宗教人士，无论是阿拉伯人还是犹太人，无论是富人还是穷人，都应当享有同样的公民权利。

（本章综述撰稿：左天泽；词条编撰：左天泽）

独联体地区

一、形势综述

2014年，以乌克兰危机为导火索，俄罗斯与西方国家之间关系尖锐对立，双方针对乌克兰展开了激烈的争夺。在被西方孤立后，俄罗斯的外交重心进一步东移，不断加强了与亚太国家的合作。随着俄罗斯与西方关系的紧张，独联体国家也分裂成亲西和亲俄两大阵营；但在俄罗斯的大力推动下，地区经济一体化的大趋势并未改变。内政上，独联体中乌克兰、格鲁吉亚等亲西方国家政治动荡，而其他成员国政局较为稳定；但各国经济经济增长速度普遍受乌克兰危机和石油价格暴跌所累进一步下滑。独联体地区安全状况良好，恐怖主义的危害得到了较好的控制。

（一）俄罗斯与西方冲突升级，加强与亚洲国家合作

1. 俄罗斯与西方关系严重对立

在乌克兰危机爆发后，俄罗斯与美欧发生了严重冲突。西方国家猛烈抨击俄罗斯合并克里米亚的做法，指责其对乌克兰展开侵略，并在政治、经济、外交和军事上全面施压。政治上，西方国家不断排挤、打压俄罗斯，力图迫使它软化在乌克兰问题上的立场。3月3日，英国、加拿大、法国、德国、意大利、日本和美国领导人通过美国白宫发表了一份联合声明，谴责俄罗斯侵犯乌克兰主权，决定暂时中止预定于6月举行的俄罗斯索契G8峰会的预备会议以及对相关活动的参与。[①] 对此，普京则强硬地表示：“我们正在筹备八国集

---

① 《西方七国欲抵制索契G8峰会，威胁经济孤立俄罗斯》，《环球时报》2014年3月4日。

团峰会，准备好了迎接各国同事。如果他们不想来，那就别来。”[①] 10月24日，奥巴马在联大发言时将“埃博拉”、俄罗斯和“伊斯兰国”并称为“当今世界三大威胁”。[②] 对此俄罗斯总理梅德韦杰夫回应道，奥巴马有点神经失常。经济上，西方对俄罗斯展开了多轮经济制裁，但却遭到了俄罗斯的反制裁。7月25日，欧盟对俄罗斯经济制裁提案出台，禁止俄罗斯银行在欧洲发行新的债券和股票的同时，阻止俄罗斯进入由英国银行业主导的资本市场。8月1日，为了制裁俄罗斯，七国集团否决了世界银行在俄罗斯的9个新项目，总金额达13.4亿美元，涉及学前教育、提高能效等领域。[③] 9月11日，欧洲理事会主席范龙佩宣布新的制裁方案，加强了对俄罗斯进入欧盟资本市场的限制；不再提供深水石油开发、北极石油勘探等领域的服务；新增24名人员禁止入境欧盟，并冻结他们在欧盟的资产。[④] 作为报复，俄罗斯也进行了反制裁。8月7日，梅德韦杰夫宣布，俄罗斯将全面禁止进口来自欧盟、美国及其他制裁俄罗斯的西方国家的食物，禁令立即生效，为期一年。[⑤] 军事上，俄罗斯与西方的军事合作完全终止，甚至已启动的项目也被冻结。4月1日，北约秘书长拉斯穆森宣布中断与俄罗斯的一切军事合作，并将起草更多制裁措

① 《普京回应西方“抵制G8峰会”：不想来就别来》，http：//www.chinanews.com/gj/2014/03－05/5910228.shtml。

② 《奥巴马将俄罗斯列为当今世界三大威胁之一》，http：//world.people.com.cn/n/2014/0927/c1002－25748298.html。

③ 《七国集团将否决世界银行在俄新项目》，http：//www.mofcom.gov.cn/article/i/jyjl/e/201408/20140800685774.shtml。

④ 《欧盟对俄罗斯新一轮制裁生效，俄誓言反击报复》，http：//news.xinhuanet.com/yzyd/energy/20140913/c_1112465332.htm。

⑤ 《俄罗斯推出首批反制裁措施》，http：//news.xinhuanet.com/2014－08/07/c_1111985274.htm。

施，以示北约反对俄罗斯合并克里米亚之决心。[①] 8 月 5 日，德国政府冻结德国莱茵金属公司与俄国防部价值 1.2 亿欧元的建立陆军培训中心合同，标志德俄军事合作冻结。[②] 10 月 10 日，法国宣布由于技术原因推迟交付俄罗斯首艘“西北风”级两栖攻击舰，俄对此表示观望。[③] 外交上，俄罗斯被西方国家孤立，难以融入西方。11 月 17 日，普京提前离开 G20 峰会，没出席当天下午的峰会闭幕式，这与他在峰会上遭遇的批评不无关系。原本应专注在经济议题的 G20 峰会，却成为西方与俄罗斯在乌克兰问题上针锋相对的会议，西方领导人排着队批评普京。[④] 对于西方在各方面的施压，俄罗斯高层反应激烈，外长拉夫罗夫表示：“部分西方国家领导人公开表示，应该对俄罗斯进行制裁以破坏其经济运行，并引发人民的反抗。西方制裁的目的不是强迫俄罗斯改变政策，而是要推翻俄现政权。”[⑤]

2. 俄罗斯与美欧的斗争愈加激烈

随着双方关系的破裂，俄罗斯与西方在许多关键领域的斗争白热化。在对外宣传上，为了对抗西方侵略性的宣传，俄罗斯于 11 月 10 日成立了拥有数百名海外记者的“卫星”新闻通讯社，旨在修复在乌克兰危机中受损的俄罗斯形象。尽管俄罗斯否认回归到苏联式的宣传手法，但俄高管们还是私下承认他们在打一场类似冷战时的

---

① 《北约中断与俄一切军事合作，助乌克兰军事改革》，http：//world.huanqiu.com/exclusive/2014－04/4949380.html。

② 《德国联邦政府中止德国莱茵金属公司俄罗斯项目》，http：//finance.ifeng.com/a/20140804/12857897_ 0.shtml。

③ 《法国再次推迟向俄交付“西北风”舰》，《参考消息》2014 年 10 月 11 日。

④ 《普京提前离开 G20 引愕然，峰会上遭西方排队批评》，《环球时报》2014 年 11 月 17 日。

⑤ 《俄外长指责西方对俄制裁的目的是推翻俄政权》，http：//news.xinhuanet.com/2014－11/23/c_ 1113363894.htm。

宣传战。[①] 11 月 10 日，美国有线电视新闻网（CNN）发表声明称，鉴于近期俄罗斯媒体管制法调整，将在俄罗斯停播，具体停播时间在 12 月 31 日。[②] 军事上，俄罗斯和西方在欧洲形成了对峙的态势。继 6 月北约和俄罗斯在波罗的海同时举行军演后，双方舰队又于 7 月在黑海同时演习，在俄罗斯的南北出海口针锋相对。此外，针对乌克兰面临的俄罗斯军事威胁，北约决定给予其强力支持，将在年内与乌克兰举行多达 8 场联合军演，共有 17 个国家的 7000 名军人参与，所有的演习都将在贴近实战的条件下进行。[③] 在政治关系恶化后，天然气自然成了双方在经济上较量的出气筒。6 月 8 日，保加利亚总理奥雷沙尔斯基表示，“南溪”天然气管道项目在保加利亚段工程将暂停建设，在消除欧盟对于该项目在法律方面的相关疑问之后才会考虑项目继续的方式。[④] 12 月 1 日，普京宣布，由于保加利亚的阻扰，俄罗斯终止“南溪”天然气管道建设项目。[⑤] 面对西方在“南溪”项目上的掣肘，俄罗斯也以牙还牙，开始减少对欧盟各国的天然气供给。自 9 月 10 日起，俄罗斯天然气公司对奥地利的天然气供应量比计划量已经减少 10% 到 15%，对波兰天然气供应量比预期少了 45%。随着欧洲国家很快将进入冬季，如果俄罗斯加大“减气”甚至“断气”，将会给欧洲国家造成巨大影响。[⑥]

---

① 《俄新建国有通讯社卫星社对抗西方宣传》，《参考消息》2014 年 11 月 13 日。

② 《CNN 将在俄停播，希望在适当时间重新进入俄罗斯市场》，《环球时报》2014 年 11 月 12 日。

③ 《北约拉乌克兰今年搞 8 场联合军演》，《环球时报》2014 年 4 月 4 日。

④ 《保加利亚暂停“南溪”天然气管道项目》，http：//news. xinhuanet. com/2014 - 06/09/c_ 1111056665. htm。

⑤ 《俄罗斯无奈放弃“南溪”项目》，《文汇报》2014 年 12 月 3 日。

⑥ 《俄罗斯开始减少对欧盟多国的天然气供应量》，《北京青年报》2014 年 9 月 14 日。

3. 俄罗斯加强与亚洲国家的合作

在与西方关系紧张的时候，俄罗斯加大了与亚洲国家的合作力度，与中国、印度、伊朗、越南等多国签订了重要的合作协议。5月20日，普京对中国进行国事访问并出席亚信峰会，这是中俄元首自2013年3月以来的第七次会晤。21日，习近平和普京共同见证《中俄东线天然气合作项目备忘录》和《中俄东线供气购销合同》的签署。根据协议，从2018年起俄罗斯开始通过中俄天然气管道东线向中国供气，输气量逐年增长，最终达到每年380亿立方米，累计30年，合同总价值高达4000亿美元。[①] 10月12日，中国总理李克强应梅德韦杰夫之邀访问莫斯科，签署了近40项合作协议，并共同出席第三届莫斯科国际创新发展论坛。随后，普京在会见李克强时表示，俄中两国是天然的伙伴、天然的盟友，明年两国贸易额达到1000亿美元的目标是完全能够实现的。[②] 9月5日，应蒙古国总统额勒贝格道尔吉的邀请，普京对蒙古国进行6个小时的工作访问，两国总统就深化和发展两国经贸关系、恢复传统友好关系交换了意见，解决了基础设施、过境运输、公民互免签证等重要问题。[③] 11月11日，俄罗斯和伊朗签署一系列核能合作协议，俄将帮助伊朗新建两座核反应堆，并同意把伊朗境内的核反应堆数量增至8座。[④] 11月25日，普京与到访的越南共产党中央总书记阮富仲举行会谈，双方发表了关于逐步推进俄越间全面战略伙伴关系的联合声明，并出

---

① 《中俄签4000亿天然气大单，巨额合同令世界惊讶》，《环球时报》2014年5月22日。

② 《普京称中俄是“天然伙伴”》，《参考消息》2014年10月15日。

③ 《俄总统普京对蒙古国进行工作访问》，http://world.people.com.cn/n/2014/0903/c1002-25599055.html。

④ 《俄罗斯签约，助伊朗建核电站》，http://news.163.com/14/1113/03/AATB2FEE00014Q4P.html。

席一系列涉及贸易及能源领域合作的文件签署仪式。普京透露，关税同盟与越南直接的自贸区谈判已进入最后阶段，越南或成为第一个与关税同盟签署相关协议的国家。[①] 12 月 11 日，普京访问印度，会见印度总理莫迪并签署了价值数十亿美元的合同，包括俄国原子能公司在印度建 12 个发电用核反应堆的协议、俄罗斯石油公司与印度埃萨石油公司签订的 10 年原油供应合同、印度每年为俄罗斯组装 400 架 Ka－226T 多用途直升机的协议。[②]

（二）独联体国家分化严重，地区主导权之争加剧

1. 部分独联体国家西化严重

2014 年，乌克兰危机给了西方插手独联体地区的绝好契机，部分独联体国家加快了向西方靠拢的步伐。6 月 27 日，在布鲁塞尔举行的欧盟夏季峰会上，欧盟与格鲁吉亚、摩尔多瓦正式签署联系国协定，并与乌克兰签署了联系国协定的剩余部分，这标志着这三国在成为欧盟正式成员国的道路上迈出了决定性的一步，也意味着欧盟能够更加有效地主导三国“脱俄入欧”的进程。[③] 对于这三国，西方高度重视，大力提供经济援助，帮助它们尽快融入欧盟。继援助格鲁吉亚 450 万欧元用于建成参照欧盟标准的食品安全体系之后，8 月 1 日，欧盟宣布将给摩尔多瓦提供 1.01 亿欧元的资助，以帮助其公共财政政策改革现代化以及农业项目。[④] 对于危机中的乌克兰，欧美不仅给予经济援助，还提供军火支援。3 月 5 日，欧盟委员会公

---

① 《俄罗斯越南要建自贸区，逐步推进战略伙伴关系》，《环球时报》2014 年 11 月 27 日。

② 《俄印热络签单，美国有点尴尬》，《环球时报》2014 年 12 月 12 日。

③ 《欧俄地缘“拉锯战”再起波澜》，《解放军报》2014 年 7 月 2 日。

④ 《摩尔多瓦将接受欧盟 1.01 亿欧元的资助》，http：//finance. ifeng. com/a/20140801/12845189_ 0. shtml。

布了对乌克兰经济援助计划，未来几年将拨出30亿欧元作为对乌克兰的援助，其中14亿为无需偿还的援助款，其余16亿是宏观财政贷款。目前欧盟正在积极筹措1.4亿的2014年度无偿援助款，主要用于帮助乌克兰政府提升财政能力。[①] 7月8日，为了尽快恢复乌克兰经济，欧盟、美国、加拿大、日本、国际货币基金组织（IMF）和世界银行在布鲁塞尔商讨如何帮助乌克兰制定2014—2016年的经济恢复计划，其中包括潜在的融资来源。乌克兰打算从IMF、世界银行、美国和欧盟等不同的捐助者那里获得270亿美元的对外援助，其中140亿美元可在本年度到位。[②] 9月14日，乌克兰国防部长瓦列里·谢列特表示，北约国家开始向乌克兰运送武器，帮助乌克兰政府打击乌东地区民间武装。他表示，他无权透露达成协议的具体国家，但这些武器已经在转交给乌克兰的处理过程当中。[③] 12月2日，摩尔多瓦中央选举委员会宣布，在新一届议会选举中，社会主义党得票率为20.75%，共产党人党得票率为17.71%，右翼的自由民主党、民主党、自由党的得票率分别为19.97%、15.94%、9.53%。按照上述得票率，在新一届摩尔多瓦议会中，亲欧的右翼三党将获得101个议席中的55席并赢得组阁权，亲俄的左翼两党将获得46席。[④] 12月23日，乌克兰议会表决通过了总统波罗申科提交的关于乌克兰放弃不结盟地位的法案，删除“乌克兰保持不结盟地位”的条款，增加“为达到加入北约的标准”而深化与北约合作的条款。

---

① 《欧盟公布对乌克兰经济援助计划》，http://news.xinhuanet.com/world/2014-03/06/c_119627180.htm。

② 《制定经济恢复计划欧盟主持国际社会援助乌克兰》，http://business.sohu.com/20140710/n402031018.shtml。

③ 《乌国防部：北约开始向乌克兰政府军运送武器》，http://www.chinanews.com/gj/2014/09-15/6589600.shtml。

④ 《摩尔多瓦议会选举右翼政党基本锁定多数议席》，http://news.xinhuanet.com/world/2014-12/03/c_127271017.htm。

这清楚地表明，乌克兰从法律上为今后加入北约扫除了障碍。[1]

2. 独联体亲俄国家间经济合作加强

在西方势力的不断渗透下，俄罗斯加快了整合独联体的节奏，以俄白哈关税同盟为基础的独联体经济一体化进程已经启动，并得到了部分独联体国家的支持，地区内经济合作不断升级。5 月 29 日，哈萨克斯坦与俄罗斯将 2010 年两国石油合作协议的有效期延长至 2019 年，其间仍将维持现行的石油出口税征收制度。[2] 同日，普京、白俄罗斯总统卢卡申科和哈萨克斯坦总统纳扎尔巴耶夫在哈首都阿斯塔纳签署了《欧亚经济联盟条约》。根据《条约》，欧亚经济联盟将于 2015 年 1 月 1 日正式启动，到 2025 年俄、白、哈三国将实现商品、服务、资金和劳动力的自由流动，终极目标是建立类似于欧盟的经济联盟。[3] 10 月 10 日，在白俄罗斯首都明斯克召开的独联体国家首脑峰会上，亚美尼亚总统萨尔基相与欧亚经济联盟其他国家首脑一起签署了亚美尼亚加入《欧亚经济联盟条约》的相关文件。这标志着自 2015 年 1 月 1 日起，亚美尼亚将以欧亚经济联盟正式成员国身份，按条约规定享受联盟优惠条件并履行相应职责。[4] 当天，在欧亚经济最高理事会会议期间，俄罗斯、白俄罗斯和哈萨克斯坦三国总统批准了关于吉尔吉斯斯坦加入欧亚经济联盟，并以享有充分权力的正式成员身份组建欧亚经济联盟的路线图，同时俄、白、哈三国计划为吉尔吉斯斯坦经济尽快适应欧亚经济联盟的条件向吉提

---

① 《乌克兰为什么放弃不结盟地位》，http：//military. people. com. cn/n/2014/1224/c1011 – 26269495. html。

② 《哈俄石油合作协议延长至 2019 年》，http：//finance. ifeng. com/a/20140604/12474623_ 0. shtml。

③ 《俄白哈组建欧亚经济联盟，西方担心“重建苏联”》，《环球时报》2014 年 5 月 30 日。

④ 《亚美尼亚加入欧亚经济联盟》，http：//news. xinhuanet. com/fortune/2014 – 10/13/c_ 127091894. htm。

供帮助。[1]

3. **俄罗斯巩固地区主导权**

为了巩固在独联体地区的领导权，俄罗斯加大了对亲西方国家的打击力度，力图减缓它们倒向西方阵营的步伐，地区主导权的争夺日益激烈。6月3日，俄罗斯副总理赫洛波宁表示，俄将在2015—2017年间向南奥塞梯提供财政援助2.56亿美元，支持当地社会和经济发展。[2] 6月16日，俄罗斯天然气工业公司宣布，由于乌克兰未能按时支付欠款，该公司从当日10时起对乌克兰石油天然气公司实行预付款供气机制。乌克兰石油天然气公司总裁安德烈·科博列夫说，没有俄方供气，预计乌方只能撑到2014年12月。[3] 乌克兰议会则针锋相对地通过了政府起草的制裁法案，内含29种制裁措施，包括禁止俄罗斯过境乌克兰向欧洲输送能源。总理亚采纽克认为该法案的通过是“历史性的一步，可以使乌克兰像西方国家那样保护自己的利益”。[4] 俄、乌天然气冲突一直持续到10月31日才告一段落，在欧盟的调解下双方达成了临时决定，敲定了所谓的俄对乌冬季供气一揽子协议。[5] 7月11日，俄罗斯农产品监管局宣布，因为在产品中发现了害虫，全面禁止从摩尔多瓦进口蔬菜和水果，并要求摩国公司召回其在俄市场销售的蔬菜罐头产品。此外，俄还

---

① 《俄白哈三国总统批准吉尔吉斯加入欧亚经济空间的路线图》，http：//www.mofcom.gov.cn/article/i/jyjl/e/201410/20141000757888.shtml。

② 《俄将向南奥塞梯继续提供财政援助》，http：//ru.mofcom.gov.cn/article/jmxw/201406/20140600613755.shtml。

③ 《斗气三月，乌克兰再次被俄“断气”》，《解放日报》2014年6月17日。

④ 《乌通过制裁法案禁俄能源过境》，http：//news.163.com/14/0815/09/A3M9N3AM00014AED.html。

⑤ 《俄乌天然气谈判达成临时决定》，http：//rusnews.cn/xinwentoushi/20141031/44191175.html。

决定禁止从摩国进口肉类产品。[①] 7月30日，俄经济发展部已起草决议暂停与格鲁吉亚的自由贸易协定。决议草案指出，该协定于1994年2月3日签署，暂停协定的决定是由俄外交部、俄经济发展部和司法部共同协商作出的。[②] 11月24日，普京表示，2015年俄罗斯将向阿布哈兹拨款50亿卢布，与去年相比援助将增加一倍。这笔拨款主要用于落实《俄阿联盟与战略协作条约》，帮助双方建立共同的防御和安全空间。[③]

（三）独联体亲西亲俄国家政局迥异，各国经济集体下滑

1. 亲西方国家政局动荡

2014年，尽管乌克兰、摩尔多瓦和格鲁吉亚与西方的关系越来越紧密，但其国内形势却岌岌可危，都不同程度地爆发了政治危机，尤以乌克兰为最。2013年底，乌克兰总统亚努科维奇中止了和欧盟签署联系国协议谈判，导致乌国内亲欧洲势力的不满，引发大规模示威游行。随着示威的不断升级，政府对国内局势失去了控制。2月22日，乌克兰议会通过决议，解除了亚努科维奇的总统职务，于5月25日提前举行总统大选，并释放了前总理季莫申科。[④] 在亚努科维奇下台后，与俄罗斯联系紧密的乌克兰东部地区非常不满，民

① 《俄不满摩尔多瓦与欧盟签联系国协定，发动贸易战》，《环球时报》2014年7月12日。

② 《俄罗斯暂停与格鲁吉亚的自由贸易协议》，http：//www. scobc. cn/quyuxinwen/20140731/d1263219. html。

③ 《2015年俄罗斯将向阿布哈兹拨款50亿卢布》，http：//rusnews. cn/eguoxinwen/eluosi_ duiwai/20141124/44206225. html。

④ 《乌总统亚努科维奇被“自动解职”季莫申科获释》，http：//world. people. com. cn/n/2014/0223/c1002 -24437092. html。

族分离势力迅速抬头，独立倾向日益加强。3 月 17 日，克里米亚公投委员会委员长马里谢夫宣布，在 16 日公投中 96.77% 的选民支持加入俄罗斯联邦。议会宣布克里米亚独立，并正式申请加入俄罗斯联邦。3 月 18 日，普京在议会表示，克里米亚过去以及现在都是俄罗斯“不可分割的”部分。[①] 在克里米亚成功加入俄罗斯后，乌克兰东部其他地区也纷纷效仿。5 月 12 日，卢甘斯克和顿涅茨克公投结果出炉，分别有 96.2% 和 89.07% 选民支持独立，两州都宣布成为“独立主权国家”。[②] 乌克兰政府对于两州的独立结果坚决不予承认，双方至今仍在乌国东部激战。6 月 2 日，乌克兰中央选举委员会宣布，波罗申科在 5 月 25 日举行的总统选举中获胜，得票率为 54.7%，前总理季莫申科得票排名第二，得票率为 12.81%。[③] 8 月 25 日，乌克兰总统波罗申科宣布，提前终止第 7 届议会行使权力，并在 10 月 26 日举行新一届议会选举。他表示，议会多数联盟已于 7 月 24 日解散，而新的多数联盟未能按照相关法律规定在一个月内成立，因此他使用了宪法赋予总统解散议会的权力。[④] 11 月 10 日，乌克兰中央选举委员会公布了第 8 届议会选举的正式结果，拥戴总统的政党波罗申科联盟成为议会第一大党，其议会席位总计达到 132 个；总理亚采纽克领导的人民阵线共夺得 82 个议席，成为第二大党。[⑤] 乌克兰东部的独立热情很快蔓延到周边国家。3 月 16 日，摩

① 《俄罗斯同意克里米亚入俄》，http://news.xinhuanet.com/world/2014-03/19/c_126286187.htm。

② 《乌东部两州公投结果显示多数投票者赞成独立》，http://news.xinhuanet.com/world/2014-05/12/c_126492001.htm。

③ 《乌克兰中央选举委员会正式宣布波罗申科当选总统》，http://news.xinhuanet.com/world/2014-06/02/c_1110956956.htm。

④ 《乌克兰总统宣布解散议会》，《人民日报》2014 年 8 月 27 日。

⑤ 《乌克兰中央选举委员会公布议会选举正式结果》，http://news.xinhuanet.com/world/2014-11/11/c_1113191139.htm。

尔多瓦的德涅斯特河沿岸共和国最高委员会议员一致请求俄罗斯领导层承认其独立。该共和国议会的依据是《联合国宪章》中规定的人民自决权，以及2006年该共和国举行的全民公投结果。当时97%以上的全民公投参与者赞成独立，并让德涅斯特河沿岸摩尔达维亚共和国下一步加入俄罗斯。[①] 11月5日，格鲁吉亚外长和她的3名副手宣布辞职，声称此前一天国防部长被解职具有政治动机，损害了国家逐渐加入北约和欧盟的目标。这一事件凸显了执政联盟中的“格鲁吉亚梦想”和“我们的格鲁吉亚—自由民主党人”两党间围绕反腐败、融入西方和抵御邻国俄罗斯影响力等方面逐渐加剧的紧张关系。[②]

2. 亲俄国家政局稳定

尽管乌克兰、摩尔多瓦等国陷入了剧烈的内部动乱，但独联体其他国家的政局却较为稳定，危机中的俄罗斯更是高度团结在总统普京的周围。在欧美加强对俄制裁的形势下，外部敌人的出现让俄罗斯人民更加团结，让普京总统的支持率达到了历史最高水平。[③] 9月24日，俄罗斯独立民意研究机构列瓦达中心公布的最新民意调查结果显示，俄罗斯总统普京的支持率在9月份达到86%，71%的受访者对总理梅德韦杰夫的工作给予正面评价，约2/3的受访者积极评价国家局势。另据俄罗斯公共舆论基金会公布的民意调查结果，2/3的受访者认为俄罗斯一些著名人士可以被视为道德模范，而其

---

① 《普京收到德涅斯特河沿岸共和国请求承认其独立报告》，http://rusnews.cn/eguoxinwen/eluosi_duiwai/20140417/44038892.html。

② 《格鲁吉亚政局陷入动荡》，《参考消息》2014年11月7日。

③ 《普京“人民团结日”高呼团结　支持率达历史新高》，《环球时报》2014年11月5日。

中 36% 的人认为普京是这些道德模范的领头人。[1] 普京领导的统一俄罗斯党也在国内各地受到了欢迎，在地方选举中大获全胜。9 月 15 日，俄罗斯中央选举委员会出台地方选举最新信息，统一俄罗斯党在俄联邦 30 个地区州长和 14 个地区议会选举中排名第一；同时在克里米亚和塞瓦斯托波尔市选举中，统一俄罗斯党也名列前茅。[2]

3. 独联体各国经济持续不景气

2014 年，受制于全球经济低迷以及石油价格的暴跌，以资源产品出口为导向的大多数独联体国家经济增长明显放缓。6 月 11 日，世界银行发布报告称，独联体地区经济增长将明显放缓，原因在于主要贸易伙伴国经济发展放缓（主要指俄罗斯和中国）、地缘政治摩擦、金属和矿产价格下跌。报告称，自 2014 年初开始，俄、哈、乌三国制造业指数每月都大幅下滑。2013 年世界银行预测该地区 2014 年 GDP 增速为 4%，现预测增速仅为 2.2%，但此后两年可能将攀升至 4.6%、4.9%。[3] 在独联体国家中，中亚国家过去长期保持了较高的经济增长速度，但 2014 年的经济增速也开始下滑。国际货币基金组织发布报告认为，未来 5 年内，由于俄罗斯受西方经济制裁的负面效应，以及国内需求日趋疲软等原因，中亚各国的经济增长将放缓。亚洲开发银行将对 2014 年中亚地区经济增长预期从 6.5% 下调到 5.5%。[4] 作为独联体内影响最大的国家，俄罗斯的经济增长进一步减速，经济发展部不断下调增长预期，俄经济部长乌卢卡耶夫

---

① 《民调显示普京支持率达 86%》，http：//news. xinhuanet. com/ttgg/2014 - 09/25/c_ 127029980. htm。

② 《新浪专稿：俄地方选举执政党大获全胜》，http：//news. sina. com. cn/w/2014 - 09 - 15/115830858550. shtml。

③ 《世界银行预测独联体地区经济增长将明显放缓》，http：//www. mofcom. gov. cn/article/i/jyjl/e/201406/20140600621899. shtml。

④ 《国际货币基金组织认为未来 5 年中亚各国经济增速将放缓》，http：//www. mofcom. gov. cn/article/i/jyjl/e/201411/20141100787994. shtml。

表示，俄罗斯2014年的经济将增长0.7%—0.8%。俄罗斯央行则预测2015年增长仅0.1%，反映了西方对于乌克兰危机的制裁与石油价格下跌造成的经济破坏。[①] 所有国家中，只有饱受战火和分裂之苦的乌克兰经济一枝独秀，令人大跌眼镜。11月27日，乌克兰总理亚采纽克表示，乌克兰2014年的GDP增速约为7%，而专家在年中时的预测为负数，在-7%至-10.3%之间。[②]

（四）恐怖主义危害降低，俄罗斯加强军事建设

1. 恐怖主义危害大大下降

2014年，除亲西方国家出现了国内动乱外，独联体其他国家保持了相对稳定，政治、军事安全状况较为平稳，即使是猖獗多年的恐怖主义也得到了有效遏制。在反恐领域，俄罗斯的成绩尤为突出，不仅恐怖袭击数量和遇难人数都大幅减少，而且击毙了车臣恐怖主义头目。3月18日，车臣非法组织“高加索酋长国”官网发布消息称，领袖多库·乌马罗夫已于2013年夏天去世，来自达吉斯坦的穆罕默德·苏莱曼诺夫将成为继任者。据消息人士透露，乌马罗夫可能因糖尿病加剧伤口坏疽而死。[③] 10月19日，俄罗斯国家反恐委员会发布消息，达吉斯坦哈萨维尤尔特市成功制止一起大型恐怖袭击，拆除的炸弹威力达25公斤TNT炸药。[④] 11月13日，俄罗斯车臣共和国领导人卡德罗夫在社交网络上称，极端组织“伊斯兰国”指挥

---

① 《俄罗斯经济部长：今年经济将增长0.7%—0.8%》，http：//finance.sina.com.cn/money/forex/20141126/152220926936.shtml。

② 《新浪前方直击：乌克兰预计今年GDP增长7%》，http：//news.sina.com.cn/w/2014-11-27/051331208990.shtml。

③ 《车臣叛军公布乌马罗夫死讯》，《参考消息》2014年3月20日。

④ 《俄反恐委员会：达吉斯坦境内成功制止大型恐怖袭击》，http：//rusnews.cn/eguoxinwen/eluosi_ anquan/20141019/44184391.html。

官塔尔汉·巴季拉什维利死亡，这就是每一个想威胁俄罗斯和车臣人民的人的下场。巴季拉什维利在电话中告诉自己的父亲，他的团伙击溃伊拉克军队并夺取了摩苏尔，下一个目标将是俄罗斯。[①] 俄罗斯联邦安全局局长博尔特尼科夫表示，在政府的协调执法和预防干预下，2014 年俄罗斯的恐怖主义犯罪数量大幅下降，比 2013 年同期减少了一半多。但他强调，俄罗斯目前依然面临严峻的反恐压力。[②] 虽然恐怖主义危害已大大降低，但在车臣地区依然有大量恐怖主义继续危害社会。12 月 4 日，10 名车臣非法武装分子驾驶 3 辆汽车在格罗兹尼市内制造了一系列恐怖袭击，造成至少 19 人死亡，其中包括 10 名军警和 9 名恐怖主义分子。[③]

2. 俄罗斯展示战略威慑能力

在乌克兰危机爆发后，俄罗斯承受了来自西方的巨大压力。为了维护国家安全，俄罗斯多次成功试射战略弹道导弹，并加强了航天反导力量的建设，展示出了强大的战略威慑能力。3 月和 5 月，俄战略导弹部队在卡普斯京亚尔演练场两次试射了“白杨 RS－12M”洲际弹道导弹，两颗导弹都精确命中了位于哈萨克斯坦萨雷—沙甘靶场的预定模拟目标。[④] 4 月 14 日，俄国防部发言人叶戈罗夫表示，由战略火箭兵和空天防御兵组成的联合战斗兵团从普列谢茨克发射场成功试射一枚“亚尔斯 RS－24”洲际弹道导弹，弹头准确命中位

---

① 《车臣首领：威胁俄罗斯的“伊斯兰国”指挥官已被打死》，《环球时报》2014 年 11 月 14 日。

② 《俄反恐官员：2014 年俄恐怖袭击数量减少一半》，http：//www. chinanews. com/gj/2014/10－14/6677672. shtml。

③ 《俄罗斯车臣武装分子袭击媒体大楼　多名警察丧生》，http：//world. people. com. cn/n/2014/1205/c157278－26157904. html。

④ 《俄军成功试射 1 枚“白杨”RS－12M 洲际导弹》，http：//www. chinanews. com/mil/2014/05－21/6195163. shtml。

于俄远东堪察加半岛的目标。[①] 11 月 28 日，俄“北风之神”级战略核潜艇“亚历山大·涅夫斯基”号在巴伦支海成功试射一枚“布拉瓦”洲际弹道导弹，成功命中位于察加半岛的预定目标。这是俄罗斯海军年内第二次成功试射“布拉瓦”导弹。[②] 除了展现强大的导弹攻击能力外，俄罗斯也加大了航天和导弹防御部队的建设力度。6 月底，俄罗斯成功进行了远程反导导弹试验，完成所有计划内的预定目标和任务。该导弹是 S－500 导弹系统的一部分，系统进度完全符合 2020 年前俄国家武装计划所规定的期限。[③] 9 月 15 日，“俄罗斯航天系统公司”副总经理格里戈里·斯图帕克在第四届国际卫星导航学会开幕式上表示，俄罗斯将于近期在中国部署 3 座格洛纳斯导航系统差分校正和监测系统站，在哈萨克斯坦部署两座，在白俄罗斯部署一座。[④] 10 月 30 日，空天防御部队发言人阿列克谢·佐罗图欣表示，“子午线”通信卫星被送入轨道，这是第 7 颗发射到轨道的“子午线”卫星。[⑤]

3. 俄罗斯加快更新武器装备

2014 年，俄罗斯的军事现代化进程迅速推进，大量新式装备列装，很大程度上弥补了装备陈旧的不足。8 月 28 日，俄罗斯海军总司令奇尔科夫在圣彼得堡举行的“旧奥斯科尔”柴电潜水艇下水仪

---

① 《俄罗斯成功试射以洲际弹道弹道》，http：//news. xinhuanet. com/world/2014－04/14/c_ 1110234913. htm。

② 《俄罗斯成功试射一枚“布拉瓦”导弹》，http：//world. people. com. cn/n/2014/1129/c157278－26116412. html。

③ 《俄成功试验 S－500 远程反导导弹》，http：//news. xinhuanet. com/yzyd/mil/20140707/c_ 1111496906. htm。

④ 《俄罗斯正在扩展海外格洛纳斯信号校正站网络》，http：//rusnews. cn/eguoxinwen/eluosi_ keji/20140915/44162931. html。

⑤ 《俄空天防御部队：“子午线”通讯卫星被送入轨道》，http：//rusnews. cn/eluosi_ anquan/20141030/44190728. html。

式上称，俄罗斯黑海舰队2014年年底前将同时接收11艘战舰，其中包括2艘登陆冲锋艇、2艘柴电潜水艇、1艘护卫舰和6艘各种级别的补给舰。[①] 9月10日，普京在有关制定2016—2025年国家军备计划会议期间表示，根据国防订单的执行，2014年军队就接装超过3600个单位的主要武器装备，完成合同总数的68%。这是一个不错的指数，军队还接装了约24万件其他武器。重要的是未来保持这一工作速度。[②] 11月27日，普京在主持召开国防工业综合体发展会议上表示，俄罗斯2014年国防采购计划基本全部完成，到2020年俄武装力量中现代装备比例不能低于70%，军工企业必须不打任何折扣地实现这一目标。[③]

综上所述，乌克兰危机的爆发使得俄罗斯与西方发生了尖锐冲突，围绕着独联体地区主导权的斗争正在各个领域展开，俄罗斯被迫加强了和亚洲国家的合作。尽管乌克兰、格鲁吉亚和摩尔多瓦倒向了西方，但俄罗斯凭借军事、能源等方面的优势，大力推动欧亚经济联盟计划的启动，维持了自己在独联体的优势地位。在独联体国家中，亲西方国家都陷入了严重的政治动荡中，亲俄国家政局较为平稳，但各国经济却在乌克兰危机和石油价格暴跌的冲击下都停步不前；独联体地区安全形势较为稳定，恐怖主义的危害日渐降低，俄罗斯把安全重心放在了军事领域，加大了国防投入的力度。展望2015年，独联体地区难以回归平静，西方与俄罗斯在乌克兰、格鲁吉亚等战略要地的争夺仍将继续。随着欧亚经济联盟的启动，俄罗

---

① 《俄海军司令：黑海舰队2014年底前将增添11艘军舰》，http://www.chinanews.com/gj/2014/08-28/6541628.shtml。

② 《普京：俄军今年共接装3600个单位主要武器装备》，http://rusnews.cn/eguoxinwen/eluosi_anquan/20140910/44159982.html。

③ 《普京称到2020年俄军现代装备比例不能低于70%》，《解放军报》2014年11月29日。

斯将进一步巩固在独联体的领导地位，地区一体化进程也将深入发展。地区内各国的亲俄政权有望保持稳定，但乌克兰、格鲁吉亚国内在如何融入西方和对待俄罗斯等问题上仍有巨大的分歧，这容易导致国内发生动乱。在恐怖主义危害不断降低之后，独联体地区最大的隐患是各国经济陷入低迷，只有进行经济结构改革才能真正解决问题根源，这使得地区经济在较长一段时间内难以改善。

二、重大事件词条

2014 独联体国家元首峰会

10 月 10 日，独联体国家首脑峰会在明斯克召开，峰会由白俄罗斯总统卢卡申科主持，他同时主持了最高欧亚经济委员会会议和欧亚经济共同体会议。峰会共讨论 17 个文件草案，主要内容包括：进一步促进独联体国家人文、安全等领域的合作；制定和完善欧亚经济共同体会议的活动规则。最高欧亚经济委员会会议由独联体国家首脑参加，讨论的议题范围广泛，包括吸纳亚美尼亚加入欧亚经济联盟、吉尔吉斯斯坦加入欧亚经济空间路线图、欧亚经济委员会与其他一体化国家和国际组织的相互作用等问题。各国元首最终通过了 15 个合作文件，主要包括：关于为纪念伟大的卫国战争胜利 70 周年独联体成员国元首致独联体人民和世界的宣言；关于发展独联体国家地区间合作的协议；关于保持和加强国际毒品管制系统的声明；关于 2015 年在俄罗斯和塔吉克斯坦实施“独联体文化首都”项目；关于 2015—2019 年独联体国家遏制非法移民的合作规划；关于独联体成员国遏制贩卖人口的合作方案；关于成立边境机构联合专家组以快速应对独联体成员国以外边境安全威胁的协议；关于修改 2012 年 12 月 5 日签署《关于成立独联体国家金融情报部门负责人理事会的协议》的议定书；关于确定 2016 年为独联体教育年。

2014 里海沿岸国家首脑峰会

9 月 29 日，第四届里海沿岸国家首脑峰会在俄罗斯阿斯特拉罕召开。俄罗斯、哈萨克斯坦、土库曼斯坦、阿塞拜疆和伊朗5国领导人就里海的法律规制、安全、军事合作等敏感问题进行了讨论。俄方代表表示，5国元首成功商定了里海水域划分的问题，各方在下一次于哈萨克斯坦召开的峰会期间将有可能签署《里海合法地位公约》。其间，俄罗斯总统普京还与阿塞拜疆、土库曼斯坦和伊朗领导人举行了一系列双边会晤。由于里海资源丰富，苏联解体后，沿岸的阿塞拜疆、哈萨克斯坦和土库曼斯坦希望对里海进行重新划分，但各方由于分歧长期无法达成共识。

埃及总统访俄

8月12日，埃及总统阿卜杜勒—法塔赫·塞西抵达俄罗斯索契开始对俄罗斯进行访问，这是塞西担任总统以来首次访俄。塞西在机场参观了俄方展示的虎式装甲车、道尔与铠甲防空导弹系统等武器装备，体现了俄埃加强在军工领域合作的意愿。俄罗斯总统普京同塞西进行会晤，共同探讨了两国在经贸、旅游领域的合作，以及协调两国在中东和其他国际问题上的立场。2013年，埃及前总统穆尔西被解除职务以来，美国同埃及的关系遇冷，埃及开始积极寻求与俄罗斯的合作。

保加利亚暂停“南溪”天然气管道工程

6月2日，欧盟委员会向保加利亚总理正式发函，就“南溪”天然气管道项目（简称“南溪线”）保加利亚段项目与俄罗斯方面签署的协议、建筑商招投标等事宜提出质疑，要求保加利亚暂停该项目的所有建设活动，并在一个月的限期内给出答复，否则将提请欧洲法院对保加利亚进行惩处。6月8日，保加利亚总理奥雷沙尔斯基表示，“南溪线”保加利亚段工程将暂停建设，只有在消除欧盟对于该项目在法律方面的相关疑问之后才会考虑项目继续的方式。9日，保加利亚经济和能源部部长斯托伊内夫表示，“南溪线”项目不会终止，保加利亚已经就欧盟提出的问题准备了初步回复，现在要考虑的是如何解决问题。为摆脱出口西欧天然气对过境乌克兰的依赖，俄天然气工业股份公司和意大利埃尼公司于2007年共同发起“南溪线”项目，旨在将俄罗斯天然气输送到西欧等地。按照建设规划，“南溪”管道从俄罗斯经黑海海底在保加利亚上岸，然后进入欧洲，其境内管道全长540公里。保俄双方在2008年“南溪线”项目签署的协议中提到，两国公司在天然气管道供应方面享有优先权。然而，2013年11月欧盟委员会发出特别通知，要求欧盟成员国遵守内部能源市场的相关规定，即在保俄两国的项目中必须要引入第三方投资。欧盟认为保俄“南溪线”的合作违背了欧盟反垄断的相关规定，自2013年8月起就坚持要求保加利亚就该条款与俄罗斯方面重新进行谈判。

标准普尔对白俄进行信用评级

4月14日，标准普尔确定白俄罗斯长期信用评级为B-。同时，把白俄罗斯短期信用评级确定为B。分析认为，政治风险、政府财政庞大的资金需求、对外国资金的依赖是此次评级的影响因素。标普认为，对来自俄罗斯的资金依赖增加了白俄罗斯的信用风险。

车臣恐怖主义袭击

12月4日，俄罗斯国家反恐委员会称，10名车臣非法武装分子当天凌晨1时驾驶3辆汽车进入车臣首府格罗兹尼市内，制造一系列恐怖袭击，造成至少19人死亡。这伙武装分子通过一个交通检查站时被拦截，他们开枪打死至少3名警察。事后，武装分子藏身于市中心的“报刊之家”大楼，并劫持一些人质。随即赶来的军警包围大楼，双方进行枪战。战斗结束后，在大楼内共发现7具武装分子尸体。另外还有数名匪徒隐藏到市中心的第20中学大楼，所幸当时学校内并没有师生。俄国家反恐委员会表示，此次反恐行动造成10名军警死亡，约28人受伤。一个自称“高加索酋长国圣战组织”的武装组织在社交网站上传视频，宣称对袭击事件负责。

崔龙海访俄

11 月 17 日，朝鲜最高领导人金正恩的特使、劳动党中央书记崔龙海访问俄罗斯，并带去金正恩致普京的亲笔信。访俄期间，崔龙海还到访俄远东城市哈巴罗夫斯克和符拉迪沃斯托克。俄媒报道称，朝鲜准备在哈巴罗夫斯克长期租用 1 万公倾农用地，从事粮食、蔬菜生产和畜牧业，朝鲜方面将提供劳动力、农业机械和材料。此次访俄强化了 2014 年以来急速升温的朝俄关系，其中最令人瞩目的是朝俄双方确定了金正恩和普京举行首脑会谈的方案。

俄 2015—2017 年预算草案

7 月 3 日，俄政府通过 2015—2017 年预算草案，并于 9 月底提交国家杜马审批。在该预算案中，俄国库收入没有增加，国防和民生领域支出有所增加。草案预测，2015 年民生支出增至 27.3%。预计到 2017 年，社会民生支出占比 26.5%，国防支出占 20.9%。此外，预算案显示，2015 年起俄将控制财政赤字，2016—2017 年赤字水平将控制在 0.6%。

俄奥“南溪”管线协议

6 月 24 日，俄罗斯天然气工业集团总裁米勒和奥地利石油天然气集团总裁罗伊斯签署了建设奥地利境内“南溪”天然气管道的协议。双方成立“南溪”奥地利有限责任公司，各占 50% 股份。管道从奥地利匈牙利边境延伸至鲍姆加滕。米勒表示，虽然管道长度不足 50 千米，但意义重大。“南溪”将不再经过此前计划的斯洛文尼亚和意大利，而是从俄境内经过黑海海底至保加利亚、塞尔维亚、匈牙利然后再到奥地利。

俄白哈关税同盟—乌克兰峰会

8 月 26 日，俄白哈关税同盟—乌克兰峰会在白俄罗斯首都明斯克举行。俄罗斯、白俄罗斯、哈萨克斯坦、乌克兰 4 国总统以及欧盟外交安全高级代表阿什顿等出席。乌克兰问题是本次峰会的主要议题。各方经过4个多小时的磋商后，白俄罗斯总统卢卡申科向媒体通报了会谈的主要情况。他表示，三方一致认为应避免乌克兰问题进一步升级，但未能就解决危机达成任何原则性决议，甚至没能找到一些具体的步骤乃至技术性的共识。卢卡申科指出，此次峰会是关税同盟和欧盟两大经济一体化组织间的第一次高层对话，与会方分析了由于乌克兰与欧盟签署联系国协定对关税同盟的威胁和影响，从税率变化、技术标准、卫生防疫到海关管理等，另一重要议题则是能源问题。会谈期间，俄罗斯总统普京和乌克兰总统波罗申科举行了会谈。双方就乌克兰危机、俄罗斯对乌东部地区的人道主义援助、卢甘斯克和顿涅茨克两个州的难民、俄乌能源等问题交换了意见。两位总统着重就尽快停止流血冲突以及政治解决危机的必要性进行了对话。两人认为，两国应该重新开始关于能源和天然气问题的谈判，尽管这是非常复杂的问题，但继续谈判是必要的。双方商定将恢复关于能源问题的协商机制，但最终会谈未达成任何书面协议。

俄白核电贷款协议

10月3日，俄罗斯政府向白俄罗斯发放贷款100亿美元，用于修建新的核电站。2011年11月，俄白两国政府签署了一份俄罗斯提供100亿美元国家出口贷款修建白俄罗斯核电站的协议。根据协议，俄罗斯对外经济银行代表俄财政部履行这份协议。新的核电站将由两个发电机组组成，总装机容量240万千瓦，预计2016年第一个发电机组投入使用。设计施工总承包商是俄罗斯“原子能建设出口”公司。

俄成功发射超6吨军用卫星

12月25日，俄罗斯航天部门利用“联盟－2.1B”火箭成功地将一颗军用通信卫星送入太空轨道。据俄罗斯空天防御兵新闻发言人佐洛图欣介绍，“联盟－2.1B”运载火箭在俄北部普列谢茨克发射场升空，当天北京时间11时许，卫星顺利进入轨道且运行正常。此次发射的军用通信卫星重逾6吨，为俄国防部定制。卫星将在最高点为900公里的近地轨道运行。

俄对阿蔬菜水果禁令

12月8日，俄罗斯动植物检验检疫局对媒体宣布，禁止阿尔巴尼亚出产以及经其运输至俄的蔬菜和水果。俄动植检局表示，在近期阿尔巴尼亚向其提供的21份植检证书中，发现有20份系名为该国出产产品，实为欧盟遭禁国家生产的产品。据悉，除俄反制裁禁止进口清单上的国家外，俄动植检局此前已禁止从乌克兰、摩尔多瓦、黑山等国进口果蔬。

俄对欧牛肉香肠禁令

11月5日，俄罗斯消费者权益保护和福利监管署发布公告称，鉴于近期德国超市和肉类食品店销售的牛肉发现炭疽杆菌，俄决定禁止从欧盟11国（比利时、丹麦、斯洛伐克、法国、意大利、荷兰、葡萄牙、西班牙、瑞典、波兰、德国）进口牛肉香肠及牛肉块，并将对此进行严格监控。

俄对乌官员发国际通缉令

6月21日，俄罗斯联邦调查委员会宣布，根据俄罗斯刑法对乌克兰内务部长阿瓦科夫和乌克兰第聂伯罗彼得罗夫斯克州州长科洛莫伊斯基发起国际通缉。委员会表示，阿瓦科夫和科洛莫伊斯基等人自2013年4月12日起在乌东部多地组织并领导了以杀害平民为目的的军事行动，导致俄记者在内的100多名平民死亡、200多名平民受伤，委员会因此发出国际通缉令。4月上旬，乌克兰东部顿涅茨克州和卢甘斯克州民间武装占领地方政府大楼，各自宣布建立“人民共和国”，武力对抗乌克兰中央政府。乌当局随后针对民间武装开展“反恐行动”，此轮冲突造成大量人员伤亡。

俄格暂停自贸协定

7月30日，俄罗斯宣布暂停与格鲁吉亚在1994年签订的自由贸易协定。该决定是由俄罗斯外交部、经济部和司法部共同作出的，主要是为了回应7月18日格议会通过与欧盟的联系国协定。6月27日，格鲁吉亚及乌克兰、摩尔多瓦与欧盟正式签署联系国协定。俄罗斯此前宣布，如果这3个邻国与欧盟达成协议，俄罗斯可能削弱同它们的贸易联系。

俄哈军事技术合作条约

9月18日，俄罗斯总统普京批准与哈萨克斯坦的军事技术合作条约。该条约旨在简化两国间的武器供应，两国可以相互供应与本国武装力量性能及装配相同的军用产品，其价格将根据供应国法律制定。

俄军测试S-500远程反导导弹

6月末，俄罗斯成功进行了远程反导导弹试验，该导弹是S-500导弹系统的一部分。据消息人士称，该试验完成了所有计划内的预定目标和任务，S-500导弹系统进度完全符合2020年前俄国家武装计划所规定的期限。S-500导弹系统能够发现并同时击落10个空中速度为每秒7千米的目标。有预测认为，S-500导弹系统威力将大大超过美国最新的“爱国者”PAC-3导弹系统。

俄临时禁止进口摩尔多瓦肉类和肉制品

10月22日，俄罗斯联邦动植物卫生监督局局长谢尔盖·丹克维尔特表示，从10月27日开始对摩尔多瓦的肉类和肉制品实行临时进口限制。他表示，这是根据与俄白双方对摩尔多瓦企业进行联合检查的结果作出的决定。他表示，双方查出其中一家企业在摩尔多瓦市场上采购没有来源证书的肥猪肉块，随后该产品被转运至白俄罗斯和俄罗斯进行加工。

俄罗斯“2014—2015年反腐败国家计划”

4月11日，俄罗斯总统普京批准了“2014—2015年反腐败国家计划”。“反腐败国家计划”是俄罗斯于2008年出台的反腐系统计划，此后每年都会制订新版本。根据该计划，俄将采取措施保证联邦议员遵守法律和伦理标准规定的禁令、限制和义务，监督高级官员执行关于所收礼品估价和上交情况通报制度等，继续在社会营造对腐败行为的不容忍态度。计划规定，俄罗斯官员的收支情况将用专门的计算机程序进行跟踪和分析。俄联邦政府将监督联邦国家权力机关公务员轮岗情况，完善对腐败线索检举人员的法律保护，制止教育机构中的受贿行为。同时，俄还将制定措施，掌握官员在国外的开户信息。

俄罗斯北极战略司令部

12 月 1 日，在北海舰队基础上组建的俄罗斯北极战略司令部正式开始运作。北极战略司令部主要管辖俄罗斯在北极地区部署的所有部队，涉及俄现有的各个兵种，目的是保护俄罗斯在北极地区的利益。根据普京的命令，北极战略司令部归俄国防部国家指挥中心管辖，相当于俄罗斯的第五军区。目前，俄罗斯武装力量共有中央军区、东部军区、西部军区和南部军区四大军区。自即日起，北极战略司令部将开始接受来自俄西部、中部、东部、南部军区的部队、舰艇等。其中，西部军区北海舰队全编制、空军及防空部队部分指挥部将受北极战略司令部管辖，部队转交过程将持续 2—3 周。北极战略司令部领导人选将由俄国防部筛选。此外，北极战略司令部还将组建两支针对北极地貌特点的陆上作战部队。第一支陆上作战部队将部署在摩尔曼斯克州的阿拉库尔季居民点，于 2015 年部署完毕；第二支陆上作战部队预计于 2016 年部署在亚马尔—涅涅茨自治区。在俄罗斯北极地区的岛屿领土上，包括新地岛、新西伯利亚群岛、弗兰格尔岛、施密特海角等地，目前已组成接受北极战略司令部指挥的联合战略作战部队。这些部队于 2014 年 10 月部署执勤，配有现代化的武器和军事装备用以保卫俄罗斯在北极的领土安全。

俄罗斯“东方—2014”演习

9 月 23—25 日，俄罗斯“东方—2014”首长司令部战略演习正在远东地区举行。俄国防部长绍伊古说，参演军人超过15.5万，装甲战车超过4000辆，战斗机和直升机632架，军舰84艘。此次军演在属于俄罗斯东部军区的14个训练场举行。除俄东部军区外，俄中部军区、西部军区以及空降兵也参加了演习。演习的目的是，通过配备现代化武器和军事技术装备，提高俄军的射击能力、打击能力和机动能力。

俄罗斯“进口限禁令”

8月6日，普京签署《关于采取特定经济措施以确保俄联邦安全》的总统令，要求俄联邦各国家机关及法人实体在未来一年内禁止或限制从对俄制裁国家进口部分农产品、原材料及食品。总统令同时要求增加俄罗斯国产商品的供应量，旨在“以特定经济措施确保俄联邦的安全”。普京强调，西方国家以政治手段对俄经济施压，是违反准则、不可接受的，在当前条件下，俄应谨慎应对西方制裁，扶持本土生产商，保护本国生产商的利益，同时不损害消费者利益。普京责成俄联邦政府就上述“进口限禁令”开列实施细则清单；采取措施防止俄境内农产品、食品价格加速上涨，确保商品市场平衡；实时监控商品市场；视本国农产品、食品价格及市场平衡等因素，划定限禁进口的具体商品类别。总统令要求俄政府协同生产商、销售商等增加俄国产商品的供应。普京还授权俄政府，可颁布其他措施以确保上述总统令的实施，并可在必要时建议缩短或延长该总统令所规定的“1年”期限。

俄罗斯“卫星”新闻通讯社

11月10日，俄罗斯推出了一个拥有数百名海外记者的国有媒体机构——“卫星”新闻通讯社（Sputnik），旨在对抗西方的“侵略性宣传”。“卫星”新闻通讯社的前身是俄罗斯新闻社外语部和“俄罗斯之声”电台。其负责人基谢廖夫说，“卫星”新闻通讯社将在30个城市开设“新闻中心”，包括华盛顿、伦敦、柏林、巴黎、里约热内卢和众多苏联加盟共和国首都。该集团业务将包括通讯社、电台、网站、手机终端和社交媒体等。到2015年年底，“卫星”新闻通讯社将在34个国家用30种语言“发声”。

俄罗斯《禁止政府机关购买外国车辆和设备法案》

7月15日，俄罗斯总理梅德韦杰夫签署法令，禁止政府机关购买外国车辆和设备。梅德韦杰夫表示，俄联邦预算会为政府购买商品和服务拨出大额钱款，但如果这些资金可以用来购买国产产品而不是外国产品会更好。该文件规定，俄罗斯联邦及地市级政府禁止购买外国生产的各类设备，这里不仅包括政府官员的车辆，也包括社会公共交通、紧急情况部门和获得联邦财政支持的单位及组织的特殊设备。梅德韦杰夫强调，该规定并不意味着俄罗斯彻底拒绝与外国公司的合作，相反，却有利于俄罗斯企业与外国公司在生产活动上展开合作。根据文件，外国品牌在俄罗斯境内生产的产品不属于禁用范围。俄罗斯副总理阿尔卡季·德沃尔科维奇表示，外国品牌在俄罗斯境内生产的地域化水平是俄罗斯政府采购的必需条件。他表示，生产地域化水平还将逐年提高。目前，该水平为30%—40%，而在2018年将达到60%—70%。据悉，俄政府还在准备另外两个类似文件，涉及纺织产品和医疗设备。

俄罗斯《克里米亚2020年前社会经济发展联邦纲要》

8月7日，俄总理梅德韦杰夫批准《克里米亚和塞瓦阿斯托波尔2020年前社会经济发展联邦纲要》。《纲要》编列了7000亿卢布（约合200亿美元）的投资计划，其中俄联邦预算拨款6600亿卢布（约合189亿美元）。该纲要涉及的项目主要有跨刻赤海峡大桥、公路和港口修复、能源和水供应、高科技技术和工业园区建设、卫生和教育基础设施建设等。俄财政部与经济发展部、克里米亚事务部对纲要所需资金持不同意见，认为纲要所列项目所需投资额至少高估一倍。

俄罗斯波罗的海军演

6 月 12 日，俄罗斯在加里宁格勒州举行军事演习。俄波罗的海舰队的 24 艘船舰在领海巡逻，同时俄空军还增派苏－27 战机加强力量。俄罗斯国防部没有披露这次军演的规模，但指出这次军演投入的设备和兵力与北约演习规模相当。俄国防部声称："集团军在加里宁格勒州操练场的训练，与在欧洲代号为'军刀出击—2014'和'波罗的海行动—2014'的国际演习同时举行，这次演习是针对北约在东欧进行演习所做的回应。"拉脱维亚方面称，在发现共计 16 架俄罗斯军机靠近其领空后，在波罗的海执行空中巡逻任务的北约战机 4 次紧急升空，升空次数创新纪录。

俄罗斯地方选举

9 月 13 日，俄罗斯 83 个联邦主体中的 74 个联邦主体进行了各级地方议会和地方行政机构领导人选举，其中 30 个地区选出州长，14 个地区重选立法会议议员。9 月 14 日，俄罗斯中央选举委员会宣布，经过对 97% 的选票清点后，统一俄罗斯党在联邦 30 个地区州长和 14 个地区议会选举中排名第一，同时在克里米亚和塞瓦斯托波尔市选举中也名列前茅。在引人关注的 12 个联邦主体的议会选举中，俄罗斯总理普京领导的统一俄罗斯党获得总共 546 个议席中的 375 席，俄罗斯共产党获得 71 席。这次地方选举被称为联邦选举的总预演，是计划于 12 月 4 日举行的俄国家杜马选举之前的最后一次地方选举。

俄罗斯对乌克兰糖果禁令

9 月 5 日，因在对乌克兰 ABK 公司的产品检查过程中发现其产品与标签不符，俄罗斯消费者权益保护与福利局宣布禁止进口乌克兰糖果生产企业的产品。在此之前的几个月内，俄罗斯消费者权益保护与福利局还宣布禁止进口乌克兰生产的果蔬产品、鱼罐头和果汁，禁止在手提、托运行李及邮包中携带乌克兰植物类产品入境。

此外，俄罗斯还禁止从乌克兰进口奶制品、大豆、葵花籽、玉米面粉、猪肉和土豆。

俄罗斯对乌奶酪制品禁令

11 月 13 日，俄罗斯消费者权益保护部门决定，从 14 日起将暂停从乌克兰进口奶酪制品。理由是这些商品的生产工艺存在多处违反俄罗斯《消费者权益保护法》和《食品卫生法》的现象，有可能对俄罗斯消费者的健康造成威胁。从 2014 年 6 月起，俄罗斯对原产乌克兰的多种食品和商品设限，并不断增加设限产品种类。目前，俄罗斯已禁止从乌克兰进口的商品还包括牛奶、土豆、猪肉以及部分乌克兰公司生产的酒水等。

俄罗斯发射“光线”卫星

9 月 28 日，俄罗斯“光线”转播卫星搭载“质子 – M”号运载火箭在拜科努尔航天发射场发射。据俄罗斯联邦航天局透露，此次发射的“光线”转播卫星能够提升俄格洛纳斯系统的准确度，其定位精准度将能与美国 GPS 系统相媲美。据报道，此次发射是俄罗斯 2014 年第 5 次发射“质子”火箭，这也是继 5 月事故之后的首次发射。5 月 16 日，“质子 – M”号运载火箭携带“快车 – AM4R”卫星在大气层中爆炸，当时卫星头部由于未及时与火箭分离而没有进入预定轨道。“光线”航天通信转播卫星系统是 2006—2015 年俄罗斯联邦航天规划中的重要内容，它可用来保障国际空间站俄罗斯舱段、低轨道飞行的航天器、运载火箭和加速器同地面站的通信联系。

俄罗斯发射载人飞船

11 月 24 日，俄罗斯“联盟 TMA – 15M”飞船与国际空间站“曙光”号对接舱自动对接。该飞船是于莫斯科时间 24 日零时 1 分从哈萨克斯坦的拜科努尔发射场，用“联盟 – FG”运载火箭发射升空的。此次前往国际空间站驻站的 3 位宇航员是来自俄联邦航天署的安东·什克普列罗夫、美国航天局的特里·维尔特斯和欧洲航天局的萨曼莎·克里斯托弗雷蒂。站内驻守的航天员由此增至6人，达到额定人数。按计划，这些站内航天员将一同工作169天，开展涉及领域广泛的应用科学研究和实验。在此期间，国际空间站还将迎来数艘俄“进步”货运飞船和一艘欧洲航天局的“ATV-5”货运飞船。

俄罗斯放弃“南溪”项目

12月1日，到访土耳其的俄罗斯总统普京和俄罗斯天然气工业股份公司总裁米勒在安卡拉先后宣布，终止“南溪”天然气管道建设项目。普京指出，俄在现有情况下不可能继续实施“南溪”项目。他表示，至今没有收到保加利亚方面的许可，“在获得保加利亚同意之前，我们无法启动海上工程”。米勒当天也表示，俄不会再回归“南溪”天然气管道项目。俄罗斯公司此前已经在“南溪”项目上投资近50亿美元。该项目此前得到俄罗斯国有控股的俄罗斯天然气工业股份公司的支持，其设计宗旨是绕开乌克兰向欧洲输送俄罗斯天然气。

俄罗斯国际储备创5年新低

11月21日，俄罗斯的国际储备总额为4204亿美元，较上一周减少2亿美元，创下自2009年10月9日（4187亿美元）以来的新低。报道指出，2014年初俄国际储备总额为5095.95亿美元，随后有相当一部分被用于支撑卢布汇率，仅10—11月，俄央行就投入303.1亿美元的国际储备用于外汇市场干预。俄国际储备曾于2008年8月8日达到历史最高的5981亿美元，最低为1999年4月2日的107亿美元。

俄罗斯国家支付卡系统运营公司

6月19日，俄罗斯央行行长纳比乌琳娜称，根据董事会此前通过的一项决议，该行成立了国家支付卡系统运营公司，该公司正在办理国家注册。乌克兰危机以来，美欧对俄罗斯在金融领域进行制裁，俄罗斯开始寻求建立本国的支付系统，以减少对美欧的金融依赖。国家支付卡运营公司是建立俄罗斯本国支付系统的重要步骤之一。

俄罗斯黑海舰队军演

7月5日，俄罗斯国防部网站发布消息称，俄黑海舰队已完成在指定区域的部署并从当天起进行第一阶段军事演习。在演习第一阶段，黑海舰队舰艇和飞机将进行导弹射击、轰炸等训练。此外，包括反潜舰、扫雷舰等在内的舰艇将对假想敌实施打击。俄黑海舰队此次演习的区域覆盖整个黑海海域，约20艘舰船、20架飞机和直升机以及海军陆战队等力量参与此次演习，主要目的是进行黑海舰队各军种的协作训练。与此同时，为期10天的北约七国联合海上军事演习于7月4日在保加利亚东部黑海海域举行。

俄罗斯恢复对乌供煤

12月27日，俄罗斯政府确认，应乌克兰方面请求，俄方已经恢复向乌方供应煤炭和电力，同时并未实行预付款机制。这是俄罗斯3年内首次向乌克兰供应煤和电。俄方官员说，希望此举有助确保对克里米亚的能源供应稳定。俄罗斯总统普京的新闻发言人德米特里·佩斯科夫告诉记者，普京在先前的艰难时期便承诺，绝不放弃支持乌克兰民众的一贯政策。鉴于眼下严峻的能源形势，普京决定在未收到预付款的情况下向乌方供应煤电。俄罗斯副总理德米特里·科扎克说，为帮助乌克兰摆脱能源困境，俄方决定每月向乌方供应50万吨煤炭。如果双方能够进一步达成一致，俄方可以把煤炭供应量翻倍，提高至每月100万吨。

俄罗斯禁止乌飞机飞越领空

8月7日，俄罗斯总理梅德韦杰夫宣布，俄罗斯政府将禁止乌克兰航空公司飞机飞越俄领空。受此影响，乌克兰航空公司一些前往亚洲方向的航班将被迫取消。梅德韦杰夫表示："俄罗斯政府最终采纳的方案是，俄罗斯将禁止乌克兰航空公司飞机经过俄罗斯领空飞往阿塞拜疆、格鲁吉亚、亚美尼亚和土耳其。”

俄罗斯卢布浮动汇率制

11 月 10 日，俄罗斯央行网站发布声明，允许卢布汇率自由浮动，解除了已实行近 20 年的外汇走廊，较此前计划的 2015 年 1 月 1 日提前了两个月。该声明说，卢布汇率应完全在市场因素的影响下形成，这才能促进央行货币信贷政策有效性的充分发挥。俄央行允许卢布汇率自由浮动可促进俄罗斯经济更好地适应外部经济形势变化，并可提高俄罗斯经济应对负面打击的能力。该声明还说，俄央行这一举措并不意味着完全放弃对外汇市场的干预。当国内外汇市场严重威胁俄罗斯财政安全时，俄央行会适时采取措施干预外汇市场。俄央行行长纳比乌林娜当天在接受媒体采访时表示，俄央行会在任何需要打压投机的时候对外汇市场进行干预。自此，俄央行的货币信贷政策将主要转向抑制通胀，而不是维持卢布汇率稳定。

俄罗斯免除古巴外债

7 月 4 日，俄罗斯国家杜马通过了免除古巴在苏联时期所欠下的 90% 的债务的决议。一周后，俄罗斯总统普京也对古巴进行了访问。俄罗斯此次免除古巴债务，目的在于加强两国间的双边贸易及合作，另一方面的原因是俄罗斯确信，以古巴的财力不可能偿还全部债务。冷战期间古巴欠下的这些债务一直是两国恢复正常关系的一大阻碍。2013 年 10 月 25 日，俄罗斯与古巴签署了一项协议，其中提到将免去古巴欠下的 352 亿美元债务中的 90%，即 316.8 亿美元的债务，其余的 35.2 亿美元于 10 年内还清。免除部分债务的计划最早是在 2013 年初俄罗斯总理梅德韦杰夫访问古巴时被提上日程的，同时纳入考虑范围的还有十几项经济合作计划，但当时并未就免除债务的比例提出具体的细节方案。

俄罗斯取消售叙利亚 S－300 防空导弹

8 月 11 日，俄罗斯联邦军事技术合作局副局长康斯坦丁·比留林向记者表示："为叙利亚准备的S－300系统将进行回收利用，这一决定实际上是由国家政治领导层作出的。"被问及是否可能将这些系统售予其他国家时，他回答："有这种可能，但可能性不大。"英国《阿拉伯圣城报》报道称，俄罗斯曾向其亲密盟友大马士革承诺提供武器，但由于考虑到国际舆论等因素的影响，莫斯科放弃兑现这一承诺。

俄罗斯试射洲际弹道导弹

4月14日，俄罗斯从普列谢茨克发射场成功试射了一枚"亚尔斯"洲际弹道导弹。俄国防部发言人叶戈罗夫对媒体表示，由战略火箭兵和空天防御兵组成的联合战斗兵团在移动发射台上成功试射一枚"亚尔斯"RS－24洲际弹道导弹，弹头准确命中位于俄远东堪察加半岛的目标。装备RS－24多头分导导弹的亚尔斯导弹系统未来将成为俄战略火箭兵的主力兵器，其射程达1.1万公里，可同时精确打击多个目标。

俄罗斯首发"安加拉"火箭

7月10日，俄罗斯普列谢茨克航天发射场发布消息称，"安加拉"1.2 PP轻型运载火箭首次试验发射在该发射场进行。据报道，火箭发射以正常模式进行。根据飞行计划，火箭在发射21分钟后应落在距离发射地点5700公里的勘察加半岛库拉靶场的指定区域。"安加拉"1.2 PP轻型运载火箭是俄罗斯设计的生态清洁型运载火箭，其目标是确保运行时不污染地球大气层，并能顺利进入所有类型卫星的轨道。

俄罗斯首个远东跨越式发展区

10月20日，俄罗斯滨海边疆区经济与战略规划局局长杜比宁表示，该边疆区"纳杰日金"工业园作为远东地区首个跨越式发展区已启动区内相关基础设施建设，预计将于2017年全部竣工。"纳杰日金"工业园为生产物流基地，占地面积782公顷，包括货物转运站、运输业务区和集装箱装卸站，入驻企业主要从事建材生产、木材及矿物原料加工，产品全部对外出口。该发展区毗邻“滨海边疆区1号”国际运输走廊和跨西伯利亚大铁路，可保障每昼夜过货5万吨，年过货量达1800万吨。报道称，俄罗斯将筹建14个远东跨越式发展区，有关的引资和基础设施建设工作将从2015年1月15日起全面启动。

俄罗斯首届坦克冬季两项世锦赛

8月4—16日，俄罗斯莫斯科州举办首届坦克冬季两项世锦赛，包括中国在内的来自欧洲、亚洲、非洲和南美洲的12个国家的代表队参加此次赛事。各国参赛代表和武官表示，此项赛事对各国参赛者具有极为重要的军事实用意义，并将增强各国友谊。北约受到邀请，但拒绝参赛，仅派出了观察员。比赛在莫斯科州训练场举行。俄罗斯国防部对所有参赛国队伍进行了培训，并为其提供T－72型坦克。坦克冬季两项比赛模拟滑雪接力赛规则，规定坦克兵们必须通过20千米长的路程，还要克服“冬季两项”中必须跨越的障碍——蛇行转弯、浅滩、丘陵、崖壁。与传统的冬季两项不同，参赛队员的目标是距离在900—2200米之外模拟坦克和低空飞行直升机的靶标。

俄罗斯新版军事学说

12月26日，俄罗斯通过了新版军事学说。与旧版相比，新版军事学说保留了以防御为主的军事思想内核，对核遏制的表述也未出现根本变化，但认为2010年以来的国际局势变化对俄构成新威胁。新学说提出，北约成为俄联邦最主要的军事威胁，尤其强调北约违反国际法的“全球化职能”，不断扩张军备的行为。新学说把“全球即时打击”系统和北约的导弹防御体系列为破坏战略稳定的因素。新学说提出，在俄罗斯邻国领土上部署军事力量可能用于施加“政治和军事压力”，一些国家干涉俄罗斯周边国家及俄罗斯盟国的邻国内政，违反《联合国宪章》和其他国际法准则，对俄罗斯构成了实质性威胁。新学说指出，现代军事冲突的特征是使用外部资助和政治力量引发社会运动和利用人民抗议并结合武力。新学说表示，只有化解冲突的“全部非暴力选项”失效，采取军事行动才正当合理。新学说呼吁俄罗斯积极参与地区组织活动，保持同欧盟和北约的平等对话，强化与金砖国家的协作，推动在亚太地区建立新安全模式，确保俄罗斯的太空防御能力以及在北极地区的国家利益。

俄罗斯央行提升利率

11月5日，俄罗斯央行提高关键利率150基点，从8%提至9.5%。这是俄央行2014年第四次提高关键利率，年初的关键利率仅为5.5%。关键利率是指俄央行一周期限的存款、贷款和国债回购竞拍的基准利率。俄罗斯提高关键利率的主要原因是2014年及2015年一季度通胀率预期超过8%。国际货币基金组织认同俄央行提升利率的做法，同时建议俄央行保持货币紧缩政策的连续性。专家认为，俄央行提高关键利率旨在通过卢布升值减缓通胀上涨。12月11日，俄罗斯央行在2014年召开的最后一次董事会上决定，将关键利率再提高1个百分点，至10.5%，以此来抑制不断上涨的通胀。同时，俄央行也承认，此前采取的紧缩货币信贷政策并未达到预期效果，此消息一出，美元汇率突破55卢布大关，欧元汇率接近69卢布。12月15日，卢布一夜暴贬13%，美元兑卢布盘中突破66。数小时后，俄罗斯央行宣布，将关键利率从10.5%大幅上调650个基点到17%。这是俄央行一周内的第二次加息，旨在阻止卢布贬值、防控通胀大幅走高风险。

俄罗斯在北极修建海军基地

4月22日，俄罗斯总统普京下令在北极沿岸修建一系列海军基地，旨在确保俄罗斯在该地区的利益，试图在与美国等国家在争夺该地区的控制权中占据优势。俄罗斯国防部长绍伊古早前表示，发展北极的基础设施将是俄国防部 2014 年的优先任务之一。按照计划，俄军将在 2014 年在北极完成当地驻军的组建。普京在安全委员会会议上表示："俄罗斯应加强军事基础设施建设，包括在北极区域建立新一代水面舰艇及潜艇统一驻扎体系。"为与基地形成配套战力，普京还要求提高保护俄罗斯北极边境的可靠性。为此，他下令强化保障俄罗斯北方边境安全的部队建设，尤其是联邦安全局的边境防卫部队，还要加强联邦安全局边防集群的海军力量。除了最近准备新建的北极建潜艇战舰基地外，俄罗斯 2013 年还重启了位于北冰洋新西伯利亚群岛的军事基地，并准备重启苏联解体后因资金问题关闭的其他军事港口和机场。

俄石油公司 4000 亿北极开发计划

9 月 1 日，俄罗斯石油公司董事长伊戈尔·谢钦在接受德国《明镜周刊》采访时表示，俄罗斯石油公司计划到 2030 年前投资 4000 亿美元开发北极。谢钦说，俄罗斯石油公司打算在在北冰洋边海的喀拉海开辟新油区，其石油储量可与沙特阿拉伯已探明的储量相媲美。

俄试射"安加拉号"重型火箭

12 月 23 日，俄罗斯成功试射了最新的"安加拉号"重型运载火箭。俄罗斯国防部表示，该运载火箭将用于载人飞船的发射。据悉，这枚"安加拉 - A5"型火箭于格林威治时间 5 点 57 分从俄罗斯北部的普列谢茨克发射场发射，俄总统普京通过连接到发射场的视频观看了此次发射过程。2014 年 6 月，俄罗斯也曾试射一枚"安加拉号"轻型火箭，但以失败告终。据悉，"安加拉号"运载火箭是苏联解体后由俄罗斯单独研制的一种商业发射用途的火箭。

俄试射"白杨 RS - 12M"导弹

5 月 20 日，俄军在阿斯特拉罕州卡普斯京亚尔演练场试射了一枚"白杨 RS - 12M"洲际弹道导弹。俄国防部新闻与信息局发言人宣布，该导弹是由俄罗斯战略导弹部队在莫斯科时间 21 点 8 分发射的，其发射目的为测试该洲际弹道导弹战斗部分。最终，该导弹按预定精确度精准命中了位于哈萨克斯坦“萨雷—沙甘”靶场的预定模拟目标。“白杨 RS—12M”型洲际弹道导弹于 1983 年首次发射并于 1985 年开始服役，其设计服役期为 10 年，目前已大大超过其最初设计使用寿命。该导弹为三级固体燃料火箭推动的洲际弹道导弹，发射重量 45 吨，射程达 1 万公里。这种导弹飞行速度快，抗干扰能力强，具有很强的突防能力。

俄斯石油供应框架协议

12 月 5 日，斯洛伐克经济部长帕夫利斯与俄罗斯能源部长诺瓦克在莫斯科签署为期 15 年的石油供应框架协议。根据协议，从 2015 年 1 月至 2029 年底的 15 年，俄罗斯每年将通过“友谊”管道向斯洛伐克出口 600 万吨原油，还将通过斯洛伐克向西欧国家转运同样数量的石油。接下来如果双方不反对，协议可以每次自动延长 5 年。

俄乌欧三方供气协议

6 月 16 日，俄罗斯对乌克兰停止供应天然气，并于当日起对乌克兰实行天然气预付款制度。俄天然气公司发言人库普里亚诺夫表示，这是由于乌克兰国有油气公司长期不支付天然气费用而作出的决定，乌油气公司拖欠俄罗斯的天然气债务达到 44.58 亿美元。俄乌最新一轮马拉松式的天然气谈判历时 50 天未果，俄方在最后期限日选择对基辅断气，而类似的“天然气大战”在过去 8 年已经发生过 3 次。基辅当局立即成立了能源指挥部，希望能协调国内能源需求来应对“断气”挑战。乌克兰同时指责莫斯科故意想拿天然气“击毁整个乌克兰”，俄罗斯则不满乌克兰对“超级优惠条件”不领情，称其“人为制造天然气危机”。9 月 26 日，欧盟、俄罗斯和乌克兰代表在柏林就俄罗斯向乌克兰输送天然气事宜达成初步一致，以确保 2014 年冬俄罗斯向欧盟国家和乌克兰供应天然气。欧盟委员会负责能源事务的委员奥廷格说，三方经过“紧张的谈判”初步同意签署一项临时协议，乌克兰在2014年年底前向俄罗斯支付31亿美元天然气欠款，其中20亿美元在10月底前支付；俄罗斯在10月底收到20亿美元后，向乌克兰输送50亿立方米天然气。10月31日，在欧盟委员会的斡旋下，经过几个月的艰难谈判，俄罗斯与乌克兰最终就天然气问题达成了临时决定，敲定了所谓的俄罗斯对乌冬季供气一揽子协议。俄罗斯同意将出售给乌克兰的天然气每千立方米的价格确定为385美元。乌克兰则需提前按月支付部分天然气款项并执行新供天然气的预付款制度。11月2日，乌克兰政府在官方网站上公布了俄罗斯、乌克兰和欧盟三方关于俄对乌出口天然气的协议内容，时间从2014年11月1日至2015年3月31日。该协议恢复了俄罗斯对乌供气，并保证冬季向欧洲畅通地传输天然气，但需要乌克兰在2014年年底前首先偿清31亿美元债务（总共53亿美元），并提前向俄罗斯天然气工业公司支付冬季增供天然气部分的费用。

俄研制新型洲际导弹

6月2日，俄罗斯国防部副部长尤索夫声称，俄罗斯正在研制新型俄罗斯重型洲际弹道导弹——“萨尔”型。“萨尔”型导弹将能够克服任何现在或者是未来的导弹防御系统。目前，关于导弹的部署工作正在进行中，预计在2018年到2020年完成。“萨尔”型导弹目前由多个企业开发完善，俄专家认为，这种大推力的洲际导弹还可以搭载不同的弹头和制导系统，它的打击范围将使西方的导弹防御系统花费更高的成本。

俄伊石油贸易协议

8月7日，俄能源部长诺瓦克和伊朗石油部长臧甘内签署两国政府间石油贸易谅解备忘录。9月9—10日，双方代表在德黑兰举行的俄伊政府间合作委员会会议上签署相关合作合同。据悉，年度合同总金额达23.5亿美元，伊朗每年向俄供应250万—300万吨石油，并利用所得款购买俄机械设备、铁轨、重型卡车、金属和粮食。为对抗美欧制裁，伊朗还拟向俄罗斯供应石化产品、水泥、地毯、水果和蔬菜加工产品。

俄越简化俄舰停靠金兰湾手续协议

11月25日，在越共总书记阮富仲访问俄罗斯期间，两国在索契签署了关于简化俄军舰在越南金兰湾停靠手续的协议。根据协议，俄罗斯军舰在金兰湾停靠只需向港口当局通知即可，无需履行进一步的手续。越南是在叙利亚之后，第二个与俄罗斯达成类似协议的国家。

俄在俄日争议岛屿上新建基础设施

7月3日，俄罗斯国防部下属企业——俄特种建设公司宣布为萨哈林州南千岛群岛（日本称之为“北方四岛”）的择捉岛（俄称“伊土鲁朴岛”）基托维村镇上的军事城建设项目进行招标，计划于2015年11月前完成建设任务。按照招标规则，承包商应该在2015年11月15日前完成所有施工。标书显示，这座军事城拥有多个建设项目：为军官和士兵及服务人员建造多所公寓型宿舍、家属区、训练场、燃料库等。9月22日，俄罗斯在日俄争议岛屿择捉岛修建的新机场举行落成典礼，来自俄罗斯南萨哈林斯克的首个航班抵达该机场。择捉岛实质上由萨哈林州管辖，此前曾使用日本统治时期建设的机场，但浓雾天气多发导致停航事件频发。从2007年起，俄罗斯开始在靠近鄂霍次克海一侧的区域修建新机场。该机场的跑道长约2000米，大型飞机可在此实现起降。机场与俄罗斯远东地区的哈巴罗夫斯克、符拉迪沃斯托克等将有定期航班连接。

法国道达尔公司总裁莫斯科遇难

10月21日凌晨，一架“猎鹰”轻型飞机在莫斯科弗努科沃机场撞上扫雪机后失事，4名乘客死亡，其中包括法国道达尔公司总裁马哲睿。道达尔是全球四大石油化工公司之一，在全球超过110个国家拥有润滑油业务，其总裁马哲睿则是欧盟实业界主张发展对俄关系的最鲜明的代表之一。马哲睿遇难后，道达尔能源公司称将按照其主张继续执行发展对俄合作关系的路线。俄新社报道称，目前俄侦查部门正在审议包括飞行员和调度员的失误等四大失事原因。另外，俄罗斯国家航空委员会和俄联邦航空署也正开展调查。

“弗拉基米尔·莫诺马赫”号核潜艇列装

12月19日，俄罗斯北德文斯克造船厂新闻中心表示，第三艘“北风之神”级955型核潜艇“弗拉基米尔·莫诺马赫”号正式入编海军战斗编队。北德文斯克造船厂举行了“莫诺马赫”号升挂安德烈耶夫旗（俄海军军旗）的盛大仪式。“北风之神”级潜艇的长度为170米，宽13.5米，水下排水量为2.4万吨，装备16枚海基洲际弹道导弹“布拉瓦—30”。俄罗斯海军计划在2020年前总共计划接收8艘“北风之神”级潜艇。

格鲁吉亚政局动荡

11月5日，格鲁吉亚外长及其3名副手宣布辞职，声称此前一天国防部长被解职具有政治动机，损害了这个苏联国家逐渐加入北约和欧盟的目标。这一事件凸显了执政联盟中的“格鲁吉亚梦想”和“我们的格鲁吉亚—自由民主党人”两党间围绕反腐败、融入西方和抵御俄罗斯影响力等方面逐渐加剧的紧张关系。

关税同盟对乌克兰产品反倾销调查

10月17日，欧亚经济委员会日前发布声明，关税同盟将对自乌克兰进口的铁路车厢固体轮展开反倾销调查。声明称，乌克兰进口车轮目前在关税同盟国家市场占有率已达97.1%。受其影响，关税同盟原产车轮市场占有率近期下滑13.9%，2014年上半年又下降2%。目前，乌克兰产品仍在大幅降价，其有关行为已构成倾销，因此关税同盟决定对其展开反倾销调查。

哈萨克斯坦《2015—2019 年工业创新发展国家规划》

8 月 14 日，纳扎尔巴耶夫总统签署总统令，批准《哈萨克斯坦共和国 2015 年至 2019 年工业创新发展国家规划》，并对 2010 年 3 月 19 日第 957 号法令《国家规划名单》进行修改和补充。

哈萨克斯坦坚戈大幅贬值

2 月 11 日，哈萨克斯坦货币坚戈汇率为 1 美元兑换 155.5 坚戈，单日贬值 20%。哈央行称贬值是为降低卢布贬值的影响，缩减进口规模和维护本国企业竞争力。哈央行表示，1 美元兑 185 坚戈应较为合理。哈萨克斯坦货币贬值对俄罗斯经济带来巨大影响，导致对哈出口减少，进口增加。白俄罗斯受到波及，面临货币贬值的压力。俄罗斯是哈萨克斯坦最大贸易伙伴国，俄哈贸易量占俄对外贸易量的 18.5%。2012 年，俄对哈萨克斯坦出口额为 154 亿美元，进口额为 99 亿美元。2013 年，俄对哈出口同比增长 13%，进口同比仅增长 3.2%。哈萨克斯坦在官方声明中指出，俄卢布汇率存在不确定性，向自由浮动转化的倾向性增强，2013 年贬值达 7.1%。2014 年 1 月份，卢布贬值更趋明显。恢复坚戈竞争性，保持外贸平衡，提升企业竞争力成为哈金融政策的选项。

哈萨克斯坦突换总理

1 月 2 日，哈萨克斯坦总统纳扎尔巴耶夫签署总统令，任命总统办公厅主任卡里姆·马西莫夫为新总理，以取代当天辞职的艾哈迈托夫。纳扎尔巴耶夫在议会发言时，对艾哈迈托夫领导的政府提出严厉批评。他说，世界经济形势日益严峻，哈面临的国际经济环境急剧恶化，但政府却没能意识到世界经济以及哈经济所面临的严峻形势，这让他十分担忧。在新的经济形势下，哈政府必须转变观念并制定应对措施，而要采取行动就必须建立新的团队。为此，哈萨克斯坦需要更多地挖掘自身潜能，消除对哈经济造成的负面影响。马西莫夫拥有巨大的优势，对中国、俄罗斯、美国的政策和情况都比较熟悉。俄罗斯《观点报》甚至认为，“马西莫夫在哈国的影响力、经验和威望仅次于总统纳扎尔巴耶夫。”哈萨克斯坦政治学家科萨诺夫接受俄罗斯《生意人报》采访时表示，此次换总理是“为后纳扎尔巴耶夫时代的到来做准备”。

哈萨克斯坦宪法修正案

9 月 17 日，哈萨克斯坦议会下议院全体会议通过了关于修改哈萨克斯坦共和国宪法“关于政府法案”的最终稿。此次修改草案的实施旨在划分政府与中央部门、中央执行部门和地方执行部门之间的职权。根据文件精神，将划给哈政府以下职权：制定国家社会经济政策的基本方向，包括国防、安全、保障社会秩序和实施组织职能；编制国家实施对外政策的措施；保障在形成以及使用国家资金、拨款和资源时的合法性监管；设定劳动工资、公民社会保障、国家社会保障和社会保险的系统和条件；制定和实施关于保护公民权利和自由、确保合法性和秩序性、哈萨克斯坦的安全和国防、保护国家边界等领域的措施。中央机构的职权包括完成战略、调控、实施和监管职能，实施战略计划和规划。

“哈—土—伊”国际铁路开通

12 月 3 日，哈萨克斯坦总统纳扎尔巴耶夫、土库曼斯坦总统别尔德穆哈梅多夫和伊朗总统鲁哈尼共同出席了三国国际铁路开通仪式。“哈—土—伊”国际铁路始于哈萨克斯坦乌津，经土库曼斯坦克兹尔卡亚、别列格特和埃特列克，最终抵达伊朗果尔干，全长 934.5 千米。据估计，“哈—土—伊”铁路线于 2020 年前的货物运输量将达到 1500 万吨。

《关于吉尔吉斯斯坦加入关税同盟路线图》

5 月 29 日，在阿斯塔纳举行的欧亚最高经济理事会扩大会议上，俄罗斯、白俄罗斯和哈萨克斯坦批准了《关于吉尔吉斯加入关税同盟路线图》。根据该文件，吉尔吉斯斯坦将根据关税同盟和欧亚经济联盟的准则对本国相关法律法规进行修订和变更，并会在 2015 年期间加入俄白哈关税同盟和欧亚经济联盟。对此，俄罗斯总统普京称，为加入关税同盟，吉方还将面临繁重的工作，俄方会提供必要的协助。吉方希望利用其竞争优势以吸引关税同盟企业在吉开展经营活动；大力改善吉经济形势。

吉尔吉斯斯坦加入欧亚经济联盟条约

12 月 23 日，吉尔吉斯斯坦总统阿塔姆巴耶夫称，在最高欧亚经济理事会会议上，吉与欧亚经济联盟其他成员国签署了吉加入欧亚经济联盟的条约，并确定了该条约的生效日期、吉实施统一关税税率日期以及在哈吉边境取消海关监管日期等。阿塔姆巴耶夫称，吉将在 2015 年 5 月 1 日前解决事关入盟的所有问题，并在 5 月 9 日前成为欧亚经济联盟正式成员。

克里米亚公投危机

3 月，克里米亚爆发公投危机，这是乌克兰亲欧盟示威运动及乌克兰政府危机的延续。事件起源于亚努科维奇政权被推翻，乌克兰成立新政府。亚努科维奇被视为亲俄力量的代表，而新政府则在经济外交上倾向于西方，克里米亚等东部地区与俄罗斯具有深厚的经济文化联系。新政府的政策逐步引发克里米亚地区的不满，出现大规模由俄罗斯人群体组成的抗议活动，他们希望与俄罗斯建立密切联系，扩大自治或促使克里米亚独立。随后，克里米亚自治共和国议会以 78 票赞成、0 票反对、8 票弃权的结果通过投票，一致同意该地区成为俄罗斯的一部分。3 月 16 日举行的克里米亚归属公投显示绝大多数克里米亚选民赞成脱乌入俄。克里米亚共和国随后成立，并宣布和塞瓦斯托波尔市一起加入俄罗斯，但并未获得国际社会的普遍承认。

克里米亚和塞瓦斯托波尔自由经济区法令

11 月 29 日，俄罗斯总统普京签署了“关于开发克里米亚联邦区和在克里米亚共和国和塞瓦斯托波尔联邦市境内建立自由经济区”的联邦法案。根据法案，在克里米亚建立为期25年的自由经济区，到期可延长。该法令简化了签证制度，降低了所得税和社保基金费率。在自由经济区内实行特殊的企业运营和其他活动制度，包括税收优惠和免税区海关监管等。但是，在自由经济区活动的参与者无权从事资源利用、勘探、开发大陆架、开发矿藏领域活动。

卢俄供气协议

9月25日，自行宣布成立的“卢甘斯克人民共和国”副总理瓦列里·波塔波夫表示，“卢甘斯克人民共和国”已与俄罗斯联邦就供气问题达成协议，以防基辅拒绝向该“共和国”供应天然气。波塔波夫说：“如果乌克兰对‘共和国’供气出现问题，我们已与俄罗斯有供气协议。”波塔波夫还表示，双方还讨论了“共和国”与俄罗斯经济合作的其他问题。

美国有线电视新闻网在俄停播

11月10日，美国有线电视新闻网表示，“鉴于俄罗斯媒体管制法律变革”，正停止在俄播送新闻。CNN国际频道母公司特纳（Turner）国际有限公司声明没有说明停播时间表，但塔斯社稍早报道，CNN将于12月31日在俄停播。特纳国际声明说：“鉴于俄罗斯近期对于媒体管制的立法变革，特纳国际正评估CNN在俄播送的选项。评估期间，我们将停止目前的播送合约关系，希望在适当时间重新进入俄罗斯市场。”声明说，负责采访俄罗斯新闻的CNN莫斯科驻点业务“不受影响”。

摩尔多瓦“德涅斯特河沿岸”要求入俄

3月，摩尔多瓦共和国德涅斯特河沿岸地区要求加入俄罗斯。“德涅斯特河沿岸”，亦称“德涅斯特河沿岸共和国”、“德涅斯特河左岸共和国”或“德涅斯特河沿岸共和国”等。德涅斯特河沿岸地区在苏联解体时就自行宣布独立，并成立“德涅斯特河沿岸摩尔达维亚共和国”，宣布定都蒂拉斯波尔。该地区人口约为63万，民族构成分别为摩尔多瓦人32%、俄罗斯人30%、乌克兰人29%，主要说俄语和罗马尼亚语。该地区长期有寻求独立然后加入俄罗斯的政治诉求。在2006年的全民公投时，97%的选票支持该地区独立并在未来加入俄罗斯联邦。摩尔多瓦“德涅斯特河沿岸”在俄乌严重对立的时候要求入俄，使乌克兰感到不安。乌克兰国家边境管理局对外界表示，乌克兰边防部队已开始在位于敖德萨州的德涅斯特河沿岸边境上部署一项“特别行动”，以预防“制造混乱的挑衅行为”。

摩尔多瓦议会选举

12月2日，摩尔多瓦中央选举委员会公布的计票结果显示，右翼三党的总得票率领先左翼的社会主义党和共产党人党，基本锁定新一届议会多数议席以及赢得组阁权。摩尔多瓦中央选举委员会宣布，社会主义党得票率为20.75%，共产党人党得票率为17.71%，右翼的自由民主党、民主党、自由党的得票率分别为19.97%、15.94%、9.53%。按照上述得票率，在新一届摩尔多瓦议会中，右翼三党将获得101个议席中的55席并赢得组阁权，左翼两党将获得46席。对于这一结果，社会主义党主席多东表示，该党不会与右翼政党结盟。共产党人党主席沃罗宁则表示，该党将为提前大选进行准备。根据摩尔多瓦宪法，新一届议会经选举产生后，拥有51个以上议席的政党或联盟将获得组阁权。与此同时，议会将选举新总统。摩尔多瓦宪法规定，总统候选人须获61名以上议员支持方能当选，如果两次选举（每次选举可以两轮）不能产生总统，议会将被解散并提前大选。

欧盟对俄新经济制裁提案

7月25日，欧盟对俄罗斯新的经济制裁提案出台。这份制裁将在禁止俄罗斯银行在欧洲发行新的债券和股票的同时，阻止俄罗斯进入由英国银行业主导的资本市场。其中，由俄罗斯国有银行与欧洲金融机构发行的债券会受到影响，其总价值高达60亿英镑。此次经济制裁将提高俄罗斯金融机构筹集资金的成本，限制其为经济发展提供资金的能力。同时，这有可能会影响俄罗斯国内投资环境，从而加速资本从俄罗斯国内流出。这份提案还包括对俄罗斯销售和出口禁令，不过法国拒绝取消向俄罗斯交付军舰的协议。

《欧亚经济联盟条约》

5月29日，俄罗斯、哈萨克斯坦以及白俄罗斯总统在哈萨克斯坦首都阿斯塔纳正式签署了《欧亚经济联盟条约》，成立了一个有限的经济联盟。根据条约，欧亚经济联盟将于2015年1月1日正式启动，到2025年俄白哈三国将实现商品、服务、资金和劳动力的自由流动，终极目标是建立类似于欧盟的经济联盟。条约涉及能源、交通、工业、农业、关税、贸易、税收和政府采购等诸多领域，还列出了自由贸易商品清单，但其中不包含烟酒等敏感商品。俄罗斯总统普京表示，俄罗斯、白俄罗斯和哈萨克斯坦正在向一个全新的合作阶段迈进，创建了一个允许货物、服务、资金和劳动力自由流通的共同区域。三个国家将在能源、工业、农业和交通等重要经济领域遵循协调一致的政策。

欧亚经济委员会降低4800种商品进口关税

6月28日，欧亚经济委员会贸易部长斯列普涅夫称，为履行俄罗斯入世承诺，欧亚经济委员会将从9月1日起降低近4800种商品的进口关税，但大部分商品进口关税税率降幅不大，仅降低1—3个百分点。此外，其中1068种商品是履行俄入世承诺最后一次降低进口关税税率。降低进口关税税率后，关税同盟三国进口加权平均关税税率从以前的7.8%降低至7.1%。

欧亚经济委员会理事会会议

3月3日，哈萨克斯坦第一副总理萨金塔耶夫称，在最近召开的欧亚经济委员会理事会会议上，俄白哈三国代表讨论了欧亚经济联盟条约关于贸易政策、税收政策、金融领域、农工综合体以及工业政策等问题，并就该条约达成诸多重要共识，即三国一体化进程必须分阶段进行，且建立在互利经济合作基础之上。欧亚联盟是一个由白俄罗斯、哈萨克斯坦、俄罗斯、吉尔吉斯斯坦、塔吉克斯坦和其他苏联国家为加深经济、政治合作与融入而计划组建的一个超国家联盟。

欧亚经济委员会最高理事会元首会议

4月29日，欧亚经济委员会最高理事会元首级会议在白俄罗斯首都明斯克召开。俄白哈三国元首出席，白俄罗斯总统卢卡申科主持会议。会议代表就欧亚经济联盟草案、亚美尼亚加入俄白哈关税同盟和欧亚统一经济空间路线图的实施等问题进行了探讨，白俄罗斯总统卢卡申科还分别与俄罗斯总统普京和哈萨克斯坦总统纳扎尔巴耶夫进行了双边会晤。欧亚经济委员会最高理事会是关税同盟和统一经济空间的最高级超国家机构，包括国家和政府首脑。最高理事会元首级会议每年不少于1次，总理级会晤每年不少于2次。各成员国均有义务履行理事会通过协商一致达成的有关决议。

普京2014年国情咨文

12月4日，俄罗斯总统普京在克里姆林宫发表2014年度国情咨文。包括俄罗斯议会两院的议员、来自85个地区的首长、内阁成员以及俄国营媒体及油气公司的负责人在内的1100余名受邀者出席。此次的国情咨文是普京在本任期内第3份国情咨文，也是他自2000年以来发表的第11份国情咨文。咨文在发表的过程中，总共被39次掌声打断。普京在谈及克里米亚加入俄联邦问题和捍卫俄罗斯主权完整时获得的掌声最为热烈。

普京访问塞尔维亚

10月16日，俄罗斯总统普京访问塞尔维亚，并与塞总统尼科利奇举行会晤。普京重申，俄罗斯在科索沃问题上的原则性立场不变。

尼科利奇则表示，俄罗斯在这个问题上给予塞尔维亚的支持非常宝贵，塞尔维亚将俄罗斯看作自己最好的战友，不会因他国与俄罗斯交恶，而令自己的道德原则受到威胁。此外，尼科利奇还向普京颁发了塞尔维亚共和国一级勋章，他用俄语说："亲爱的普京兄弟，塞尔维亚人民为您佩戴我国最高勋章而感到骄傲。"普京感谢尼科利奇颁发这一最高荣誉勋章，表示将这一荣誉看作是对俄罗斯和俄罗斯人民尊重的象征，俄罗斯会一如既往将塞尔维亚看作是最亲近的盟友和亲人。访问期间，普京与尼科利奇还讨论了能源领域债务和石化领域的合作问题，并冒雨出席了庆祝贝尔格莱德独立 70 周年阅兵仪式。自 2008 年 2 月科索沃单方面宣布独立之后，俄罗斯与科索沃至今仍然没有建立外交关系，驻普里什蒂纳外事办公室是俄罗斯驻贝尔格莱德大使馆的分支机构。

普京访问乌兹别克斯坦

12 月 10 日，俄罗斯总统普京抵达乌兹别克斯坦，对该国展开正式访问。会谈期间，两国领导人就经贸、文化、人文等领域双边合作的广泛问题交换了意见，还讨论了地区安全的关键问题。11 日，普京表示，根据两国重组债务协议，乌方将一次性偿还 2500 万美元，而其余的 8.65 亿美元债务俄方将予以免除。另外，俄总统助理乌沙科夫称还表示："毫无疑问，两国还将讨论在美国和欧盟采取制裁措施背景下，扩大向俄罗斯供应乌兹别克斯坦农产品的问题。这方面的工作已进行了数个月。"

普京与安倍会晤

11 月 9 日，俄罗斯总统普京与日本首相安倍晋三在亚太经合组织（APEC）领导人非正式会议前举行了双边会晤。两国领导人讨论了乌克兰局势和和平条约情况，普京非常详细地阐述了俄方的立场。双方讨论了普京访日的前景，提出确切日期将在双方方便的时候商榷。之后，俄罗斯总统新闻秘书佩斯科夫表示，双方愿意继续进行全面接触，包括继续与和平条约相关的工作；普京访日将会在2015年。此外，俄罗斯总统和日本首相还详细探讨了日俄双边经贸合作项目。

“三叉戟14”联合军演

9月15日，美国与另外15国在乌克兰西部举行名为“三叉戟14”的军事演习。此次演习共有1300名军人参加，其中包括美军驻扎在意大利维琴察的第173空降旅的200名军人。在观看了军演后，美国陆军部长约翰·麦克休表示，北约随时防范着该地区的侵略行为，俄罗斯不要试探其决心。这表明该演习针对俄罗斯的意图十分明显。

土俄天然气折扣价协议

4月21日，土耳其能源部长泰弋尔·耶尔德兹表示，土俄两国就增强“南溪”管线输送天然气力度达成一致，该天然气管线年输气量将由目前的170亿立方米增加到190亿立方米。耶尔德兹向土耳其《自由报》表示，“我们已经与俄罗斯达成初步意向，增强天然气管线的输送能力。”新合约将与莫斯科就私人部门以合理价格购买天然气一事达成一致，即土耳其将以折扣价向俄罗斯进口天然气，但具体金额并未公开。随后，土耳其与俄罗斯国有企业天然气工业股份有限公司就包括能源问题、调整天然气价格与供应量和在核能领域开展合作在内的一些问题进行了讨论。近年来，土耳其能源开支不断增加，现已飙升至每年600亿美元。

《乌俄2015—2016年核燃料补充协议》

11月25日，乌克兰国家核电公司表示，在2015—2016年将继续为本国核电站进口俄罗斯核燃料，并与俄罗斯签订了协议，作为此前签订的合同的相关补充协议。公司声称，“按合同向我们提供燃料到2014年9月份，现在我们签署了补充协议，它们能确保供货，以便保障2015—2016年核电站的运作。”有媒体报道称，向乌克兰提供俄罗斯核燃料的工作按计划得到彻底执行的前提是乌克兰方面完全及时地进行付款。

乌克兰《制裁》法案

8月12日，乌克兰议会投票通过了乌克兰政府起草的《制裁》法案，提出乌克兰可以对侵略国及其法人和自然人进行制裁。乌克兰总理亚采纽克表示，乌克兰国家安全和国防委员会决定可以采取制裁措施，以保护乌克兰国家和人民的利益。该法案使乌克兰可以采取29种制裁措施，包括冻结资产、禁止入境、停止运输、扣押资产、限制使用无线电资源、限制使用网络和采取一系列经济和金融手段限制侵略国及其法人和自然人。亚采纽克表示，“乌克兰自2005年以来缺乏加入欧盟制裁队伍的法律基础。如今乌克兰愿同欧盟伙伴一道对侵略者实施制裁，制裁对象是俄罗斯。”

《乌克兰东部地区自治法案》

9月16日，乌克兰总统波罗申科向乌克兰议会提交的赋予该国东部地区有限自治权的法案获得通过。法案内容包括：赋予东部地区3年有限自治权，同意当地人在政府机构中使用俄语，在11月9日进行地方选举，允许东部与俄罗斯发展睦邻关系等。此外，乌克兰议会还通过法律，对乌冲突5个月以来所有政府军和民间武装的士兵予以赦免。在此前一天，波罗申科向乌克兰东部民间武装提出一项和解措施，称乌克兰政府将对所有宣称独立的民间武装施行特赦，并承诺允许东部地区实现特别自治权。宣布独立的“顿涅茨克人民共和国”当局表示，乌总统波罗申科建议赋予顿巴斯个别地区特殊地位的法案并不重要。

乌克兰东部停火协议

9月5日，自行宣布成立的“顿涅茨克人民共和国”发布消息称，乌克兰与“顿涅茨克人民共和国”和“卢甘斯克人民共和国”签署议定书，同意从当日18时开始在乌克兰东部停火。随后，乌总统波罗申科证实已签署有关停火协议的初步议定书。俄罗斯对停火协议表示欢迎，称希望双方彻底执行这项协议。

乌克兰东部选举

11 月 2 日，由亲俄武装所控制的东乌克兰“顿涅茨克人民共和国”和“卢甘斯克人民共和国”举行了“大选”，初步计票结果显示，38 岁的“顿涅茨克共和国党”候选人、亲俄准军事组织领导人扎哈尔琴科和 50 岁的“卢甘斯克和平党”候选人普罗特尼茨基分别以 81.37% 和 65% 的选票当选。外界认为，此次选举主要是向外界显示两个“共和国”的实际存在，强化对所占地区的有效控制，凸显“共和国”的“合法性”。乌克兰总统波罗申科当天发表声明，称在顿涅茨克州和卢甘斯克州“被占领地区”搞的“选举”与人民的意愿毫无共同之处，是在炮筒和枪口下搞的闹剧。美国和欧盟也已谴责这一“选举”，并表示不会承认其结果。俄罗斯外交部于 2 日发表声明说，俄方尊重乌东部民众在此次选举中所表达的意愿，但又强调“尊重”不等于“承认”乌克兰东部选举。

乌克兰对俄制裁措施

8 月 14 日，乌克兰议会通过一揽子对俄制裁措施，禁止俄罗斯过境乌克兰向欧洲输送能源。这份制裁措施草案由乌政府 12 日提交议会审议，内容包括禁止俄罗斯能源过境输送、限制航空和陆路过境运输、限制贸易活动、中止偿还债务、中断防务合作、冻结部分俄企在乌资产、撤销部分俄企在乌开矿权等 20 余项措施。乌克兰的主要制裁对象是支持乌东部民间武装的 172 名个人和 65 家企业。俄罗斯是欧洲最大的天然气供应国，欧洲天然气总需求量的约 30% 由俄提供，目前俄输往欧洲的天然气中约一半途经乌克兰。由于乌克兰拖欠天然气债务，俄罗斯 2014 年 6 月已切断对乌的天然气输送。

乌克兰放弃不结盟地位

12 月 23 日，乌克兰议会表决通过总统波罗申科 18 日提交的关于乌克兰放弃不结盟地位的法案。法案将从原有的《对内和对外政策原则法》中去除“乌克兰保持不结盟地位”的条款，增加“为达到加入北约的标准”而深化与北约合作的条款。法案附带的说明提出，乌克兰的不结盟地位在保障国家安全和抵御外来侵略方面是无效的。俄罗斯外长拉夫罗夫当天表示，乌克兰放弃不结盟地位的决定只会加剧对抗。

乌克兰国家发展“2020战略”

9月25日，乌克兰总统波罗申科宣布国家发展“2020战略”，内容包括60多项改革措施和必须同时推行的特别方案。为来解决乌克兰最尖锐的问题，或者为其他改革创造制度条件，波罗申科提出八大优先改革领域：（1）反腐败改革；（2）更新政府和官僚机构；（3）司法改革；（4）执法机构改革；（5）权利下放和国家行政改革；（6）税制改革；（7）放松管制和发展创业；（8）安全和国防系统改革。

乌克兰国家银行禁止卢布业务

11月5日，乌克兰国家银行颁布法令，对国内银行开展卢布业务实行新规定。根据规定，从11月5日起，禁止开设新的卢布账户，停止现有卢布存款业务，禁止续签账户管理合同，以及提供信贷。其官方文件声明，禁止携带卢布通过克里米亚及在当地使用卢布（10000格里夫纳以内除外，约合800美元或32000卢布）。此外，乌克兰公民不得投资克里米亚半岛的项目。

乌克兰加入北约公投计划

11月26日，乌克兰总统波罗申科表示，将通过全民公决来决定乌克兰是否加入北约。波罗申科称乌克兰当局已制定出符合北约要求的一些标准。他强调，目前在乌克兰加入北约问题上的任何其他立场都是弊大于利。波罗申科透露，乌克兰当局制定了为期至少6年的计划，以便乌克兰通过不懈努力能够符合加入欧盟和北约的标准。他指出，对乌克兰加入欧盟提出的改革要求在很大程度上与加入北约的要求是一致的。北约秘书长斯托尔滕贝格当天在海牙表示，北约敞开大门的政策在最近20年非常成功，现在这扇大门仍然敞开着。他还强调将尊重乌克兰作出的决定。

乌克兰士兵避难入境俄罗斯

8月4日，乌克兰军方宣布，一队政府军士兵在乌、俄边境地区被民间武装人员包围，其中部分人员被迫撤入俄罗斯境内。乌克兰"反恐行动"媒体负责人德米特拉施科夫斯基宣布，当日在乌、俄边境地区，政府军第72摩托化旅的部分士兵被民间武装人员包围。包围圈内的一部分士兵成功掩护了其他人员的突围，但因弹药耗尽被迫撤入俄罗斯境内。据俄新社报道，当日有438名乌克兰政府军士兵向俄罗斯方面提出了避难请求，要求俄方为其开放"人道主义走廊"。其中，有约180名进入俄境内的乌军士兵要求俄方将他们转交给乌克兰。

乌克兰首轮民族团结圆桌会议

5月14日，乌克兰民族团结圆桌会议在首都基辅举行。此次会议意味着乌当局正式开启与国内各派政治力量和民间团体的对话进程，也是欧洲安全与合作组织（简称欧安组织）为解决乌克兰危机所制定的"路线图"中的核心内容。出席此次会议的代表中，既有乌克兰现政权的领导人、乌克兰代理总统图尔奇诺夫、临时政府总理亚采纽克，也有曾担任过乌克兰国家领导职务的政界知名人士，如乌克兰首任总统克拉夫丘克和第2任总统库奇马，此外，还有乌国内各派政治力量代表、民间及宗教团体代表、欧安组织代表等。在此次会议上，乌当局首次就修改宪法、实现地方分权、加强地方自治、与东部民众进行对话等议题作出正式表态。代行总统职责的乌克兰议长图尔奇诺夫表示，已做好准备倾听东部民众的诉求。乌克兰议会和政府愿意进行体制改革，包括真正强化地方自治权。乌克兰前总统克拉夫丘克提议，将下一轮圆桌会议的举办地点转往顿涅茨克，并尽快制订调解东部局势的文件草案，以最终由乌国内所有参与这一政治进程的代表签署通过。最终会议暂未就解决当前危机作出实质性决定。

乌克兰停止向俄罗斯供煤

7月3日，乌克兰停止对俄罗斯的煤炭出口。俄新切尔卡斯克电厂（位于罗斯托夫州）已经宣布招标新的煤炭供应商。据称，俄天然气工业公司下属公司热电公司负责管理新切尔卡斯克电厂与顿巴斯燃料能源公司签订的煤炭供应合同于2014年4月期满。新切尔卡斯克电厂是俄罗斯唯一购买乌克兰煤炭的电厂。

乌克兰议会选举

11月10日，乌克兰中央选举委员会深夜公布了第8届议会选举的正式结果。乌克兰总理亚采纽克领导的人民阵线在政党席位的争夺中以22.14%的得票率位居榜首，赢得64个议席，波罗申科联盟以得票率21.81%的微弱劣势屈居第二，赢得63个议席。但波罗申科联盟在单席位选区举荐的候选人多数获得胜利，其议会席位总计达到132个，人民阵线总共夺得82个议席。此外，跨过得票率5%门槛得以进入议会的政党还有自助联盟（33席）、反对派联盟（29席）、激进党（22席）和祖国党（19席）。11月27日，乌克兰最高拉达举行新一届议会首次会议，表决通过由亚采纽克担任新政府总理。根据法律，乌克兰总理候选人先由乌克兰总统提名，再由乌克兰议会任命。亚采纽克是由议会联盟推举的唯一一位总理候选人，获得超过2/3的绝对多数票，顺利连任乌克兰总理。2014年2月27日，他以乌克兰祖国党领导人的身份被乌议会批准出任政府总理。此外，乌议会还以359张赞成票选举“波罗申科阵营”议员戈罗伊斯曼为新议长。

乌克兰政府危机

2013年底，乌克兰亲俄派总统维克多·费奥多罗维奇·亚努科维奇中止和欧洲联盟签署政治和自由贸易协议，欲强化和俄罗斯的关系。这导致乌国内亲欧洲势力的不满进而引发针对政府的大规模示威游行和暴力冲突。随后，乌国内示威游行与暴力冲突逐步升级。2014 年 1 月 22 日，两名抗议者在与警方的冲突中丧生。1 月 24 日，抗议者开始冲击乌克兰西部的地区政府办公楼。1 月 28 日，乌克兰总理阿扎罗夫辞职，议会取消限制抗议的法律，政府对国内局势不能有效控制，加之政府面临巨大财政危机等问题，最终导致亚努科维奇政府陷入危机之中。随后，亚努科维奇的总统职务被议会罢免，乌克兰重新组建新政府。

乌克兰总统大选

6 月 2 日，乌克兰中央选举委员会主席奥亨多夫斯基正式宣布，亿万富翁彼得·波罗申科在 5 月 25 日举行的总统选举中获胜。根据该委员会全部 15 位成员当天签字确认的计票结果，波罗申科的得票率为 54.7%，即获得 985 万张选票。波罗申科的主要竞争对手、前总理季莫申科在 21 名候选人中得票排名第二，得票率为 12.81%。大选后，美俄均承认其合法性。波罗申科是乌克兰企业家、政治家。1965 年 9 月 26 日，他出生于乌克兰敖德萨州，1989 年毕业于基辅国立大学，2005 年 2 月至 9 月任乌克兰国家安全与国防委员会秘书，2009 年至 2010 年担任外交部长一职。

乌克兰总统解散议会

7 月 24 日，由突击党发起，包括自由党、经济发展议员党团及部分无党派议员组成的乌克兰议会多数派解散。此后乌议会未组成新的多数派。乌克兰宪法规定，若议会多数派在解散后 30 日之内无法重新组成，则总统有权解散议会并提前举行议会大选。8 月 24 日，30 天的期限结束，乌总统获得了提前解散议会的权力。8 月 25 日，乌克兰总统波罗申科宣布解散第 7 届议会，提前举行议会选举。波罗申科在致人民书中表示，他将保障议会选举的民主透明，号召政治家团结一致投入到支持乌克兰统一和欧洲选择的竞选中去。据规定，乌克兰议会提前选举应在宣布议会解散之日起60天内举行。波罗申科表示，议会选举将于2014年10月26日举行，新议会选举出来之前，本届议会将继续运作，其中心任务是在9月批准乌克兰和欧盟联系国协定。

乌欧联系国协定问题临时解决方案

9月15日，欧盟委员会负责贸易事务的委员德古赫特、乌克兰外交部长克利姆金和俄罗斯经济发展部长乌柳卡耶夫在布鲁塞尔举行欧乌俄三方会谈，就乌欧联系国协定问题达成临时解决方案。欧盟、乌克兰和俄罗斯三方商定，欧盟与乌克兰建立自由贸易区的时间将推迟至2015年底，此期间仍保留乌在独联体自贸区内的地位。三方发布的联合公告强调，为促进乌克兰局势稳定，欧盟与乌克兰自贸协定的实施条件将具有弹性，将实施日期推迟至2015年12月31日。此前，欧盟与乌克兰签署了联系国协定的经济部分，规定乌克兰将被吸纳进入欧盟的自由贸易区，引发俄罗斯不满，促使三方举行会谈磋商乌克兰的经济地位问题。

乌日能源合作备忘录

8月6日，乌克兰与日本签署了能源合作谅解备忘录，提出乌克兰将采用日本设备实现国有煤电厂生产的现代化。日本经济贸易和工业省大臣茂木敏在签署备忘录时表示，日方应乌方的要求，将提供最先进的技术支持乌方提高能源效能。如果乌克兰所有煤电厂的设备都采用日本高效能设备的话，预计可以减少约10%的天然气进口量。乌克兰煤电厂的产量占总发电量的40%，但这些电站效能低下、设备陈旧，平均使用年限已高达47年。乌克兰能源和煤炭工业部部长普罗丹提出，国有煤电厂的设备已经达到使用年限的70%，所以乌克兰需要建设新的发电机组。同时，普罗丹还表示，在日本专家的参与下，乌克兰有生产所需设备的能力。

乌政府与民间武装新停火协议

10月12日，乌克兰顿涅茨克州州长基赫滕科宣布，乌克兰副总参谋长杜曼斯基已与民间武装建立的“顿涅茨克人民共和国”“总理”扎哈尔琴科签订了新的停火协议，乌官方或用顿涅茨克机场交换其他控制区。9月初，乌克兰问题三方联络小组（乌克兰、欧洲安全与合作组织、俄罗斯）同乌东部民间武装代表已在白俄罗斯首都明斯克达成停火协议，但由于缺乏互信，双方小规模武装冲突一直没有停止。由于乌东部局势持续紧张，乌政府与民间武装一直在进行新一轮的谈判。自2014年4月政府军与民间武装爆发冲突以来，顿涅茨克机场在绝大多数时间内都处于乌政府军的控制下。10月初，双方为争夺顿涅茨克机场控制权爆发了一系列激战，民间武装一度声称已控制机场90%的区域。

新《哈俄石油合作协议》

5月29日，哈俄两国签署了新的《哈俄石油合作协议》，修改了2010年12月9日俄哈两国在石油领域展开经济合作等方面达成的协议。新协议的有效期将再延长5年，至2019年。2010年底，俄罗斯与哈萨克斯坦就在关税同盟框架内根据双边协议在2015年前不改变石油出口税征收制度（俄对哈石油出口税不变）达成一致。

亚美尼亚货币贬值

11月26日，亚美尼亚中央银行调整特拉姆兑美元汇率，从418.4特拉姆兑1美元调至435特拉姆兑1美元，使本币兑美元汇率一次性贬值3.8%。亚央行称，实行本币贬值政策目的是提高出口竞争力，促进经济增长，以及保证外汇储备稳定。

亚美尼亚加入欧亚经济联盟

10月10日，亚美尼亚总统新闻局发布消息，总统萨尔基相当天在白俄罗斯首都明斯克与欧亚经济联盟其他国家首脑一起签署了亚美尼亚加入《欧亚经济联盟条约》的相关文件。这标志着自2015年1月1日起，亚美尼亚将以欧亚经济联盟正式成员国的身份，按条约规定享受联盟优惠条件并履行相应职责。萨尔基相在签署条约后发表讲话，对所有在亚美尼亚加入欧亚经济联盟进程中给予政治支持与技术援助的国家表示感谢，并保证亚美尼亚将对欧亚经济联盟负起责任。独联体国家首脑当天在明斯克举行会晤，欧亚经济委员会最高理事会会议也同时举行。会议签署了2015年1月1日欧亚经济共同体停止存在的协定，讨论了从2015年1月1日起启动欧亚经济联盟的相关问题。

越共总书记访俄

11月24日，越南共产党中央总书记阮富仲抵达俄罗斯进行访问。普京于25日在索契与阮富仲举行会谈。普京表示，关税同盟成员国与越南关于建立自由贸易区的谈判已进入最后阶段，越南或成为第一个与关税同盟签署相关协议的国家。普京还表示，俄罗斯视越南为全天候战略伙伴，深化两国关系在未来具有广阔的发展前景。会谈结束后，双方发表了关于逐步推进俄越间全面战略伙伴关系的联合声明，并出席了一系列涉及贸易及能源领域合作的文件签署仪式。

“支持乌克兰自由”法案

12月19日，美国总统奥巴马签署“支持乌克兰自由”法案，提出将根据“形势需要”对俄采取追加制裁措施。法案的主要条款包括对乌克兰提供军事援助，追加制裁俄国有企业。法案声称俄罗斯国防出口公司对叙利亚出口武器将受惩罚，俄罗斯天然气工业公司对北约、乌克兰、摩尔多瓦出口天然气将受限等。奥巴马表示，若俄采取具体行动稳定乌克兰危机，美将取消制裁。

中俄东线天然气管道俄方境内段开工仪式

9月1日，中国和俄罗斯东线天然气管道俄方境内段开工仪式在雅库茨克市举行，这意味着本年度最受瞩目的中俄合作项目正式进入实施阶段。俄罗斯总统普京、中国国务院副总理张高丽、俄罗斯天然气工业公司总裁米勒与在场嘉宾共同见证了这一历史性时刻。在开工仪式上，俄罗斯总统普京表示，这一世界规模最大的天然气建设项目将使俄罗斯东部获益。通过这一项目，俄罗斯不仅出口了天然气，还使本国东部地区、远东和东西伯利亚地区的气化项目得到了发展。它将推动东部地区乃至整个国家的机械制造、冶金、管道建设、化工等行业的发展。它还将吸引大量的投资，创造新的就业岗位，形成具有更高技术含量的生产部门。中国国务院副总理张高丽表示，东线天然气管线合作是中俄之间的重大战略性项目，是两国关系在新阶段结出的丰硕成果。这条管道建成并运营，有利于为中国经济发展提供安全可靠的清洁能源，为俄罗斯丰富的天然气资源提供长期稳定的市场，对中国振兴东北老工业基地和俄罗斯推进远东开发具有十分重要的意义。中俄东线天然气管道俄境内段西起伊尔库茨克州，经雅库特、哈巴罗夫斯克，东至远东港口城市符拉迪沃斯托克，连接科维克金和恰扬金两大油田，总长约4000千米。按照计划，中国境内段的管线将于2015年上半年开工建设，双方将共同确保整个东线管道在2018年建成通气。

中俄双边本币互换协议

10月15日，中国人民银行与俄罗斯联邦中央银行签署了规模为1500亿元人民币/8150亿卢布的双边本币互换协议。互换协议有效期3年，经双方同意可以延期。此外，在李克强总理访问俄罗斯期间，俄罗斯外贸银行、俄罗斯外经银行及俄罗斯农业银行与中国进出口银行就开放信用额度签订了框架协议。俄罗斯外贸银行的通告显示，中国进出口银行将向该行提供20亿美元的等值人民币或卢布贷款，以便为俄罗斯对中国的进口融资。俄罗斯外经银行也可能得到相近数目的贷款，为俄境内包括远东和西伯利亚的项目融资提供长期贷款。

（本章综述撰稿：胡伟；词条编撰：龚大明、胡伟）

欧洲地区

一、形势综述

2014年，欧盟整体经济形势不容乐观，政局略显纷乱，外交力度有所强化，安全方面重点聚焦乌克兰问题、能源安全问题、网络与信息安全问题等。

（一）在经济方面，欧盟经济微弱增长，潜在隐忧较多

2014年欧盟经济保持了微弱增长的态势。前三季度，欧盟GDP环比增长率为0.4%、0.2%和0.3%，欧元区为0.3%、0.1%和0.2%，[①] 预计全年为1.5%（欧盟）[②] 和0.8%（欧元区）[③]。失业率略有改善，10月份失业率为10.0%（欧盟）和11.5%（欧元区），但是青年（25岁以下）失业率和部分成员国的失业率仍处于极不合理的历史高位，10月份青年失业率为21.6%（欧盟）和23.5%（欧元区），其中西班牙、希腊、意大利和克罗地亚超过40%。[④] 通

---

① European Commission, "GDP up by 0.2% in the euro area and up by 0.3% in the EU28", December 5, 2014, http://epp.eurostat.ec.europa.eu/cache/ITY_PUBLIC/2-05122014-AP/EN/2-05122014-AP-EN.PDF.

② European Commission, *European Economic Forecast*, Winter 2014, p. 1, http://ec.europa.eu/economy_finance/publications/.

③ 《欧洲央行维持低利率并下调欧元区经济增长和通胀率》，2014年12月8日，http://www.mofcom.gov.cn/article/i/jyjl/m/201412/20141200824809.shtml。

④ European Commission, "Euro area unemployment rate at 11.5%", November 28, 2014, http://epp.eurostat.ec.europa.eu/cache/ITY_PUBLIC/3-28112014-AP/EN/3-28112014-AP-EN.PDF.

货膨胀率持续低迷，欧盟主要国家11月份为0.3%[①]，预计欧元区全年为0.5%[②]，远低于欧盟拟定的2%目标水平，这反映出欧盟陷入通货紧缩的可能性在增大。

鉴于上述情况，欧洲央行于2014年推出了新一轮量化宽松政策，包括下调基准利率至0.05%，通过“定向长期再融资操作”向银行提供新的长期低息贷款2124.4亿欧元，[③] 购买成员国的抵押债券、资产支持债券等；欧盟委员会宣布实施“欧洲战略投资基金”计划，这是一项总规模高达3150亿欧元的投资项目，以担保和小额资金作为启动资金，通过杠杆吸收更多投资，最早将于2015年中期开始正式运转。[④] 但是这些举措的效果在短期内都不太明显。

另外，在实施财政紧缩政策方面，部分成员国的立场开始出现退缩。法国公布的财政预算显示，2014年财政赤字率上升至4.4%，预计2015年将回落至4.3%，2017年降至2.8%，明显违反了欧盟委员会规定的2015年降至3%的目标要求。[⑤] 7月份意大利政府债达到了创纪录的2.169万亿欧元，而第二季度西班牙政府的总债务则

① European Commission，“Euro area annual inflation down to 0.3%”，November 28，2014，http：//epp. eurostat. ec. europa. eu/cache/ITY_ PUBLIC/2 – 28112014 – BP/EN/2 – 28112014 – BP-EN. PDF.

② 《欧洲央行维持低利率并下调欧元区经济增长和通胀率》，2014年12月8日，http：//www. mofcom. gov. cn/article/i/jyjl/m/201412/20141200824809. shtml。

③ 《TLTRO二度放水不及预期　欧央行QE近在咫尺》，2014年12月11日，http：//www. cnforex. com/news/html/2014/12/11/580e5cab544c0d310917d9e8cd238f35. html。

④ European Commission，“EU launches Investment Offensive to boost jobs and growth”，November 26，2014，http：//europa. eu/rapid/press-release_ IP – 14 – 2128_ en. htm.

⑤ 《法国财政预算案：拒绝紧缩　欧盟应再宽限赤字率达标》，2014年10月2日，http：//www. cs. com. cn/hw/03/201410/t20141002_ 4527546. html。

达到了 1.01 万亿欧元，并且均有稳步走高的迹象。[①]

（二）在政治方面，欧盟机构平稳换届，成员国政局略显纷乱

2014 年，欧盟主要机构欧洲议会和欧盟委员会均换届。5 月 25 日，第八届欧洲议会选举结束。在 751 个欧洲议员席位中，人民党党团获得 221 席，社会党党团获得 191 席，保守党党团获得 70 席，自由党党团获得 67 席，左翼联盟党团获得 52 席，绿党党团获得 50 席，自由民主党团获得 48 席，无党派党员 52 席。[②] 本届议会选举有两大突出特点：一是选民投票率低，投票率仅为 42.54%，[③] 创下 1979 年欧洲议会直选以来投票率新低；二是极端政党取得突破性发展，总计获得 140 多个席位，[④] 例如以“反欧盟”和“反移民”为政治纲领的法国国民阵线和英国独立党战胜各自国内的主流政党，分别占据法英两国欧洲议会选举的头名。6 月底，欧盟首脑会议决定提名欧洲人民党候选人、卢森堡前首相让·克洛德·容克为欧盟委员会主席，提交欧洲议会投票通过，但这一提名受到英国和匈牙利政府反对。7 月 15 日，欧洲议会投票选举容克担任新一届欧盟委员会主席。这是欧盟历史上第一次由欧洲议会投票通过欧盟委员会主席人选。根据欧盟 2009 年通过的《里斯本条约》，欧盟委员会主

---

① 《意大利西班牙债务创历史新高　通货紧缩成政府替罪羊》，2014 年 9 月 15 日，http：//economy. caijing. com. cn/20140915/3698612. shtml。

② “European Parliament/Results of the 2014 European elections”，http：//www. results-elections2014. eu/en/election-results－2014. html.

③ 《欧洲议会选举投票率创历史新低》，2014 年 8 月 10 日，http：//world. people. com. cn/n/2014/0810/c1002－25437895. html。

④ 《欧洲议会选举之后的欧洲政治走向》，2014 年 8 月 11 日，http：//cpc. people. com. cn/n/2014/0811/c68742－25444091. html。

席人选不仅需要欧盟理事会提名，而且必须得到欧洲议会751名议员中至少376名议员的赞成。8月30日，欧盟首脑特别峰会确定意大利前外长费代丽卡·莫盖里尼担任欧盟委员会外交和安全政策高级代表，波兰前总理唐纳德·弗朗齐谢克·图斯克担任欧洲理事会主席。至此，欧盟新的“三巨头”得以确认。9月10日，容克在欧盟总部举行新闻发布会，并陈述了未来的工作重点：“作为新一届欧盟委员会，我们有机会，也有义务开创一个全新的开端，认真地工作，去应对目前非常困难的地缘政治形势；加快经济复苏，建立团结一致的欧洲，为民众提供就业机会和经济增长。”①

除德国以外，意大利、法国、西班牙、英国等欧盟成员国政局均出现了一些波动。2月13日，意大利总理恩里科·莱塔向总统乔治·纳波利塔诺递交了辞呈，此时距离他2013年4月28日宣誓就职不到10个月。莱塔政府的垮台源于莱塔所属的民主党内部发生了一次“兵变”。于2013年12月当选民主党主席的马泰奥·伦齐不断抨击莱塔政府改革滞后，要求政府改组。2月12日，伦齐和莱塔进行闭门会谈，结果不欢而散。次日，伦齐开始逐个游说党内大佬和新中右党等几个内阁关键政党领袖，并相继获得党内多数大佬和新中右党的“谨慎支持”，最终迫使莱塔知难而退。2月22日，以伦齐为总理的新一届意大利政府宣誓就职。伦齐内阁成员主要由中左的民主党、中右的新中右党、中间联盟和公民选择党组成，其中伦齐领导的民主党占据了外交、司法等8个部长职位。内阁部长年轻化是伦齐内阁的显著特点。其内阁成员平均年龄约48岁，许多成员是首次担任部长。

3月23—30日，法国全国举行市镇选举，约3.67万个市镇选出了自己的市镇议会议员和市（镇）长。选举的结果显示，执政近两

---

① 《新一届欧委会呼之欲出　主席容克公布组成名单》，2014年9月11日，http：//gb.cri.cn/42071/2014/09/11/5931s4687310.htm。

年的社会党（左派政党）在众多市镇遭遇失败，丢失10个居民人数在10万人以上的大城市（保住19个），在地方政治势力中丧失第一大党的地位。右派政党成为大赢家，获得22个居民人数10万人以上的大城市（此前为12个）。[①] 3月31日，鉴于非常不利的选举结果，法国总理马克·艾罗引咎辞职。法国总统弗朗索瓦·奥朗德随即任命内政部长曼努埃尔·瓦尔斯为新总理，负责组建新政府。4月2日，瓦尔斯政府公布内阁成员名单。8月26日，上台不足5个月的瓦尔斯政府宣布改组，撤换了经济部长、教育部长和文化部长。瓦尔斯宣称此举旨在打造一个“在政策主张和具体行动上”保持一致的政府，因为此前以经济部长为代表的少数内阁成员对政府既定的改革政策公开进行批评。另外，7月1日，法国上一任总统尼古拉·萨科齐因涉嫌腐败、探听司法秘密和妨碍司法公正，被法国国家司法警察总部反腐败办公室拘留并接受讯问。这是法国历史上首次有前总统因涉嫌违法遭到警方拘留。

4月5日，西班牙加泰罗尼亚国民大会主席表示该地区将于2014年11月9日就地区独立问题举行全民公投。4月8日，经过长达7小时的辩论之后，众议院以压倒性票数否决了加泰罗尼亚举行独立全民公投的议案。现任西班牙首相马里亚诺·拉霍伊表示坚决反对加泰罗尼亚地区举行全民公投。拉霍伊认为，加泰罗尼亚并未遭受所谓难以承受的巨大压力，加泰罗尼亚语并未受到禁止，加泰罗尼亚民众的社会福利并未遭到破坏，在面临重重困难时，加泰罗尼亚也并非孤立无援，因此其没有举行独立公投的任何理由。6月2日，西班牙国王胡安·卡洛斯一世宣布退位。此事引发西班牙国内关于君主立宪制存废问题的争论。当晚，西班牙数万民众在马德里、巴塞罗那、瓦伦西亚、帕尔马等城市上街游行，要求举行全民公投

① 《法国市镇选举社会党溃败　痛失至少155个城市》，2014年4月1日，http：//www.oushinet.com/news_eu/europe_eu/france_eu/20140401/107629.html。

来决定西班牙是继续保留君主立宪制还是恢复共和制。6 月 3 日，拉霍伊声称宪法指定国王为西班牙的国家元首，举行全民公投需要修改宪法，进而排除了就该国君主立宪制存废问题举行全民公投的可能性。事实上，2013 年 9 月 28 日，西班牙马德里市已经出现过市民游行抗议，要求国王卡洛斯下台，取消君主立宪制。西班牙部分民众反感君主立宪制与国王卡洛斯的上台背景有关。1939 年 4 月 1 日，西班牙第二共和国在内战中被佛朗哥领导的右派击败，佛朗哥随后建立了独裁统治。为了增强统治合法性，佛朗哥将流亡国外的卡洛斯国王接回国，使西班牙过渡到君主立宪体制。

9 月 18 日，400 多万名苏格兰地区选民参加投票，以决定苏格兰是否从英国独立。结果苏格兰选民以 55. 4% 反对、44. 5% 支持的比例作出决定，苏格兰不脱离英国。[①] 苏格兰政府首席部长亚历克斯·萨蒙德宣布接受这一结果，并辞去首席部长和苏格兰民族党领导人的职务。自 20 世纪 70 年代末以来，苏格兰在经济和政治上与英格兰的矛盾越来越深，这极大地促进了苏格兰独立意识的普遍深化。2012 年 10 月，英国首相戴维·威廉·唐纳德·卡梅伦与萨蒙德签署苏格兰独立公投协议。近几年来，由于英国经济不景气，再加上政府持续实施财政紧缩政策危及到普通民众切身利益，苏格兰地区支持独立的选民比例逐渐上升。到 2014 年 9 月初，民调显示反对和支持独立的选民比例已经非常接近。为此，英国政府放弃此前听之任之的策略，改为积极游说苏格兰选民。卡梅伦还联合英国另外两大政党的领袖一起承诺，如果苏格兰不独立，将向苏格兰下放更多权力，例如苏格兰议会将获得税收权和国民医疗服务开支自主权。因此，苏格兰虽然没有实现独立，但仍然是“大赢家”。

① 《苏格兰公投否决独立要求》，2014 年 9 月 20 日，http：//gb. cri. cn/42071/2014/09/20/7551s4699337. htm。

（三）在外交方面，欧盟积极召开首脑峰会，成员国中德国首脑出访力度最大

2014年上半年，欧盟接连举行多场首脑峰会。1月28日，两年一次的欧盟—俄罗斯首脑会晤在欧盟总部所在地布鲁塞尔举行。欧洲理事会主席赫尔曼·范龙佩、欧盟委员会主席若泽·曼努埃尔·巴罗佐当天会晤了俄罗斯总统普京，并共同召开新闻发布会。本次峰会由以往的两天改为一天，并且取消了惯有的首脑晚宴。这些变化表明双方首脑的交往不再热络，且有因乌克兰问题“交恶”之嫌。2月24日，第七届欧盟—巴西首脑峰会在布鲁塞尔召开。范龙佩、巴罗佐等会晤了巴西总统迪尔玛·罗塞夫，就加强多领域合作、推进南共市—欧盟自贸区谈判等交换了意见。双方签署了关于建立经济工作组的协议，发表联合公报强调将进一步加强在经贸、投资、科技、创新、教育、清洁能源、油气、旅游、外交政策、基础设施、网络安全、海洋工业等领域的合作。3月25日，范龙佩、巴罗佐与新西兰总理约翰·基在荷兰海牙进行了会晤并发表联合声明，宣称双方将深化政治、安全、科技创新、贸易和投资等领域的合作关系，考虑进一步推动贸易经济关系的各种选择，继续努力致力于完成全面的全球气候变化协定。4月2—3日，第四届欧盟—非洲首脑峰会在布鲁塞尔召开。本届峰会主题为“投资人民、繁荣与和平”，共有80多位领导人参加，双方围绕安全、投资、移民及气候变化等问题进行了磋商。这是欧盟与非洲国家间最高层次的对话机制，自2000年以来已举办过3届。

2014年，欧盟成员国政府大多将主要精力放在了内政领域，领导人出访频率大幅下降，唯有德国展开了积极的首脑外交。2月19日，德国总理安格拉·默克尔滑雪摔伤后首次出国访问，抵达法国巴黎参加法德首脑会议。2月24日和25日，默克尔访问以色列。她

与以色列总理内塔尼亚胡举行了会谈，会谈内容包括巴以问题、伊朗核问题，以及加强两国在教育、科研领域合作等问题。会谈后发表了两国政府首脑的共同声明。2月27日，默克尔访问英国。她与英国首相卡梅伦就欧盟改革问题进行了会谈。当天还分别会见了英国女王伊丽莎白二世、副首相和工党领袖，并在英国议会发表演讲。她此次英国之行的核心议题是游说英国政府不要使2017年英国脱离欧盟的全民公投成为现实。5月2日，默克尔出访美国。她与美国总统奥巴马就美国政府监听事件、欧美自由贸易协定、乌克兰问题等交换了意见。7月6—8日，默克尔访华。她在北京会晤了中国国家主席习近平和总理李克强，会见了出席中德经济顾问委员会首次会议的代表、中德语言年闭幕式活动的两国青少年代表，在清华大学发表演讲，并访问了成都。她提出德方愿与中方建立并发展"创新伙伴关系"，扩大经贸、金融、科技、农业、人文等领域合作。两国决定建立高级别财金对话机制，一致同意加强创新、可持续发展、环保等合作，中方宣布向德方提供800亿元的人民币境外合格机构投资者额度。8月23日，默克尔突然访问乌克兰。她在基辅会晤了乌克兰总统彼得·波罗申科。她明确表示，"乌克兰的领土完整和平安是德国政治的重要目标。"[①] 8月24日和25日，默克尔访问西班牙。她与西班牙首相马里亚诺·拉霍伊进行了会晤，主要讨论了欧盟机构职位分配等议题。

（四）在国际热点问题方面，欧盟努力施加影响，继续沿用"胡萝卜加大棒"政策

2014年，乌克兰问题吸引了欧盟最多的注意力。3月，乌克兰

① 《默克尔突访乌克兰　双方领导人已通话近20次》，2014年8月24日，http://world.people.com.cn/n/2014/0824/c1002-25526611.html。

克里米亚地区举行全民公投加入俄罗斯以来，乌克兰局势不断恶化。欧盟援乌压俄的政策随之不断升级。在援助乌克兰方面，欧盟一是政治声援。3月底，范龙佩和巴罗佐在欧盟的官方网站上发布联合声明，称克里米亚此次全民公投违反了乌克兰宪法以及国际法，欧盟方面将不会承认此次公投的结果。声明强调，解决乌克兰危机的方法必须建立在尊重乌克兰主权领土完整的原则之上，并对克里米亚坚持进行公投表示了强烈的谴责。二是经济资助。3月5日，欧盟公布了总金额超过110亿欧元的对乌克兰中短期经济援助计划。其中，欧盟委员会预算拨出30亿欧元（14亿欧元是无偿援助，16亿欧元是低息宏观财政援助贷款），欧洲投资银行提供约30亿欧元（主要投向乌克兰的私营企业和基础设施建设领域），欧洲复兴发展银行提供50亿欧元（主要用于帮助乌克兰完善经济结构和推动宏观经济改革）。[①] 除此之外，欧盟部分成员国也单独提供了经济援助。例如，德国向乌克兰提供援助信贷5亿欧元用于能源和水的供应，2500万欧元用于难民营建设。[②] 在压制俄罗斯方面，欧盟主要通过综合制裁手段。欧盟先后出台了30多份制裁文件，[③] 其制裁方式包括：人员入境限制，禁止危及乌克兰主权、稳定与安全的俄罗斯官员进入欧盟境内并冻结其在欧盟的资产，包括俄罗斯联邦安全局局长博尔特尼科夫、俄对外情报局局长弗拉德科夫、俄联邦安全会议秘书帕特鲁舍夫和俄车臣共和国领导人卡德罗夫等；金融服务限制，禁止欧盟企业向部分俄罗斯企业提供金融服务，包括不再向5家俄国有银行提供贷款；禁止交易这5家俄罗斯银行发行的期限超过30

① 《欧盟公布对乌克兰经济援助计划》，2014年3月6日，http://news.xinhuanet.com/world/2014-03/06/c_119627180.htm。

② 《默克尔到访乌克兰：5亿欧元援助计划求解僵局》，2014年8月25日，http://news.163.com/14/0825/01/A4F6G2FC0001121M.html。

③ “Russia”，http://europeansanctions.com/eu-sanctions-in-force/russia/.

天的债券、股权等类似金融工具；禁止对 3 家俄防务公司和 3 家俄能源公司提供债务融资，同时禁止交易以上公司发行的期限超过 30 天的债券和股权；禁止对上述金融工具的发行单位提供相关服务。技术服务限制，禁止欧盟企业向俄罗斯提供深水石油开发、北极石油勘探、页岩油项目有关的钻探、试井、测井等服务。[1]

除乌克兰问题以外，1 月 20 日，欧盟成员国外长会作出决议，基于伊朗核问题六方会谈达成第一阶段协议，自即日起暂停对伊朗实施的部分制裁，期限为 6 个月。在石油贸易相关领域，欧盟将不再禁止向伊朗原油运输相关业务提供保险服务，不再禁止进口、购置及运输伊朗石化产品及相关服务。在金融领域，欧盟解除了成员国及其金融机构与伊朗政府、央行和公共部门之间的贵金属交易禁令。

2 月 10 日，欧盟成员国外长会议正式批准欧盟与古巴展开双边政治对话及合作协议谈判的动议。4 月 28—30 日，欧盟与古巴在哈瓦那启动了首轮谈判，旨在通过一项新的政治对话和合作协议并促进双边关系正常化。早在 1996 年，欧盟就已制定对古巴的“共同立场”，把古巴改善人权和民主化作为发展双边关系的先决条件，但遭到古巴拒绝。2008 年以来，欧盟恢复与古巴的政治对话并解除了对古巴的制裁。2014 年批准该动议有助于进一步促进合作和开展建设性对话。

5 月 29 日，欧盟外交理事会宣布，将对叙利亚的制裁期限延长至 2015 年 6 月 1 日。欧盟外交理事会当天发布声明说，被延长的制裁措施包括石油、投资、金融、运输等方面禁令，以及人员入境限制。这是继 2013 年 5 月 31 日欧盟将对叙利亚制裁期限延长至 2014 年 6 月 1 日后，再度将制裁期限延长 1 年。

---

① “New EU Russia Sanctions Published”, http: //europeansanctions. com/2014/09/12/new-eu-russia-sanctions-published/.

（五）在非传统安全方面，欧盟关注焦点集中，聚焦于能源安全、网络与信息安全问题

目前，欧盟能源消费中的53%依靠进口，且严重依赖若干能源出口国家。[①] 在2014年的乌克兰危机期间中，俄罗斯以限制对欧盟的天然气出口为威胁手段令欧盟非常被动。在这样的背景下，欧盟委员会于5月28日出台了《欧盟能源安全战略》。该战略文件提出了短期、中期与长期的战略规划，其中，短期措施主要针对2014年冬季欧盟的能源供应，包括提高能源储备规模、实施反向购买、就供应中断作出风险评估以及应急预案等。中长期的措施包括保护能源基础设施、推动外部能源供应的多源化、建立欧盟内部的多功能能源市场、增强欧盟的能源生产能力、发展能源技术、协调和统一成员国的能源政策等。该文件还就欧盟的天然气、电力供应问题进行了具体的项目规划与部署。[②]

2013年曝光的美国"棱镜门"事件促使欧盟更加重视网络与信息安全问题。2014年2月，默克尔在出访法国时与奥朗德讨论建设一条欧洲内部的通信网络，避免电子邮件等数据经由美国进行传输，以此来保护用户数据不受监听。同月，欧盟—巴西首脑峰会期间，欧盟与巴西政府表示，巴西与欧洲目前的通信服务主要依赖美国的海底电缆，但出于网络安全考虑，双方就铺设直接连接拉丁美洲和欧洲的海底光纤电缆达成一致。5月，默克尔访美期间试图推动美国与德国签署"互不监听"协议，但没有得到美国政府的明确答复。另外，欧盟仍然是网络攻击重灾区。欧盟出台的《2013年年度事件

① European Commission, *European Energy Security Strategy*, May 28, 2014, p. 2, http://ec.europa.eu/energy/doc/20140528_energy_security_communication.pdf.

② European Commission, *European Energy Security Strategy*, May 28, 2014, p. 3, http://ec.europa.eu/energy/doc/20140528_energy_security_communication.pdf.

报告》显示，2013 年总计 19 个成员国上报了 90 件网络安全重大事件。[①] 1 月 21 日，德国信息技术安全局宣布，德国大约 1600 万网络用户的邮箱信息等被盗，作案者为身份不明的黑客。[②] 2 月 3 日，法国最大的电信运营商橙子电信公司对外公布，他们的数据库自 1 月中旬开始遭黑客攻击，近 80 万的客户资料被盗。[③]

二、重大事件词条

2014 年英法峰会

1 月 31 日，英国首相卡梅伦和法国总统奥朗德在英国牛津郡诺顿空军基地举行了 2014 年英法峰会。卡梅伦和奥朗德分别率本国负责外交、国防、能源、科技等事务的高官出席峰会，双方在上述领域签署了一系列合作协议。英法两国计划在国防设备采购、军队训练、海外维和行动等方面开展一系列联合行动，并将进一步打造由两国多个兵种组成的英法联合远征部队。两国还计划联合发展空中作战体系，并宣布投入近 2 亿美元开展为期两年的前期可行性研究。英法两国还宣布将共同致力于发展安全核能，共建新的核电站，合作应对气候变化，督促欧盟委员会制定碳减排方案。

北欧中国峰会

3 月 21 日，2014 年度北欧中国峰会在瑞典首都斯德哥尔摩举办。中国驻瑞典大使陈育明、商务参赞李光军及 100 余位来自北欧国家的商界代表出席了会议。陈育明大使发表了题为“乘改革东风，

---

① The European Union Agency for Network and Information Security, *Annual Incident Reports* 2013, September 2014, p. iii.

② 《德国 1600 万网民信息被盗　主要涉及邮件用户名及密码》，2014 年 1 月 23 日，http://hn.people.com.cn/n/2014/0123/c338399-20456345.html。

③ 《法国最大电信运营商数据库遭黑　客户资料被盗》，2014 年 2 月 4 日，http://world.people.com.cn/n/2014/0204/c157278-24280315.html。

促中国—北欧经贸合作上新台阶”的主题演讲。北欧中国峰会的举办，为正在或有意投资中国市场的北欧企业家们提供了深入交流的平台，有助于加深北欧对中国市场、文化和未来经济走向的认识。

北约七国联合海上军事演习

7月4日，北约七国联合海上军事演习在保加利亚东部黑海海域举行。美国、英国、土耳其、希腊、意大利、罗马尼亚和保加利亚七国海军参与此次联合军演。此次代号为“微风－2014”的联合军演由保加利亚海军主导。演练项目包括执行海上安全防御任务和海上救援行动等。其中，保加利亚海军派出15艘军舰、两架战机和两架直升机参演。北约第二常设排雷小组派出4艘军舰参演，分别为意大利海军的一艘护卫舰和一艘扫雷舰、英国皇家海军的一艘扫雷舰和土耳其海军的一艘护卫舰。此次军演旨在提升参与国之间的协同作战能力，加强北约七国在应对危机事件时的合作能力。军演期间，保加利亚海军总部获颁指挥北约海军行动的资格证。

比利时犹太博物馆枪击事件

5月24日，比利时首都布鲁塞尔市中心的犹太博物馆发生枪击事件，造成3人死亡，1人重伤。当天下午3点48分左右，一辆轿车在布鲁塞尔犹太博物馆附近路边停下。一名嫌犯从车上下来之后直奔博物馆，随后开枪，作案后又乘坐同一辆轿车离开案发现场。比利时官方指出，该事件是针对犹太人的攻击事件，并立即在比利时犹太人主要居住区加强了警戒。

德国抗议反犹太人大会

9月14日，“德国犹太人中央委员会”在柏林布兰登堡城门前广场举行大会，号召民众抗议反犹太人言行。德国总统高克、总理默克尔、多位内阁部长及各政党领袖出席，默克尔在大会上表示德国要保障犹太人在德国安心生活。德国反犹太势力近期疑有抬头之势，许多城镇陆续爆发大规模抗议以色列的聚会和游行，有些抗议活动甚至出现了反犹太的标语和极端言论。为此，“德国犹太人中央委员会”在柏林举办群众大会，呼吁各界为犹太人挺身而出，抵制反犹太人的言行。

德国涉美间谍案

7月9日，德国联邦检察官表示，德国警方因“怀疑某情报机构在当地活动”而对柏林区域进行了搜查，但搜查行动并未逮捕任何人。据《南德意志报》报道，在德国国防部工作的“双面间谍”目前正在接受调查，涉嫌为美国从事间谍工作。该事件是2014年年内德国官方调查的第二起涉美间谍案，加剧了德美两国的外交摩擦。

第50届慕尼黑安全会议

1月30日至2月2日，第50届慕尼黑安全会议在德国慕尼黑召开，与会者包括多位国家与政府的领导人、军方将领、学者、商界代表。会议主题包括叙利亚问题、伊朗核问题、乌克兰危机、美国国家安全局监听事件以及中日关系。会议期间，美欧等西方国家的代表与俄罗斯的代表在乌克兰、伊朗、叙利亚等问题上意见相左，冲突激烈。在美国国家安全局监听事件上，德美分歧严重，难以达成共识。

第七届巴西—欧盟峰会

2月24日，第七届巴西—欧盟峰会在布鲁塞尔举行。巴西总统罗塞夫分别同欧洲理事会主席范龙佩和欧盟委员会主席巴罗佐举行会谈。会谈有三大主要议题：一是欧盟和巴西的经济前景，重点包括经济问题和全球经济复苏进程。双方特别讨论了如何加快经济增长和创造就业，并对欧盟—南方共同市场联系协定谈判取得重要进展表示欢迎。二是如何应对诸如气候变化和网络安全等全球性挑战。双方同意启动欧盟—巴西关于国际网络政策的对话。三是有效深化外交和安全合作的方式与手段，双方就乌克兰、中东和非洲局势交换了看法。

法德企业联合组建陆军装备企业

7月1日，法国国防部和经济部联合发布公报称，法国奈克斯特系统公司和德国克劳斯·玛菲—韦格曼公司当天签订协议，决定联合组建欧洲最大的陆军装备企业。按照协议，法德两家公司将在9个月后完成排他性谈判，建立合资企业。新公司的总部设在荷兰。双方将各控股50%，并将实行双董事长制，两家公司的现任董事长共同担任董事会联席主席。法德双方认为，随着军工市场上的国际竞争日益激烈以及欧洲军事预算的不断减少，欧洲必须建立一个产品齐全、富有竞争力的军工集团。德国克劳斯·玛菲—韦格曼公司是欧洲最大的地面战斗车辆研制和生产商，2013年仅豹式坦克就销售了3400辆。法国奈克斯特公司则是一家国有军工企业，近年来一直在积极扩张业务，两个月前刚刚收购了英国凯姆龙公司旗下的弹药企业，确立了其在欧洲弹药领域的领导者地位。奈克斯特系统公司和克劳斯·玛菲—韦格曼的结合，有助于确保欧洲国防工业的长期发展和竞争力。此举标志着欧洲国防工业正加紧整合。

法国“愤怒日”游行

1月26日，法国巴黎上万名民众参与“愤怒日”游行，旨在抗议总统奥朗德执政失当，斥其桃色新闻是“国耻”。游行者高举着“法国人很愤怒”的条幅要求奥朗德辞职。示威一度引发警民冲突，最少250人被捕。“愤怒日”游行由50多个法国民间组织发起，当中大部分是右翼组织。

法国前总统萨科齐被拘留

7月1日，法国前总统萨科齐前往位于南泰尔的“反腐败与反税务犯罪中央办公厅”总部，接受司法警察的调查。同时，萨科齐的律师、两位行政官员及其几名亲信也被拘留调查。另外，法国前国家警察局局长兼萨科齐内阁参谋长米歇尔·戈丹也已被传唤问讯。2013年3月，萨科齐受到检察机关指控，指其涉嫌非法筹集2007年竞选总统资金。如果被定罪，萨科齐可能被判入狱3年并被处以巨额罚款，同时被禁止出任公职。

法国新反恐法

10月30日，法国国会通过了新的反恐怖法案，授权法国内政部惩处前往境外极端组织营地受训的法国人，阿富汗和巴基斯坦是其主要目标国家。另外，该法案还将在境外实施恐怖袭击的法国人列为打击对象。法国内政部部长伯纳德慍泽纳夫在国会投票前的最后时刻提出了一项修正案，允许行政机关在未经审批的情况下查禁谷歌等互联网服务供应商。

法国暂缓向俄罗斯交付航母

11月25日，法国总统奥朗德认为，目前乌克兰东部局势不允许法国向俄罗斯交付首艘“西北风”级两栖攻击舰“符拉迪沃斯托克”号，而决定延迟审议向俄罗斯出口军舰的申请。对于这个决定，俄罗斯国防部副部长博里索夫表示，俄暂时不会向法方提出索赔，期待法方最终能够履行合同。俄罗斯将严格按照俄法两国签署的供应合同办事，如果法国拒绝履行合同，俄将向法院起诉并要求法方支付违约金。法俄两国于2011年签署了法国为俄罗斯建造两艘“西北风”级两栖攻击舰的合同，总价值12亿欧元。根据合同，这两艘攻击舰将分别于2014年和2015年交付俄罗斯海军。“西北风”级两栖攻击舰是法国研制的第四代两栖战舰，长199米，宽32米，满载排水量2.1万吨，具备远程兵力投送及两栖作战指挥能力，可搭载直升机、水陆两栖装甲车、坦克等重型装备以及900名士兵。

法国总统访问东欧三国

5月11日晚，法国总统奥朗德启程前往阿塞拜疆首都巴库，开始对阿塞拜疆、亚美尼亚以及格鲁吉亚3个南高加索国家进行访问。奥朗德此行主要为了加强法国与该地区的经贸合作关系并鼓励这3个国家向欧洲靠拢。

法国总统访问墨西哥

4 月 9 日晚间，奥朗德抵达墨西哥，进行为期两天的国事访问。随同奥朗德出访墨西哥的人员有法国外交部长法比尤斯、文化新闻部长、社会事务部长以及一个企业家代表团。会后，法墨两国总统签署了约 30 份协议，内容涉及教育、卫生、航空、基础设施建设、能源以及安全等领域。墨西哥副外长德伊卡萨在新闻发布会上表示，奥朗德此次到访墨西哥意义重大。他指出，法国是墨西哥第 16 位贸易伙伴，也可能成为墨西哥最重要的合作伙伴之一。

法日“2 +2”会谈

1 月 9 日，法国外长法比尤斯与国防部长勒德里昂分别会见了到访的日本外相岸田文雄和防卫相小野寺五典。法日两国首次举行了“2 +2”会谈，加强国防安全合作成为此次会谈的重点，双方还就阿富汗、叙利亚以及南苏丹的局势、朝鲜半岛和伊朗核问题等重大国际问题交换了意见。日本向法国提议就建立“法国向中国出口可转作军用的产品时，事先向日方通报”的机制展开磋商，双方就武器出口管理与防务装备开发新设两个定期磋商机制达成一致意见。这两个新设的定期磋商属于事务级，每年举行 1—2 次会谈。法国成为继美国、澳大利亚、俄罗斯之后第 4 个与日本举行“2 +2”会谈的国家。

纪念诺曼底登陆 70 周年活动

6 月 6 日，法国总统奥朗德、英国女王伊丽莎白二世、美国总统奥巴马、俄罗斯总统普京等 19 个国家的元首和政府首脑，以及 1800 多名当年参加诺曼底战役的老兵出席了在法国西北部举行的诺曼底登陆 70 周年纪念仪式。当天上午，纪念活动进行了由英、法、美、加四国军队参与的跳伞表演；下午，19 国国家元首和政府首脑来到乌伊斯特勒昂的宝剑海滩，与老兵、民众、学生等一道参加在这里举行的纪念诺曼底登陆 70 周年的盛大仪式。

拉脱维亚正式加入欧元区

1月1日，拉脱维亚正式加入欧元区，成为继爱沙尼亚之后的第18个欧元区成员国。当天零点25分，欧元启动仪式在拉脱维亚里加市中心的共和国广场举行。拉脱维亚总理东布罗夫斯基斯从一台自动提款机中取出一张面值为10欧元的纸币，象征着该国正式加入欧元区。东布罗夫斯基斯在致辞中表示，2014年对拉脱维亚来说具有历史意义，拉脱维亚成为欧元区的一员，在国家发展方面迈出了重要一步。拉脱维亚自1991年脱离苏联独立后，一直致力于融入欧洲，积极参与欧洲一体化进程。由于欧债危机，拉脱维亚民众对加入欧元区态度并不积极，因为拉脱维亚民众担心加入欧元区后会出现物价上涨、失业率上升等情况。随着欧债危机的缓解，拉脱维亚支持加入欧元区的民众人数不断增加。2013年3月，拉脱维亚正式向欧盟提出加入欧元区的申请。同年7月，欧洲理事会和欧洲议会批准拉脱维亚于2014年1月1日加入欧元区。

默克尔会见土耳其总理

2月4日，土耳其总理埃尔多安访问德国首都柏林。埃尔多安与默克尔总理举行会晤，就土耳其加入欧盟以及叙利亚难民、安全局势等话题交换意见。埃尔多安希望在入盟谈判上获得默克尔的支持。埃尔多安认为，叙利亚难民问题正好说明土耳其需要欧盟，而欧盟更需要土耳其。在土耳其入盟问题上，默克尔明确表示不会支持土耳其的入盟谈判，不过，她仍然赞成欧盟和土耳其双方努力取消障碍。有分析指出，除了历史、文化和政治制度差异等因素之外，土耳其在塞浦路斯问题上的态度可能是其入盟的主要障碍。

纳税信息自动交换协议

10月29日，包括德国、英国、法国、意大利、阿根廷、韩国、南非在内的51个国家和司法管辖区在柏林签署了一项有关纳税信息自动交换协议，旨在加强国际合作，打击骗税逃税者。根据该协议，自2017年起各国和各司法管辖区有权从各国和各辖区内的金融机构收集所有金融信息，并与其他政府和辖区自动进行信息交换。各国和各辖区金融机构要在2015年12月30日记录下它们账户中的原有存量，2016年1月1日确定新客户的税务定居点。首次数据信息交换将于2017年9月进行。

欧盟—俄罗斯首脑会晤

1月28日，两年一次的欧盟—俄罗斯首脑会晤在欧盟总部所在地布鲁塞尔举行。2014年峰会的会期由以往的两天改为一天，并且取消了惯有的首脑晚宴。俄罗斯总统普京抵达布鲁塞尔后分别与欧洲理事会主席范龙佩和欧盟委员会主席巴罗佐举行了会谈。

欧盟—非洲峰会

4月3日，第四届欧盟—非洲峰会在欧盟总部布鲁塞尔举行。与会双方60多位国家元首和政府首脑，以及90多个代表团共同讨论了欧盟与非洲未来发展和双边合作问题。欧盟理事会主席范龙佩在峰会闭幕式讲话时强调，欧盟将与联合国紧密合作，支持非洲在维护地区和平方面所做的努力，未来3年将向非洲和平基金提供高达7.5亿欧元的援助。范龙佩表示，欧盟将通过培训和提供设备，继续支持非洲增强危机管理的能力。根据此次峰会发表的宣言，欧非双方同意将共同实施致力于发展创造就业的和保护环境可持续发展的长期经济增长的政策。在非洲地区，欧盟政策的重点是要促进以农业、绿色发展、工业化、基础设施和服务行业为基础的经济转型。

欧洲“阿基米德行动”

9月24日，欧洲刑警组织展开规模空前的打击有组织犯罪的“阿基米德行动”，在整个欧洲拘留超过1000人，并从非法交易网中拯救了30名儿童。欧盟28个成员国以及挪威、美国、澳大利亚、瑞士、塞尔维亚和哥伦比亚均参加了这次由欧洲刑警组织协调的行动。警方针对贩卖人口、毒品交易、网络犯罪以及组织偷渡等9个领域的有组织犯罪展开打击行动。行动查获了600千克可卡因、200千克海洛因以及1300千克大麻。

欧洲核聚变研究项目

10月，欧盟委员宣布，欧盟成员国以及瑞士的聚变研究实验室共同启动名为“欧洲核聚变”的新项目，旨在推动聚变能技术研究。各参与方共同成立了一个为期5年（2014—2018年）的联合项目，总预算约为8.5亿欧元。早在2012年末，聚变研究实验室就一致通过了2050年前聚变能发展路线图，研究人员希望在此阶段能解决路线图初始阶段面临的重要科学技术挑战，其中重点之一就是为正在法国建造的国际热核聚变实验堆提供科学和技术支持。欧盟委员会副主席、负责能源事务的委员京特·奥廷格指出，聚变能有潜力成为一种可靠、安全和可再生的能源，它不会排放二氧化碳，是一种很好的替代能源。

欧洲能源安全战略

5月28日，欧盟委员会推出了最新的欧洲能源安全战略，强调将致力于减少对外部能源的依赖度。欧盟委员会此次倡导的能源安全新战略主要包括短期与中长期的具体措施。其中，短期措施主要针对的是2014年冬季欧盟的能源供应问题。欧盟委员会能源委员奥廷格表示，欧盟在此前的几个星期里一直在与俄罗斯以及乌克兰方面进行谈判，尽可能确保2014年冬季的天然气供应不受影响。中长期的具体措施则包括：提高外部能源供应的多样化，改善能源基础设施建设，建立欧盟内部能源市场，推行能源节约政策。除此之外，欧盟还强调应协调各国的能源政策，以便在与俄罗斯等外部供应方进行谈判时形成统一战线。

七国集团峰会

6月4—5日，美国、英国、法国、德国、加拿大、意大利、日本在比利时布鲁塞尔召开七国峰会。受乌克兰问题的影响，俄罗斯自1997年加入八国集团后首次被排除在外。会议结束后发布声明，宣称试图破坏乌克兰东部稳定的行动是“不可接受的”，敦促俄罗斯承认乌克兰5月25日的总统大选结果，完成从俄乌边境撤军，并用自己的影响力促使乌克兰民间武装放下武器、放弃暴力。声明还表示，俄罗斯必须停止“破坏乌克兰东部稳定”的行动，否则7国将随时准备有针对性的制裁，并执行额外的限制措施，以使俄罗斯付出更大的代价。另外，声明提及南海会晤、东海问题，呼吁所有国家都应通过国际法解决纠纷。

容克当选欧盟委员会主席

7月17日，欧洲人民党候选人、卢森堡前首相容克在欧洲议会全体会议上赢得422票赞成票，当选新一届欧盟委员会主席。容克曾担任卢森堡首相和欧元集团主席。11月1日，容克正式接替现任欧盟委员会主席巴罗佐，任期5年。这是欧盟历史上第一次由欧洲议会投票确定欧盟委员会主席人选。在谈及欧盟委员会的下一步工作时，容克表示将带领欧盟重新出发，致力于推动经济增长、创造就业、促进公平、改进民主。他表示，欧盟面临的挑战非常严峻，他将与各成员国首脑积极协商，尽快提出新一届欧盟委员会委员人选，为欧盟发展注入新的活力。

瑞典承认巴勒斯坦

10月30日，瑞典政府正式承认巴勒斯坦的国家地位。瑞典同时宣布，今后5年将向巴勒斯坦增加5亿瑞典克朗（约合6700万美元）的援助款，总援助金额将增至15亿瑞典克朗（约合2亿美元）。巴方认为，瑞典政府承认巴勒斯坦的国家地位是“历史性决定”，“所有仍迟疑承认我们独立国家权利的国家，都应该效仿瑞典”。巴方同时还表示“这一决定向以色列释放了信号，也是对其做法以及占领巴勒斯坦领土的回应”。而以方则认为“瑞典的做法将有损化解巴以冲突的努力”，“瑞典政府承认巴勒斯坦国是一个糟糕的决定”。

目前，在东欧和地中海地区，已经有7个欧盟成员国承认巴勒斯坦国，分别是保加利亚、塞浦路斯、捷克、匈牙利、马耳他、波兰和罗马尼亚。

瑞典大选

12月4日，瑞典议会批准了由温和联合党、中央党、人民党和基督教民主党组成的四党反对联盟提交的财政预算案，导致瑞典政府提交的预算未获得通过。四党反对联盟表示不会就财政预算案与执政联盟合作，瑞典总统勒文因而宣布，“政府决定再次举行议会选举”。瑞典新一轮大选将在2015年3月举行。这是瑞典自1958年以来首次举行打破常规的议会选举。在2014年9月举行的瑞典议会选举中，社会民主党以31%的支持率胜出，继续稳坐瑞典第一大党位置，在议会中占有113席。但由于其支持率未过半数，不得不向其他党派寻求合作。随后，社会民主党与环境党共同组建少数派政府。

“色雷斯之星—2014”联合军事训练

5月26日，为期10天的“色雷斯之星—2014”联合军事训练在保加利亚普罗夫迪夫的“伊格纳蒂耶夫伯爵”空军基地举行。美国、希腊、罗马尼亚和保加利亚共有800余名空军人员和30架军机参与。美国驻欧空军司令弗兰克·戈伦茨表示，此次联合军事训练旨在提升北约成员国之间的协同作战能力。

乌、格、摩—欧盟联系国协定

6月27日，在比利时首都布鲁塞尔举行的欧盟夏季峰会上，欧盟与格鲁吉亚、摩尔多瓦正式签署联系国协定，并与乌克兰签署了联系国协定的剩余部分。欧盟委员会主席巴罗佐、欧洲理事会主席范龙佩、乌克兰总统波罗申科、格鲁吉亚总理加里巴什维利和摩尔多瓦总理莱安克出席签约仪式。2013年11月，欧盟在东部伙伴关系峰会上与格鲁吉亚、摩尔多瓦草签了联系国协定。协定的签署标志着三国在成为欧盟正式成员国的道路上迈出了决定性的一步。协定实施后，三国的产品将免关税、免配额地进入欧盟市场，欧盟服务业市场也将对其开放，这将为三国带来新的发展机遇。俄罗斯认为，协定是欧盟试图与在文化和历史上都与俄罗斯较为紧密的国家达成同盟的一种手段。俄罗斯政府声明称，如果这三个邻国与欧盟达成协议，俄罗斯可能削弱同它们的贸易联系。

西班牙国防采办改革

6 月 24 日，西班牙政府批准了一项皇家法令，宣布对包括国防部和陆海空三军在内的组织机构进行重组，首次集中推行军品采办系统改革。这项法令于 6 月 20 日召开的西班牙内阁会议上获得了通过，法令强化了国防部直属的武器与装备总局（DGAM）的作用，宣布武器与装备总局将负责所有军品采办政策的规划与执行。武器与装备总局的工作将划为两个部门——项目管理办公室和军品采办部进行。西班牙国防大臣佩德罗·阿古力斯表示，国防部致力于打造一个最佳的采办机制，并增加项目的财务和技术透明度。集中的采办系统除提高国防采办的效率外，还为供应商提供了便利。

西班牙国王退位

6 月 2 日，西班牙国王胡安·卡洛斯宣布退位，并让位给王储费利佩。现年 76 岁的胡安·卡洛斯一世于 1975 年登基，他在位于马德里郊外的萨苏埃拉王宫发表电视讲话，解释了决定退位的原因。他指出，经济危机之后国家需要改革，应该让勇于改革和创新的年轻人掌管国家。费利佩王储精通英语和法语，在进入高等学府之前，他曾在数所军事学院接受军事培训。此后，费利佩在马德里自治大学学习法律并获得学士学位，后来又在美国华盛顿乔治敦大学国际关系学院学习并获得硕士学位。

亚欧首脑会议

10 月 16 日，第十届亚欧首脑会议在意大利米兰拉开帷幕，主题是“构建负责任伙伴关系，促进可持续增长与安全”。本届会议的主要议程包括：研究加强互联互通，促进亚欧经济金融合作；商讨亚欧携手在联通世界中共同应对全球问题；讨论加强亚欧对话与合作及亚欧会议的发展方向。亚欧首脑会议是亚欧会议框架下最高级别会议，主要负责确定亚欧会议的指导原则和发展方向，每两年举行一次，在亚洲和欧洲国家轮流举行。亚欧会议成员数目已由开始创立时的26个增加至53个，其中欧洲成员32个，亚太地区成员21个。中国作为亚欧会议的创始成员，是亚欧会议进程的积极倡导者和重要推动力量。亚欧会议成立以来，亚欧双方在相互尊重、平等对话、循序渐进、协商一致的基础上，开展了广泛交流。作为亚欧之间唯一的跨地区对话合作机制，亚欧首脑会议与其他一系列部长级会议为亚欧两地更紧密的对话、更有效的合作提供了舞台。

英国发行伊斯兰债券

6月25日，英国财政部宣布，英国政府已成功发行2亿英镑的伊斯兰债券，成为首个发行伊斯兰债券的非伊斯兰国家。此次英国发行的伊斯兰债券以3个伊斯兰国家的中央政府的项目为支持，为投资者提供资产收益。这批伊斯兰债券到期日期为2019年7月22日，其利润率为2.036%，和同期限的英国国债收益率相当。该债券的市场需求旺盛，认购规模在23亿英镑左右，且投资者类型广泛，涵盖了主权财富基金、各国央行、英国和国际金融机构等机构投资者。该债券在伦敦证券交易所挂牌交易。英国发行首笔伊斯兰债券旨在向外界传递出英国政府的决心，即把英国打造成为无可争议的全球金融中心。

英国苏格兰独立公投

9月18日，苏格兰举行了正式的全民公投，公投中的问题是："苏格兰是否应该成为一个独立的国家?"选民只能回答是或不是。19日公布的最终结果显示：45%的投票者支持，55%的投票者反对。至此，英国仍将保持统一。此次公投的主要推动者为苏格兰民族党，苏格兰地方政府首席部长萨蒙德也一直将苏格兰独立视为其政治目标。

中欧新知识产权合作项目

1月16日下午，中国—欧盟新知识产权合作项目启动仪式在北京举行。中国商务部等10余家政府部门和欧盟委员会、欧盟驻华代表团、欧洲内部市场协调局等中外嘉宾共计百余人参加了启动仪式。根据新的知识产权合作协议安排，项目实施期为36个月，双方将重点推进3个领域、16个方面的活动，涉及立法、执法、司法、双边交流、宣传推广等内容。

（本章综述撰稿：彭霄；词条编撰：冉欣怡）

美洲地区

一、形势综述

2014 年，美洲地区形势整体偏紧，主要表现为一些地区主要大国内部政治斗争激烈，社会政策改革举步维艰，经济形势长期低迷而导致社会矛盾加剧，各种自然和人为灾难频发致使雪上加霜。

（一）美国两党斗争激烈，民主党在中期选举中的失利加剧奥巴马政府的施政压力

2014 年是美国的中期选举年，两党围绕中期选举展开激烈斗争。选举结果使奥巴马在剩余执政期间的施政更为困难，并且对民主党在 2016 年大选中的前景造成负面影响。

两党斗争加剧，共和党利用多条战线向奥巴马政府发起攻击。2014 年内，美国的两党斗争主要围绕以下几条主线展开：（1）否定奥巴马政绩。众议院议长约翰·博纳（John Boehner）全面抨击奥巴马政府的执政成绩，不仅指责其内政失误，还指责其在本届任期内，“恐怖主义以几何级数的速度蔓延”[①]。（2）“换囚”问题。5 月 31 日，奥巴马政府决定用 5 名关押在关塔那摩监狱的囚犯交换一名被塔利班组织俘虏 5 年之久的士兵。该决定随即引起共和党议员的强烈不满。两名共和党资深议员联合发表声明称，此举违反了法律，还会强烈刺激恐怖分子俘虏更多的美国人。[②] 同时，美国众议院三军

---

① 张晓芳：《美众院议长：奥巴马政策导致中东恐怖主义大爆发》，http：//news.xinhuanet. com/world/2014 －06/20/c_ 126648996. htm。

② 老任：《奥巴马“以囚犯换战俘”被批示弱置美国人于险境》，http：//www.chinanews. com/gj/2014/06 －01/6235028. shtml。

委员会还准备就此事件进行调查。（3）班加西事件旧事重提。班加西事件本来发生在 2012 年，但博纳在 2014 年 5 月 2 日宣布成立“特别委员会”重新进行调查，并且罕见地于月内两度直接传唤国务卿克里（John Forbes Kerry）前往国会做解释。民主党对此十分恼怒，直指其是在为中期选举赚取政治资本，以及打击希拉里参加 2016 年总统选举的希望。前国防部长盖茨（Robert Gates）直称，目前美国面临的最大威胁并非来自海外，而是陷入僵局和内斗的国会。而国务院发言人则将传唤克里的举动称为“不是合法和负责任的权力监督做法”。[①]（4）行政诉讼。在 1 月 28 日发表的国情咨文中，奥巴马虽然承诺要加强与国会的合作，但同时也首度宣布，将以发布总统行政命令的方式，甩开国会推进施政日程。奥巴马一系列“甩开国会单干”的行为迫使众议院向联邦最高法院提起控告，要求他切实履行总统职责，忠实执行法律。6 月 26 日，联邦最高法院裁定奥巴马于 2012 年在参议院休会期间任命劳动和金融监督人员的做法违宪。这场官司是美国国会众议院向奥巴马政府“宣战”的一部分。虽然最高法院未就其他类似任命作出裁决，但显然众议院共和党人获得了初步胜利。7 月 30 日，众议院通过议案，正式授权博纳以奥巴马或其他行政部门官员履职与宪法规定不一致为由起诉总统奥巴马。这些举动表明，共和党已经改变策略，企图将司法权力引入到自己与奥巴马政府的斗争当中。

民主党全面输掉中期选举，奥巴马政府施政更加困难。在 11 月 4 日举行的中期选举中，共和党在国会众议院、参议院和各州州长选举中，均获得超过半数的优势，全面掌握美国国会两院主导权。民主党的惨败，主要是受奥巴马的平庸政绩拖累。2014 年年内进行的多项民调结果显示，奥巴马的民意支持率一直偏低。而且民众对

---

① 陈丽丹：《克里罕见直接被国会传唤凸显美国党争》，http：//world. huanqiu. com/exclusive/2014 – 05/4998159. html。

奥巴马的不满意是全方位的，涵盖了国内经济形势、医保系统和对外政策等多个领域。[①] 中期选举的结果鼓舞了共和党士气，赋予其更多的制衡奥巴马施政的资源，也加剧了奥巴马政府的内部分裂。11月24日，国防部长哈格尔宣布辞职并获准，成为民主党选举失利的“替罪羊”。

政党斗争严重影响人们对政府及国家未来的信心。早在1月26日《华盛顿邮报》和美国广播公司公布的联合民调中，美国民众对奥巴马和国会两党能否采取正确行动把国家引向光明未来，普遍感到悲观。只有35%的受访者表示，美国正在朝着正确方向前进；而绝大多数美国人认为，国家已经严重偏离了轨道。[②] 8月份的调查显示，79%的受访者对美国的政治体制感到不满。

（二）美国在军事安全领域大力推动改革，新武器研发力度加大

“棱镜门”事件引发人们对美国非法监控活动的警惕性和关注度，导致更多的丑闻曝光。为了回应国内外的关切，美国政府对情报界进行了部分改革。同时，受财政紧缩的影响，美国军队启动瘦身转型进程，但仍然谋求全球优势。

---

① 据1月民调显示，其支持率仅为46%，反对率达50%。据3月民调显示，其支持率为41%。在4月由美国广播公司和《华盛顿邮报》共同组织的一次民意调查中，其支持率跌至41%。在7月份发布的一项民调结果显示，其支持率仅为40%，创其执政以来的新低。并且，在7月2日由美国昆尼皮亚克大学民调研究所公布的全美民调结果中，33%的被调查者认为奥巴马是“二战以来最糟糕的总统”。在3月的民调中，奥巴马在处理国际事务上的表现仅得到40%美国民众的认同。在4月的民调中，71%的投票者不看好当前美国经济形势，而对《平价医疗法案》的支持率为44%，并且只有37%的选民对法案的实施情况表示满意。

② 陈一鸣：《一半美国人不支持奥巴马　普遍对国家未来悲观》，http：//world.huanqiu.com/exclusive/2014－01/4797232.html。

美国出台系列情报改革措施，试图平息“棱镜门”事件的负面影响。继“斯诺登事件”后，2014年年内美国更多监控丑闻陆续曝光，呈现出三个特点：卷入部门增多，非法渠道增多，曝料来源增多。这加大了奥巴马政府改革情报机构的压力。1月17日，奥巴马总统宣布了一揽子情报改革方案，提出7项改革措施。[①] 3月27日，奥巴马收紧情报机构权限，宣布终结美国国家安全局备受诟病的收集电话记录项目，今后情报机构只有经法庭批准才能从通信公司获取电话记录。4月3日，新走马上任的美国国家安全局局长迈克·罗杰斯（Mike Rogers）承诺，国安局不仅会加强与联邦调查局、国土安全部、司法部等美国内政部门的合作，还会加强对外情报合作。4月12日，美国政府高官表示，奥巴马已经决定，国家安全局应公开所发现的网络安全漏洞，使其获得修复，而不应利用这些漏洞开展间谍活动或网络攻击。5月22日，美国众议院通过法案，限制美国国家安全局大规模收集美国人的电话记录。6月19日，美国国会众议院批准一项法案，限制美国国家安全局的电子监视权。然而，这些举措仅是美国政府为平息情报监控争议的权宜之举，很难从根本上改革这些争议项目。首先，对推动这些监控行为的罪魁祸首——美国国家安全局的改革改组建议并没有得到奥巴马的认可。其次，美国政府几乎为每一项改革计划都预留了“后门”。奥巴马在作出国家安全局应披露网络安全漏洞信息的决定时，也以“国家安全或执法行动存在明确需要”的名义，允许出现大量的例外情况。第三，这些措施能否真正得到贯彻，还要看白宫与国会的配合程度。第四，这些措施中一部分仅是为了缓和美国与盟友的关系。而美国针对所

① 这7条措施包括：发布加强信号情报搜集活动监管的新总统指令；调整监视行为以增加透明度；要求国会授权设立监督外国情报监视法庭的新机构；限制“702”项目；修订国家安全密函使用规范；设立“215”项目代替方案；在白宫和国务院指定专人负责隐私保护。

谓“敌对”国家的监控活动不但不会减弱，还会进一步增强。

美国缩减军费开支，军队建设启动瘦身转型进程。随着美军终结在伊拉克和阿富汗的部署，为了适应国防预算调整，美国再度启动裁军计划。1 月 24 日，美国国防部长哈格尔公布了一系列 2015 财年国防预算减支提议，将陆军现役军人数量裁减至 44 万—45 万人，把海军陆战队建制削减到 17.5 万人，共裁军约 10 万人，陆军将达二战后 70 余年来的最小规模。此外，还将取消 A－10 攻击机编队和 U－2 高空侦察机。3 月 4 日，美国国防部公布了《四年防务评估》报告，计划削减军队人员和装备，发展更为全面的全球作战能力，以更加精简的军队实施美国的全球战略，包括其“亚太再平衡”战略。按照新的规划，未来 5 年内美军规模将缩减 20% 以上，一些老旧装备也将逐步退役。[①] 随后，各军兵种陆续推出部分具体的裁军措施。4 月 8 日，五角大楼公布核裁军方案，显示到 2018 年，美军部署的陆基洲际弹道导弹预定减至 400 枚，将创 50 多年来的新低。7 月 14 日，美国空军决定在各级指挥系统中裁撤 3459 个岗位。美军上述举措一方面是为应对海外军事力量运用减少和国防预算大幅度削减的无奈之举，另一方面也是美军建设转型、部署转型的重要步骤。军队规模的缩减并不代表美军在全球的军事影响力和主导地位的退让。美国表面上的收缩，其实是为了达到更合理地分配、使用资源，达到少花钱却做更多事的反超效果。

美国加大对关键能力的投资，继续扩大军事优势地位。一是继续加大先进军事技术的研发。哈格尔公开表示，为了维持军事科技的主导地位，美国必须采取更加创新的方法来发展新科技。[②] 2014 年年内，美国一系列正在部署或即将部署的先进军事技术研发项目

---

① US Department of Defense，2014 *Quadrennial Defense Review*.

② 朱马烈：《美防长：美优越的军事科技地位正受中俄挑战》，http：//world.huanqiu.com/exclusive/2014－09/5131015.html。

相继曝光，包括基于“手机位置锁定”的无人攻击机、军舰上部署的激光炮、对磁轨炮进行初步测试、远程反舰导弹、专门用来监视他国卫星的“超级间谍卫星”、将人工智能技术引入下一代战机等。二是继续加强新型作战力量建设。3月28日，哈格尔表示，美国将继续致力于扩大网络部队规模，提升美国在网络安全领域的能力，计划于2016年将网络司令部网络部队人数增至6000人。[①] 6月21日，美国高级国防官员称，美网络司令部终于开始进入实战，如跟踪、探测海外对手对美国关键计算机网络发动的袭击等。[②] 三是加强在重点地区的军事部署。3月，美国确认，美军将向波兰的瓦斯克空军基地增派12架F-16战斗机及300名军人，并计划于2018年在波兰部署欧洲反导系统。[③]

（三）奥巴马政府社会政策改革步履艰难，几乎陷入完全停顿状态

社会政策改革是奥巴马自2009年首次执政以来的施政重点。然而，受两党政争的影响，美国行政当局改革措施的推行极为艰难，在2014年更是几乎陷入完全停顿的状态。

奥巴马政府再提环境议程，推出应对气候变化新举措。全力应对气候变化是奥巴马政府新能源政策的重要组成部分，也是其执政承诺之一。因此，奥巴马在年内重新强调其环境议程，推出一系列新举措。2月18日，奥巴马下令针对国内重型卡车队研究制定一套

① 孙浩、穆东：《美防长说将继续扩编美军网络部队》，http://news.xinhuanet.com/2014-03/29/c_1110005729.htm。

② 中新网：《美军赛博司令部开始实战监视全世界敌人服务器》，http://www.chinanews.com/mil/2014/06-26/6321876.shtml。

③ 穆东、孙浩：《美国向波兰空军基地增派战斗机》，http://news.xinhuanet.com/world/2014-03/13/c_126259103.htm。

严格的新燃油标准。5 月，白宫和美国海军分析中心军事咨询委员会先后发布两份报告，警告人们极端气候事件将带来严重威胁，呼吁采取紧急行动对抗气候变化，并称气候变化是“冲突催化剂”和“威胁倍增剂”，不仅对环境造成破坏，更对美国国家安全日益构成严重威胁，甚至会成为第三次世界大战的原因。[①] 6 月 3 日，奥巴马政府采取“美国有史以来在对抗气候变暖问题上作出的最有意义行动”，推出严厉限制火力发电站的一揽子新措施，计划在 6 年内使美国境内火力发电厂排放的温室气体削减 5%。[②] 然而，由于这些举措均以行政部门单边行动的方式推出，因此能否真正落到实处尚待观察。奥巴马政府限制火电厂的措施就受到了共和党人的批评，他们指责这些举措将扼杀煤炭行业的就业机会，并提高电力成本。[③]

枪击案频繁发生，但控枪进程迟滞不前。4 月 2 日，美国胡德堡军事基地再次发生枪击，造成包括一名持枪者在内的 4 人死亡，14 人受伤。6 月 10 日，俄勒冈州雷诺兹中学发生枪击案，一名学生和持枪者本人死亡，另有人员受伤。6 月 8 日，拉斯维加斯发生枪击案件，造成包括两名凶手在内的 5 人死亡。7 月，芝加哥连续两个周末发生 50 多起枪击事件，致使 6 人死亡。这些枪击案发生后，关于控枪问题的争议再起。奥巴马表示，美国枪支暴力已到泛滥程度，国家应该深思检讨，采取因应措施，敦促国会拿出责任精神，考虑立

---

① 环球网：《白宫公布新报道呼吁采取紧急行动对抗气候变迁》，http：//world. huanqiu. com/exclusive/2014 - 05/4989242. html；环球网：《美国海军报告称气候变化越发威胁美国国家安全》，http：//world. huanqiu. com/exclusive/2014 - 05/4996276. html。

② 王晓雄：《美国宣布减排计划 美媒体纷纷赞誉并催中印跟进》，http：//world. huanqiu. com/exclusive/2014 - 06/5010123. html。

③ 证券时报网：《美国计划到 2030 年将减少 30% 碳排放量》，http：//kuaixun. stcn. com/2014/0604/11463933. shtml。

法禁枪。然而，在美国社会中反对控枪的声音仍然高涨，控枪法案的出台仍然遥遥无期。

“医保改革”蹒跚起步，挫折不断。奥巴马由于6年执政间政绩乏善可陈，本指望2014年开始正式生效的“医改”成为其执政最后两年的“里程碑”，希望为美国留下“政治遗产”。然而，从2014年年初开始，其“医改”之路就争议不断，屡遭挫折。早在1月1日医疗保健法生效前，美国最高法院就叫停了部分条款的实施，包括强迫一些宗教附属机构为雇员提供避孕保险。2月10日，美国政府宣布推迟强制实施“医改法案”中“企业雇主必须为全职雇员购买医保”条款的期限，以安抚国内的反对声音，减小实施阻力。但是，这一变数却使民主党陷入“授人以柄”的尴尬境地，并给了一向对“医改法案”持激烈反对态度的共和党新的抨击例证。4月11日，美国卫生与公众服务部部长凯瑟琳·西贝利厄斯（Kathleen Sebelius）因为“医改法案”推动之初的混乱状况而辞职。9月初，被视为奥巴马“医改法案”的主要成果之一的美国“健保交易所”平价医保选购网站遭到分布式拒绝服务攻击，导致网站服务器崩溃。这些事实表明，虽然奥巴马政府对“医改”充满期待，并且2014年申请入保的人数已突破700万的目标，但无论是自身的准备，还是国内政治气氛，都不利于该改革的顺利推行。

非法移民问题演变为“人道主义危机”，移民改革立法遥遥无期。2012年，奥巴马决定容许非法入境的未成年儿童取得居留权，这令大批外国儿童冒险偷渡，并使美墨边境的偷渡问题恶化。自2013年10月以来，大量来自中美洲国家的儿童穿过美国西南边境非法入境，其中有逾5.2万名被美方逮捕。由于得克萨斯等州对此准备不足，缺乏充足的接待能力，最终酿成“人道主义危机”。美国国内民意对于如何应对这一问题意见产生分歧。8月的民意调查显示，51%的受访者认为应该将这些非法移民者立即遣返，43%的受访者则认为应该让他们留在美国。[1] 由于缺乏明确的民意倾向作为政策指导，奥巴马政府在处理这个问题时处于“动辄得咎”的尴尬境地。一方面，为了防止更大的非法移民风潮，同时为了应对共和党的指责，奥巴马政府不得不一再放出风声，警告不会为这些偷渡孩子提供居留许可，只会优先把他们遣返本国；另一方面，又要尽力避免让这一问题影响到与民主党议员和西班牙裔团体的关系，因为后者是其重要民意支持基础。为此，奥巴马政府不得不再次停止遣返非法移民，向国会申请37亿美元紧急拨款来应对“边境人道主义危机”，并且首次表示对保障在美移民权利的支持。然而，奥巴马政府的种种努力并未得到民众的认可。仅有11%的受访者表示认同政府在处理南部边境问题上的政策选择。[2] 非法移民潮的出现表明美国的移民政策已经到了非改不可的地步，但是国会的共和党人并不会让奥巴马的改革轻易成功。2月6日，众议院议长博纳明确表示，奥巴马用行政权绕过国会的宣言已使他失去了国会对他的信任，因此在重建信任之前，移民改革将停止。2月9日，博纳拒绝了民主党提出的妥协建议，即先就此立法，等奥巴马下台之后再生效。即便到9月，国会众议院通过一项6.94亿美元的紧急拨款议案，以应对“人道主义危机”的压力，但仍与奥巴马要求的数额相去甚远。由此可见，在移民问题上，共和党人会不惜一切代价来狙击行政当局，这使2013年本已曙光初现的移民改革立法前景黯淡。

种族关系仍然脆弱，由种族问题引发的骚乱事件频繁发生。2014年年内，全美各地相继发生多起由种族问题引发的骚乱，其中尤以弗格森枪击案和纽约警察“锁喉案”为甚。8月9日，美国密苏里州圣路易斯市弗格森镇发生警方枪击黑人青年迈克尔·布朗

---

① 刁海洋：《奥巴马支持率创新低　七成民众不满美国经济》，http：//news. xinhuanet. com/world/2014 -08/07/c_ 1111967602. htm。

② 同上。

(Michael Brown) 事件，随后当地发生抗议活动并逐渐演变成骚乱，纽约、芝加哥、洛杉矶、菲尼克斯等近100个城市民众也举行了抗议和守夜活动。11月24日，在大陪审团宣布不起诉枪击布朗的白人警察后，美国多个城市再度爆发抗议，一些城市还出现了暴力抗议。12月3日，纽约大陪审团决定对涉嫌在7月掐死黑人男子埃克·加纳（Eric Garner）的警察不予起诉，再度导致全国发生大规模抗议活动。这些事件的发生，暴露出美国国内不同种族之间的关系十分微妙，种族歧视问题仍然根深蒂固。《今日美国报》引述联邦调查局资料指出，美国每周有近两名黑人命丧白人警员的枪下。有1/3的选民承认，少数族裔居民容易遭遇执法部门工作人员的不公平对待。少数族裔则比白人更加认为，警方执行任务时太具侵略性或对白人更客气。这些事件也引起了国际社会的关注，导致美国国际形象受损。8月13—14日，联合国消除种族歧视委员会在日内瓦对美国代表团进行质询，并开始审查美国自2008年来的人权纪录。8月18日，联合国秘书长潘基文通过其发言人对美国弗格森地区最近持续的骚乱表示关注，要求各方保持克制，并呼吁美国当局尊重和平集会权。[①]

（四）拉美地区各国政坛局势总体平稳，但由严重经济困难引发的社会不稳定事件频发

2014年年内，多个拉美国家政权顺利举行选举。但是，尽管包括阿根廷和巴西两大“领头羊”在内的拉美国家纷纷出台一系列措施来应对经济发展困局，但效果并不明显。[②] 低迷的经济发展形势已

① 李洋：《潘基文关注美国弗格森骚乱　吁美当局尊重和平集会权》，http：//www. chinanews. com/gj/2014/08 – 19/6505191. shtml。

② 4月8日，国际货币基金组织将拉美地区2014年经济增长预期下调0.4个百分点至2.5%，2015年下调3个百分点至3%。

逐渐消耗了民众对政府的信心，各种罢课、罢工活动不时出现，影响了社会稳定。

拉美多国顺利完成选举，但其竞争激烈程度前所未有。3 月 9 日，萨尔瓦多左翼执政党法拉本多·马蒂民族解放阵线（Farabundo Martí National Liberation Front）候选人萨尔瓦多·桑切斯·塞伦（Salvador Sánchez Cerén）在第二轮投票中获胜，成为新一任总统。3 月 11 日，米歇尔·巴切莱特（Michelle Bachelet）由于在 2013 年 12 月 15 日举行的智利总统选举第二轮投票中获胜，再次宣誓就任智利总统。4 月 6 日，哥斯达黎加举行总统选举第二轮投票，反对党候选人索利斯（Ottón Solís）高票赢得选举。5 月 4 日，巴拿马反对党巴拿马主义党候选人胡安·卡洛斯·巴雷拉（Juan Carlos Varela）在选举中胜出。6 月 15 日，哥伦比亚现任总统、民族团结社会党候选人桑托斯（Juan Manuel Santos）在大选第二轮投票中获胜，成功获得连任。10 月 26 日，巴西现任总统罗塞夫（Dilma Rousseff）在第二轮投票中获胜。这些选举具有两个共同特点：第一，地区内大国在任领导人在选举中获胜，表明这些国家人民希望维持政局稳定和保持政策的延续性，对于维持地区内整体政治稳定也有一定益处；第二，多数选举竞争激烈，经过了两次投票过程，使当选领导人之后的施政难度加大。

哥伦比亚政治和解进程经历短暂反复后，再次取得重大进展。虽然反政府武装“哥伦比亚革命武装力量”于 1 月 16 日制造了一起摩托车炸弹袭击，为哥伦比亚国内和解进程蒙上阴影，但 5 月 16 日，哥伦比亚政府仍与之就解决贩毒问题达成协议。“哥伦比亚革命武装力量”同意以坚决的态度、行之有效和多种多样的方法解决贩毒问题，在签订最终和平协议、实现国内和平时“彻底切断和毒品的一切联系”。协议还就解决毒品非法种植、预防吸毒、维护公众健康、遏制毒品生产和贩卖等细节进行了规划。同时，双方未来还将就受害者赔偿和建立永久和平这两大议题进行谈判。[①]

阿根廷经济深受主权债务违约和通货膨胀高企影响，主权债务已成为阿根廷政府的梦魇。7 月 30 日，由于与部分强硬债权人无法达成和解，阿根廷出现“技术性债务违约”，多家评级机构下调了阿根廷信用评级。阿根廷政府虽然采取了多项措施，避免出现本土资金外流、货币贬值等各种可能的负面影响，但这些措施能否帮助阿根廷避免再一次“技术性违约”，仍取决于能否得到“秃鹫基金”的理解和美国司法部门的配合。通胀高企问题已成为难以根治的顽疾。1 月，阿根廷政府曾出台一系列贬值比索和放宽汇市控制政策。进入 2 月后，阿根廷央行又出台了一系列措施，使比索兑美元汇率企稳回升，试图以此作为反通胀的“锚石”。然而，从实际效果来看，这些措施显然成效有限。以比索汇率为例，阿根廷汇市经历了年初的相对平稳之后，从 2 月 12 号开始，黑市美元兑比索价格再度上扬，到 5 月甚至出现了英国《经济学人》网站所称的“戏剧性”动荡局面。[②]

巴西经济陷入负增长。7 月份，巴西零售业环比下跌 1.1%，是自 2008 年 10 月以来首次出现负增长。这表明民众手中可支配收入下降；同时，由于物价上涨，民众购买力和消费欲望也相应受到抑制。[③] 8 月底，据巴西地理统计局公布的数据显示，二季度巴西国内生产总值为 1.27 万亿雷亚尔，同比萎缩 0.9%，环比萎缩 0.6%，意味着巴西经济自 2008 年第四季度至 2009 年第一季度后再次出现

---

① 侯熙文：《哥伦比亚政府与反政府武装就解决贩毒问题达成协议》，http：//news. xinhuanet. com/2014 - 05/17/c_ 1110735583. htm。

② 裘征宇：《国际观察：阿根廷汇市波动　比索贬值预期再升温》，http：//www. chinanews. com/gj/2014/05 - 23/6204590. shtml。

③ 陈威华、赵焱：《巴西零售业 6 年来首次出现负增长》，http：//news. xinhuanet. com/world/2014 - 09/12/c_ 1112456188. htm。

技术性衰退。[①] 而由于巴西经济增长缓慢、投资者信心下降和政府债务高企，国际评级机构穆迪于当月 9 日将巴西公共债务评级展望由“稳定”调整为“负面”。

受此影响，上述两国均出现严重罢课、罢工活动，社会稳定受到挑战。在阿根廷，自 3 月 26 日开始，阿根廷教师工会在布宜诺斯艾利斯发动了自 2011 年以来该省最激烈的抗议活动，导致 2500 所公立学校停课，约 350 万学生无课可上。[②] 4 月 10 日，阿根廷三大工会（反对派总工会、蓝白总工会和中央工会）发动全国大罢工，超过 100 万人参加，造成首都一半商店闭门停业，地铁、城市公交、航空和铁路货运系统陷入瘫痪。[③] 8 月 28 日，阿根廷再次发生长达 36 小时的总罢工。在巴西，在世界杯临近之际，全国各地于 5 月和 6 月举行了多次声势浩大的示威游行和罢工活动，参加者包括警察、消防员、公交车司机、教师、公务员等各类人群。导致这些运动的根本原因还在于人们对现有经济状况和自身生活水平的不满。

委内瑞拉爆发大规模反政府示威，马杜罗（Nicolás Maduro Moros）政府遭遇空前执政危机。2 月至 4 月，委内瑞拉陷入持续国内动荡。当地学生率先发起示威游行活动，得到反对派及其他力量的响应。一些支持现政府的力量也开始走上街头，导致双方冲突不断，“空前浓烈的示威活动已然演变为规模可怕的骚乱”。示威活动造成至少 18 人死亡，超过 260 人受伤。[④] 导致这次危机的根本原因主要

---

① 荀伟：《巴西经济现技术性衰退　二季度 GDP 同比萎缩 0.9%》，http://finance.chinanews.com/cj/2014/09-01/6549741.shtml。

② 汪霜荣：《阿根廷公立学校教师大规模罢课　350 万学生无课可上》，http://world.people.com.cn/n/2014/0327/c1002-24748893.html。

③ 吴志华：《阿根廷百万人大罢工　人们涌向多个城市街头示威》，http://world.huanqiu.com/exclusive/2014-04/4969260.html。

④ 环球网：《委内瑞拉首都陷骚乱狂潮　示威者要求马杜罗下台》，http://world.huanqiu.com/exclusive/2014-04/4979025.html。

有：首先，民众对缺乏安全、物资匮乏及通胀极度不满；其次，查韦斯（Hugo Rafael Chávez Frías）去世带来的“强人统治”消失，使一些原先蛰伏的力量纷纷涌出，向现政权提出挑战；第三，美国一直并未放弃颠覆委内瑞拉现政权的想法。面对执政危机，马杜罗政府采取了4项措施予以应对。首先，加大对反对派的打压力度，指责其阴谋复制一场“类似2002年的政变”，并向其发出通缉令。[①] 其次，加大在国内寻求政治和解的力度。马杜罗分别在2月和4月与反对派进行多次正式会谈，主要讨论如何解决国内政治危机。同时，马杜罗还于2月召集政界、社会、宗教与工会人士召开危机会谈，并召集举行全国和平大会。第三，出台“新一轮经济攻势”新措施，并强调这些措施的主要目标是恢复生产、保障供应和实施合理价格。[②] 第四，寻求国际支持。3月6日，马杜罗呼吁南美国家领袖就委内瑞拉局势问题召开会议。

（五）拉美地区内国家关系发展良好，与区外国家关系取得进展

加强地区内合作是近年来拉美国家关系发展的“主旋律”。2014年年内，无论是地区一体化进程，还是部分地区内国家的双边关系，均保持稳步进展。古巴、委内瑞拉与美国的关系均出现积极改善的迹象。同时，古巴与欧盟国家的关系也出现了突破性进展，部分缓

① 吴志华、陶短房、丁良恒：《委内瑞拉强硬抓捕反对派　反对派称示威将继续》，http：//www. chinanews. com/gj/2014/02－15/5841293. shtml。

② 吴志华：《委内瑞拉两成企业停工停产　总统召集州长讨论经济措施》，http：//world. people. com. cn/n/2014/0508/c1002－24992275. html。

解了国际孤立局面。[①]

拉美和加勒比海地区各国继续加强推进地区一体化进程，并致力于加强以集体的力量对外合作。1 月 28 日，拉丁美洲与加勒比海国家联盟首脑峰会在古巴首都举行。3 月 12 日，智利总统巴切莱特（Michelle Bachelet）和乌拉圭总统穆希卡（José Mujica）在参加联合国拉美和加勒比经济委员会举行的拉加地区发展圆桌会议时，一致认为地区一体化是目前拉美和加勒比地区应对国际重大问题的一个十分必要的手段，也是面对全球化时代挑战的一个强有力的武器，因此呼吁拉美各国共同努力，进一步加强地区一体化进程。[②] 4 月，南方共同市场（简称南共市）与欧盟自贸协定谈判取得重大进展，南共市国家对加入自贸协定的商品清单已接近共识。此次突破使得南共市国家朝着先于美国和欧盟签署自贸协定迈进，以便在关税优惠问题上获得优先权。[③]

部分拉美国家的双边关系取得突破性进展。3 月 13 日，厄瓜多尔与洪都拉斯宣布恢复外交关系，使 2009 年因洪都拉斯总统曼努埃尔·塞拉亚（Manuel Zelaya）遭罢黜而受到损害的双边关系全面正

---

① 1 月 6—7 日，荷兰外长蒂默曼斯对古巴进行为期两天的访问。这是自 1959 年古巴革命以来，荷兰外交大臣第一次对古巴的正式访问（刘歌、吴志华：《荷兰外交大臣历史性访古巴打破欧盟惯例》，http：//world. huanqiu. com/exclusive/2014 - 01/4736749. html）。2 月 10 日，欧盟 28 个成员国外长在比利时首都布鲁塞尔举行会议，正式核准欧盟与古巴展开双边政治对话及合作协议谈判的动议（沈晨：《欧盟期盼改善与古巴关系着手政治对话及合作谈判》，http：//www. chinanews. com/gj/2014/02 - 11/5820166. shtml）。这些举动表明，在古美关系仍然僵持的情况下，古巴的国际孤立局面有望进一步改善。

② 中新网：《智利和乌拉圭总统吁拉美各国加强一体化进程》，http：//www. chinanews. com/gj/2014/03 - 13/5947168. shtml。

③ 中新网：《阿根廷“变脸” 南共市与欧盟自贸谈判获进展》，http：//www. chinanews. com/gj/2014/04 - 15/6064750. shtml。

常化。5 月 12 日，阿根廷与智利两国总统会晤，双方就交通基础建设、矿产开发、能源等领域的合作签署了一系列双边协议。尤其值得一提的是，双方同意推进两国沿安第斯山脉边境线上的隧道交通建设，这将使所有南美洲国家可以通过智利，将货物出口到亚洲，从而增强竞争力。[①] 7 月 1 日，委内瑞拉与巴拿马开始全面恢复外交关系。[②]

委内瑞拉明确释放对美和解信号，古美关系出现突破性进展。2 月 18 日，委内瑞拉再次驱逐 3 名美国外交官。然而，委内瑞拉总统马杜罗却于 21 日表示，要求与美国总统奥巴马举行政府间“高级别对话”。[③] 25 日，马杜罗提名新任驻美国大使，并且明确表示这是为了“给奥巴马总统传递一个清晰的信号——在美方修正干涉主义政策的基础上，重建两国外交和政治关系”。[④] 12 月 17 日，奥巴马发表讲话宣布，美国决定与古巴恢复正常关系，并放宽多项执行了 50 多年的制裁措施。同日，古巴领导人劳尔·卡斯特罗（Raul Modesto Castro Ruz）宣布，古巴将与美国就两国关系正常化开启谈判。[⑤]

---

① 叶书宏、赵燕燕：《智利总统履新首访阿根廷重塑双边关系》，http：//news.xinhuanet.com/world/2014－05/13/c_ 1110660974. htm。

② 3 月 5 日，委内瑞拉总统马杜罗以巴拿马损害委主权为由，宣布与巴拿马断绝外交关系，同时冻结双方的所有经济关系，并且于 6 日要求巴拿马驻委内瑞拉大使以及其他 3 名外交官在 48 小时内离开委内瑞拉，并称上述人士是“不受欢迎的人”。

③ 中新网：《委内瑞拉要求与美举行高级别对话　提议派驻大使》，http：//www.chinanews.com/gj/2014/02－22/5869921. shtml。

④ 徐烨、王瑛：《委内瑞拉任命驻美国大使》，http：//news. xinhuanet. com/2014－02/26/c_ 119500432. htm。

⑤ 刁海洋：《美宣布将与古巴恢复正常关系　放宽多项制裁措施》，http：//www.chinanews.com/gj/2014/12－18/6887334. shtml。

（六）自然和人为灾害事件频发，对国家治理造成严重威胁

2014年年内，美洲地区以极端天气现象、地质灾害、病毒疫情、人为事故为代表的非传统安全威胁仍然严峻，严重挑战了各国的国家治理能力。

极端恶劣天气影响严重。2014年新年伊始，美国东部多个地区遭遇大型暴风雪袭击，数千航班取消，交通受阻，学校停课，甚至导致联邦政府关门。强降雪后，美国中西部多个地区又遭遇20年一遇的严寒天气。有“世界粮仓”之称的美国加州则陷入500年来最严重的超级旱灾。4月，美国中南部6个州在3天之内接连遭到龙卷风袭击，造成至少35人死亡。8月，巴西最大城市圣保罗遭遇84年来最严重的干旱。

病毒疫情蔓延。2014年年内，H1N1流感病毒、麻疹、“猪流行性腹泻”病毒相继在美国肆虐。全美超过半数以上的州遭遇H1N1流感病毒，共有10个州的半数以上人口感染流感病毒。[①] 已经大致消灭的麻疹病毒传播加快。截至4月中旬，全美13个州通报的麻疹病例已达到129个，创下自1996年以来最快的累积速率。[②] 5月，“猪流行性腹泻”病毒造成700多万头猪死亡，导致全美的猪只数目减少10%。[③] 哥伦比亚发生大规模登革热疫情。截至4月15日，波

① 中新网：《美国迎降雪严寒天气　统计显示美半数州流感肆虐》，http：//www.chinanews.com/gj/2014/01－06/5699195.shtml。

② 环球网：《美国麻疹病例显著增长　加州及纽约系重灾区》，http：//world.huanqiu.com/exclusive/2014－04/4980545.html。

③ 中新网：《致命病毒已致700万头猪死亡　全美猪只数减少10%》，http：//world.huanqiu.com/article/2014－05/5009144.html。

哥大市感染人数达到964 人，其中19 名病人病情危急，1 人死亡。[①]

地质灾害依然频发。4 月 2 日，智利西北部海域发生震级为8.3 级的强烈地震，南美多国发布海啸预警，当局下令沿海地区紧急疏散。6 月，阿拉斯加阿留申群岛发生8 级地震，并引发6.6 级余震。

人为事故不断发生。4 月 29 日，美国加州一家金属抛光店发生爆炸，造成11 人受伤，其中2 名男子被严重烧伤。[②] 6 月，美国发生一起生物安全事故，导致86 名工作人员接触到高致死率炭疽菌。[③] 6 月23 日，马萨诸塞州发生火车与汽车相撞后脱轨事故，导致3 人死亡，当地铁路运输一度中断。[④] 6 月25 日，秘鲁外海两艘拖网渔船相撞，造成9 名船员死亡、3 人失踪。[⑤] 9 月8 日，智利首都圣地亚哥的一个地铁站发生炸弹爆炸，造成14 人受伤。这是圣地亚哥3 个月来第二次有地铁站受到炸弹袭击。[⑥] 10 日，两枚简易炸弹在智利旅游城市维尼亚德尔马的一家购物中心里被引爆。连续爆炸事件给整个智利带来了很大的恐慌。

---

① 黄蓉：《哥伦比亚首都今年已有近千人感染登革热》，http：//www. chinanews. com/gj/2014/04 －16/6072242. shtml。

② 中新网：《美国加州一店铺爆炸致11 人受伤　或积聚灰尘引起》，http：//www. chinanews. com/gj/2014/04 －30/6121884. shtml。

③ 中新社：《美政府实验室生物安全事故　86 人恐接触致命炭疽菌》，http：//www. chinanews. com/gj/2014/06 －21/6305377. shtml。

④ 阮煜琳：《美国一铁路列车与汽车相撞后脱轨致3 人遇难》，http：//www. chinanews. com/gj/2014/06 －24/6311795. shtml。

⑤ 中新网：《秘鲁外海两渔船相撞致9 人死亡3 人失踪　3 人获救》，http：//www. chinanews. com/gj/2014/06 －25/6316631. shtml。

⑥ 中新网：《智利地铁站爆炸致14 人伤　首都近年来屡遭袭击》，http：//www. chinanews. com/gj/2014/09 －10/6576253. shtml。

食品安全问题引人担忧。从2013年4月至2014年4月，受沙门氏菌污染的鸡肉引起全美25个州超过500人患病。[①] 更具讽刺意味的是，4月初在马里兰州巴尔的摩举行的美国食品安全峰会上，有100多名与会者疑似因食品中毒而病倒。[②]

展望2015年，紧张与动荡仍将是美洲地区形势发展的主线。首先，美国国会共和党人着眼于布局2016年大选的需要，会利用自己占据参众两院多数的优势，加大对奥巴马政府施政的掣肘力度。其次，拉美各国的经济复苏进程将十分缓慢，甚至再次出现倒退，从而导致更多民众不满的发生。第三，导致委内瑞拉社会危机的深层次原因并未得根本解决，始终面临着政治动荡的危险，成为悬挂在马杜罗政权头上的“达摩克斯之剑”。第四，非传统安全威胁根深蒂固，难以消除。同时，如果古美关系能够按预期实现正常化，则可为紧张的地区局势增添一抹亮色。

二、重大事件词条

阿根廷36小时大罢工

8月27日，阿根廷反对派劳工中央工会和左派团体决定举行了36小时罢工。28日，该行动演变为阿根廷全国总罢工。此次罢工人员涉及卡车司机、餐饮业员工及一些教育工会组织，罢工游行使得阿根廷首都交通干道严重阻塞，同时还造成郊区卫星城市的公务单位停班。这起罢工事件的原因主要是阿根廷经济深陷困境，当地通货膨胀高达40%，同时阿根廷政府最近出现技术性倒债，使得经济问题更加恶化。罢工者要求政府抛弃现有社会经济政策，提供更多

---

① 中新网：《美国加州一农场鸡肉染病菌致25州500人患病》，http：//www.chinanews.com/gj/2014/04－11/6054336.shtml。

② 赵衍龙：《美国食品安全峰会上百与会者疑似食物中毒》，http：//www.chinacdc.cn/mtdx/tfggwssjbd/201405/t20140504_96184.htm。

职位并涨薪和减税。据估计，这次总罢工的经济损失在 10 亿美元左右，其中服务业损失占一半以上。

阿根廷债务违约事件

7 月 30 日，阿根廷与不接受重组方案的债权人的和解谈判以失败告终，法庭指定的一位调停人称阿根廷将陷入违约危机。由此，这是阿根廷 13 年来发生的第二次债务违约。7 月 30 日是阿根廷向其重组债券持有者支付 5.39 亿美元利息的 30 日宽限期的最后一天，上述债券已于 6 月 30 日到期。阿根廷因未能按期支付债务利息，出现债务违约，导致多家评级机构宣布下调阿根廷信用评级。此次债务违约就是由于阿根廷债权人之一的“秃鹫基金”要求全额偿还 13.3 亿美元违约债务，因此阿根廷原本用于支付债务利息的 5.39 亿美元在美国纽约梅隆银行遭到当地法院冻结，而未能按时支付债权人利息。8 月下旬，阿根廷将债务支付的地点转至国内央行，以解决此事。9 月 10 日，联合国以 124 票赞成、11 票反对、41 票弃权，通过了阿根廷提出的创建主权债务重组规则法律框架的提案，使阿根廷债务支付违约事件暂告一段落。

安倍晋三访问拉美

7 月 25 日，日本首相安倍晋三启程前往拉美，开始对拉美 5 国进行为期 11 天的访问，这是自小泉纯一郎以来，日本首相时隔 10 年对这一地区的首次访问。安倍此次出访的 5 个国家分别是墨西哥、特立尼达和多巴哥、哥伦比亚、智利和巴西。约有 70 余名日本企业界人士随安倍出访，其中包括日本最具影响力的经济组织——日本经济团体联合会的负责人。访问期间，安倍与拉美 5 国领导人多次就经贸和资源合作问题进行会谈，就加入联合国非常任理事国问题向特立尼达和多巴哥等国寻求协助，并在 28 日会晤了加勒比共同体成员国的领导人。

奥巴马政府 2014 年国情咨文

1 月 29 日，奥巴马总统在美国国会发表 2014 年度国情咨文，报告阐述了美国在过去一年当中所取得的成绩及2014年内政外交的施政重点。奥巴马将2014年定位为“行动之年”和“突破之年”。在内政上，奥巴马认为过去4年经济回暖迹象明显，但分配不均等现象也阻碍着美国的进步，因此2014年将主打“复苏”和“公平”牌，呼吁提高最低时薪和同工同酬，继续促进经济和就业回暖，鼓励发展制造业、推动创新、发展清洁能源等。奥巴马还批评了国会的不作为和对其工作的掣肘，表示为了提高效率，将会绕开国会，更多地依靠行政命令来缩小贫富差距，推行医疗改革，推进美国经济的复苏步伐。在全球战略方面，美国外交重点仍将放在亚太地区，强调继续通过外交途径解决伊朗核问题，并承诺从阿富汗撤军，奥巴马表示与盟友合作致力于亚太和平，提升美国的长期安全。

奥巴马政府医改进程报告

3月11日，奥巴马政府公布医改进程最新报告。报告显示，2月份递交医改框架下医疗保险申请单的人数增加94万，总数达到420万。不过，这与“医改方案”设定目标相距甚远。按照“医改方案”，在2014年3月31日前，全美递交申请的人数应达到700万。“医改方案”是奥巴马政府最重视也最具争议的国内施政重点，旨在扩大医保覆盖面。然而，受美国民众对“医改”仍存巨大分歧等因素的影响，“医改”自2014年进入全面实施阶段后情况仍不乐观。

奥巴马政府移民改革方案

11月20日，美国总统奥巴马发表电视讲话，公布其移民改革方案。方案的主要内容包括：通过加强边境管理，遣返近期入境的非法移民；允许在美居住5年以上的非法移民在经过审核后可合法地临时居留在美国；扩展向等待绿卡的高科技移民的工作许可，以发展美国经济。这一方案将使近500万非法移民免遭驱逐。由于奥巴马所在的民主党在2014年美国中期选举中惨败，失守国会参众两院，其移民改革方案面临国会通过的巨大压力。但奥巴马此次仍坚持兑现选前承诺，强调将依靠行政权力强推新移民政策，导致其与共和党对立加剧。

巴黎银行案

6月30日，美国司法部指控法国巴黎银行违反美国法律《美国国际紧急经济权力法》（International Emergency Economic Powers Act），宣布对法国巴黎银行处以89.7亿美元罚款。当天，法国巴黎银行在纽约州法院就共谋和提交虚假商业文件等刑事指控表示认罪。7月9日，巴黎银行在美国联邦法院就针对该行与被美制裁国家交易的刑事指控表示认罪，并与美国司法部达成和解协议，同意支付近90亿美元的罚款。同时，纽约金融服务局还对法国巴黎银行通过该行纽约支行进行美元结算交易的能力进行了部分限制。法国巴黎银行是法国最大的银行，该行被指控从2004年到2012年利用美国金融系统为苏丹、伊朗和古巴三国转移资金。美国司法部宣称，法国巴黎银行为一家伊朗能源公司转移资金超过5亿美元，为古巴转移的资金则超过17亿美元。

巴拿马总统选举

5月4日，巴拿马举行大选。380万巴拿马民众中有近250万人参与了总统选举投票。同时，他们还参与了71名国会议员的投票。执政的民主变革党总统候选人何塞·多明戈·阿里亚斯、在野的巴拿马主义党候选人胡安·卡洛斯·巴雷拉和民主革命党候选人胡安·卡洛斯·纳瓦罗展开角逐。最终，巴雷拉获得了超过60%的有效选票，成为巴拿马新一任总统，于2014年7月1日开始履职，任期5年。巴雷拉1963年出生于巴拿马首都巴拿马城，在美国佐治亚理工学院完成大学学业并获得了工程师资格。他的执政风格偏于务实，侧重于国内经济民生等领域，他还表示要积极改善同委内瑞拉的关系。

巴西部分民众抵制世界杯事件

1月25日，巴西多个世界杯举办城市爆发全国性示威游行，抵制巴西举办世界杯。当天，大约2500人在圣保罗保利斯塔大街举行和平示威游行。随后，一群戴着面具的游行队伍开始打砸银行、车辆、商铺。巴西其他多个城市也发生了示威游行，并伴随着一系列暴力活动。6月20日，示威游行进一步扩大，演变成为近30年来规模最大的街头抗议活动。世界杯期间，巴西政府投资近8亿美元，并调集17万兵力维持治安。巴西部分民众之所以对世界杯展开抵制，主要是因为他们不满巴西政府耗费巨资举办世界杯，却不肯花钱提高民众的生活水平的政策。

巴西公债评级下降

9月9日，国际评级机构穆迪将巴西公共债务评级展望由“稳定”调整为“负面”。穆迪给予巴西公债的评级为Baa2，比投资评级最低线高两级。穆迪认为下调评级展望主要是由于巴西经济增长缓慢、投资者信心下降和政府债务高企。2013年3月，另一家评级机构标准普尔也将巴西的信用评级由BBB下调为BBB-。穆迪预计，巴西经济增长缓慢的势头还将继续，2014年的经济增长将低于1%，而2015年的经济增长率也不会高于2%，他们认为巴西经济在短期内没有强势增长迹象。除此之外，投资水平低也是降低评级展望的因素之一。特别是投资者的“负面情绪”、对现政府的干预政策不满等因素都让信任指数下降。根据巴西地理和统计局8月底公布的数据，二季度巴西国内生产总值为1.27万亿雷亚尔（约合5670亿美元），同比萎缩0.9%，环比萎缩0.6%，这意味着巴西经济出现技术性衰退。巴西上一次技术性衰退发生在2008年第四季度至2009年第一季度。

巴西《互联网民法》

3月25日，巴西国会众院表决通过《互联网民法》审案。在当天的表决中，包括反对党在内的多数议员投了赞成票。4月22日，巴西国会参议院表决通过《互联网民法》。4月23日，巴西总统罗塞夫在全球互联网治理大会上签署《互联网民法》。《互联网民法》在巴西国会讨论了近3年，得到巴西社会的广泛支持。巴西政府希望通过这一法案为维护巴西的网络安全提供法律保障。该法案规定，政府可以通过行政命令，强制要求巴西电信企业在巴西领土内建立用于保存所有网络用户的信息中心。

巴西总统大选

10月26日，巴西总统选举结束，现任总统、劳工党候选人迪尔玛·罗塞夫成功连任，成为巴西历史上第一位蝉联的女总统。在10月5日举行的投票中，罗塞夫得票率为41.6%，社会民主党候选人阿埃西奥·内韦斯得票率为33.6%，社会党候选人席尔瓦得票率为21.32%。根据巴西选举法规定，由于首轮投票中没有任何候选人得票率过半，得票率最高的两名候选人——罗塞夫和内韦斯进入26日的第二轮投票。在第二轮投票前的角逐当中，两人民意支持率交替上升，势均力敌。10月14日，罗塞夫和内韦斯在电视上展开了第二轮投票的第一次辩论。辩论结束后，45%的受访者表示支持内韦斯，43%的人支持罗塞夫，内韦斯小幅度领先。随着第二轮投票日期的临近，罗塞夫后来居上最终赢得选举。本届总统大选成为1989年巴西恢复总统选举以来竞争最激烈的一届。

第七届北美领导人峰会

2月19日，为期一天的第七届北美领导人峰会在墨西哥小城托卢卡开幕，美国总统奥巴马、加拿大总理哈珀和墨西哥总统培尼亚出席会议。本次峰会的主题为“21世纪的北美：建立一个全球最有竞争力和活力的地区”。作为东道国，墨西哥希望利用峰会吸引美加两国加大对墨西哥的投资。加拿大则试图在峰会上向美国政府“推销”酝酿了4年之久的基斯顿跨国输油管道项目。奥巴马总统则希望借助峰会推动TPP谈判，并与墨西哥总统培尼亚商讨移民问题。北美峰会全称“北美安全与繁荣联盟”首脑会议，于2005年3月由美国、加拿大和墨西哥三国领导人共同发起，主要目的是加强三国的安全合作，并促进共同繁荣。

厄瓜多尔与洪都拉斯恢复邦交

3月13日，厄瓜多尔与洪都拉斯宣布恢复全面正常化的外交关系。厄瓜多尔总统斐尔·科雷亚（Rafael Correa）和洪都拉斯总统胡安·奥兰多·埃尔南德斯（Juan Orlando Hernandez）向对方国家互派新任大使，并宣布启动双边贸易合作的计划。2009年6月28日，时任洪都拉斯总统曼努埃尔·塞拉亚（Manuel Zelaya）遭罢黜，与厄瓜多尔的外交关系出现中断。此次洪都拉斯与厄瓜多尔的外交关系得以恢复，表明两国关系实现正常化。

哥伦比亚总统选举

5月25日，哥伦比亚进行总统选举。在举行的第一轮投票中，由于5位总统候选人没有一人获得半数以上的选票，得票率列前两位的候选人进入第二轮角逐。6月15日，第二轮投票展开。现任总统、民族团结社会党候选人桑托斯和民主中心党候选人苏卢阿加进行激烈争夺。为保证投票顺利进行，哥伦比亚政府出动近25万警力，分别部署在全国各地投票站维持秩序。哥伦比亚第一大反政府武装“哥伦比亚革命武装力量”也宣布在选举期间单方面停火。来自南美洲国家联盟、美洲国家组织等方面的代表全程监督了本次选举。最终，现任总统、民族团结社会党候选人桑托斯以53%的得票率击败对手成功获得连任，任期4年。桑托斯获胜后表示，将致力于与反政府武装达成和平协议，以尽早结束暴力，将哥伦比亚建设成为更具包容性的国家。

哥斯达黎加总统选举

2月2日，哥斯达黎加开始举行总统选举，共有13名候选人参加角逐。投票开始后，哥斯达黎加政府派出3500名警察维持秩序和疏导交通，100名国际观察员监督整个投票过程。据哥斯达黎加选举委员会公布的资料，这次选举登记选民共有307.8万，需在选出总统的同时选出两位副总统以及立法大会的57名议员。第一轮选举过后，参加选举的13位候选人均未获得至少40%的法定选票。因此，选票最多的公民行动党候选人路易斯·吉列尔莫·索利斯和执政党民族解放党候选人乔尼·阿拉亚进入第二轮总统选举角逐。阿拉亚则因民意支持率远低于竞争对手，于3月5日宣布“放弃”第二轮总统选举。最终，索利斯以77.69%的选票当选哥斯达黎加新一任总统，成为哥斯达黎加数十年来第一位成功获胜的“第三党派”候选人。

韩加自由贸易协议

3月11日，韩国总统朴槿惠与加拿大总理史蒂芬·哈珀在青瓦台举行首脑会谈之后宣布，韩加两国正式签署自由贸易协定（FTA），这标志着历时8年零8个月的韩加自由贸易谈判终于告一段落，而这也是加拿大与亚洲国家达成的第一份自贸协议。该协议规定，韩国取消对加拿大牛肉的关税，加拿大则在两年内取消对韩国进口汽车的关税。加拿大的农业省份被认为是这份自贸协议的最大赢家，而以制造业为主的安大略省则担心该协议对其汽车产业不利，福特等汽车公司甚至发表声明表示不能支持有关的协议。

荷兰外长访问古巴

1月6日，古巴部长会议副主席里卡多·卡布里萨斯会见了到访的荷兰外交大臣弗兰斯·蒂默曼斯，双方均强调要恢复与加强双边关系。1月7日，蒂默曼斯在与古巴外长进行了政治协商并签署协议。在对古巴的两天访问中，蒂默曼斯敦促欧盟调整对古巴的政策。他指出，对话是更好的解决办法，欧洲国家现在应该修正对古巴的立场。欧盟在1996年通过“共同立场”原则，要求欧盟在与古巴发展政治、经济等关系时，必须以改善人权和民主化为先决条件。而古巴一直拒绝接受所谓“共同立场”，称欧盟此举为干涉其内政。荷兰外交大臣首次对古巴展开正式访问，打破了欧盟限制与古巴高层互访的惯例。

加拿大国际矿业大会

3月3日，为期4天的加拿大国际矿业大会在多伦多国际会展中心正式开幕。在全球矿业不景气的总体背景下，本届矿业大会规模有所减小。根据展厅现场统计，2014年有来自100多个国家的千余摊位参展，大约有2.5万人次出席。中国国土资源部在大会上设展台，众多中资机构参加了大会。加拿大国际矿业大会始于1932年，目前已成为国际矿业形势的“晴雨表”，也是全球知名度较高的商业性矿产勘查的活动交易平台。

加拿大兴建通向北极的全天候公路

1月8日，加拿大在其西北地区举行开工仪式，宣布修建连接伊努维克与图克托亚图克的公路。这将是第一条连通加拿大北极海岸与全国其他地区的可全天候通行的公路。这条公路不仅具有极大的经济和社会效益，对加拿大实现其“北方战略”也具有重大意义。规划中的这条公路全长137公里，预期在2018年竣工。建成后，加拿大将构建一个连通太平洋、大西洋、北冰洋的陆路交通网，改变此前加拿大北极社区只能通过季节性的冰原大道、驳船或者飞机与外界联系的现状。加拿大总理办公室称，该举措将促进加拿大的社会经济发展，有利于加拿大行使北极主权。

加拿大修改入籍法

2月6日，加拿大政府对外公布了入籍法修改法案中的一系列改革措施。根据该法案，外来移民在加拿大获得永久居留权后至少要等4年才能申请国籍。此前的规定是，在过去4年中住满3年即可申请国籍。根据新规定，永久居民要提出入籍申请，必须在过去6

年期间实际在加拿大居住 4 年才有资格。新法案对“实际居住”的规定也比过去严格：申请人需要出示所得税交纳证据来证明自己在这段时间里确实住在加拿大境内。而现行法律对住满 3 年的申请者不要求提供所得税证据。同时，申请人需要拥有更流利的英语或法语水平，他们在参加有关加拿大知识的测试时不能使用翻译。这是加拿大入籍法自 1977 年开始实施以来第一次进行全面修订。

加拿大总理访问墨西哥

2 月 17 日，加拿大总理哈珀对墨西哥展开工作访问。访问期间，他与墨西哥总统培尼亚一起出席了《2014 至 2016 年墨西哥—加拿大联合行动计划》的签字仪式，两国同意在航空运输、出口贷款及金融机构等方面加强合作。哈珀在与培尼亚会谈后举行的记者会上表示，目前已有 200 多家加拿大企业到墨西哥投资，两国间贸易额年均增长超过 30 亿美元。此外，每年还有约 1500 名加拿大公民移居墨西哥。墨西哥对加拿大十分重要，加拿大将同墨方一同加强在多个领域中的合作。培尼亚则指出，加拿大已成为墨西哥的第二大出口目的地国和第四大投资来源国，是墨西哥重要的战略伙伴。

金砖国家第六次学术论坛

3 月 19 日，为期两天的金砖国家第六次学术论坛在巴西里约热内卢闭幕。来自中国、俄罗斯、印度、巴西和南非的学者和专家就各自国家情况、各自研究领域的知识和创新经验进行交流共享。在论坛结束后，5 国代表宣布将建立研究小组，强化以 5 点支柱为平台的相互间合作。这 5 点支柱内容包括：促进合作以实现经济增长与发展，保障和平与解决安全问题，关注社会公正、可持续发展与民众福祉，实现经济与政治治理，以及促进知识共享与创新分享。

拉美国家向外资放开石油市场

8 月 10 日，墨西哥政府宣布允许外国资本进入本国石油市场。墨西哥政府预计这次能源改革将会为其带来 500 亿美元的外资。此外，跨国公司带来的先进技术也将会极大地提高墨西哥湾深海油田的开采量。尽管墨西哥向跨国石油公司开放了本国石油市场，但政府确保其国内超八成的原油要处于本国的控制之中。巴西、阿根廷等国也采取了类似措施，加快了向外资开放石油市场的步伐。

麦卡锡出任美国众议院多数党领袖

6 月 19 日，美国众议院共和党人选举麦卡锡（Kevin McCarthy）为新多数党领袖。由于内部分歧严重，加之坎托（Eric Cantor）因中期选举初选意外落败而辞去众议院多数党领袖一职，共和党陷入混乱。此前担任众议院多数党党鞭的麦卡锡被选为多数党领袖，表明共和党人希望赶在 11 月中期选举前缩小党内政策分歧。麦卡锡当选多数党领袖以后，目前担任共和党研究委员会主席的斯卡莱斯（Steve Scalise）接替他出任多数党党鞭。

美防长哈格尔辞职

11 月 24 日，美国总统奥巴马宣布接受国防部长哈格尔的辞呈。作为奥巴马政府内唯一的共和党籍成员，哈格尔是美国中期选举后首位离开奥巴马政府的重要成员。哈格尔于 2013 年 2 月出任国防部长，是美国历史上第一位当过兵并参加过越战的防长。哈格尔在不少问题上与美国政府意见不一，向来与美国政府不睦。同时，美国政府有在中期选举后调整内阁成员的传统，哈格尔的辞职也是美国政府例行“大换血”的开始。在美国面临“伊斯兰国”极端组织猖獗、阿富汗战事拖延、与俄罗斯因乌克兰问题而关系紧绷、伊朗核谈判艰难等重大挑战之际，哈格尔的离去凸显了美国政府决策层在国家安全战略上的分歧，也预示着奥巴马政府在最后两年执政期内将面临巨大的压力。

美国“囚犯换战俘”事件

5 月 31 日，美国政府用 5 名关押在关塔那摩监狱的囚犯交换被塔利班组织所俘虏 5 年之久的 1 名士兵。这名中士名叫鲍·贝里达尔，来自美国爱达荷州，于2009年6月30日在阿富汗东部被俘。用于交换贝里达尔的5名囚犯全是塔利班的“高级成员”，部分更是塔利班统治阿富汗期间的部长级官员。美国共和党资深议员麦凯恩和英赫夫联合发表声明称，奥巴马政府的行为是示弱的表现。奥巴马则表示，此举是为了拯救贝里达尔的生命，他还得到了卡塔尔方面的保证在1年内禁止这5人从卡塔尔离境。

美国《清洁发电计划》

6月2日，美国环保署（EPA）提出了《清洁发电计划》，该计划准备在6年内，使美国境内火力发电厂排放的温室气体减少5%，并在2030年前把碳排放进一步减少30%（以2005年为基准）。该计划的最终目的是“保护环境和公共健康”，并强调必须对大规模污染源“超额收费”。奥巴马政府要求各州在2016年呈交减排计划后，在2018年之前推行新的发电计划。该计划是迄今为止美国应对气候变化问题的重大举措，不过共和党人批评这将扼杀煤炭行业的就业机会，并提高电力成本。

美国2014财年政府预算法案

1月16日下午，美国国会众议院召开全体会议，以359票赞成、67票反对的结果通过了2014财年政府预算法案。17日，美国参议院以72票赞成、26票反对的结果通过了此项法案。该法案涉及预算金额1.1万亿美元，打破了美国国会两党在2014财年具体支出分配问题上的政治僵局。该法案保留了共和党对于减少政府支出的要求，但并未满足共和党加强金融市场监管和限制奥巴马医疗改革方案的要求。该法案还在“国务院海外工作预算法案”的说明部分要求美国国务卿敦促日本政府遵守美国众议院于2007年通过的“慰安妇决议案”。慰安妇问题被写入美国国会的正式法案尚属首次。

美国暴发麻疹疫情

截至4月中旬，美国有13州通报的麻疹病例已达到129个，大部分集中在加州和纽约市，创下自1996年以来最快的累积速率。这其中大部分病例是出国旅客在国外感染病毒，返回美国后传染给未接受疫苗接种的人。这些旅客有许多曾前往最近暴发麻疹且至少有2万人染病的菲律宾。尽管美国过去几十年麻疹疫苗接种非常成功，但其2014年发现的麻疹病例中约有17%患者曾注射疫苗，这增加了疫情防控的难度。

美国非法移民潮

2014年第二季度以来，大批中美洲移民非法越境进入美国。美国总统奥巴马2012年决定容许非法入境的未成年儿童取得居留权，令大批外国儿童冒险偷渡，导致美国与墨西哥边境偷渡问题的恶化。2014年由于情况日益严重，共和党人乘机抨击奥巴马的移民政策，质疑其管理能力，令一直未有定案的移民法辩论更为错综复杂。6月30日，奥巴马表示，他将采取行政措施来解决这个长期、复杂的问题。2014年美国国会并没有针对非法移民问题的相关议程，这也促使奥巴马动用行政权力。7月1日，奥巴马表示，他倾向于在重大政策问题上与国会合作，因为仅凭其在行政上的作为是不足以解决整个移民制度问题的。同日，美国国会众议院以223票同意、189票反对的表决结果通过了一项6.94亿美元的紧急拨款议案，以处理美国边境移民问题。

美国弗格森事件

8月9日，美国密苏里州弗格森镇18岁的非洲裔黑人青年迈克尔·布朗在从便利店回家途中，与白人警察发生冲突，现场出现枪声，布朗在现场中枪身亡。尸检结果报告显示，布朗被射中6枪，其中射中头部的两枪造成了致命伤害。对于事发原因，各方也是说辞不一。当地民众认为布朗遭受了不公待遇，弗格森镇连日爆发示威游行，并且抗议活动演变成暴力事件。美国国内多地也相继举行示威游行抗议种族歧视，纪念被杀黑人青年布朗。8月16日，密苏里州州长尼克松（Jay Nixon）宣布该州进入紧急状态，并在弗格森镇实施宵禁侦测。18 日，尼克松向圣路易斯市郊区弗格森派出国民警卫队维持秩序。20 日，美国总统奥巴马派司法部长亲自赴事发地进行调查，表示将公平公正地彻查此案，事件随后趋于缓和。21 日，国民警卫队分批撤出弗格森。25 日，奥巴马总统派助手代表其参加布朗的葬礼。27 日，为控制局势而建立的警方指挥中心关闭。目前，案件正在进一步调查审理过程中。

美国弗州标记“东海”法案

2 月 6 日，美国弗吉尼亚州众议院举行正式会议，以 81 票赞成、15 票反对的表决结果通过了有关在州内公立学校教科书中同时标记“东海”（East Sea）和“日本海”（Sea of Japan）的法案。日本官房长官菅义伟在 7 日的记者会上对此表示“极其遗憾”，并称日本将继续积极向国际社会传达日本政府的立场。菅义伟当天强调：“日本海是国际上业已确立的唯一名称。美国政府也支持单独使用。”韩国外交部发言人赵泰永在 7 日的例行记者会上表示，韩国政府对美国弗州众议院通过这项法案表示欢迎，且高度评价旅美韩人为这项法案的通过所做的努力。

美国关闭叙利亚驻美使馆

3 月 18 日，美国国务院宣布暂停叙利亚驻华盛顿大使馆的运作，并要求在该使馆工作的叙利亚外交人员离开美国。美国国务院称，叙方外交人员及家属须最晚在 3 月 31 日离境，行政人员最晚 4 月 30 日离境。不过，美国并未宣布断绝与叙利亚的外交关系。随后，叙利亚驻华盛顿大使馆网站发布公告称，从 18 日起暂停受理领事服务。

美国胡德堡军事基地枪击案

4 月 2 日下午，美国胡德堡军事基地发生枪击事件，导致包括持枪者本人在内的 4 人死亡、16 人受伤，持枪者在 8 分钟内射出了 35

发子弹。持枪者洛佩兹2011年曾在伊拉克服役4个月，并且在战斗中负伤。洛佩兹因请假与人发生口头争执，随后开枪打死1人，打伤10人。随后他开车在基地内移动，并进入过数座建筑，在此期间打死打伤多人，在与一名女兵对峙后开枪自杀。事件发生之后，几百辆汽车分流离开当地，许多学校被迫关闭，一度引起恐慌。美国国防部长哈格尔表示，胡德堡军事基地枪击事件说明有些工作环节出现了漏洞，国防部将继续针对这一问题采取对策，确保美军人员安全。

美国结束量化宽松政策

10月31日，美国联邦储备局宣布正式结束于2012年9月实施的第三轮量化宽松政策（QE3）。自2008年金融危机以来，为挽救美国经济，刺激投资和消费者信心，美联储在过去5年中通过3轮量化宽松政策为市场注入了4万亿美元的流动性。关于此次退出量化宽松政策的原因，美联储表示，美国就业人数出现强劲增长，失业率同比下降，而一系列劳动市场指针显示，美国劳动力资源未被充分利用的情况正在减退。美联储同时指出，自购债计划启动以来，美国就业市场前景显著改善，认为整体经济强势足以支持劳动市场在价格稳定的情况下迈向充分就业。基于上述情况，美联储决定退出量化宽松政策。美联储同时表示，若就业市场改善和通胀上升目标的进展较预期快，便会提前加息。

美国军事援助伊拉克方案

6月初以来，“伊拉克和大叙利亚伊斯兰国”（ISIS）占领伊拉克多个城市，同时基本控制了该国最大炼油厂。6月19日，美国总统奥巴马宣布向伊拉克派遣300名左右的军事顾问，并与伊拉克成立联合行动中心以打击反政府武装势力。美国派出的军事顾问将分成多个小组，每个小组12人左右，他们将进入伊拉克安全部队高层提供军事建议。奥巴马表示，向伊拉克派出军事顾问并不意味着美国重返伊拉克作战。当前美国的首要任务是确保美国驻巴格达大使馆的安全，确保在伊美国公民的安全。

美国拉斯维加斯枪击案

6月8日，美国赌城拉斯维加斯发生枪击案件，造成包括两名嫌疑犯在内的5人死亡。两名嫌疑犯为一男一女，在一家披萨店枪杀了两名警察后，又到附近的一家沃尔玛袭击了一名平民。女性嫌疑犯打死同伙后饮弹自尽。近年来，美国的枪击案有增无减，表明美国的治安形势堪忧。

美国情报系统改革

1月17日，奥巴马政府宣布了一揽子情报改革方案。"棱镜门"事件曝光后，奥巴马政府成立五人独立专门评估小组，研究并拟订有关监视项目及美国国家安全局的改革方案。此后，该小组提交了最终报告。报告共300余页，分8章，核心部分是46条改革建议，其基本结论包括：发布加强信号情报搜集活动监管的新总统指令、调整监视行为以增加透明度、要求国会授权设立监督外国情报监视法庭的新机构、限制"702"项目、修订国家安全密函使用规范、设立"215"项目代替方案、在白宫和国务院指定专人负责隐私保护等。不过，奥巴马总统拒绝了改组美国国家安全局的建议，也没有砍掉被曝光的"702"和"215"两个关键监视项目，表明美国仍然可以大规模搜集国内外人士的通信数据。3月27日，奥巴马公布进一步改革措施，宣布收紧情报机构权限，终结美国国家安全局备受诟病的收集电话记录项目，称今后情报机构只有经法庭批准才能从通信公司获取电话记录。

美国首位非裔司法部长辞职

9月25日，美国司法部长埃里克·霍尔德辞职。霍尔德是加勒比岛国巴巴多斯移民的后代，长期在美国司法部工作，曾出任克林顿政府时期的司法部副部长。他在奥巴马竞选总统期间担任法律顾问，2009 年被任命为司法部长，是美国历史上首位非裔美国籍司法部长。霍尔德就任后曾受到不少非议。2012 年，霍尔德因未能按照国会众议院监督和政府改革委员会的要求如期提交关于枪支走私调查项目的相关文件，被众议院投票认定藐视国会，由此成为美国历史上首位被认定藐视国会的司法部长。

美国通过提高债务上限法案

2 月 12 日，为避免违约风险，美国国会参议院以 55 票赞成、43 票反对的结果通过无条件提高联邦政府债务上限的法案。在 55 张赞成票中，有 53 票来自民主党，2 票来自共和党，43 张反对票则全部来自共和党。由于美国众议院已于前一天通过该法案，美国国会两党暂时解决了在该问题上的政治僵局。自 2013 年以来，共和党在提高债务上限问题上的阻挠，导致美国联邦政府非核心部门关门两周，这也使得共和党在民意调查中人气大跌，促使共和党没有在这次投票中极力阻挠法案通过。目前，美国联邦政府债务总额在 17 万亿美元左右。提高债务上限法案生效后，美国联邦政府可在 2015 年 3 月 15 日前自行提高发债额度。

美国卫生部长辞职

4 月 11 日，美国卫生与公众服务部部长凯瑟琳·西贝柳斯（Kathleen Sebelius）正式离职，白宫管理及预算局长波维尔（Sylvia Mathews Burwell）出任新一任部长。“医改法案”一直是奥巴马引以为傲的政绩。2013 年 10 月为落实改革措施，美国卫生部推出医改网站，但用户登录后发现网站故障连连，不少人甚至无法完成注册，引发公众不满，坚决反对“医改方案”的共和党也乘势展开批评。奥巴马政府希望，西贝柳斯的辞职可以摆脱在落实“医改法案”过程中陷入的不利局面，为临近的国会中期选举提早准备。

美国遭遇极端严寒天气

美国东北部新年伊始遭遇罕见极寒天气。1 月 1 日晚，寒潮袭击美国中西部，堪萨斯州、密苏里州和伊利诺伊州下起大雪，极端天气导致芝加哥奥黑尔国际机场600个航班取消，纽约800万居民和游客受到风雪袭击。2日，2014年首场暴风雪席卷美国中西部到东北部大部地区，影响范围波及全美22个州和1亿人口，部分地区最低气温骤降至零下20℃以下，创美国20年来最低气温纪录。在美国中西和东北部地区遭遇极端天气袭击之时，恰逢北美流感高发期，低温致使10余州半数以上的人口感染流感病毒，死亡10余人。

美国中期选举

11月4日，美国举行中期选举，共和党大胜，一举控制众参两院。此次中期选举，涉及美国众议院全部435个议席和参议院36个议席的改选、补选，以及选出美国50个州中一半以上的州长。改选之后，共和党在参议院达到52席，民主党获得43席；共和党在众议院更以244席大幅领先，民主党只获得180席。在50个州中，共和党改选之后控制地区达至31州，民主党只控制了17州。共和党在此次选举中不仅赢得国会参议院控制权，同时还保住了众议院多数党地位。这意味着至少在今后两年内，美国国会将呈现共和党“一统国会”的政治格局。民主党则参众两院皆失，奥巴马在推行医疗和移民改革，抗击埃博拉疫情，以及在美国应对“伊斯兰国”、中东困局和乌克兰问题等外交政策上将面临极大阻力。

美联储首位女主席履新

2月3日，珍妮特·耶伦正式接任本·伯南克成为美联储新一任主席。耶伦出生于纽约布鲁克林，是美国犹太裔经济学家和加州大学伯克利分校哈斯商学院的名誉教授，曾由美国前总统克林顿提名担任总统经济顾问委员会主席。此后，她成为美联储历史上第二位“女副总”，并在美国总统奥巴马的提名下担任美联储的新主席，也成为美联储史上第一位女主席。

秘鲁任命新总理

7月22日，秘鲁总统乌马拉任命劳工部长安娜·哈拉为部长会议主席（总理），接替当天上午辞职的雷内·科尔内霍。当晚，安娜·哈拉在总统府宣誓就职。与她同时宣誓就职的还有接替她担任劳工部长的弗雷迪·奥塔罗拉。科尔内霍2014年2月由住房建设部长改任部长会议主席。自上任之初，他就备受争议，许多反对党议员指责其在担任政府公职的同时兼职私营公司。不过，导致他辞职的直接原因是7月20日秘鲁媒体曝出的一条丑闻：科尔内霍的助手试图雇人调查一名对科尔内霍持反对态度的国会议员，并试图组织其他人一同“攻击”这名议员。乌马拉总统于7月21日表示，凡直接或间接参与“围攻”反对党议员的人“都应该靠边站”。科尔内霍次日向总统提出辞职。乌马拉自2011年7月执政后，已先后5次更换总理并多次改组内阁。

南方共同市场与欧盟自贸谈判进展

4月14日，阿根廷内阁首席部长豪尔赫·卡皮塔尼奇表示，南方共同市场（简称南共市）与欧盟自贸协定谈判取得重大进展，南共市国家对加入自贸协定的商品清单接近共识。此前，阿根廷担心这一协定会对其国内重要产业形成冲击，对谈判持消极态度，使南共市与欧盟展开谈判面临障碍。但南共市其他国家希望先于美国和欧盟签署自贸协定，以便在关税优惠问题上获得优先权。此后，基于改善与欧洲国家关系和解决与巴黎俱乐部的债务问题等考虑，阿根廷在南共市乌拉圭蒙得维的亚会议上一改此前的立场，同意奶制品、小麦和汽车等产品进入协定清单，使南共市国家得以推进这一清单的编制工作，为推动南共市与欧盟自贸协定谈判创造了条件。

尼加拉瓜宪法修正案

1月28日，尼加拉瓜国会以64票赞成、25票反对和3票弃权的结果通过一项宪法修正案，废除了对总统任期的限制，同时废止至少得有35%得票率的总统当选门槛，规定取得相对多数选票的候选人就可以当选总统。有媒体认为，此举可使现任总统奥尔特加得以无限期连任。该宪法修正案遭到了尼加拉瓜反对派的抨击，指责修宪的目的只为了现任总统的利益。奥尔特加领导的左翼执政党“桑定国家解放阵线”对此加以反驳，认为尼加拉瓜要长期安定，就必须处理这个问题。

普京访问拉美

7月11—16日，普京对拉美进行了为期5天的访问，其间相继访问了古巴、尼加拉瓜、阿根廷和巴西，并出席了金砖国家峰会。11日，普京访问古巴，会见古巴领导人劳尔·卡斯特罗及其兄长菲德尔·卡斯特罗。随后，他突访尼加拉瓜，会晤尼加拉瓜总统奥尔特加。12日，普京抵达阿根廷，与阿根廷总统克里斯蒂娜举行了会晤。普京拉美之行的最后一站是巴西，并在访问巴西期间出席了金砖国家峰会，与中国、印度、南非领导人举行了双边谈判，并与拉美系列国家领导人进行了接触。普京此次拉美之行，与到访国家签署了一系列合作协议，涉及军事、能源、经济、教育和科技等领域，这一举动意在加强俄罗斯和拉美国家之间薄弱的经贸关系。俄罗斯与拉美国家的贸易额在俄对外贸易中所占比例非常低，2013年这一数字仅为1.6%。另外在访问阿根廷期间，普京还明确表示，希望阿根廷在国际事务和主权问题上坚持自己的观点，希望阿方能在克里米亚问题上支持俄罗斯，而俄方会在外债问题上为阿根廷提供支持。

萨尔瓦多总统选举

3月13日，萨尔瓦多最高选举委员会公布总统选举第二轮投票最终结果，左翼执政党法拉本多·马蒂民族解放阵线候选人萨尔瓦多·桑切斯·塞伦在大选中获胜。据该委员会公布的最终计票结果，塞伦在第二轮投票中获50.11%的选票，而反对党民族主义共和联盟候选人诺曼·基哈诺的得票率为49.89%，塞伦以0.22%的微弱优势胜出。在2月2日举行的首轮投票中，萨尔瓦多5位主要政党候选人的支持率均未能超过50%。得票率居前两位的塞伦和基哈诺于

3 月 9 日进行第二轮角逐。由于在第二轮投票中两名候选人得票率过于相近，萨尔瓦多最高选举委员会决定启动最终计票程序以保证选举的公正和计票的准确。因涉及多个部门，最终计票结果 13 日才得以公布。6 月 1 日，塞伦在首都圣萨尔瓦多正式宣誓就任总统，任期 5 年。

首届美非峰会

8 月 4—6 日，首届美非峰会在美国首都华盛顿举行。这是美国外交史上首次针对非洲举行的大型外交活动。非洲 54 个国家中，只有 4 个国家未接到美国政府的邀请，其余的国家都派出国家元首或政府代表参加这次大规模的外交活动。未受到邀请的领导人是津巴布韦总统穆加贝、苏丹总统巴希尔、中非共和国过渡总统庞扎以及厄立特里亚总统阿费沃基。利比里亚和塞拉利昂两国总统为应对国内埃博拉疫情，缺席了此次峰会。8 月 5 日，美国与非洲达成逾 330 亿美元的合作"大单"，其中有 140 亿美元是美国企业签署的合作协议。首次美非峰会表明，美国政府的对非外交越来越重视经济利益。

委内瑞拉与巴拿马断交

3 月 5 日，委内瑞拉总统马杜罗（Nicolas Maduro）宣布，断绝委内瑞拉与巴拿马的外交与商业关系。马杜罗表示，巴拿马近日向美洲国家组织提议召开紧急外长会议讨论委内瑞拉局势，是企图制造一个让外国势力直接干预委内瑞拉内政的平台。马杜罗斥责巴拿马总统是"美国的仆人"，并要求美洲国家组织"永远滚出委内瑞拉"。马杜罗称，委内瑞拉拒绝一切外国势力干涉本国事务。巴拿马总统里卡多·马蒂内利则在社交网站上表态称，马杜罗此举"令人惊讶"。3 月 6 日，委内瑞拉政府要求巴拿马驻委内瑞拉大使以及其他 3 名外交官在 48 小时内离开委内瑞拉，并宣布他们是"不受欢迎的人"。

委内瑞拉与巴拿马恢复外交关系

7 月 1 日，委内瑞拉总统马杜罗表示，委内瑞拉已全面恢复和巴拿马的外交关系。3月5日，马杜罗在委内瑞拉前总统查韦斯去世一周年的纪念日上谴责巴拿马政府参与美国针对查韦斯的“公开阴谋”。随后，两国中止了外交关系。巴拿马方面曾在5月份表示，将尽快按照委内瑞拉的意愿与其恢复领事关系。7月1日，马杜罗发表的电视演讲显示，两国已恢复全面外交合作。至此，两国持续几个月的断交风波告一段落。

习主席出访拉美四国

7月14日，中国国家主席习近平抵达巴西出席金砖国家领导人第六次会晤，并对巴西、阿根廷、委内瑞拉、古巴四国进行国事访问。此次访问取得丰硕成果。中国与巴西签署了56项合作协议，其中世界第三大飞机制造商巴西航空工业公司，同意向中国天津航空有限责任公司和中国工银金融租赁有限公司出口60架E190型和E190－E2型飞机，中国则将于2014年内发射中巴第五颗地球资源卫星。中国将在阿根廷承建重水堆核电站，两国央行还签署了3年期110亿美元的货币互换协议。委内瑞拉将增加对中国的石油出口，中方则愿加大对委方卫星技术转让，并鼓励有实力的中国企业参与委内瑞拉经济特区建设等等。另外，中国同拉美和加勒比国家宣布成立中国—拉共体论坛，并同意尽快举行第一届部长级会议。

智利首都遭恐怖袭击

9月8日，智利首都圣地亚哥地铁站发生爆炸。炸弹在“军校”地铁站的快餐店门口爆炸，造成14人受伤，其中3人伤情危急。据悉，炸弹安装在灭火器内，被放置在快餐店对面的垃圾桶内。智利当局将其认定为恐怖袭击。智利总统米歇尔·巴切莱特当天取消了所有活动，并在9日召开了国家安全委员会紧急会议。继此次爆炸之后，又有两枚简易炸弹于9月10日在旅游城市维尼亚德尔马的一家购物中心被引爆。两起事件给整个智利带来了很大恐慌。爆炸中的炸弹都是将铝和盐酸放入塑料瓶中制作而成，警方初步怀疑三起爆炸事件是同一个人所为。2014 年 7 月 14 日，圣地亚哥另一地铁站也发生爆炸事件，所幸未造成人员伤亡。智利近 5 年来频频发生土制炸弹袭击，至今已有 100 多家银行、体育馆、大使馆和餐馆遇袭，安全形势比较严峻。

智利新总统宣誓就职

3 月 11 日，智利当选总统米歇尔・巴切莱特在智利国民议会上宣誓就职，任期 4 年。随后，巴切莱特签署委任状，23 名内阁成员宣誓就职。巴切莱特主张消除社会的不平等现象，将在任内进行教育、医疗及税收改革。巴切莱特 1951 年 9 月 29 日出生于智利首都圣地亚哥，曾出任智利卫生部长、国防部长。2006 年 1 月，巴切莱特成为智利的第一位女总统。2013 年 12 月 15 日，在智利总统选举第二轮投票中，巴切莱特作为反对派联盟“新多数党”候选人再次成为智利总统。

智利总统访问阿根廷

5 月 12 日，阿根廷总统克里斯蒂娜在布宜诺斯艾利斯与智利总统巴切莱特举行会晤，这是巴切莱特 2014 年 3 月再次就任总统后的首次出访。双方就交通基础建设、矿产开发、能源等领域的合作签署了一系列双边协议。两国总统在联合新闻发布会上表示，双方的优先目标是增加双边口岸通道的数量，加快两国连接太平洋和大西洋的“两洋通道”建设，使所有南美洲国家可以通过智利将货物出口到亚洲等地区。在 2006—2010 年巴切莱特的首个总统任期中，智阿关系发展迅速，双方还签订了旨在加快两国经济一体化的《迈普一体化合作条约》。在 2010—2013 年中右翼领导人皮涅拉担任总统期间，智利外交和经贸政策中心一度向太平洋方向转移，智阿关系发展有所减速。巴切莱特选择阿根廷作为就任后首个出访国，显示了其对阿根廷的重视。

中阿货币互换协议

10 月 30 日，阿根廷中央银行宣布，按照 2014 年 7 月与中国签署的110亿美元货币互换协议，当天正式接收中国提供的第一笔总值为8.14亿美元的人民币。阿根廷是第一个和中国签署货币互换协议的拉美国家。两国央行在2009年首次签署了一项3年期的700亿元等值人民币的货币互换框架协议。该协议中所达成的货币互换成为中国和拉美国家最大规模的金融交易。2014年7月中旬中国国家主席习近平访问阿根廷期间，中阿两国再次签署货币互换协议。根据协议，在双方同意的时间段内，两国央行将按照6%—7%的利率，完成110亿美元的本币互换。据此，阿根廷进口中国商品时可用人民币支付。通过货币互换可以确保双边贸易平衡，促进中国在阿投资项目的实施和双边务实合作，并在一定程度提振投资者对阿根廷经济的信心。阿根廷舆论对该协议顺利执行亦表示欢迎。

（本章综述撰稿：李洪波；词条编撰：刘振水）

大洋洲地区

一、形势综述

2014 年大洋洲地区形势总体平稳，经济情况良好，外交领域表现突出。政治方面，地区内各国政府执政基础稳固，政治局势比较稳定；经济方面，上半年各国经济发展速度较快，下半年澳大利亚经济增速逐步回落，新西兰全年持续较快增长，总体呈现稳中有升的态势；外交方面，阿博特“亚洲优先”政策逐步推行，澳大利亚与亚洲多国的合作逐步加强并成功举办 20 国集团领导人峰会，习近平访问大洋洲 10 国，大洋洲多个岛国对华关系得到全面加强；军事与安全方面，澳大利亚与美国通过联合军演、武器贸易持续加强防务合作，与日本在潜艇技术方面展开合作，在南海问题上澳大利亚联合美日向中国施压。

（一）各国局势比较平稳，地区政坛总体稳定

与之前几年相比较，2014 年大洋洲地区各国政局比较稳定：澳大利亚新总理阿博特于 2013 年 9 月 18 日就职后，采取了一系列措施解决国内问题，民众支持率虽有波动，但总体不断上升；新西兰举行大选，现任总理约翰·基领导的国家党获得国会 121 个席位中的 61 个，顺利实现连任；[①] 斐济、汤加、瑙鲁、帕劳等国局势也比较稳定，没有大的动荡。

澳大利亚工党曾长期执政，但是 2010 年 6 月吉拉德通过党内斗争取代陆克文担任总理以来，两派势力的斗争不断激化，导致政坛

① 人民网：《新西兰大选揭晓　国家党高票领先再次胜选》，http：//world. people. com. cn/n/2014/0920/c1002 - 25700583. html。

局势动荡，工党形象严重受损，最终在2013年的大选中失败。自由党—国家党联盟领袖托尼·阿博特当选总理后，致力于解决澳大利亚国内财政赤字、基础设施建设、取消碳税等问题。5月13日，澳大利亚联邦政府正式对外发布2014—2015财年（当年7月至次年6月）财政预算案，[①] 新预算案的最大特点是大幅削减政府开支、降低福利支出、征收新税，引发民众不满，遭到工党、绿党和帕尔默团结党等反对党的严厉批评。阿博特称，新预算案一方面将减少财政赤字、获得盈余，另一方面将支出重点由短期消费转移到长期投资，目的是实现澳大利亚经济的可持续发展。虽然在6月份联邦预算问题致使其支持率小幅下降，但是随着取消碳税、减少赤字、加大反恐安保力度等一系列政策的实行，其国内支持率连续上升至41%，明显领先于工党的34%。9月20日，新西兰举行全国大选，现任总理约翰·基领导的国家党获得48.1%的党票支持率，拥有共61个议席。[②] 国家党与行动党和联合未来党共同组建联合政府，约翰·基成功获得连任，国家党也连续三届成为执政党。而最大的在野党工党只赢得约27%的政党选票，共32个议席，第二大在野党绿党获得10%的党票支持率，共13个议席。国家党支持率曾受“棱镜门”爆料人斯诺登、“维基揭秘”创始人阿桑奇指控其监视居民通信等一系列丑闻冲击，但是2013年新西兰经济增长率接近4%，约翰·基的个人声望和能力是国家党再次胜选的重要因素。

（二）经济增长速度较快，内需成为主要动力

2014年1—3月，在采矿业的推动下，澳大利亚经济增长显著，

---

① 新华网：《澳预算紧缩：看上去很美》，http：//news. xinhuanet. com/fortune/2014－05/26/c_ 1110848725. htm。

② 人民网：《新西兰大选揭晓　国家党高票领先再次胜选》，http：//world. people. com. cn/n/2014/0920/c1002－25700583. html。

超过普遍预期。澳国民经济核算体系报告显示，该国经济在2014年第一季度增长率为1.1%。[①] 澳大利亚统计局数据显示，在3月份之前的一年中，澳大利亚经济增率达到3.5%，同样超过预期。这是自2012年第二季度起将近两年的时间里，澳大利亚年度经济增长最显著的记录。澳大利亚经济第一季度增长的主要驱动力是矿业，在季度经济增长份额中约占88%。尤其是在产量增多和北澳大利亚飓风气候减弱，对商品出产和运输有利的情况下，激增的商品出口促进了矿业发展。受矿业投资持续下滑以及商品价格走低、澳元维持强势抑制出口等因素影响，澳大利亚二季度经济增速较一季度出现明显下滑。从第二季度开始，澳大利亚经济增长大幅放缓，但是仍然超过大多数经济学家的预期。[②] 澳大利亚统计局数据显示，全国经济第二季度增长了0.5%，高于经济学家预期的0.4%。造成经济增长缓慢的主要原因是澳大利亚净出口下降，消减了0.9%的整体增长数量，澳大利亚出口贸易下降主要是由于大宗商品价格走软阻碍了经济增长，同时消费者信心指数下跌以及艰难的联邦预算也对澳大利亚的零售支出产生影响。此外公共投资在基础设施和建筑的表现也疲软，导致其行业经济增长率下降0.2%。5月6日，澳洲联储在货币政策会议中宣布将维持2.5%的基准利率不变，这也是基准利率连续第8次被维持在历史最低水平，这一决定也符合市场普遍预期。[③] 受到矿业繁荣逐步冷却的影响，对澳大利亚采矿业的投资急剧下降，澳大利亚政府积极推动经济转型，澳央行决定保持较低利率以维持

① 人民网：《澳大利亚一季度经济增长速度超过预期》，http：//world.people.com.cn/n/2014/0604/c1002－25103847.html。

② 人民网：《澳大利亚第二季度经济增长速度放缓》，http：//world.people.com.cn/n/2014/0903/c1002－25596624.html。

③ 凤凰网：《澳大利亚联储保持创纪录低利率，符合预期》，http：//finance.ifeng.com/a/20140701/12635974_0.shtml。

金融流动性，支撑非矿业经济的发展。受到澳央行维持低利率的影响，澳国内的另一支柱产业房地产缓慢提升，澳大利亚房价持续走高。澳大利亚房地产信息及市场分析机构 RP Data 于 11 月发布的数据显示，八大首府城市的房价升幅达到 10.1%，房价升幅最大的悉尼和墨尔本分别上升 15.4% 和 9.4%，布里斯班房价也提升了 7%。[①] 受到房地产和消费的双重拉动，澳大利亚下半年的经济呈温和增长态势，全年经济增长幅度约为 3%。受到世界经济疲软和国际投资下滑的双重影响，预计 2015 年澳大利亚经济将缓步发展，年增长率约为 2.8%。

与澳大利亚相比，新西兰经济在 2014 年全年实现持续增长，保持了较强的发展态势。新西兰统计局公布数据显示，2014 年第一季度新西兰贸易条件指数创 40 年来最大涨幅，接近历史最高水平，表明该国对外贸易形势良好。在第一季度，新西兰出口商品价格上升 0.8%，其中乳制品出口价格上升 2.3%，是出口价格上涨最重要的贡献指标。同期，受到石油及石油制品价格下降影响，新西兰进口商品价格下跌 1.0%。进入第二季度后，新西兰经济持续快速增长，根据新西兰统计局公布数据，第二季度经济同比增长 3.9%，创下自 2004 年第二季度以来的最高纪录，快于世界上大多数主要发达经济体。[②] 其中商业服务增幅达 4.2%，超过了农业、林业和矿业等基础性产业 3.1% 的增幅，成为经济快速发展的重要支柱。在 2014 年第三、第四季度，受新西兰国内消费的拉动，经济持续增长。根据新西兰统计局数据，8 月份贸易逆差为 4.72 亿新西兰元，截至 8 月 31 日的年度贸易顺差升至 20.2 亿新西兰元，为 1992 年 8 月以来顺差

① 新华网：《低利率促中国人掀起赴澳买房潮　成当地楼市最大买家》，http://news.xinhuanet.com/house/cs/2014-08/07/c_1111967589.htm。

② 中国日报网：《新西兰经济实现 10 年来最快增长，周末将举行大选》，http://caijing.chinadaily.com.cn/2014-09/18/content_18620969.htm。

最大的一年。11 月 7 日，新西兰统计局发布数据显示，第三季度零售商品销售上涨 4.1%，消费者信心指数达到 116.7。但与此同时，新西兰国内的通胀预期达到了 2.06%，为了遏制预期通货膨胀，新西兰央行在 2014 年先后 4 次加息，将基准利率提高至 3.5%，以缓解通货膨胀压力。[①] 新西兰经济可以实现持续增长，主要源于其国内需求非常强劲，国内的商业投资、消费信心和住房市场是重要推动力量。总的来看，2014 年新西兰经济增长率达到 3.8%，在发达经济体中属于快速发展，2015 年经济增长率预计为 3.5%—4%。

（三）阿博特推行“亚洲优先”政策，大洋洲多国对华关系全面加强

澳大利亚新总理阿博特在竞选期间，曾提出未来将实行“亚洲优先”政策，要把澳大利亚与亚洲的关系放在第一位，其当选后将首先访问印度尼西亚、中国、日本和韩国，只有在照顾好本地区的贸易伙伴后，才会按传统访问美国和英国。在执政的第一年，阿博特先后访问中国、印度等国，并迎接日本首相安倍晋三访澳。4 月 9 日，阿博特率领规模达 600 人的庞大贸易代表团前往中国，在为期 4 天的访问中，阿博特同中国总理李克强会晤并出席了博鳌亚洲论坛。[②] 其间，澳大利亚政府还同时在广州、北京、成都举办首届“澳大利亚周·中国”等 90 多项商贸活动以促进双边贸易。7 月 8 日，日本首相安倍晋三正式访问澳大利亚，就向澳大利亚出口潜艇技术及在 2014 年举行日美澳三国的联合军演等问题，与澳大利亚政府进

① 凤凰网：《新西兰央行年内第四次加息　基准利率增至 3.5%》，http://finance.ifeng.com/a/20140729/12814537_0.shtml。

② 新华网：《澳大利亚总理托尼·阿博特访华》，http://news.xinhuanet.com/world/2014-04/11/c_1110211691.htm。

行磋商。[①] 访问期间，安倍晋三与阿博特在堪培拉签署两国经济伙伴关系协定（EPA），并将两国关系定位为“特别战略伙伴关系”。9月4—5日，澳大利亚总理阿博特对印度进行国事访问。[②] 阿博特表示，两国在经济发展、就业和技术领域的理念相同，贸易和战略利益高度一致，澳大利亚愿意将两国关系提升到新的高度。双方签署了《民用核能合作协议》，并解除了澳政府的铀矿出口禁令。阿博特大力开展亚洲外交、提出“亚洲优先”政策，更多的是出于经济利益的考虑。全球金融危机以来，欧美发达经济体陷入困境，而澳大利亚经济却保持平稳发展，这其中亚洲尤其是中国功不可没。金融危机时期，中国经济逆势而上，工业化、城镇化的加速发展带来了对澳大利亚矿产资源的强劲需求。得益于此，澳大利亚尽享矿业繁荣带来的强大经济推动力，幸免于经济衰退。阿博特政府实施亚洲外交，更多的是在经济领域与中国、日本、印度等亚洲经济体展开合作，在多国之间实现平衡，推动本国经济持续发展。

除了推动双边外交访问，G20领导人峰会的成功举办还使澳大利亚的国际影响力不断提高。11月15—16日，第9次G20领导人峰会在澳大利亚布里斯班举行，确定了“促进私营企业成长、增加全球经济抗冲击性和巩固全球体系”三个主题。在峰会上各国认为，全球经济脆弱，在财政和货币政策运用空间受限的时候，需要进行影响深远的结构性改革。G20各国央行已经承诺，在必要时支持经济复苏并应对通缩压力，将留意金融政策给全球经济构成的影响，并合作解决溢出效应。此外，各国还承诺进行劳动力市场改革、消除贸易壁垒和共同应对气候问题。11月17日，G20

---

① 环球网：《安倍晋三访问澳大利亚引关注　防务议题成焦点》，http：//world.huanqiu.com/article/2014－07/5051819.html。

② 人民网：《澳大利亚总理阿博特访问印度》，http：//tv.people.com.cn/n/2014/0905/c25060－25608907.html。

发布公报称，同意在2018年以前提振G20经济2.1个百分点，并将在悉尼建立全球基础设施中心，以推动不平衡的全球经济增长。[①]

中国国家主席习近平在参加G20领导人峰会后，先后访问澳大利亚、新西兰和斐济，并与密克罗尼西亚、萨摩亚、巴布亚新几内亚、瓦努阿图、库克群岛、汤加、纽埃7国领导人举行会晤，使得中国与大洋洲地区各国的关系得到全面加强。[②] 11月17日，习近平同澳总理阿博特举行会谈，两国领导人共同决定将两国关系提升为中澳全面战略伙伴关系，并宣布实质性结束中澳自由贸易协定谈判。长达9年的中澳自由贸易协定谈判结束，标志着中澳在双边贸易方面，澳大利亚对中国所有产品关税最终均降为零，而中国对澳大利亚绝大多数产品关税最终也降为零。11月20日，习近平在惠灵顿同新西兰总理约翰·基举行会谈。双方决定，将中新关系提升为全面战略伙伴关系，共建中新两国利益共同体。中新两国将在文化、防务、执法领域加强交流，在打击腐败、追逃追赃等方面开展合作，中方愿意同新方在南极、太平洋岛国事务上加强合作。会谈后，双方发表《中国和新西兰关于建立全面战略伙伴关系的联合声明》，两国领导人共同见证了多项双边合作文件的签署，涉及气候变化、电视、教育、南极、金融、旅游、食品安全等领域。11月22日习近平访问斐济，在楠迪同斐济总理姆拜尼马拉马举行会谈，并与密克罗尼西亚、萨摩亚、巴布亚新几内亚、瓦努阿图、库克群岛、汤加、纽埃7国领导人举行会晤。习近平在会晤中表示，中国将为最不发达国家97%税目的输华商品提供零关税待遇，向大洋洲建交各岛国

① 中国网：《G20峰会推出“布里斯班行动计划”》，http://finance.china.com.cn/news/special/JJG20/20141117/2791986.shtml。

② 新华网：《南太之行展现中国精彩外交》，http://news.xinhuanet.com/world/2014-11/24/c_1113382405.htm。

提供节能环保物资和可再生能源设备，并在未来5年提供2000个奖学金和5000个各类研修培训名额。会谈结束后，中国与各岛国先后签署30多项协议，内容涉及文化交流、基础设施建设、旅游、农业、渔业、医疗卫生等多个领域。

(四) 澳美同盟不断强化，澳日开展防务合作

在澳大利亚历届政府的外交政策计划中，美国都位列其外交重点之首，阿博特政府推出“亚洲优先”的政策，实质上是在经济领域提升与亚洲各国的关系，美澳同盟仍然是澳大利亚外交和安全政策的基石。阿博特所属的联盟党在竞选期间发布的外交、国防政策计划，仍把美国放在醒目位置。联盟党称美国是澳最重要的盟友，世界民主的领导者，为亚太地区乃至全球安全和稳定作出了巨大贡献，联盟党将致力于进一步密切澳美关系。[①] 在国防安全政策计划书中，阿博特称新政府将“毫不含糊”地致力于深化澳美同盟，在美国“重返亚太”的进程中，塑造可信赖、可依靠的盟友形象。澳军力部署将进一步向北，以寻找澳美安全合作的新契合点。6月12日，美国总统奥巴马在白宫会见了到访的澳大利亚总理阿博特，双方就气候变化、亚太发展、经贸关系和防务合作等议题进行了广泛探讨。[②] 这是阿博特自2013年9月出任澳大利亚总理以来的首次美国之行。会谈中，澳方关注的主要议题包括经济、国家安全以及将于2014年11月在澳大利亚布里斯班举行的G20领导人峰会的议事日程，呼吁中美加强合作，美国不要把中国视为威胁。而美方则非常强调应对气候变化的全球行动，呼吁国际社会共同推进气候变化、

---

① 中国日报网：《澳洲联盟党有分裂危险 竞选承诺或难实现》，http://roll.sohu.com/20131005/n387631652.shtml。

② 新华网：《中国对澳美接近愈发淡定》，http://news.xinhuanet.com/world/2014-06/16/c_126624455.htm。

清洁能源以及提高能源效应的解决之道。

在安全和防务合作领域，美澳两国敲定军力态势协议，决心在亚太地区进一步加强防务合作。基于这份协议，美澳两军将增强双边、三边乃至地区军事合作，具体领域包括海事安全、人道救援等。此外，美澳将加强在太空、反导、网络安全等较新领域的合作，包括网络防御合作和共同应对网络安全事件，澳大利亚还将为美国亚太反导体系作出贡献。进入 2014 年，美国派驻澳大利亚的海军陆战队人数更是猛增 5 倍，从原来的 250 人升至 1150 人。2014 年 2 月份，澳大利亚与日本、美国和韩国开始举行为期 14 天的“对抗北方 2014”多国联合空中对抗演习。[①] 此次演习在关岛的安德森空军基地举行，美军约 1200 人、日本航空自卫队约 430 人、澳军约 240 人参与，此外还投入了包括战机在内的共约 50 架飞机。8 月 12 日，美国和澳大利亚在悉尼举行年度部长级定期磋商会议，正式签署了一项军力部署协议，允许约 2500 名美国海军陆战队队员轮驻澳大利亚北部城市达尔文。

除了与美国强化防务合作，澳大利亚与日本也开始在防务领域开展合作。4 月 27 日，日本防卫大臣小野寺五典访问澳大利亚，与澳大利亚国防部长约翰斯顿举行会晤，就亚太地区的安全保障形势交换了意见，商讨日澳两国如何在安保方面进行具体合作，以有利牵制中国。7 月 8 日安倍晋三访问澳大利亚，日本政府和澳大利亚确定共同研制新型潜艇的计划，这是日本自 2014 年 3 月安倍内阁出台“防卫装备转移三原则”之后，实施的第一项与外国的武器装备的共同合作研制项目。[②] 日本准备向澳大利亚政府提供常规潜艇的静音技

① 环球网：《韩首次参加美日澳“对抗北方”演习》，http：//mil. huanqiu. com/world/2014 – 02/4826986. html。

② 新华网：《日澳正式签署防卫合作协定》，http：//news. xinhuanet. com/world/2014 – 07/08/c_ 126726038. htm。

术及船体的制造技术，两国政府计划共同研发新型舰艇，并出口至第三国。从2012年起，美国开始在澳大利亚北部达尔文基地驻留美军，将此作为奥巴马政府“再平衡”政策的一环，再加上2014年澳大利亚与日本开展针对中国的防务合作，日美澳三国框架联合向中国施压的趋势更加明显。

二、重大事件词条

阿博特访问印度

9月4—5日，澳大利亚总理托尼·阿博特对印度进行国事访问。这是阿博特当选澳总理以来首次访问印度。阿博特表示，两国在经济发展、就业和技术领域的理念相同，贸易和战略利益高度一致，澳大利亚愿意将两国关系提升到新的高度。双方签署了《民用核能合作协议》，并解除了澳政府对铀矿出口禁令。印度方面承诺使用核能的目的是为实现可持续发展以及保障能源安全，澳大利亚同意向印度长期供应铀燃料，并提供技术支持。双方还同意，在澳大利亚对印度保持长期、稳定和可持续的能源供应的同时，将合作扩展至煤炭、液化天然气和可再生能源领域。

澳大利亚公布新太平洋巡逻艇计划

6月17日，澳大利亚外交部长朱莉·毕晓普和国防部长大卫·约翰斯顿共同披露了一项价值20亿美元的新太平洋巡逻艇项目（PPB），新的PPB项目将由澳大利亚与周边伙伴国家合作开发，以加强对海上渔业保护和跨国犯罪的监视能力。澳国防部长约翰斯顿表示，澳大利亚国防部将用新的PPB取代目前所有的巡逻艇，同时东帝汶也被邀请加入该计划，这表明两国间的国防合作正在升级。新的PPB项目将涉及建造20多艘巡逻艇，这些巡逻艇必将大大提高澳大利亚及其合作国家的海上巡逻能力。

澳大利亚对俄制裁行动

9月1日，澳大利亚总理阿博特宣布，澳大利亚将与欧盟保持一致，提升对俄罗斯的制裁级别，实施进一步的制裁行动。此前，澳大利亚在美欧宣布对俄制裁后也采取了一系列制裁措施。此次追加制裁行动包括武器供应、石油勘测和采掘技术等方面。9月3日，阿博特表示澳大利亚将禁止向俄罗斯出售铀并停止向俄出售武器，以此回应俄罗斯在乌克兰所采取的行动。此外，澳大利亚将对俄罗斯国有银行进入澳大利亚市场进行限制，63名个人以及部分团体被列入黑名单。

澳大利亚购买F－35战斗机

4月23日，澳大利亚政府宣布，将购买58架F－35“闪电II”联合攻击战斗机，合同价值124亿澳元（约合111.6亿美元）。澳大利亚已经在2009年订购了14架F－35战斗机，加上此次宣布购买的58架，将使澳大利亚拥有的F－35战斗机总数达到72架。按照计划，这些战斗机将从2020年开始装备澳大利亚空军，它们将布署在位于新南威尔士州的威廉敦空军基地和位于北领地的廷德尔空军基地。澳大利亚总理阿博特表示，购买F－35战斗机旨在保持澳大利亚在本地区的空中优势，使澳大利亚空军更好地与美国军队实现对接，从而在澳美军事同盟框架下维护双方共同的战略利益。F－35联合攻击战斗机是美国洛克希德·马丁公司从20世纪90年代开始研发的第五代单座、单引擎的隐形战斗机，包括美国、英国、意大利、加拿大在内的多个国家参与了此飞机研制项目，该战斗机最大的特点是卓越的隐形能力和先进的电子系统。澳大利亚在2002年也作为合伙人加入了F－35研发项目，并在2009年批准了第一批14架飞机的购买计划。

澳大利亚加入“终结日本捕鲸”行动

9月16日，澳大利亚联邦政府宣布，将加入新西兰的“终结日本捕鲸”行动。近年来，日本在南极地区的捕鲸行动引发包括澳大利亚在内的多国的不满。在国际法庭宣判后，日本政府虽然表示会尊重法院的裁决，取消2014—2015年度的捕鲸行动，但宣布计划提出满足国际法庭条件的新捕鲸行动。澳联邦环境部长亨特在斯洛文尼亚参加国际捕鲸委员会全体会议时表示：“澳方反对任何形式的商业捕鲸行为，同时，澳方也认为科学捕鲸行动是‘不必要的’。”

澳大利亚总理访华

4月9日，澳大利亚总理阿博特率领规模达600人的庞大贸易代表团访问中国。在为期4天的访问中，阿博特同中国总理李克强进行会晤并出席了博鳌亚洲论坛。其间，澳大利亚政府还同时在广州、北京、成都举办首届“澳大利亚周·中国”等90多项商贸活动以促进双边贸易。李克强总理在会晤中表示，愿与澳方早日签订中澳自贸协定。阿博特表示，中澳两国是拥有广泛共同利益和保持良好关系的国家，澳大利亚非常愿意敞开大门，欢迎中国企业来澳投资。中国目前已经是澳大利亚最大的贸易伙伴。2013年，中澳贸易总额达1500亿澳元，占澳贸易总额的25%。澳大利亚致力于在贸易、投资、旅游和教育等领域与中国建立更加紧密的联系。

澳大利亚总理访问美国

6月12日，美国总统奥巴马在白宫会见了到访的澳大利亚总理阿博特，双方就气候变化、亚太发展、经贸关系和防务合作等议题进行了广泛探讨。这是阿博特自2013年9月出任澳大利亚总理以来的首次美国之行。会谈中，澳方更多关注的主要议题包括经济、国家安全以及将于2014年11月在澳大利亚布里斯班举行的G20领导人峰会的议事日程。美方则非常强调应对气候变化的全球行动计划，呼吁国际社会共同推进气候变化、清洁能源以及提高能源效应的解决之道。访问期间，美澳两国敲定了军力态势协议，决定在亚太地区进一步加强防务合作。基于这份协议，美澳两军将增强双边、三边乃至地区军事合作，具体领域包括海事安全、人道救援等。

澳韩自贸协定

4月8日，韩国产业通商资源部长官尹相直和澳大利亚贸易投资部长安德鲁·罗伯在首尔正式签署了澳韩自贸协定（FTA）。两国自2006年12月启动自贸协定谈判以来，历经7年4个月后才正式签署该协定，澳大利亚成为第11个与韩国签署自贸协定的国家。按照协议内容，韩国将在10年内对以进口产品品目为准94.3%、以进口额为准94.6%的澳大利亚产品免除关税。澳大利亚则在5年内撤销几乎所有韩国产品的进口关税。对韩国来说，收益最大的领域是汽车产业。韩澳自贸协定生效后，澳大利亚将立刻撤销对中小型汽油车的关税，这有助于推动韩国汽车出口增长。另外，澳大利亚还将立刻撤销对汽车零部件、家电、一般机械、钢铁和石化等韩国主力出口产品的关税。然而，韩澳自贸协定生效可能会给牛肉等韩国部分农副产品带来致命性的打击。按照协议内容，韩国将在15年内撤销对澳大利亚牛肉的进口关税。韩国产业部室长禹泰熙表示，虽然韩澳自贸协定带来的经济利益微乎其微，但它有望进一步推动和深化两国全方位友好合作关系。

澳日“2+2”会谈

6月11日，日本外相岸田文雄、防卫相小野寺五典和澳大利亚外长毕晓普、防长约翰斯顿在东京举行外交、国防部长“2+2”会谈。会谈后，双方签署共同文件，就缔结共同研发“防卫装备”协议问题达成一致。共同文件称，两国将在日本提供的潜艇技术基础上，于2015年启动在船舶流体力学上的共同研究，这是日、澳之间第一个“防卫装备”联合开发案。据日本防卫省消息称，澳大利亚海军预计向日本购买12艘常规潜艇。除此以外，双方决定向日澳两国首脑提议，加强两国联合军事训练，制定强化太平洋地区协作战略，将安保防卫领域合作提升到新阶段。双方还决定年内在澳大利亚举办首次应对网络攻击协商会议。日、澳就“防卫装备”共同研发达成正式协议后，澳大利亚将成为继美英之后第三个与日本签订“防卫装备”合作协议的国家。

澳印（尼）行为准则协议

8月28日，澳大利亚外长毕晓普和印尼外长马尔迪在巴厘岛签署了一项协议，旨在重建因监听丑闻而遭到破坏的双边关系，为全面恢复两国在国防等方面的合作铺平道路。这项协议名为“印度尼西亚与澳大利亚间关于行为准则的共同谅解”，印尼总统苏西洛出席了签字仪式。印尼和澳大利亚在协议中承诺，不使用各自的情报机构从事对对方构成伤害的活动，并在目前“伊斯兰国”武装威胁加剧的情况下加强两国的合作。2013年底，有媒体曝光澳大利亚曾监听印尼总统苏西洛和他的妻子以及数名印尼官员，引发印尼不满，双边关系陷入低谷，印尼一度召回驻澳大利亚大使。

澳总理阿博特会见范长龙

7月17日，澳大利亚总理阿博特会见了正在澳大利亚访问的中国中央军委副主席范长龙。阿博特积极评价澳中战略关系的快速发展，称赞两军举行的多个双边、多边演练为地区稳定作出了积极贡献。范长龙表示，中澳两国战略地位重要，双方没有根本利益冲突，也不存在海洋争端，合作交流机会远远大于共同面临的挑战，双方在马航失联客机搜寻过程中的良好合作，是中澳战略伙伴关系的充分体现。双方还就共同关心的国际和地区问题坦诚深入地交换了意见。范长龙阐述了中方在钓鱼岛和南海问题的立场，希望澳方在上述问题上不选边站队，在发展与其他国家关系时不要影响中澳关系的发展。

第45届太平洋岛国论坛领导人会议

8月1日，第45届太平洋岛国论坛领导人会议在帕劳科罗尔市举行。与会领导人签署了《帕劳宣言》，强调太平洋对经济、社会、文化、环境保护的重要性。太平洋岛国论坛是南太平洋国家政府间加强区域合作、协调对外政策的区域合作组织，其成员包括澳大利亚、新西兰、巴布亚新几内亚、瓦努阿图、帕劳等16个国家。澳大利亚副总理沃伦·特拉斯在会议上宣布，将从2018年开始向12个太平洋岛国捐助总额为20亿澳元（约合115亿元人民币）的巡逻艇，以保护海洋资源。他同时宣布了两项配套措施，以加强太平洋岛国的海洋安全能力。另外他还说，澳大利亚将在2018年年底前向太平洋地区渔业组织援助4000万澳元（约合2.3亿元人民币）。论坛领导人会议每年举行一次，下届太平洋岛国论坛领导人会议将于2015年在巴布亚新几内亚举行。

马航飞机失联搜救行动

3月8日凌晨，马来西亚航空公司一架载有239人的波音777-200飞机与管制中心失去联系，该飞机航班号为MH370，原定由吉隆坡飞往北京，机上共有154名中国籍乘客。随后，中、美、澳、新等多国相继开展搜寻行动，但尚未找到任何飞机残骸。澳方积极参与此次搜寻行动，动用了包括卫星、海军舰船、空军力量和海警船等多种手段搜寻失联飞机，甚至雇佣私人承包商参与此次搜救行动，并为参与搜寻的两架中国空军伊尔76运输机提供停泊机场。同时，澳方为失联客机乘客及机组成员家属来澳签证提供方便并及时通报相关信息。澳搜救人员利用先进搜索仪器以及综合分析，大致确认失联客机的位置在位于澳大利亚西南部城市珀斯西北约1550公里处，并划设了约62063平方公里的搜索范围。在多日的水上搜救行动未见效果之际，澳海事局决定展开水下搜救。新西兰也提供了包括P3猎户座飞机在内的多架战机协助澳方搜救。

日澳经济伙伴关系协定

7月9日，访澳的日本首相安倍晋三与澳大利亚总理阿博特在堪培拉签署两国经济伙伴关系协定（EPA），并将两国关系定位为“特别战略伙伴关系”。经济协定主要内容包括：日本在10年后撤销澳产金枪鱼和橙汁关税，将奶酪纳入无税范围，将冰淇淋纳入低关税范围。协定生效后第18年，出口到日本的澳产牛肉关税将从现在的

38.5%降至19.5%，葡萄酒在第7年关税降至零。而出口到澳大利亚的日本产小轿车在协定生效后即刻撤销现行关税5%。日澳两国经济伙伴关系协定谈判始于2007年，双方围绕贸易、投资、能源、粮食供应等展开广泛讨论。此次协定的达成标志着日澳两国16轮经济伙伴关系谈判终于取得了成果，实现了两国相互间关税降低，而且可能促使美国在“跨太平洋伙伴关系协定”（TPP）谈判中作出让步。

日本首相访问澳大利亚

7月8日，日本首相安倍晋三正式访问澳大利亚，就向澳大利亚出口潜艇技术及在日美澳三国联合军演等问题与澳大利亚政府进行磋商。访问期间，安倍同澳大利亚总理阿博特进行了会晤并签署了“防卫装备”合作相关协议与经济伙伴关系协定。安倍在访问期间就日澳关系表示：“希望把共享普世价值及战略利益的两国关系提升为肩负地区和平、稳定与繁荣的特别关系。”日本方面此前曾认为，积极深化与澳大利亚的军事合作，扩大日本与澳大利亚在东亚地区的政治和安保影响力，是巩固日美澳防卫“三角架”的重要举措。

日美澳举行“对抗北方2014”联合演习

2月11日，日本、美国、澳大利亚和韩国开始举行为期14天的“对抗北方2014”多国联合空中对抗演习。此次演习在关岛的安德森空军基地举行，美军约1200人、日本航空自卫队约430人、澳军约240人参与，此外还投入约50架飞机。韩军方面派出约25人和1架运输机参演。演习内容包括人道援助和救灾演习，还包括使用战斗机等实战训练。韩国是首次参加该演习，仅参加了人道救援和救灾演习。

习主席访问澳大利亚

11月16—19日，习近平主席对澳大利亚进行了国事访问。17日，习主席同澳总理阿博特举行会谈，双方决定将两国关系提升为中澳全面战略伙伴关系，宣布实质性结束中澳自由贸易协定谈判，中澳双方签订自由贸易协定意向书。长达9年的中澳自由贸易协定谈判正式结束后，澳大利亚对中国所有产品关税最终均降为零，而中国对澳大利亚绝大多数产品关税最终也降为零。此外，在服务领域，中澳彼此向对方作出涵盖众多部门、高质量的开放承诺；在投资领域，双方相互给予最惠国待遇，同时大幅降低企业投资审查门槛，增加企业投资的市场准入机会、可预见性和透明度。根据计划，中国和澳大利亚将在2015年正式签署自由贸易协定。

习主席访问斐济

11月22—23日，习近平主席对斐济进行了国事访问。22日，习主席在楠迪同斐济总理姆拜尼马拉马举行会谈。习主席强调，中方愿同斐方加强交流合作，推动中斐关系不断向前发展。习主席表示，中方视斐济为太平洋岛国地区的重要合作伙伴，尊重斐济人民自主选择发展道路，赞赏斐济将发展对华关系作为“向北看”政策的优先方向，中方愿同斐方保持高层和各级别交往势头，加强合作，欢迎更多斐济优势产品对华出口，支持斐方开发中国旅游市场，鼓励中国企业赴斐投资。中方将一如既往地帮助斐济发展经济、改善民生，实施好斐方小水电站、农业开发、公路改造、桥梁建设等项目。中方感谢斐方协助中国政府开展海外追逃追赃工作，希望继续加强两国执法合作。姆拜尼马拉马表示，斐济人民对中国怀有友好感情，感谢中国给予的支持和帮助。斐方珍视两国传统友谊，做中国的好伙伴始终是斐济对华关系的出发点，斐方希望同中方保持政治交往，加强经贸合作，扩大人文交流，促进本国经济社会发展，欢迎中方积极参与太平洋岛国事务。会谈后，两国领导人共同出席了两国政府经济技术合作协定、互免签证等合作文件签字仪式。

习主席访问新西兰

11月20—21日，习近平主席对新西兰进行了国事访问。20日，习主席在惠灵顿同新西兰总理约翰·基举行会谈，双方决定将中新关系提升为全面战略伙伴关系，共建中新两国利益共同体，推动两国合作不断迈上新台阶。习近平主席表示，中新两国要加强人文交流，增进相互了解和友谊，中方将在新西兰设立中国文化中心。双方要加强防务、执法交流，在打击腐败、追逃追赃等方面开展合作。中方愿意同新方在南极、太平洋岛国事务上加强合作。会谈后，双方发表《中国和新西兰关于建立全面战略伙伴关系的联合声明》。双方共同见证了多项双边合作文件的签署，涉及气候变化、电视、教育、南极、金融、旅游、食品安全等领域。其中，中新签署电视合拍协议是中国政府同外国政府签署的首个电视合拍协议。

习主席与太平洋七岛国领导人举行会晤

11月22日，习近平主席在斐济的楠迪会见了密克罗尼西亚、萨摩亚、巴布亚新几内亚、瓦努阿图、库克群岛、汤加、纽埃7个太平洋岛国领导人。在与7国领导人的集体会晤中，习主席表示，中国对发展同太平洋岛国关系的重视程度只会加强、不会削弱，投入只会增加、不会减少。在与斐济领导人会晤时，习近平鼓励斐济优势产品对华出口和中国企业赴斐投资；提出要实施好斐方小水电站、农业开发、公路改造、桥梁建设等项目；设立中国文化中心，派遣医疗、文艺团组到斐济巡诊巡演；加强两国执法合作，积极开展海外追逃追赃工作。在与密克罗尼西亚联邦领导人会晤时，习主席表示两国将深化渔业、新能源、基础设施建设、经济技术等领域合作，促进人文交流；以减排行动应对气候变化。在与萨摩亚领导人会晤时，习主席表示两国将加强在农渔业、旅游业领域的交流与合作，发展清洁能源，积极参与中国—太平洋岛国经济发展合作论坛。在与巴布亚新几内亚领导人会晤时，习主席表示要扩大两国在农林渔业、基础设施建设、能源资源等领域合作，落实好拉姆镍矿、中石化公司和巴新液化天然气等重点合作项目。在与瓦努阿图领导人会晤时，习主席鼓励瓦方利用中方提供的输华产品零关税待遇，扩大对华出口；继续为瓦方培养各类人才；共同应对气候变化，促进可持续发展。在与库克群岛领导人会晤时，习主席表示两国要在渔业、矿业等领域促成更多实实在在的项目，早日推动拉罗汤加岛供水项目完工；考虑在库克群岛开设孔子学院，促进人文交流。在与汤加领导人会晤时，习主席表示两国要在基础设施建设、民生、人才培训等领域加强合作，在南南合作框架内帮助汤加应对气候变化。在与纽埃领导人会晤时，习主席表示两国要加强在渔业、基础设施建设、医疗卫生等领域合作，帮助纽埃加快发展。此外，习主席在会晤中表示，中国将为最不发达国家97%税目的输华商品提供零关税待遇，向岛国提供节能环保物资和可再生能源设备，并在未来5年提供2000个奖学金和5000个各类研修培训名额。会谈结束后，中国与各岛国先后签署30多项协议，内容涉及文化交流、基础设施建设、旅游、农业、渔业、医疗卫生等多个领域。

新西兰总理访华

3月18日，应中国国务院总理李克强邀请，新西兰总理约翰·基对中国开始进行为期4天的工作访问。本次访华重点是为了平息2013年的恒天然乳品被污染风波，向中国政府及民众通报事件的调查结果，以重建公众对新方食品安全管理体系的信心。同时，新西兰希望利用这一机会促进双方农业和食品安全合作，巩固双边贸易、经济和政治合作。在访华期间，两国总理共同宣布人民币和新西兰元直接进行交易，深化了两国在金融领域的合作。

新西兰总理会见中国外长王毅

9月5日，新西兰总理约翰·基在奥克兰会见了来访的中国外交部长王毅。约翰·基高度评价新中关系的发展，表示将继续理解和尊重中国的核心利益，并视中国的发展为新西兰的机遇，欢迎中国到新西兰投资和旅游。新方愿与中方继续开展在南太平洋岛国的三方合作。王毅表示，当前，中新关系处于历史最好时期。中方愿同新方共同努力，打造中新互利共赢的利益共同体，实现共同繁荣、共同发展。中方愿与新方保持密切的高层交往，扩大农产品和乳制品等传统贸易，加强食品安全、技术转让领域合作，培育节能环保、生物医药、金融、信息技术等新的合作增长点。中方愿就太平洋岛国事务同新方保持沟通与合作。

中澳第二轮外交与战略对话

9 月 7 日，中国外交部长王毅同澳大利亚外长毕晓普在悉尼举行第二轮中澳外交与战略对话。双方高度评价中澳关系的发展，指出中澳关系需要互利和互信两翼并进，进一步加强政治互信，拓展双方基于相互尊重、互利共赢的战略合作关系。两国外长就双边关系达成广泛共识，愿保持高层互访势头，视对方发展为机遇，不断增进战略互信，妥善处理敏感问题；在互利、务实、平衡的基础上加紧推进中澳自贸协定谈判，争取尽早签署协定；积极扩大在教育、旅游、文化、地方等领域交流，增进两国人民互相了解，深化友好。加强防务合作，共同办好“科瓦里—2014”首次中澳美三边陆军技能联合训练、中澳新美“合作精神—2014”四边人道主义救援减灾联合演练；扩大司法执法合作，共同打击腐败和跨国犯罪。双方还高度评价两国在搜寻马航 MH370 客机中的密切合作，愿就下一阶段搜寻工作保持密切配合。

中国与新西兰两国防长会晤

7 月 21 日，在新西兰访问的中央军委副主席范长龙上将与新西兰国防部长乔纳森·科尔曼举行会谈，双方就加强双边防务关系、地区安全事务和其他共同关心的问题进行了讨论。双方表示，近年来，中新防务关系稳步发展，在高层互访、战略对话和教育交流等领域取得积极进展。双方认为，中新防务关系是两国互利共赢、全面合作关系的重要组成部分。双方愿继续深化两国防务关系，通过加强高层互访和战略沟通，推进在非传统安全领域的交流。双方同意，将两国人道主义救援减灾联合演练机制化。中国人民解放军邀请新西兰国防军参加在中国举行的“合作精神—2014”中新澳美人道主义救援减灾联合演练。双方都认为，海上安全对本地区国家至关重要，并就进一步加强合作进行了讨论。双方还同意加强维和合作，加强与南太平洋国家在防务领域尤其在人道主义救援减灾方面的合作。

中国与新西兰启动货币直兑

3 月 19 日起，中国与新西兰银行间外汇市场开展人民币兑新西兰元直接交易。新西兰元成为美元、日元、澳元、俄罗斯卢布和马来西亚林吉特之后第六个与人民币实现直接兑换的货币。此举使两国企业和外汇交易员在支付和收取款项时，不必再通过第三种货币实现两国货币的兑换。新西兰总理约翰·基在北京宣布了这一调整。他在一则声明中表示，直接货币兑换将会促进中新间的贸易和投资，降低兑换成本以及为商业活动提供便利，并为新西兰央行将部分外汇储备投资中国国债铺平道路。

（本章综述撰稿：徐光辉；词条编撰：黄冕、徐光辉）